Ungarn

WOLFGANG LIBAL

Ungarn

Ein Führer

PRESTEL VERLAG MÜNCHEN

*In Gedanken
an Erika*

© Prestel Verlag, München 1985
Passavia Druckerei GmbH Passau
ISBN 3 7913 0667 7

INHALT

IV. DIE GROSSE UNGARISCHE TIEFEBENE

V. DAS NÖRDLICHE BERGLAND

ANHANG

Karte der Budapester Innenstadt auf den Seiten 398/99
Gesamtkarte von Ungarn am Buchende

Einstimmung ...

Oktober 1945, amerikanisches Kriegsgefangenenlager in Heilbronn.
Am frühen Morgen eines grauen Herbsttages waren wir, von Bre-
merhaven kommend, dort eingeliefert worden. In einen Sektor, der
am äußersten Rande des Lagers lag und den Vorteil bot, die Vorgänge draußen auf der Straße beobachten zu können; andererseits
hatten wir aber kaum Einblick in die anderen, durch ›internen‹
Stacheldraht voneinander getrennten Sektoren.

Am späten Nachmittag dieses unseres ersten Lagertages, vor
Einbruch der Dämmerung, hörten wir aus einem dieser Sektoren
ein dünnes Trompetensignal. Es klang nach Zapfenstreich, hatte
aber nichts Martialisches an sich. Es war eher eine Klage, für unsere
Ohren noch dazu eine ferne, fremde Klage. Fern und fremd waren
für uns auch die Worte, die ein Mann durch ein Megaphon von
einem zusammengezimmerten Holzturm zu den offenbar zum Be-
fehlsempfang angetretenen Gefangenen sprach. Diese konnten wir
nicht sehen, nur die Silhouette des Mannes auf dem Holzturm
zeichnete sich undeutlich im verlöschenden Licht ab.

Es war eine eigenartige Atmosphäre in dieser Welt der niedrigen
Baracken und der grauen Zelte: so als wären wir weit weg von
Mitteleuropa, irgendwo am Rande einer Steppe, in deren Weiten
sich die Klage der kleinen Trompete verlor.

Später erfuhren wir, daß unsere Schicksalsgefährten in dem anderen Sektor ungarische Soldaten waren, die vor den Sowjets nach
Westen abgezogen waren, in West-Österreich sich den Amerikanern
ergeben hatten und dann im Lager Heilbronn gelandet waren.

Bald darauf sollte ich unsere Nachbarn näher kennenlernen. Ich
mußte das Zahnambulatorium aufsuchen, das fest in der Hand der

Ungarn war. Der Militärarzt im weißen Kittel über der erdbraunen Uniform wies mit einladender Geste auf den schon etwas schäbigen Behandlungsstuhl und sagte zu dem Obergefreiten der einstigen Deutschen Wehrmacht: »Nehmen Sie, bitte, Platz, Herr ...«

Da wußte ich zweierlei: Erstens, daß ich mich unter Menschen befand, die auch unter mißlichen Umständen Wert auf Lebensart legten, und zweitens, daß der Krieg, wenn man wieder mit ›Herr‹ angesprochen wird, trotz Gefangenschaft und Lagerdasein doch zu Ende sein müsse. Diese Erkenntnisse verdankte ich also den Ungarn.

Ich war zwar vor dem Kriege nicht in Ungarn gewesen, trotzdem war das Gefangenenlager Heilbronn nicht die Stätte meiner ersten Begegnung mit den Ungarn. Es erging mir vielmehr wie den meisten Westeuropäern: In unseren Breitengraden ist es einfach unmöglich, nicht mit Ungarn zusammenzutreffen.

Sie haben sich in erstaunlicher Weise über die Erde verteilt, als Bücher- und Stückeschreiber, als Journalisten und Verleger, als Schauspieler und Komponisten, als Filmemacher und Fußballer, als Wissenschaftler, Erfinder und Bankmenschen. Wo immer sie auftreten, sorgen sie auch dafür, daß man sie nicht übersieht. Und noch weniger überhört.

Soll ich sie alle aufzählen, die in Wien und Berlin, in Paris und London, in New York und Hollywood zu Ruhm und Geld und Einfluß oder zumindest zu einem davon gelangt sind? Die Lehár und Kálmán, die Korda, Curtiz und Zukor, die Molnár und Zilahy, die Szilárd und Teller? Machen wir es kurz, indem wir aus einem Buch über die Ungarn, geschrieben von Ungarn, zitieren, aus dem Buch ›Der Geist Ungarns‹ und seinem Kapitel ›Der ungarische Genius‹. Es beginnt folgendermaßen: »Streichhölzer. Der Phonograph. Die nicht-euklidische Geometrie. Das Fernsehen. Der Computer. Die Atom-Bombe. Vitamin C. Der Helikopter. Sie bestimmen unsere moderne Existenz, auch wenn zwischen ihnen kein Zusammenhang besteht, außer, daß sie alle von Ungarn erfunden oder ans Licht gebracht wurden.«

An mangelndem Selbstbewußtsein leiden also unsere Ungarn nicht, oder anders gesagt, sie halten offensichtlich gar nichts davon, das eigene Licht unter den Scheffel zu stellen.

So oder so — jedenfalls haben sie es fertiggebracht, schon von ihrem ersten Auftreten in Mitteleuropa als furchterregendes Reitervolk aus den Steppen Südrußlands von sich reden zu machen. An der Wende vom 9. zum 10. Jahrhundert fegten sie durch die westeuropäischen Lande, sie erschienen vor Paris und Rom, sie bedrohten Byzanz und das Reich, sie plünderten in der Provence und an der Adria. Erst 955 kaufte ihnen der römisch-deutsche Kaiser Otto der Große in der Schlacht auf dem Lechfeld bei Augsburg endgültig den Schneid ab. Das ›Teufelsgeschlecht‹ des Rolandsliedes, das einige Jahrzehnte die zivilisierte Menschheit Europas in Angst und Schrecken versetzt hatte, wurde friedlich und führte von da an an Donau und Theiß ein seßhaftes Leben.

In das Bewußtsein ihrer Zeitgenossen traten sie nun in milderer Form. Zum Beispiel in Gestalt der Heiligen Elisabeth, der Tochter des ungarischen Königs Andreas II. aus dem Geschlecht der Arpaden. Im 13. Jahrhundert wurde sie im Alter von vierzehn Jahren mit dem Landgrafen von Thüringen, Ludwig IV., verheiratet, nach dessen Kreuzzugs-Tod sie sich ganz der Fürsorge für die Kranken und Armen widmete. Schon 1235, nur vier Jahre nach ihrem Tod, wurde sie heiliggesprochen. In Deutschland erinnert die gotische Elisabethkirche in Marburg an der Lahn an sie, und für Richard Wagner war sie das Vorbild für seine Elisabeth im ›Tannhäuser‹, der Verkörperung der reinen und selbstlosen Liebe.

...und Annäherung

Begeben wir uns aber aus der großen Welt und der Geschichte zunächst einmal dorthin, wo man den Ungarn noch vor der Grenze ihres Landes am intensivsten begegnet. Das ist natürlich in Wien, von wo aus Ungarn beinahe vier Jahrhunderte lang regiert worden ist, wo aber die Ungarn auch unübersehbare Spuren ihrer Präsenz hinterlassen haben. In den Palästen der Esterházy, der Pálffy, der Batthyány, in kulturellen Institutionen wie dem Pazmaneum oder dem Collegium Hungaricum, in den Werken der ›silbernen‹ Operetten-Epoche, von Lehárs ›Lustiger Witwe‹ über Kálmáns ›Gräfin Mariza‹ bis zu Paul Abrahams ›Viktoria und ihr Husar‹. In den Einflüssen auf die Wiener Küche, wie sie sich in Gulasch, Paprika und Palatschinken niederschlagen.

Und man begegnet der ungarischen Welt auch in den vielen Literaten, Journalisten, Film- und Theaterleuten, die die intellektuelle

Szene der österreichischen Hauptstadt bevölkern. Nicht zuletzt auch in den mit ihrem Schmuck nicht geizenden üppigen Damen, die am Nachmittag die Bridgeräume mancher Wiener Cafés physisch und stimmlich füllen und sich dort in ihrer Muttersprache eher ungeniert über das eigene und das Intimleben ihrer Landsleute verbreiten unter dem Gesichtspunkt: Wer nicht Ungarisch kann, versteht sowieso nichts, und wer die Sprache versteht, weiß schon längst Bescheid.

Aber nicht nur in Wien kann man schon vor der ungarischen Grenze einen Vorgeschmack von Ungarn bekommen. Wer von Österreich nach Ungarn fährt, kommt zwangsläufig durch das Burgenland, das jüngste und der Bewohnerzahl nach kleinste der neun österreichischen Bundesländer. Es kam erst 1921 zur Republik Österreich, dem kleinen Rest, der von der großen Österreichisch-Ungarischen Monarchie nach dem Ersten Weltkrieg übriggeblieben war. Bis dahin gehörte das Burgenland, das sich als schmaler Streifen von der Donau bei Preßburg im Norden bis zur österreichisch-jugoslawischen Grenze im Süden erstreckt, zur ungarischen Reichshälfte der Doppelmonarchie. Die Grenze bildete in seinem nördlichen Teil die Leitha, ein unscheinbares Flüßchen, das sich zwischen Weidenbäumen geruhsam dahinschlängelt und heute Niederösterreich vom Burgenland trennt. Wenn man es auf der Fahrt von Wien nach Budapest in Bruck an der Leitha überquert, merkt man es kaum.

Bis 1918 aber trennte es zwei Reichshälften. Die eine hieß offiziell »die im Reichsrat vertretenen Königreiche und Länder« – das war der österreichische Teil. Die andere trug die Bezeichnung »Länder der ungarischen Krone«. Um diese etwas pompösen Titel zu umgehen, sprach man inoffiziell einfach von ›Cisleithanien‹ und ›Transleithanien‹. Wodurch die schlichte Leitha den Rang einer politisch und administrativ bedeutsamen Trennungslinie erhielt.

Übrigens hatte das ›Burgenland‹, als es noch zu Ungarn gehörte, diesen Namen gar nicht. Wenn man vor dem Ersten Weltkrieg von den vier westlichen Komitaten (Regierungsbezirken) Ungarns sprach, in denen es eine starke deutschsprachige Bevölkerung gab, also von den Komitaten Preßburg, Wieselburg, Ödenburg und Eisenburg, dann gebrauchte man die Bezeichnung ›Westungarn‹. Erst als Teile dieser Regierungsbezirke, dort, wo die deutschsprachige Bevölkerung in der Mehrheit war, in den Friedensverträgen

von Saint-Germain und Trianon Österreich zugesprochen wurden
und später ein eigenes Bundesland bildeten, gab man ihm den
Namen ›Burgenland‹. Nur leitete er sich nicht von den vielen Burgen
ab, die hier einstmals die österreichischen Lande vor den Türken
schützen sollten, sondern eben von den vier ›Burg‹-Komitaten.

Wie immer nun auch das ›Burgenland‹ entstanden sein mag — in
seinem nördlichen Teil, um Leithagebirge, Neusiedler See und im
sogenannten Seewinkel kündigt sich bereits Pannonien an. Der
Neusiedler See mit seinen großen Schilffeldern ist ein Steppensee
und der tischflache Seewinkel nördlich davon gibt schon einen
Vorgeschmack auf die ungarische Tiefebene, auch wenn sich jenseits
der Grenze zunächst nur die sogenannte ›Kleine ungarische Tiefebene‹ erstreckt.

Die Reihendörfer, durch die man auf der Fahrt zur Grenze bei
Nickelsdorf—Hegyeshalom kommt, in denen die Bauernhäuser mit
den weiß-gestrichenen Giebeln zur Straße stehen und deren Anger
weiß gesprenkelt sind von Hunderten von Gänsen, sind ebenso wie
die Zigeunerkapellen in den Schenken von Rust und Mörbisch
schon ein Präludium zu unserer ungarischen Rhapsodie.

Vorerst nicht nach Budapest

Auch ich gehöre zu denjenigen, die das Land der Ungarn zuerst in
und durch Budapest kennengelernt haben. Das hatte professionelle
Gründe; das gleiche wird für die vielen Geschäftsleute, Techniker,
Sportler, Journalisten und Künstler gelten, die heutzutage nach
Ungarn fahren. Natürlich auch für die Touristenheere aus West und
Ost, die sich in dieses Land drängen, das sich heute im internationa-
len Fremdenverkehr recht gut zu verkaufen versteht.

Für sie alle ist Budapest das Tor zu Ungarn, mögen sie per Auto
oder Eisenbahn, mit dem Autobus, auf einem Donauschiff oder mit
dem Flugzeug in Ungarns Metropole eintreffen. Die Reiseführer
tragen dem auch Rechnung: Ihre ersten Kapitel sind meist der
Hauptstadt gewidmet, die mit ihren mehr als zwei Millionen Einwohnern die einstige Donaumetropole Wien längst überflügelt hat.

Aber muß man seinen Ungarnbesuch wirklich mit Budapest
beginnen? War Ungarn nicht schon ein respektables Staatsgebilde
lange bevor seine Könige auf der Burg von Buda residierten? Gab

es nicht schon politische, kirchliche und Verwaltungszentren im Lande, lange bevor Buda und Pest irgendeine Bedeutung zukam?

»Árpád ist in Óbuda, in Altofen, begraben worden, und das ist ein Hinweis auf die Bedeutung des Raumes von Buda und Pest schon zur Zeit der Landnahme«, wird man mir entgegenhalten. Worauf zu erwidern wäre: »Wo Árpád begraben wurde, ist umstritten, wie das meiste, was mit der geographischen Fixierung der Landnahme, also der Festsetzung der ungarischen Stämme um Donau und Theiß, zusammenhängt.«

Wie immer es nun mit Árpád und seiner Stellung als Oberfürst der sieben ungarischen Stämme gewesen sein mag, und welche Bedeutung sein Stamm der Magyaren in diesem Verband gehabt und wo er sich endgültig niedergelassen hat — unbestritten ist, daß sich das erste Machtzentrum des ungarischen Staates in Transdanubien etwa zwischen dem Donauknie und dem Plattensee herausgebildet hat. Das kam nicht von ungefähr. Schließlich war Transdanubien der, wie wir heute sagen würden, entwickeltste Teil des späteren Ungarn. Die Römer hatten hier ihre Provinz Pannonien, im Norden und Osten durch die Donau von der Welt der Barbaren abgegrenzt. Auch nach dem Verfall der römischen Macht und Zivilisation übte dieser Teil des Landes noch seine Anziehungskraft auf die Völkerschaften aus, die vom Osten her in das Karpatenbecken eindrangen. Die Hunnen dürften zeitweise hier das Zentrum ihres Herrschaftsgebietes gehabt haben, auch die Goten und später die Awaren und Slawen. So fanden denn auch die ungarischen Stämme hier schon ein Gebiet mit einer gewissen Kultur vor, so wenig ausgeprägt sie auch gewesen sein mag. Nachdem sie aber seßhaft geworden waren, konnten sie auf dieser Grundlage leichter ihr Gemeinwesen aufbauen, als es in den weiten Ebenen östlich der Donau möglich gewesen wäre, die zivilisatorisch ein weißer Fleck auf der Landkarte waren.

Vielleicht sollte ich nicht von einem ›Machtzentrum‹ der Ungarn sprechen, sondern von ›Machtzentren‹. Denn auch im Ungarn des frühen Mittelalters gab es, wie in den anderen europäischen Ländern, keine Hauptstadt im eigentlichen Sinne, also nicht einen einzelnen Ort, wo die ganze Macht, die königliche, die kirchliche, die ständische, konzentriert waren.

In Ungarn verteilte sie sich zunächst auf zwei Orte: Auf Esztergom (Gran) und Székesfehérvár (Stuhlweißenburg). Man kann sie uneingeschränkt als ›Königsstädte‹ bezeichnen, die auch dann noch von Bedeutung waren, als von der Mitte des 14. Jahrhunderts an Buda (Ofen) die ständige Residenz der ungarischen Könige wurde.

Wenn wir von den Machtzentren sprechen, dann sollten wir aber auch Veszprém und Visegrad nicht vergessen, die so etwas wie ›Königspfalzen‹ waren, in die sich die Herrscher in ihren Mußezeiten zurückzogen oder wenn sie sich über die Bürger von Buda ärgerten. Diese ›Pfalzen‹ liegen zwar nicht gerade auf dem direkten Weg von Österreich nach Budapest. Aber warum sollte man nicht links und rechts von der großen Straße zur ungarischen Hauptstadt abbiegen und einige Umwege machen? Auf ihnen werden wir zu den Wurzeln Ungarns gelangen, werden sehen, wie es geworden ist, und werden außerdem noch das Vergnügen haben, in reizvoller Landschaft auf den Spuren der Geschichte zu wandeln.

Fangen wir gleich in Győr mit unseren Abschweifungen an. Die Stadt gehört zwar nicht zu den erwähnten ›Königsstädten‹, sie führt uns aber doch weit in die Geschichte zurück. Außerdem führen von ihr die Straßen nach Esztergom und nach Visegrad, nach Székesfehérvár und nach Veszprém, ganz zu schweigen vom Benediktinerkloster Pannonhalma, wo uns die christliche Frühzeit Ungarns begegnen wird.

WEGE NACH BUDAPEST

Győr

ist eine Entschuldigung wert

Győr (Raab), so las ich in einem ungarischen Reiseführer, ist das Zentrum der ›Kleinen ungarischen Tiefebene‹. Das mag in administrativer, wirtschaftlicher, bestimmt sogar in kultureller Hinsicht zutreffen. Schließlich ist Győr die Hauptstadt des Regierungsbezirkes Győr-Sopron. Mit seinen 125 000 Einwohnern ist es die sechstgrößte Stadt Ungarns; mit seiner industriellen Produktion steht es hinter Budapest und Miskolc sogar an dritter Stelle im Lande. Seine kulturellen Ansprüche demonstriert das neue Stadttheater in der Czuczor Gergely utca, einem modernen Glas- und Betonbau von den Dimensionen eines Festspielhauses.

Aber irgendetwas stört mich an der Verbindung, die der Reiseführer zwischen Győr und der kleinen Tiefebene herstellt. Győr – das ist keine Stadt der Tiefebene, also ein städtisches Gemeinwesen, das von dem umgebenden Land geprägt ist, gleichgültig wie groß es auch sein mag. Győr ist kein groß geratenes Csorna oder Kapuvár, auch kein Pápa, das über seine Grenzen hinausgewachsen ist.

Győr wurde und wird nicht von der Landwirtschaft seines Umlandes geprägt, auch wenn hier einstmals die Getreide-, Vieh- und Weintransporte in die westlichen und nordwestlichen Teile der Habsburger-Monarchie und bis nach Bayern durchgegangen sind. Die Stadt an der Mündung der Raab in die Donau war, abgesehen von ihrer strategischen Bedeutung, während der sich beinahe über zweihundert Jahre hinziehenden Türkenkriege eine Handelsstadt, ein Knotenpunkt der Straßen und ein Gemeinwesen, in dem Handwerk und Gewerbe sich entwickelten und die wirtschaftliche Grundlage für ein kräftiges Bürgertum mit seinen kulturellen Ansprüchen schufen. Győr – das ist für mich eine danubische Stadt, auch wenn

sie etwas abgerückt von der Donau liegt. Danubisch in dem Sinne,
wie Preßburg danubisch ist, indem sich nämlich in diesen Bereichen
beiderseits des Stromes die Einflüsse nicht nur des Landes, zu
dem diese Städte jeweils gehörten, geltend machen, sondern auch
Einflüsse und Tendenzen der anderen Völker, vor allem der Slowaken und Deutschen, die sich hier gegenseitig durchdrangen.

Jahrelang hatte es mein Beruf mit sich gebracht, daß ich zwischen
Wien und Budapest hin und her fuhr. Auch in den Zeiten, als es auf
den 250 Kilometern, die die beiden Hauptstädte trennen, noch keine
Autobahnen oder Schnellstraßen gab, war das keine Affäre. So legte
man in Győr, also auf halber Strecke, höchstens eine Kaffeepause
ein oder aß in einem Restaurant an der Hauptstraße schnell zu
Mittag oder Abend. Sonst fuhr man eben durch Győr durch und
bekam von der Stadt nur die breite Hauptstraße mit dem unaus-
sprechlichen Namen Tanácsköztársaság útja, die in die Höhe schie-
ßenden Wohnblocks, die Hallen der Waggon- und Maschinenfabrik
Rába und das Stadion des von ihr geförderten Fußballclubs zu
Gesicht.

Als ich dann doch einmal an einem Septembernachmittag auf
dem Köztársaság tér stand, dem Platz von dem man seinen Streifzug
durch die Stadt beginnen sollte, war ich beschämt und verwirrt.

Beschämt, weil ich diese Teile von Győr vernachlässigt hatte;
hätte ich gewußt, bei wem, ich hätte mich auf der Stelle dafür
entschuldigt. Verwirrt, weil ich nicht wußte, wo und wie ich mit
der Besichtigung anfangen sollte. Bei der Karmeliterkirche vom
Beginn des 18. Jahrhunderts mit ihrem elliptischen Grundriß, der
ovalen Kuppel und dem steilen Dach, deren sattes Gelb, je tiefer
sich die Sonne senkte, immer intensiver aus sich herausleuchtete?
Sollte ich mir zuerst vom anderen Ufer der Raab die Basteien der
mittelalterlichen Burg ansehen oder sollte ich gleich den leicht
ansteigenden Weg zum Káptalan-domb einschlagen? Oder sollte
ich nicht einfach ziellos durch die schmalen Gassen schlendern, die
sich von hier öffneten, und mich von den barocken, den Rokoko-
und klassizistischen Fassaden der Adels- und Bürgerhäuser und
ihren Erkern und Stuckverzierungen bezaubern lassen, die es hier in
solcher Fülle gibt, ob sie nun sorgfältig restauriert oder vom Zahn
der Zeit beträchtlich angenagt sind? Ich wählte letzteres, nur mußte
ich bald einsehen, daß ich an diesem Tage in keine Kirche und in
kein Museum mehr kommen würde, wenn ich mich weiter dem

Charme dieser Straßen und Plätze ausliefern würde. Auch wenn sie, wie der Széchény tér, nicht mehr die architektonische Geschlossenheit aufweisen, die sie zweifellos einmal gehabt haben. Also beschloß ich, systematisch zu werden und mir zunächst den Dom-Bereich anzusehen.

Burg und Dom, von König Stephan I. schon zu Beginn des 11. Jahrhunderts geschaffen, müssen einmal eine Einheit gewesen sein, ganz im Sinne seiner Politik der Festigung der zentralen Macht des Königtums und der Christianisierung des Landes. Es war ja auch hier in Győr – zumindest soll es der Überlieferung nach hier gewesen sein –, wo Stephan I. Teile der Leiche seines geschlagenen heidnischen Widersachers Kopány an das Burgtor hat nageln lassen.

Von der *Burg* ist außer den westlichen Befestigungsanlagen, den Arkaden des – nach den hier tätigen italienischen Festungsbaumeistern – so benannten Sforza-Hofes und den verzweigten Kasematten, die jetzt als Museum dienen, nicht mehr viel erhalten. Aber wenn irgendwo die Idee von Kreuz und Schwert Gestalt gewonnen hat, dann hier auf dem Domkapitel-Hügel von Győr. Nicht von ungefähr heißt auch heute noch das Bischofs-Palais Püspökvár, was soviel wie Bischofsburg bedeutet.

All die Befestigungen haben aber nicht verhindern können, daß der *Dom* von Győr das Schicksal so vieler Kirchen im umkämpften Ungarn erlitt: Die erste, die romanische Bischofskirche fiel im 13. Jahrhundert dem Mongolensturm zum Opfer, der spätere gotische Bau hatte unter den Besatzungen verschiedenster Couleur zu leiden, ob sie nun einheimisch-ungarisch, kaiserlich-habsburgisch oder türkisch waren. Entweder bezogen sie die Kirche in ihr Verteidigungssystem ein oder sie machten sie zum Munitionsdepot, das dann bei nächster Gelegenheit in die Luft flog. Die Türken, die Ende des 16. Jahrhunderts vier Jahre lang Herren von Győr waren, taten noch ein übriges, indem sie Teile der Kirche in Pferdeställe verwandelten. Auf die Türkenzeit geht übrigens das Wahrzeichen der Stadt zurück, das nicht der Originalität entbehrt. Es ist auf dem Brunnen des Duna kapu tér, des Donautor-Platzes, zu sehen und zeigt den türkischen Halbmond, darüber ein Doppelkreuz, das Ganze gekrönt von einem Wetterhahn.

Natürlich gibt es über dieses Wahrzeichen eine Legende. Auf dem Türmchen eines Pavillons, den die Türken beim Donautor gebaut hatten, sei ein kupferner Wetterhahn angebracht gewesen. Und selbstbewußt

hatten die Türken verkündet, so lange der Hahn in einer Vollmondnacht
nicht krähen würde, würden die Ungarn Győr auch nicht zurückerobern.
1598 wurde ihnen diese Überheblichkeit aber zum Verhängnis: Als die
Soldaten des Grafen Miklós Pálffy zum Sturm auf die Festung ansetzten,
machte ein Husar den Hahnenschrei so täuschend nach, daß die Türken
in Panik gerieten und von den ungarischen Belagerern leicht überwältigt
werden konnten. Soweit die Legende.

Was nun die Wirklichkeit betrifft, so hinterließen die Türken den
Dom als Ruine, die erst fünfzig Jahre später wieder aufgebaut wurde,
diesmal im Barockstil. Weitere hundertzwanzig Jahre dauerte es, bis
das Innere so gestaltet war, wie wir es heute empfinden: als einer
Rausch von rotem Marmor und Gold, in den die Pfeiler und Kapitelle, die Säulen der Altäre und die Heiligen- und Engelsfiguren
ebenso einbezogen sind wie die Ornamente auf dem Chorgestühl.
Man muß sich gegen ihn geradezu zur Wehr setzen, wenn man
auch noch Einzelheiten in Augenschein nehmen will, wie die ›Himmelfahrt Mariä‹ auf dem großen Altarbild von Franz Anton Maulbertsch und seine Fresken im Gewölbe. Oder das Gnadenbild der
Lieben Frau von Győr auf dem linken Seitenaltar, das weniger
wegen seines künstlerischen Wertes als wegen seiner Herkunft und
der Verehrung, die es unter den ungarischen Gläubigen genießt,
beachtet werden muß. Es stammt nämlich aus Irland und ist von
Walter Lynch, dem Bischof von Lonforth, mitgenommen worden,
als er 1649 vor den religiösen Verfolgungen unter Cromwell fliehen
mußte. Er fand zuerst Zuflucht in Wien, später in Győr. Am 17. März
1697, dem Tag des irischen Nationalheiligen Patrick, sollen aus
den Augen der sich über das Jesuskind beugenden Madonna drei
Stunden lang blutige Tränen geflossen sein, was im Lande ungeheu-
res Aufsehen erregte. Kaiser Leopold I. ließ das wundertätige Bild
nach Wien bringen und in feierlicher Prozession in den Stephans-
dom tragen, später war es in Győr das Ziel von Wallfahrten aus
ganz Ungarn. Noch heute ist es Gegenstand besonderer Verehrung.

Aus der gotischen Zeit des Domes ist noch die Sankt-Ladislaus-
Kapelle erhalten, auch Héderváry-Kapelle genannt, weil sie 1404
von dem Bischof Johannes von Héderváry errichtet wurde. Sie
birgt ein Meisterwerk der Goldschmiedekunst, das Kopfreliquiar des
Königs Ladislaus I., des Heiligen, der von 1077 bis 1095 regierte. Es
ist ein Meisterwerk nicht nur der ungarischen, sondern auch der
böhmischen Goldschmiedekunst, denn bei seiner Restaurierung im

Jahre 1600 in Prag erhielt es die Zackenkrone, das Halsstück und den Halsrand. So spiegeln sich auch in diesem Prunkstück der kirchlichen Kunst die vielfältigen Beziehungen wider, die Győr mit seiner westlichen und nördlichen Umwelt verbanden und der Stadt durch die Jahrhunderte eine besondere Stellung im Bereich der Stephanskrone gaben.

Damit wäre ich zum Ausgangspunkt dieses Kapitels zurückgelangt und hätte gleich einen passenden Abgang aus Győr gefunden. Aber ich kann diese Stadt unmöglich verlassen, ohne noch einmal gesagt zu haben, wie bedauerlich es ist, daß der quadratische Széchenyi tér, seit dem 17. Jahrhundert Zentrum des städtischen Lebens, sein architektonisches Gesicht verloren hat, das er mit seinen Ordenshäusern, Verwaltungsgebäuden, Palais und Bürgerhäusern und nicht zuletzt der zweitürmigen Jesuitenkirche bis in unser Jahrhundert gehabt haben muß. Ganz hat er aber seinen Reiz nicht eingebüßt, denn die hohe Mariensäule zur Erinnerung an die Vertreibung der Türken aus Buda 1686 ist noch da, die heitere Barockfassade der Sankt-Ignatius-Kirche mit ihren Nischenfiguren übt ihren Zauber aus, im ehemaligen Ordenshaus der Benediktiner mit den barocken Stuckverzierungen zeigt das Apothekenmuseum seine Schätze und an der Ecke der Stelczer utca gibt das zweistöckige barocke ›Stock-im-Eisen-Haus‹ (Vastuskós hás) einen Eindruck von dem Bild, das der Platz in früheren Zeiten geboten hat.

In die Kirche *Sankt Ignatius*, die die Jesuiten gebaut und später die Benediktiner übernommen haben, muß man auch einen Blick werfen: Die Deckenfresken und das Altarbild schuf nämlich Paul Troger, der Barockmaler aus Welsberg in Südtirol, dem wir unter anderem auch die Malereien im Marmorsaal des Stiftes Melk verdanken.

Was in den Gassen um den Széchenyi tér sonst noch zu sehen ist, muß ich der Entdeckungsfreude des Lesers überlassen, falls ihn der Weg nach Győr führen sollte. Ich kann nur sagen, daß er bei seinen Erkundungen auf seine Kosten kommen wird, denn dieses Győr ist keine Museumsstadt; in den alten Häusern, ob sie nun restauriert sind oder nicht, geht das Leben weiter. Wie im ehemaligen ungarischen Hospital in der Rákózi Ferenc utca 6, das 1666 als Altersheim geschaffen wurde. Unter seinen von toskanischen Säulen getragenen Arkaden halten die alten Leute heute noch ihren Schwatz.

Esztergom

Die Wiege

Nach Esztergom, dem alten Gran, bin ich immer nur auf der Landstraße gefahren, die von Győr über Komárom und die Industrieorte
bei Dorog führt, und das ist nicht sehr amüsant. Man kann sich
natürlich auch per Schiff der Bischofsstadt nähern und dann durch
das Donauknie nach Budapest fahren, aber, offen gestanden, ich
mag die zwischen Wien und Budapest verkehrenden Tragflügel-
boote nicht sonderlich. Man sitzt in ihnen wie in einem Autobus,
und auf dem Deck kann man sich wegen des Fahrtwindes kaum
aufhalten.

*Ja, wenn man noch so gemütlich dahinfahren könnte, wie es dem 37
Jahre alten Otto von Bismarck vergönnt war, als er im Juni 1852 in
diplomatischer Mission nach Budapest reiste, und zwar ab Wien per
Schiff. Er muß es sehr genossen haben, denn seiner Frau schrieb er aus
Budapest:* »*Der Weg hierher, wenigstens von Gran bis Pesth, würde Dich
gefreut haben. Denke Dir Odenwald und Taunus nahe aneinander gerückt,
und der Zwischenraum mit Donauwasser angefüllt. Die Schattenseite der
Fahrt war die Sonnenseite, es brannte nämlich, als ob Tokayer auf dem
Schiff wachsen sollte, und die Menge der Reisenden war groß ... Übrigens
sonderbare Käuze genug, von allen orientalischen und occidentalischen
Nationen, schmierige und gewaschene. Ein recht liebenswürdiger General
war meine Hauptreisegesellschaft, mit dem ich fast die ganze Zeit über
oben auf dem Radkasten gesessen und geraucht habe ...*«

*Soweit also Bismarck über seine Donaufahrt. Und da ich mit eigenen
Schiffsreise-Eindrücken, wie gesagt, nicht dienen kann, sei noch ein anderer
berühmter Mann zitiert. Neun Jahre vor Bismarck unternahm Franz
Grillparzer die, wie er schrieb,* »*gefahrvolle Reise*« *und berichtete über
diesen Abschnitt des großen Stromes:* »*Die Gegend bezaubernd, Vissegrad,
Waitzen. Man begreift die hochstrebenden Ideen der Ungarn, wenn man
ihr Land sieht. Ich habe mich ein wenig mit ihren Superlativen ausgesöhnt.
Die Sonne geht unter und entzündet Wasser und Luft. Der junge Mond
macht sich geltend ... Es lag ein unbeschreiblicher Zauber über der
Gegend ...*«

*Auf den ›Zauber der Gegend‹ werde auch ich noch zu sprechen kommen,
aber erst später und aus einer anderen Sicht. Sozusagen von oben, von
den Pilisbergen und den Höhen oberhalb von Visegrad hinunter ins
Donautal.*

Zunächst muß von Esztergom gesprochen werden, wo die von Bismarck und Grillparzer besungene Landschaft erst anfängt. Auf dem rechten Donauufer beginnen die Hügel langsam anzusteigen, das linke Ufer, hier noch einige Kilometer tschechoslowakisches Gebiet, ist vorläufig noch flach. Dann aber rücken von beiden Seiten die Berge an den Fluß heran, zwängen ihn ein und schaffen jene Szenerie, die die beiden doch recht verschiedenen Charaktere gleichermaßen begeistert hat.

Als Grillparzer und Bismarck an Esztergom vorbeikamen, war die pompöse *Basilika* auf dem Felsenplateau über der Stadt noch nicht fertig. Mit ihrem Bau war 1822 begonnen worden, geweiht wurde sie am 31. August 1856. Franz Liszt war dabei und dirigierte seine für diesen Anlaß komponierte ›Graner Messe‹. Grillparzer wird also im Jahre 1843 nur ein gewaltiges Baugerüst auf dem Plateau gesehen haben. Was hätte er wohl über die »hochstrebenden Ideen der Ungarn« und ihre »Superlative« geschrieben, wenn sich ihm die klassizistische Kathedrale mit der riesigen, von 24 Säulen getragenen Kuppel — nach jener des Petersdoms, von Florenz und der Sankt-Pauls-Kathedrale in London die viertgrößte der Welt, sagen stolz die Fremdenführer — so dargeboten hätte, wie sie sich heute uns darbietet? Und wenn er die »größte Kirche des Landes« — ein weiterer Superlativ für die Touristen — auch noch von der Landseite hätte sehen können, wo sechs wuchtige korinthische Säulen das Dach der Vorhalle tragen?

Grillparzer hat die »hochstrebenden Ideen« der Ungarn und ihren Hang zu Superlativen auf die Landschaft zurückgeführt. Ich bezweifle das aber stark. So pathetisch finde ich die ungarische Landschaft nun nicht, weder hier am Donauknie noch in ihrer Gesamtheit. Dort wo sie sich hügelig gibt, hat sie für mich eher etwas Pastorales.

Ich glaube vielmehr, daß die Ambitionen der Ungarn, ihr Hang zur überzogenen Selbstdarstellung, und wenn man so will, ihre Extrovertiertheit, andere Wurzeln hat. Einmal das auch in tausend Jahren nicht überwundene Gefühl, von einer fremden, oft feindlichen Welt umgeben zu sein, eingeschlossen von Deutschen, Slawen, Romanen, von Völkern, zu denen man nicht gehört. Ein Gefühl der Isolation, das die beinahe zwanghafte Vorstellung zur Folge hat, sich immer und überall behaupten zu müssen.

Dann aber noch etwas, das mir so richtig erst hier auf dem Burgberg von Esztergom bewußt geworden ist: Wie verhält sich wohl eine Nation, deren Kirchen, Burgen und Paläste, deren Schöpfungen in der Malerei und der Bildhauerei immer wieder den Zerstörungen durch Kriege und Fremdherrschaft anheim gefallen sind? Die, mit anderen Worten, immer wieder in Gefahr war, ihre Identität und Kontinuität zu verlieren?

Um aber in Esztergom zu bleiben: Es war die erste Residenz der Herrscher aus dem Arpadenhause, wenn man so will, also die erste Hauptstadt des Reiches der Stephanskrone. Hier wurden Fürst Géza und sein Sohn Stephan getauft, hier wurde letzterem die Krone aufs Haupt gesetzt, die ihm Papst Sylvester II. um die Jahrtausendwende aus Rom gesandt hatte. So will es wenigstens die Überlieferung wissen.

Daß das Symbol königlicher Herrschaft, später als Stephanskrone bezeichnet, vom Papst in Rom unmittelbar dem ungarischen Fürsten übermittelt wurde, war für die damalige Zeit von größter Bedeutung. Während die tschechischen und polnischen Fürsten die Legitimität ihrer Macht vom römisch-deutschen Kaiser herleiteten, also in einem Lehensverhältnis zu ihm standen, galt dies für Stephan und seine Nachfolger nicht. Indem das Symbol ihrer Macht unmittelbar aus der Hand des Papstes stammte, war die Souveränität der ungarischen Könige sozusagen uneingeschränkt. Auch wenn Papst Sylvester wahrscheinlich im Einvernehmen mit Kaiser Otto III., seinem einstigen Schüler, gehandelt hatte.

Noch einer Besonderheit ist in Esztergom zu gedenken: Die Taufe von Géza und Stephan hat kein deutscher Bischof vollzogen, sondern der erste Tscheche auf dem Bischofsstuhl von Prag, der später heiliggesprochene Adalbert. Er hatte sich einige Zeit in Esztergom aufgehalten, und nach ihm wurde auch die erste, im 11. Jahrhundert erbaute Kirche auf dem Burgberg benannt. Es ist übrigens jener Adalbert, der auch eine besondere Beziehung zur deutschen Geschichte hat. Als er die damals noch heidnischen Preußen zum Christentum bekehren wollte, fand er an der Ostsee den Märtyrertod.

Esztergom ist das älteste Erzbistum von Ungarn, und seine Erzbischöfe trugen den Titel eines Primas von Ungarn. Dieser gab ihnen nicht nur den ersten Rang in der kirchlichen Hierarchie, sondern auch eine besondere Stellung in der Politik des Landes, indem sie in Zeiten politischer Wirren und bei Thronstreitigkeiten eine Art von Statthalterfunktion ausübten. Viele Erzbischöfe von Esztergom haben die ungarische Politik auch nachhaltig beeinflußt. Wir brauchen nur an János Vitéz, den Berater des Renaissancekönigs Matthias Corvinus, denken oder an Tamás Bakócz, dessen Hofhaltung die der Jagellonenkönige in Buda an Glanz übertraf, oder an Kardinal Peter Pázmány, den kirchlichen und kulturellen Vorkämpfer der Gegenreformation in Ungarn in der ersten Hälfte des 17. Jahrhunderts.

Esztergom ist also eine Stadt mit großer geschichtlicher Bedeutung für die Nation. Aber sogleich müssen wir die Frage stellen, die wir an anderer Stelle schon angeschnitten haben und an der man in Ungarn nicht vorbei kommt: Was ist noch vorhanden an Bauwerken, die diese Bedeutung für die heutigen Generationen sichtbar machen würden? Auch hier fällt die Antwort so aus, wie sie noch oft ausfallen wird: Es ist wenig übriggeblieben.

Noch am meisten vom *Palast*, in dem zuerst die Könige, später die Erzbischöfe residierten. Die Burgkapelle ist noch da mit ihrem romanischen Portal und der gotischen Fensterrose darüber und den Fresken aus dem 13. Jahrhundert. Von dem Palast, in dem König Béla III. im Jahre 1189 Kaiser Friedrich Barbarossa beherbergte, als dieser an der Spitze des dritten Kreuzzuges auf dem Wege ins Heilige Land war, sind ebenfalls einige Mauern und ein Rundbogenportal erhalten geblieben oder aus dem Schutt, den die Jahrhunderte zurückgelassen haben, wieder freigelegt worden. Überhaupt muß man sagen, daß hier seit dem Beginn der Ausgrabungen in den dreißiger Jahren durch systematische Freilegungen und vorsichtige Rekonstruktionen große Arbeit geleistet wurde, so daß der Besucher nicht nur auf die eigene Phantasie angewiesen ist, wenn er sich von der Residenz der Arpadenkönige eine Vorstellung machen will.

Von der Kirche Sankt Adalbert ist kaum ein Stein übriggeblieben, denn die Türken, für die der Burgberg eine ihrer wichtigsten Festungen an der Donau war, haben nach ihrem Abzug nur Ruinen hinterlassen. Mit einer Ausnahme allerdings: die von dem schon erwähnten Erzbischof Tamás Bakócz errichtete Kapelle, eines der schönsten Renaissance-Bauwerke Ungarns, gibt es noch. Allerdings steht sie nicht mehr an ihrem ursprünglichen Platz. Beim Bau der Basilika im vorigen Jahrhundert hat man sie vorsichtig auseinandergenommen und in der neuen Kathedrale wieder zusammengefügt, wo sie heute eine Hauptsehenswürdigkeit darstellt. Mit ihren Wänden und Schmuckelementen aus rotem Marmor und dem Altar aus weißem Marmor bringt sie in die kalte Pracht der großen Basilika beinahe eine intime Note.

Esztergom ist noch im Herbst 1683, unmittelbar nach dem Entsatz von Wien durch die Kaiserlichen, den Türken entrissen worden. An der Eroberung dieser Festung nahm auch der polnische König Jan Sobieski teil, an den ein Denkmal im Park am Donauufer erinnert.

Die Erzbischöfe von Esztergom kehrten aber erst Anfang des 19. Jahrhunderts wieder an ihren Sitz zurück. Drei Jahrhunderte lang residierten sie in Preßburg und in Tyrnau, in Städten, die bis 1918 zu Ungarn gehörten, heute aber zur Slowakei zählen. Preßburg war ja seit der Mitte des 16. Jahrhunderts, nachdem sich die Türken in Buda festgesetzt hatten, die Hauptstadt des Habsburgischen Ungarn gewesen. Ihre Rückkehr fiel aber zusammen mit der Wiedererweckung des nationalen Selbstbewußtseins der Ungarn im 19. Jahrhundert. Soll es da wundernehmen, daß man gerade an dieser ebenso geschichtsträchtigen wie über das Land ringsum dominierenden Stelle der Kontinuität und Wiedergeburt ein sichtbares Zeichen setzen wollte? Und daß man es in Gestalt dieser alle Maße sprengenden Basilika tat, die wie eine steingewordene Herausforderung wirkt? Auch in das flache Land jenseits der Donau hinein, das heute slowakisch ist, aber einmal zu Ungarn gehörte, und wo auch heute noch viele Ungarn leben. Merkwürdig: Die Brücke, die es hier über die Donau gab und die im Zweiten Weltkrieg zerstört wurde, ist auch heute, vierzig Jahre nach Kriegsende, nicht wieder aufgebaut worden. Es gibt hier also keinen tschechoslowakisch-ungarischen Grenzübergang, vielleicht legt die tschechoslowakische Seite keinen Wert darauf, daß es hier einen intensiven Grenzverkehr gibt. Obwohl tschechoslowakische und polnische Autobusse vor der Basilika ebenso ihre touristische Fracht abladen wie ungarische und westliche Reisebüros.

Wie dem auch sei: Esztergom ist ein Fremdenverkehrsort erster Ordnung. Hauptziel ist natürlich der Burgberg mit der Basilika und den Ausgrabungen des alten Königspalastes.

Selbst wenn einem Architektur und Anspruch der *Basilika* nicht zusagen, man kommt um sie nicht herum. Denn die schon erwähnte Renaissance-Kapelle des Erzbischofs Tamás Bákocz muß man sich ebenso ansehen wie die goldenen Kelche in der Schatzkammer der Basilika, den Prunk der dort ausgestellten Meßgewänder und das edelsteinbesetzte Schwurkreuz, auf das die ungarischen Könige ihren Eid ablegten. In der Krypta, die ebenfalls aus dem vorigen Jahrhundert stammt und deren Ausmaße denen der Basilika entsprechen, findet man Grabplatten, die in der früheren Kirche die Sarkophage der Erzbischöfe bedeckten und die die reiche ungarische Grabmalplastik des Mittelalters lebendig werden lassen.

In Esztergom darf man sich aber nicht nur auf den Burgberg konzentrieren. In der ›Wasserstadt‹, dem Stadtteil zwischen Donau und Burgberg, gibt es im Palais der Erzbischöfe das *Museum der christlichen Kunst*, das die bedeutendste Kunstsammlung des Landes außerhalb Budapests ist. Wer sich ein Bild vor allem von der ungarischen Tafelmalerei des 15. und des 16. Jahrhunderts machen will, darf an ihr nicht vorbeigehen. Dabei wird ihm auffallen, daß die Altarbilder und Holzschnitzereien meist aus Orten stammen, die einstmals zu dem großen ungarischen Kulturbereich gehörten, heute aber in der Tschechoslowakei und in Rumänien liegen. Zu diesen Ausstellungsstücken gehört auch das eigenartige ›Heilige Grab aus Garamszentbenedek‹, eine phantasievolle, figurenreiche Schnitzarbeit auf Rädern, die im Mittelalter in der Osterprozession mitgezogen wurde. Ob dieses Heilige Grab voll praller Volksszenen, oder die Tafelbilder des geheimnisvollen Meisters M.S., oder die rührende gotische Holzplastik der Maria Magdalena des Kölner Meisters aus dem Jahre 1170 die wertvollsten Stücke der Sammlung sind, muß jeder für sich entscheiden.

In der ›Wasserstadt‹ sollte man sich aber auch sonst umsehen. Man wird an dem Schwung der Fassade der Pfarrkirche, die sich mit ihren beiden Türmen an das Erzbischöfliche Palais anlehnt, ebenso sein Vergnügen haben, wie an den Bürgerhäusern und kleinen Palais in den schmalen Gassen der Stadt. Auf dem Széchenyi tér, dem Hauptplatz der Stadt, wird man von der breiten Fassade des *Palais* angezogen werden, in dem heute die Stadtverwaltung ihren Sitz hat. Sie nimmt in ihrer ganzen Ausdehnung die Breitseite des Platzes ein und hat auf der Ebene des Erdgeschosses einen hübschen Arkadengang und über dem rotmarmornen Tor einen Balkon mit einer verspielten Steinbrüstung. Zu Beginn des 18. Jahrhunderts, als es dem ›Blinden Bottyán‹ gehörte, dem legendären einäugigen General in der Kuruzen-Armee des Rebellenfürsten Rákóczi, war es noch wesentlich bescheidener. Mit Rákóczi und Bottyán aber werden wir uns erst beschäftigen, wenn vom ›rebellischen Ungarn‹ die Rede sein wird.

Visegrad

Frühling der Renaissance

Ob Otto von Bismarck schon die Wachau kennengelernt hatte, als er mit dem Raddampfer von Wien nach Budapest fuhr? Kaum anzunehmen, sonst hätte er wahrscheinlich eher die Landschaft zwischen Melk und Krems zum Vergleich herangezogen, um seiner Frau eine Vorstellung von der Szenerie am Donauknie zu vermitteln.

Odenwald und Taunus aneinandergerückt und dazwischen Donauwasser – gewiß, es läßt sich vertreten. Als ich die Landschaft am Donauknie zum ersten Mal sah, dachte ich an die Wachau, besonders wenn man sie von oben sieht. Von den Pilisbergen zum Beispiel. Wenn man von dem kleinen Plateau hinter dem Dobogókő-Hotel aus 700 Metern Höhe hinunter zur Donau blickt und sich auf der anderen Seite des Flusses die Höhenzüge des Börszöny auffalten, dann ist es beinahe so, als blicke man von den Höhen des Dunkelsteiner Waldes über die Donau in Richtung Jauerling. Die Vegetation ist natürlich verschieden, hier in der ungarischen Landschaft gibt es beiderseits des Flusses kaum Nadelwald. Die Pilisberge – das sind Eichen und Buchen und Haselnußsträucher an den Hängen, die an diesem sonnigen Herbstsonntag wie in Flammen stehen. In den Wiesenmulden zwischen den Hügeln verstreut die Dörfer, wenige nur.

Die Pilisberge waren einstmals königliches Jagdgebiet, heute tummeln sich an den Wochenenden die Budapester in diesem Gebiet, das eine Fülle von Touristenheimen, Restaurants, Wochenendhäusern und markierten Wanderwegen bietet. Wild gibt es hier allerdings auch noch, Hirsche, Rehe, Wildschweine, Mufflons. Dazu auch wieder Jäger, nur ist ihr Geblüt weniger königlich; das spielt aber keine Rolle, dem Reisebüro des Staatsforstes ›Natours‹ kommt es sowieso weniger auf blaues Blut als auf harte Devisen an.

Aber kehren wir zurück zur Donau und wenden wir unsere Aufmerksamkeit *Visegrad* zu. Dem Namen nach sind die Burg und das Städtchen zu ihren Füßen eindeutig slawischen Ursprunges und bedeuten soviel (Vyšehrad) wie ›Hohe Burg‹ oder ›Hohe Stadt‹. Sie könnte ebenso gut in Böhmen wie in Serbien liegen, und in der Tat gibt es ja auch dort Orte mit entsprechenden Namen. Das Višegrad in Serbien ist sogar weltberühmt geworden und zwar durch seine, von Nobelpreisträger Ivo Andrić besungene ›Brücke über die Drina‹.

Es ist geradezu ein Wunder, daß sich der slawische Name unseres ungarischen Visegrad in seiner ursprünglichen Form durch die Jahrhunderte erhalten hat. Denn die Ungarn waren nicht gerade zimperlich, wenn es um die Magyarisierung von Namen und Bezeichnungen aus anderen Sprachen ging. Zu Beginn des 19. Jahrhunderts machten die Sprachpuristen nicht einmal vor einem für das Werden Ungarns so bedeutenden Ort wie dem Benediktinerkloster auf dem Sankt-Martins-Berg halt und tauften es in Pannonhalma um. Hielten sie Visegrad für so wenig bedeutend, daß sie ihm seinen Namen ließen? Möglich, denn bis in die dreißiger Jahre unseres Jahrhunderts gab es ungarische Historiker, die bezweifelten, ob es den von den Anjou-Königen begonnenen und von Matthias Corvinus ausgebauten Palast dort überhaupt gegeben habe. Und das trotz der geradezu hymnischen Beschreibungen von Zeitgenossen. Oft zitiert wird der Bericht eines päpstlichen Legaten aus dem Jahre 1483, der folgendermaßen datiert ist: »Ex Visegrado Paradiso Terrestri – aus Visegrad, dem Paradies auf Erden.«

Von Miklos Olah, dem Erzbischof von Esztergom, stammt eine Beschreibung von Visegrad, in der es heißt: »Der neue Palast des Matthias ist wegen seiner herrlichen Lage und seinem großen Aufwand wahrlich eines Königs würdig, denn es gibt darin mehr als 350 Räumlichkeiten.« Aus ihr geht auch hervor, daß der Palast terrassenförmig gebaut war. Der Erzbischof spricht nämlich von einem Hof, der mit Lindenbäumen bepflanzt war, »die im Frühling einen süßen Duft verbreiten. In der Mitte bricht eine Quelle aus einem kunstvoll gemeißelten rotmarmornen Brunnen hervor, den Reliefs der Musen schmücken ... Auf Befehl des Königs Matthias Corvinus, dessen Werk dieser herrliche Bau ist, führte die Quelleitung bei Siegesfeiern Wein, und zwar abwechselnd Rot- und Weißwein, der weiter oben, am Fuße des Berges, in die Rohre gefüllt wurde. Hier ging auch der König spazieren, schöpfte frische Luft, mitunter empfing er hier sogar die Gesandten ...«

Was aber war nun dieses Visegrad? Eine Art inoffizieller Hauptstadt, eine Residenz unter vielen gleichartigen Residenzen im Lande, ein Sommerpalais? Zu verschiedenen Zeiten hatte es verschiedene Funktionen, unter König Matthias war es das eine wie das andere.

Visegrads Aufstieg begann in der ersten Hälfte des 14. Jahrhunderts unter Karl Robert (1307-1342), dem ersten ungarischen König aus dem Hause Anjou, nachdem das Herrschergeschlecht der Arpa-

den (mit dem Karl Robert über seine Mutter verwandt war) ausge-
storben war. Diese Anjou kamen aber nicht aus Frankreich, sondern
residierten in Neapel und herrschten über Süditalien.

In Buda (Ofen), das zu jener Zeit schon die Residenz der ungarischen Könige war, kam Karl Robert mit der vorwiegend deutschen
Bürgerschaft nicht zurecht, die seinen Rivalen um die Stephanskrone, Otto III. von Bayern (1261-1312), favorisierte. Voller Zorn
verlegte er den Hof nach Visegrad und begann dort einen Palast zu
bauen, würdig seiner königlichen Ansprüche und seiner politischen
Ambitionen. 1335 gelang es ihm sogar, in Visegrad ein Königstref-
fen zustande zu bringen, das wir in unserem heutigen Jargon als
mitteleuropäisches Gipfeltreffen bezeichnen würden. Es nahmen an
ihm König Kasimir von Polen und Johann von Luxemburg als König
von Böhmen teil, ferner Kurfürst Rudolf von Sachsen und der
Wittelsbacher Herzog Heinrich XIV. (oder nach anderer Zählung: II.)
von Niederbayern (1305-1339), alle mit großem Gefolge. Und da
diesen Höflingen, Rittern, Knappen und Reisigen den Gepflogenhei-
ten der Zeit entsprechend etwas geboten werden mußte, dauerte
die Konferenz recht lang: volle zwei Monate.

Und das politische Ergebnis? Es war beachtlich und reichte auch
in die deutsche Geschichte hinein. Durch die Vermittlung Karl
Roberts verzichtete König Johann auf seine Ansprüche auf den
polnischen Thron und Kasimir überließ dem böhmischen König
dafür Schlesien. Es kam auch zu einem Friedensschluß zwischen
dem polnischen König und dem Deutschen Ritterorden. Schließlich
entstand noch eine ungarisch-böhmisch-polnisch-bayrische Allianz
gegen die Habsburger, die vor allem wirtschaftliche Folgen hatte:
Diese wurden gezwungen, das Handelsmonopol Wiens im Donau-
raum zu lockern und es damit auch ausländischen Kaufleuten zu
ermöglichen, die Handelswege zwischen Ungarn, Mähren und Polen zu benutzen.

Die Anjou-Könige, die Karl Robert folgten, und der Luxemburger
Sigismund residierten wieder auf der Burg von Buda, bauten aber
Visegrad weiter aus, wobei den gotischen Teilen des Palastes schrittweise Elemente der frühen Renaissance beigefügt wurden. Seinen
vollen Glanz – der, wie aus unseren Zitaten ersichtlich, die Zeitgenossen höchst beeindruckt hat, bekam der *Königspalast* dann unter
Matthias Corvinus (1458-1496) in der zweiten Hälfte des 15. Jahrhunderts.

Seit Jahrzehnten ist man nun dabei, diese großzügige Anlage von dem Schutt zu befreien, den kriegerische Zerstörungen und die Jahrhunderte aufgehäuft haben. Durch Restaurierungen, wo diese möglich und vertretbar erscheinen, versucht man dem Besucher eine Vorstellung von dem weitläufigen Bauwerk zu geben, das einer der Orte war, wo die Renaissance in Ungarn ihren so intensiven Frühling erlebte, auf den dann kein Sommer folgen sollte.

Was von den Terrassen, den Treppenaufgängen und dem Mauerwerk bisher ausgegraben oder wiederaufgerichtet wurde, genügt schon, um einen Eindruck von der Großzügigkeit des ganzen Komplexes zu geben. Die Innenhöfe, Arkadengänge, Säle, Wohn- und Wirtschaftsräume erstreckten sich über drei Terrassen von verschiedener Höhe, die durch Steintreppen miteinander verbunden waren. In den Höfen sorgten Brunnen für Kühle und Erfrischung. Der spätgotische Zierbrunnen, noch aus der Anjou-Zeit, der in der Westecke des Ehrenhofes stand, ist im Salomonsturm wieder aufgebaut worden. Von dem achteckigen Springbrunnen aus rotem Marmor in der Mitte des Hofes stehen an Ort und Stelle noch drei Seitenwände. Dieser Brunnen war eine besondere Sehenswürdigkeit, denn Renaissancebrunnen dieser Art sind sogar in Italien eher selten.

Da wir schon von Brunnen sprechen: Der ebenfalls rotmarmorne Löwenbrunnen in dem am höchsten gelegenen Hof des Palastes ist eine Kopie. Originalteile dieses Wandbrunnens, dessen Becken von Pfeilern getragen wird, die wiederum auf dem Rücken von Löwen stehen, befinden sich ebenfalls in dem schon erwähnten Salomonsturm.

Nur zum Teil freigelegt ist bisher jener Flügel des Palastes, in dem Königin Beatrix aus dem Hause Aragon, die dritte Gemahlin von Matthias Corvinus, Hof hielt. Aus zeitgenössischen Berichten wissen wir, daß sie Künstler aus allen Teilen Europas, vor allem Musiker, um sich versammelte. Der ungarische Hof auf der Burg von Buda war damals ein kulturelles Zentrum von europäischem Rang. Es ist daher nicht allzu verwegen, sich vorzustellen, daß sich zur Sommerszeit auch in Visegrad ein Musikleben entfaltete, das Sänger, Instrumentalisten und Komponisten aus allen europäischen Ländern anzog.

Von einigen Renaissance-Komponisten und -Musikern ist aus Berichten, Briefen und Chroniken erwiesen, daß sie sich am Hofe des hochgebilde-

ten und kunstfreudigen Herrscherpaares Matthias und Beatrix eine Zeit-
lang aufgehalten haben. Oder daß sie ihn zumindest besucht haben, denn
damals war es Sitte, Musiker auch mit diplomatischen Missionen zu
betrauen. So schickte Kaiser Maximilian I. den flämischen Komponisten
Jacques Barbireau nach Buda. Königin Beatrix spricht jedenfalls in einem
Brief an Maximilian sehr anerkennend von ihm, und es ist anzunehmen,
daß viele seiner Messen, Motetten und Chansons in Buda und Visegrad
gesungen worden sind. Auf andere Musiker der Zeit durfte Königin
Beatrix schon von ihrem Musikerzieher am Hofe von Neapel, Johannes
Tinctoris aus Brabant, hingewiesen worden sein. Er war wohl der bedeu-
tendste Musiktheoretiker jener Zeit, in der die Instrumentalmusik neben
der bisher vorherrschenden Vokalmusik ihre erste Blütezeit erlebte und
geistliche wie weltliche Musik gleichrangig wurden. Er dürfte auch meh-
rere Künstler an den ungarischen Hof vermittelt haben, wie den Lautisten
Pietro Bono, der in einem Brief vermerkt: »Man sieht mich hier gerne,
hört gerne mein Spiel, und wenn es den Hoheiten gefiele, ginge ich nie
mehr von hier fort.«

So verlockend es ist, dem Leben am Hofe von Matthias Corvinus
und seiner Beatrix nachzusinnen – wir müssen uns endlich mit
dem sechseckigen und 31 m hohen massiven Wohn- und Burgturm
beschäftigen, der als Salomonsturm bezeichnet wird und das Kernstück der unteren Burg von Visegrad ist. Warum er so heißt ist
rätselhaft. Denn als Salomon, der vom deutschen Kaiser Heinrich III.
unterstützte ungarische König – er war mit Heinrichs Tochter Judith
verheiratet – gestürzt und von den Angehörigen der Nationalpartei
in Visegrad gefangen gehalten wurde, gab es dieser Turm noch
gar nicht. Er wurde erst Mitte des 13. Jahrhunderts errichtet und
ermöglichte sowohl eine Kontrolle des Verkehrs auf der Donau wie
auf der Straße am rechten Flußufer. Heute befinden sich in den fünf
Stockwerken die Funde aus dem Königspalast.

Der Salomonsturm und die Unterburg sind durch eine zum Teil
noch erhaltene, zum Teil schon eingestürzte mittelalterliche Mauer
mit der Hochburg verbunden, die Stadt und Fluß beherrscht. Es
führen zwei Straßen hinauf zur Burg, die eine zweigt von der
Uferstraße beim westlichen Ortseingang ab, die zweite beim Salomonsturm. Müßig sich darüber zu streiten, welche von beiden die
überraschenderen Ausblicke hinunter in das enge Donautal bietet;
man muß sie beide befahren, am besten in beiden Richtungen. Jeder
neue Blickwinkel beschert einem ein neues Bild von Fluß, Hügeln

und Wäldern. Wenn man dann auf den Terrassen und Bastionen der oberen Burg steht, hat man den umfassendsten Blick auf den Strom, die Dörfer an seinen beiden Ufern und die sie einschließenden Hügelketten.

Es muß eine Burg gewesen sein, wie sie im Bilderbuch steht, trutzig, prächtig und das Land gebieterisch beherrschend. Kurz, eine wahre Königsburg, auch wenn der Besucher, um sich ein Bild von ihr zu machen, heute mehr seine Phantasie anstrengen muß, als daß er sich auf das stützen könnte, was von ihr noch übrig ist. Erhalten ist jedenfalls der fünfeckige Torturm, den man auf dem Wege in das Burginnere passieren muß. Erhalten sind auch noch einige Außenmauern der Wohngebäude mit gotischen Tür- und Fensterumrahmungen.

Eine wahre Königsburg sagte ich; nicht nur Lage und Anlage der Burg rechtfertigen diese Charakterisierung, sondern auch ihre Bedeutung für das ungarische Königtum. Denn hier und nicht in Buda wurden die Stephanskrone und die übrigen Krönungsinsignien aufbewahrt, und das auch noch zu einer Zeit, als die Ofener Burg schon offizieller Sitz der ungarischen Könige war.

Von hier nahmen auch die abenteuerlichen Schicksale, die die Stephanskrone durch die Jahrhunderte erfahren sollte, ihren Ausgang. Auf der Burg von Visegrad wurde sie nämlich zum ersten Mal gestohlen, wobei der Diebstahl natürlich einen hochpolitischen Hintergrund hatte.

Es war im Jahre 1440, und die politische Situation war folgende: König Albrecht II., der erste Habsburger auf dem ungarischen Thron, war plötzlich gestorben, und es ging um seine Nachfolge. Ein Teil der ungarischen Stände war für den polnischen König Wladyslaw III.; die Witwe Albrechts, Elisabeth von Luxemburg, die schwanger war, wollte jedoch die Stephanskrone dem Hause Habsburg sichern, falls sie einen männlichen Erben zur Welt bringen sollte. Für diese Eventualität wollte sie im Besitz der Krone sein.

Über diese recht dramatische Episode in der an dramatischen Wendungen wahrlich nicht armen Geschichte der Stephanskrone sind wir genau unterrichtet. Helene Kottanerin, die Hofdame der Königin Elisabeth, hat ›Denkwürdigkeiten‹ hinterlassen, in denen sie genau schildert, wie sie die Krone gestohlen hat. »In der Nacht vom 21. zum 22. Februar 1440«, so berichtet die couragierte Dame, »erklärte ich mich voller Angst bereit, den Befehl der Königin auszuführen und die Krone zu entwenden. In meiner

*Aufgabe, die ich mit größter Sorgfalt vorbereitete, war mir ein Ungar
behilflich, der unter seiner schwarzen Samtjacke ein Schloß und in seinen
Filzschuhen je eine Feile verbarg. Ich nahm das kleine Siegel der Königin
und die Schlüssel der drei Vorzimmer mit ...*

*Als alle schliefen, zündete ich eine Kerze an und übergab meinem
Gefährten das Schloß, das Siegel und den Schlüssel. Wir schlichen uns
mit einem Lakaien zur Kronkammer, in die man durch die Kapelle und
das Zimmer des Burggrafen gelangt.*

*In der Kapelle wurde ich von großer Angst ergriffen, ich kniete vor
dem Altar nieder und legte ein Gelübde ab für den Fall, daß das Unterfan-
gen gelang ...*

*Während ich betete, nahmen meine Begleiter die Siegel ab und durch-
feilten die Schlösser. Doch das Schloß an der Kronenschatulle gab nicht
nach, man mußte es losbrechen. Nachdem wir die Krone hatten, machten
wir die Türen wieder zu ... wir nähten die Krone in ein rotes Samtkissen
und trugen sie so durch die Kapelle.*

*Der Tag brach schon an, als wir fertig waren ..., der Lakai, der bei
der Entwendung behilflich war, trug das Kissen auf der Schulter zum
Schlitten und bedeckte es mit einer Kuhhaut. Ich saß den ganzen Weg
über auf der mit Federn gefüllten Seite des Kissens und stand nicht einmal
zum Essen auf. Gegen Abend kamen wir in Komárom an. Noch in dieser
Nacht, am 22. Februar, wurde König Ladislaus geboren.*«

Dieser Ladislaus ist in die Geschichte als Ladislaus Posthumus
eingegangen. Seine Mutter ließ ihn in Komárom noch in der Wiege
heimlich krönen. Dann flüchtete sie aber mit Kind und Krone nach
Wien zu Kaiser Friedrich III. Wladyslaw mußte sich jedoch damit
begnügen, eine ›Notkrone‹ aufs Haupt gesetzt zu bekommen.

Nun gab es in Ungarn zwei Könige: Den Säugling Ladislaus und
den Jagellonen Wladyslaw III. Und beide waren gekrönt, wobei
Ladislaus den Vorteil hatte, daß ihm die Stephanskrone über das
kleine Haupt gehalten worden war. Wladyslaw hatte dafür die
Macht, nur genoß er sie nicht lange. Er fiel in der Schlacht gegen
die Türken bei Varna am Schwarzen Meer im Jahre 1444. Nun kam
wieder der kleine Ladislaus zum Zuge, die wirkliche Macht übte
jedoch als Reichsverweser János Hunyadi aus. Ladislaus blieb in der
Obhut seines Vormundes Friedrich III., der auch die Stephanskrone
behielt. 1464 mußte er sie aber an den Sohn Hunyadis und Nachfolger von Ladislaus auf dem ungarischen Thron, den Renaissancekö-
nig Matthias Corvinus, ausliefern. Erst dann kamen die Kroninsi-

gnien, von denen die ungarischen Könige ihre Macht herleiteten,
wieder in den Burgturm von Visegrad. Ihr weiteres Schicksal werden
wir dann im Nationalmuseum in Budapest erfahren.

Székesfehérvár
Die alte Krönungsstadt

Nachdem wir schon so ausführlich über die Stephanskrone und ihr
Schicksal in Visegrad gesprochen haben, ist es nur natürlich, daß wir
uns nun der Stadt zuwenden, in der die ungarischen Kroninsignien
zunächst aufbewahrt und wo die ungarischen Könige auch gekrönt
worden sind: Ich meine Székesfehérvár, zu deutsch Stuhlweißenburg, das von unserem Ausgangspunkt Győr ebenfalls leicht zu
erreichen ist. Es liegt nur achtzig Kilometer von dort entfernt.

Wenn Esztergom das religiöse und in einem gewissen Sinne
administrative Zentrum des ungarischen Königreiches war, weil sich
dort die Verwaltung der Krongüter befand, so war Székesfehérvár
an die fünfhundert Jahre Krönungsstadt, Aufbewahrungsort der
Kroninsignien und Begräbnisstätte der ungarischen Könige. Sechs-
unddreißig Herrscher wurden hier gekrönt, siebzehn bestattet.

Székesfehérvár–Stuhlweißenburg: Daß der Name der Stadt das
Wort ›weiß‹ enthält, weist schon auf ihren Rang hin. Denn weiß
war bei den Ungarn die Königsfarbe. Die Stadt, die sie in ihrem
Namen führt, ist herausgehoben aus der Reihe der anderen Städte.
Das gilt auch für Gyulafehérvár, das heutige Alba Julia in Rumänien,
einst das Machtzentrum der östlichen Hälfte des ungarischen Reiches. Es gilt ebenso für Nandorfehérvár am Zusammenfluß von
Donau und Save, das auf alten Stichen als ›Griechisch Weißenburg‹
erscheint und uns Heutigen als Belgrad, die Hauptstadt Jugoslawiens, bekannt ist.

Wird man aber heute noch angerührt von der Bedeutung, die
diese Stadt in der Geschichte Ungarns hatte, ist ihr einstiger Rang
noch gegenwärtig, wenn man durch ihre Straßen geht?

Ich würde sagen: Nein.

Um den Szabadság tér zwischen Rathaus und Bischofspalais,
bei dem Ruinengarten und in den Gäßchen um den Domhügel,
schließlich auf der breiten Március 15. utca, der Hauptstraße, hat
Székesfehérvár die geruhsame Atmosphäre einer ungarischen Pro-

vinzstadt. Tagsüber herrscht dort geschäftiges Treiben, das aber bei
näherem Hinsehen weniger von den Zwängen unserer heutigen
Arbeitswelt bestimmt scheint, als von dem bei den Ungarn so
ausgeprägten Wunsch nach menschlicher Kommunikation. Kaum
senkt sich Dunkelheit über die Stadt, breitet sich Stille um die
Barockkirchen und die Bürgerhäuser mit ihren klassizistischen Fassaden aus. Sogar die Zigeunerkapellen in den wenigen Restaurants
im Zentrum der Stadt scheinen etwas gedämpfter zu spielen als
anderswo.

Um es auf eine kurze Formel zu bringen: Weder die Vergangenheit noch die Gegenwart geben Székesfehérvár eine unverwechsel-
bar eigene Note. Von der großen Vergangenheit ist zu wenig übrig
geblieben, als daß sie in der heutigen Atmosphäre der Stadt noch
mitschwingen würde. Die Gegenwart mit ihren Industriebetrieben
und Wohnblocks umgibt die Stadt wie ein Ring, dringt aber mit
ihrem Lärm und ihren Menschenmassen nicht bis ins Zentrum vor.
Was ja nicht zu bedauern ist.

Wenn man wissen will, wie Székesfehérvár in früheren Zeiten
ausgesehen hat, braucht man sich nur die Kopie des Stiches anzusehen, die im Hotelzimmer an der Wand hängt. Der Stich muß vom
Ende des 17. oder Anfang des 18. Jahrhunderts stammen, denn
abgesehen davon, daß er die Anlage der Stadt auf drei Inseln in
einem Sumpfgelände gut veranschaulicht, zeigt er auch den Abzug
der türkischen Besatzung. Und der erfolgte 1689.

Darüber hinaus läßt er erkennen, daß die im Südosten so beliebte
Behauptung, an allen Zerstörungen seien einzig und allein die
Türken schuld, auch im Falle Székesfehérvár nicht aufrecht zu
erhalten ist. Denn offensichtlich haben die Türken bei ihrem Abzug
keine »entvölkerten Trümmerhaufen« zurückgelassen, wie in manchen Reiseführern zu lesen ist. Auch die Krönungskirche ist noch
deutlich zu erkennen, die die Türken angeblich gesprengt haben
sollen.

Natürlich ist die hundertfünfzigjährige Türkenherrschaft in einem
großen Teil Ungarns auch an der Krönungsstadt nicht spurlos
vorübergegangen. Dazu lag sie zu nahe an der Grenze zwischen
dem türkischen und dem habsburgischen Herrschaftsbereich und
war entsprechend umkämpft. Aber die vom Heiligen Stephan im
11. Jahrhundert gebaute »wunderschöne Basilika«, ein romanisches
Bauwerk, das später gotisch umgestaltet wurde, plünderten schon

1491 die Soldaten des späteren Kaisers Maximilian aus. Dann holten sich die Türken 1543 aus den Königsgräbern, was sie für wertvoll hielten. 1601, als die Stadt vorübergehend in habsburgischen Besitz kam, nahmen deutsche Söldner mit, was sich noch zu Geld machen ließ. Die Türken benützten dann die Kirche als Munitionsdepot, so daß ihr Zustand, als die Kaiserlichen Székesfehérvár endgültig in Besitz nahmen, wirklich beklagenswert war. Das letzte Vernichtungswerk geht aber auf das Konto eines Kirchenfürsten des 18. Jahrhunderts: Bischof János Milassin ließ zwischen 1790 und 1801 die Kirche abreißen und baute aus ihren Steinen seinen Bischofspalast. Wobei er allerdings nur dem Beispiel seiner Vorgänger folgte, die schon einige Jahrzehnte vorher beim Bau des barocken Domes die alte Basilika als Steinbruch benutzt hatten.

In den folgenden anderthalb Jahrhunderten bedeckten Geröll und Erde die Grundmauern der Krönungs- und Grabkirche der ungarischen Könige, und über ihren Marmorplatten wuchsen Gras und Gestrüpp. Erst in unserer Zeit wurden die wenigen Reste einer großen Vergangenheit wieder freigelegt.

Was von der Basilika, in der die Erzbischöfe von Esztergom Ungarns Königen die Stephanskrone aufs Haupt setzten, und was von den königlichen Grabkapellen noch übrig blieb, ist heute in dem *Ruinengarten* zu sehen, einer Art Freilichtmuseum zwischen dem Hotel Alba Regia und dem Szabadság tér. Es sind im wesentlichen nur Fundamente und einige Pfeilerstümpfe. In der Galerie, die den Ruinengarten an zwei Seiten umgibt, wurden die Plastiken und die Bruchstücke von den Königsgräbern ausgestellt, auf die man bei den Ausgrabungen gestoßen war. Nur der auf einem Ziegelpostament placierte Steinsarg mit den Engelreliefs an den Längs- und an der einen Schmalseite ist vollständiger erhalten. Ein venezianischer Meister soll ihn im 11. Jahrhundert aus einem römischen Sarkophag angefertigt haben. Ob es allerdings wirklich der Sarg des Heiligen Stephan ist, wie jahrzehntelang angenommen wurde, ist fraglich. Es kann auch der Sarg eines Prinzen aus dem Königshaus der Arpaden gewesen sein.

Das kirchliche Zentrum des heutigen Székesfehérvár befindet sich auf dem Scheitelpunkt der sanften Bodenwelle hinter dem Rathaus. Dort steht der barocke *Dom* aus dem dritten Viertel des 18. Jahrhunderts mit seinen zwei Türmen — ein Bauwerk, das mehr durch seine beherrschende Lage als durch seine Architektur oder die Gestaltung des Innenraumes bemerkenswert ist. Außerdem steht in seiner unmittelbaren Umgebung eine kleine Kirche, die in viel stärkerem Maße die Aufmerksamkeit auf sich zieht: die gotische *Annenkapelle* mit ihrer von steinernem Stabwerk umrahmten Pforte, dem runden Fenster mit zierlichem Maßwerk darüber und drei Spitzbogenfenstern an der Längsseite zum Dom. Sie stammt aus der zweiten Hälfte des 15. Jahrhunderts und wurde von einem Bürger der Stadt namens Johann Hentel gestiftet, der deutscher Abstammung gewesen sein dürfte.

Die Königsstadt hat ja schon frühzeitig ›Ausländer‹ angezogen. Die erste Privilegienurkunde für Bürger fremder Herkunft bezog sich auf die ›Latini‹, worunter man Italiener, Flamen und Franzosen verstand, die sich zwischen 1162 und 1172 in Székesfehérvár niederließen. Ihnen folgten Deutsche und Serben. Nach letzteren wurde ein ganzer Stadtteil benannt, die ›Raizenstadt‹, von der noch die *Orthodoxe Kirche* in der Rác utca mit ihrer Rokoko-Ikonostase und den byzantinischen Deckenfresken Zeugnis gibt.

Über den Domhügel – wenn man für diese bescheidene Bodenerhebung die Bezeichnung ›Hügel‹ überhaupt gebrauchen will – muß noch gesagt werden, daß der Arpadenstamm, der im Zuge der Landnahme dieses Gebiet für sich beanspruchte, vermutlich dort seine erste Burg errichtete. Es war die größte der von Sümpfen umgebenen und damit gut geschützten Inseln. Die Stadt, die sich dann auf ihr entwickelte, konnte sogar dem Mongolensturm in der Mitte des 13. Jahrhunderts trotzen, dem so viele ungarische Siedlungen zum Opfer gefallen sind. Wahrscheinlich wurde auf dem Hügel auch die erste Kirche errichtet, in der Fürst Géza, der Vater des Heiligen Stephan, 997 beigesetzt worden sein soll. Weder von der Kirche noch von einem Fürstengrab sind aber irgendwelche Spuren zurückgeblieben. Über den Grundmauern des romanischen Kirchleins aus dem frühen Mittelalter erhebt sich heute der Dom, und vom Grab jenes Fürsten, der die ungarischen Stämme in die westliche Staats- und Kulturgemeinschaft eingefügt und die zentrale Königsmacht begründet hat, ist nichts mehr zu entdecken.

Um noch kurz bei der frühen Geschichte der Stadt zu bleiben: Székesfehérvár ist, wenn man so will, auch die Wiege des ungarischen Parlamentes. Am 20. August, dem Stephanstag, hielten die ungarischen Könige hier Gericht. Die ›Goldene Bulle‹ von 1222, die ›Magna Charta‹ der Rechte des Adels, verpflichtet den König sogar ausdrücklich, an diesem Tag in Székesfehérvár anwesend zu sein und sich die Beschwerden, Klagen und Wünsche seiner Untertanen anzuhören.

Der 20. August hat auch im heutigen, kommunistisch regierten Ungarn seine Bedeutung behalten. Am 20. August 1949 wurde die Verfassung des volksdemokratischen Ungarn verkündet, und seither ist der 20. August Staatsfeiertag, auch wenn er jetzt ›Verfassungstag‹ heißt. Aber gleichgültig, welchen Namen er nun trägt und welche Absichten das neue Regime mit dem 20. August als Staatsfeiertag gehabt haben mag – die historische Kontinuität ist gewahrt, über die Jahrhunderte und über die politischen Systeme hinweg.

Im äußeren Bild von Székesfehérvár allerdings ist diese Kontinuität vielfach unterbrochen. Was uns, die heutigen Besucher dieser Königsstadt bald veranlaßt, die Suche nach den Spuren ihrer großen Zeit im Mittelalter aufzugeben und uns dem zuzuwenden, was Barock und Klassizismus hier hinterlassen haben. Das zu entdecken macht keine besondere Mühe: In Székesfehérvár liegt alles schön beieinander, der Stadtkern ist klein, vom Komitatshaus am István tér im Süden bis zum Hotel Velence am Dózsa György tér im Norden, zwei Gebäuden vom Beginn des 19. Jahrhunderts, deren klassizistische Fassaden im schönsten Schönbrunner Gelb leuchten, sind es keine zwei Kilometer. Nur wird man immer wieder zum Verweilen veranlaßt. Zuerst in der ehemaligen *Karmeliterkirche* (Seminarkirche), die zusammen mit dem Klostergebäude den dreieckigen István tér an der Breitseite abschließt. Die Fresken am Gewölbe und im Oratorium und die Altarbilder der beiden Seitenaltäre stammen von Franz Anton Maulbertsch. Sie gehören nicht zu den ganz großen Werken dieses Künstlers vom Bodensee, der in Österreich, Böhmen und Ungarn die Barockmalerei in ein glorioses Finale geführt hat. Die Komposition der Szenen aus dem Alten und Neuen Testament und die Figuren der ungarischen Heiligen verraten zwar die Hand des Könners, verglichen mit den Wandmalereien in der Pfarrkirche von Sümeg, sechzig Kilometer nördlich des Plattensees, wirken sie aber in den Farben seltsam gedämpft. Der ›Erzählung‹ fehlt auch das Ungestüm des jungen Meisters. Sie sind nach Sümeg entstanden und lassen eher an eine Routinearbeit denken. Aber man soll nicht snobistisch sein, nur weil man schon in Sümeg war und Maulbertschs Farbenzauber in der dortigen Pfarrkirche verfallen ist.

Nach dem Besuch der ehemaligen Karmeliterkirche locken die kleinen Gassen an den Flanken des Domhügels zum geruhsamen

Schlendern. Von den einstöckigen Bürgerhäusern, die aus der Übergangszeit vom 18. zum 19. Jahrhundert stammen und stuckverzierte Fassaden, Eckerker und bogenüberwölbte Toreinfahrten zeigen, gehen Stille und Beschaulichkeit aus, in die man noch eingesponnen ist, wenn man sich auf einer der Bänke in der Fußgängerzone des Szabadság tér, des Freiheitsplatzes, niederläßt. Man hat von dort die Möglichkeit, sich die Gebäude ringsum anzusehen. Und sie sind durchaus wert, daß man sie sich ansieht. Zuerst das aus zwei Gebäuden bestehende *Rathaus:* Der rechte, der einstöckige Teil, ist der ältere und wurde 1690 unmittelbar nach dem Abzug der Türken errichtet; das zweistöckige Gebäude links war einst das Palais der Grafen Zichy und ist hundert Jahre jünger. Der schmale Durchlaß zwischen den beiden Teilen wird im ersten Stock von einem gedeckten Gang überbrückt, der an die Verbindungsgänge über die Kanäle von Venedig erinnert.

Stilistisch unterscheiden sich die beiden Teile nur wenig, denn auch die Fassade des älteren Gebäudes wurde um 1790 im sogenannten Zopfstil erneuert. Womit wir bei dem Übergangsstil vom Barock zum Klassizismus angelangt wären, auf den man in der ungarischen Provinz so häufig stößt und der auch dem Hauptplatz in Székesfehérvár das Gepräge gibt. Denn der *Bischofspalast,* der dem Anspruch der Kirche hier geradezu demonstrativ Ausdruck gibt, ist ebenfalls in diesem Stil gehalten. Der Begriff ›Zopfstil‹ wird heute eigentlich nur noch in Ungarn verwendet. Er ist charakteristisch für den Übergang aus der Fülle des Barock und der Dekorfreude des Rokoko zu den nüchternen, strengeren Formen, wie sie sich aus dem Geist der Wiedergeburt der Antike, Aufklärung und des aufsteigenden Bürgertums entwickelten.

Aber die Übergänge sind fließend und deshalb gibt es auch immer wieder Schwierigkeiten mit der Anwendung dieser Stilbezeichnung. Der Bischofspalast, dessen mächtige, hellgelb gestrichene Fassade ich nun betrachte, läßt mich in seinen Verzierungen und Steinfiguren noch an das späte Barock denken, während der Giebel des Mittelteils und die ihn stützenden Halbsäulen, sowie die Bögen und die Einfassungen der Fenster bereits die Linien des Klassizismus ankündigen. Aber Stil hin − Stil her: Es ist eindeutig der Bischofspalast, der den Hauptplatz und damit das Zentrum der Stadt beherrscht, viel mehr als das Rathaus und die Franziskanerkirche, die sich daneben beinahe bescheiden geben.

Auch ein Erinnerungsstück an die Türkenzeit gibt es hier, einen Brunnen, angelehnt an die Wand der Franziskanerkirche. Er spendet schon längst kein Wasser mehr, er ist mit seinem arabischen Spitzbogen wie ein Relikt aus einer anderen Welt. Damit der Betrachter aber nicht allzu sehr gerührt wird von diesem Zeugen aus der Zeit der Fremdherrschaft, erinnert ein martialisches Relief über dem Brunnenbogen an die Vertreibung der Türken aus der Stadt. Darunter steht die Jahreszahl 1543-1688 und der Text: »Szent István allja, itt mindig a vártat!«, was soviel heißt wie: »Der Heilige Stephan steht hier ständig auf Wacht!«

Jetzt bleibt uns nur noch die breite Március 15. utca, die Straße des 15. März. Sie ist so etwas wie eine Achse oder das Rückgrat der Stadt und auch ihre Hauptgeschäftsstraße. Sie bietet uns noch zwei Sehenswürdigkeiten: das Apothekenmuseum und die ehemalige Jesuiten- und spätere Zisterzienserkirche. Zwischen beiden besteht eine Verbindung, denn das Rokokoschnitzwerk der Inneneinrichtung der *Apotheke zum Schwarzen Adler* (Fekete Sas gyógyszertár) stammt aus dem gegenüber liegenden Ordenshaus der Jesuiten. Als der Orden 1776 aufgelöst wurde, kam es hierher.

Die heutige *Zisterzienserkirche* ist aber dadurch nicht ärmer geworden. Die Tischlerwerkstatt der Jesuiten wurde von den ihnen folgenden Paulinermönchen weitergeführt, und einer von ihnen hat ein Holzskulpturwerk geschaffen, das Fachleute zu den schönsten in ganz Ungarn zählen. Es befindet sich in der Sakristei der Kirche und ist eine ganze Kircheneinrichtung im kleinen. Mit Tabernakel und Nebenaltären, mit Miniaturbänken und symbolischen Beichtstühlen, alles aus dunklem Eichenholz gearbeitet. Ein Reichtum, wie man ihn in der Sakristei einer sonst nicht besonders bemerkenswerten Barockkirche nicht suchen würde.

Pannonhalma
Macht und Glaube

Früher Vormittag am Tor zum Klosterbereich von Pannonhalma: Keine klösterliche Stille ringsumher, die auf Versenkung und Einkehr hinter den Mauern deuten würde. Statt dessen geschäftige Bewegung auf dem Vorplatz wie im Klosterhof selbst, wo ein Haufen Halbwüchsiger auf dem Wege zum Spielplatz einen Heidenlärm macht. Lieferwagen fahren vor und laden den täglichen Bedarf für Kloster, Internat und Altersheim ab. Auf dem Vorplatz rollt der erste Reiseautobus an, und im Handumdrehen sind seine Insassen in Gruppen für die Führungen eingeteilt. Also ein Betrieb, wie er im Zeitalter des Massentourismus sich auch vor anderen Klöstern abspielt, mögen sie im Westen oder im kommunistisch regierten Osten liegen.

Das für Ungarns Geschichte so bedeutende Kloster liegt 18 Kilometer südlich von Győr, dort wo am Ostrand der kleinen ungarischen Tiefebene sich die ersten Hügelketten erheben. Und wie es sich für ein Benediktinerkloster gehört — denken wir an Monte Cassino oder an Stift Göttweig — liegt es außerordentlich dekorativ, seine Umgebung beherrschend und von weit her zu sehen.

Der Arpadenfürst Géza, der die Benediktiner Ende des 10. Jahrhunderts ins Land holte und ihnen diesen Platz auf dem Hügel mit den drei Kuppen zuwies, und sein Sohn Stephan, unter dessen Herrschaft das Kloster 1001 geweiht wurde, mögen allerdings weniger an das Dekorative als an das Symbolhafte gedacht haben. Mit seiner dominierenden Lage auf dem Hügel, der den Namen des Heiligen Martin bekam — der Name Pannonhalma stammt erst aus dem vorigen Jahrhundert —, sollte es den in ihrer Mehrzahl noch heidnischen Ungarn deutlich machen, wo ihre Zukunft liegt: im Christentum und in der politischen und sozialen Ordnung des Westens, so wie sie sich damals herauszubilden begann.

Der Klosterbau sollte also für jedermann im Lande in gleichem Maße die erstarkende Macht des Königshauses wie die privilegierte Stellung der christlichen Kirche und ihrer Glieder versinnbildlichen. Er sollte somit als Ordnungsfaktor im Bereich der weltlichen und der geistlichen Macht wirken.

Ist es eine Einbildung, daß Pannonhalma auch heute noch eine eher diesseitige Atmosphäre ausstrahlt und weniger an Entrückung und Gebet denken läßt? Ist dieser Eindruck die Folge des Wissens von seiner historischen Aufgabe, oder geht er auch von der Architektur aus?

Vielleicht ist beides im Spiel. Das Bild jedenfalls, das das Kloster vom Fuße des Hügels gesehen bietet, ist eindrucksvoll genug. Nur sind es nicht die »tausendjährigen Mauern«, von denen der mich begleitende Benediktinerpater ehrfurchtsvoll sprach, die von hier

aus zu sehen sind, sondern der klassizistische Turm vom Beginn des
vorigen Jahrhunderts und die aus der gleichen Zeit stammende
Fassade der Bibliothek sowie die Front des Gymnasiums, das erst
1940 bis 1943 gebaut wurde. Ein Ensemble, das im Vergleich zu
anderen Klosterkomplexen weniger die Harmonie einer architektonischen Schöpfung als den Anspruch einer Institution gegenüber
ihrer Umwelt zum Ausdruck bringt. Und das daher zwar imponiert,
an dem sich aber das Gemüt kaum erwärmen kann.

Sehen wir nun einmal von der Symbolkraft der Lage ab – warum
haben Fürst Géza und seine Benediktiner für diese in die Zukunft
weisende Schöpfung gerade diesen Platz gewählt? Orte dieser Art
gibt es zwischen Donau und Plattensee, in dem Gebiet, in dem
die ersten Herrscher aus dem Arpadenhaus ihre Macht festigten,
genügend. Gab es dafür noch einen anderen Grund?

*Der mich begleitende Benediktinerpater kam auf ihn zu sprechen, als
er daran erinnerte, daß Pannonhalma bis ins 19. Jahrhundert hinein Sankt-
Martins-Berg, ungarisch Szent Martonhegye, hieß. Was aber hatte das
Kloster mit dem Heiligen Martin, dem römischen Soldaten zu tun, der
seinen Mantel mit dem Bettler teilte, Bischof von Tours an der Loire und
einer der großen Heiligen Frankreichs wurde? Nun, der Heilige Martin
wurde in Ungarn geboren, als jener Teil des Landes, den wir Transdanu-
bien nennen, die römische Provinz Pannonia bildete. Nur wird allgemein
Savaria Oppidum, das heutige Szombathely (Steinamanger) als sein
Geburtsort angegeben. Mein geistlicher Begleiter aber sagt: »Das stimmt
nicht. Sehen Sie dort unten, etwa zwei Kilometer entfernt, den
Fabrikschlot? Dort befand sich in der römischen Zeit das Militärlager
Savaria Seca, das trockene Savaria, und dort erblickte der spätere Heilige
Martin als Sohn eines Obersten das Licht der Welt. Als die Legion seines
Vaters nach Gallien verlegt wurde, kam er nach Frankreich.«*

*Die Beweise für diese Theorie? »Sie sind genauso wenig schlüssig, wie
die für den Geburtsort Szombathely. Aber eines steht fest: Frankreich
und Ungarn sind die beiden Länder, in denen der Kult des Heiligen
Martin am verbreitetsten ist. In Ungarn tragen dreihundert Orte, Kirchen,
Klöster und Kapellen seinen Namen.«*

Es ist schon merkwürdig: Wenn wir die Schicksale des Klosters
in den tausend Jahren seines Bestehens uns vor Augen rufen, halten
wir uns mehr bei den Ereignissen und den Persönlichkeiten auf,
deren Bedeutung über den Rahmen der Kirche hinaus geht und für
Land und Nation von allgemeiner Wichtigkeit sind.

Da steht im Klosterhof die Bronzestatue des Heiligen Astrik. Er war der erste Abt des Klosters, und er soll es gewesen sein, der aus Rom die ihm von Papst Sylvester II. übergebene Krone mitbrachte, mit der sich Stephan I. zu Weihnachten des Jahres 1000 zum König der Ungarn krönen ließ. Astrik war also der Überbringer der Stephanskrone, die zum Symbol der ungarischen Staatlichkeit wurde, an das sich die Nation auch in ihren schwärzesten Stunden hielt. Als die Krone zu Ende des Zweiten Weltkrieges außer Landes gebracht wurde und nach Amerika kam, legten auch die jetzigen kommunistischen Machthaber größten Wert darauf, daß sie Ungarn zurückgegeben wird. Das geschah dann 1978. Aber davon wird noch zu sprechen sein, wenn wir im Budapester Nationalmuseum vor der Krone und den übrigen Krönungsinsignien stehen werden.

Pannonhalma war aber in seiner Geschichte auch so etwas wie ein Gästehaus der ungarischen Könige, die hier illustre Besucher willkommen hießen. Wie den blonden Hünen Gottfried von Bouillon, der 1096 mit seinen französischen Rittern auf dem Wege ins Heilige Land war, um Jerusalem den Muselmanen zu entreißen, was ihm auch gelang. Oder fünfzig Jahre später die Häupter des zweiten Kreuzzuges, den römisch-deutschen Kaiser Konrad III. und König Ludwig VII. von Frankreich. Die Überlieferung sagt nicht, ob es dem Gastgeber König Géza II. gelang, beide gekrönten Häupter an einen Tisch zu bekommen. Denn sie waren einander spinnefeind, marschierten mit ihren Haufen getrennt und konnten sich auch nicht über einen gemeinsamen Oberbefehl einigen. In einem entsprechenden Desaster endete auch dieser zweite Kreuzzug.

Später, als die Anjou Ungarn regierten, waren einige Äbte von Pannonhalma mehr mit politisch-diplomatischen Aufgaben beschäftigt als mit geistlichen, was für die innere Ordnung des Klosters nicht immer gut war. Auch wenn es einer dieser politisierenden Äbte im 16. Jahrhundert durchsetzte, daß sein Kloster auf dem Martinsberg zur Erzabtei des Benediktinerordens in Ungarn erklärt wurde.

Aber was erinnert in Pannonhalma noch an diese Zeiten? Von den ersten Klostergebäuden ist nichts erhalten außer einigem Mauerwerk der Krypta, aber auch das ist umstritten. Aus der Zeit der zweiten Kirche, die einem Brand zum Opfer fiel, ist noch ein Brunnenbecken aus rotem Marmor im Kreuzgang vorhanden. Die jetzige Kirche stammt in ihrer Grundkonstruktion aus dem 13. Jahrhundert, samt der Porta Speziosa, dem Prunkportal mit dem

Säulengewände aus rotem Marmor und den weißen Kalksteinkapi-
tellen. Für die Mönche war sie die Verbindung zwischen Kreuzgang
und Stiftskirche. Der spätgotische Kreuzgang in seiner heutigen
Form wurde im 15. Jahrhundert geschaffen, die Krypta mit dem
Kreuzrippengewölbe datiert aus der gleichen Zeit, wobei aber frühere Bauelemente eingefügt wurden.

Die stürmischen Epochen in der Geschichte Ungarns sind natürlich auch an dem Kloster auf dem Martinsberg nicht spurlos vorübergegangen. Zwar konnten sich die Mönche der Mongolen er-
wehren, aber im Verlauf des 16. Jahrhunderts, als die Türkengefahr
immer bedrohlicher wurde, verwandelte man das im strategischen
Vorfeld der wichtigen Stadt Györ gelegene Kloster in eine Festung,
und die Benediktinermönche zogen ab. Fast ein halbes Jahrhundert
war Pannonhalma sogar im Besitz der Türken, die die Klostergebäude nun ihren militärischen Zwecken dienstbar machten.

Nach der Vertreibung der Türken aus Ungarn wurde das Kloster
in der ersten Hälfte des 18. Jahrhunderts von den Mönchen wieder
in Besitz genommen und neu aufgebaut. Dann aber drohte eine
weitere Gefahr, als Kaiser Josef II. 1786 alle kirchlichen Orden
auflöste. Die Kunstschätze des Klosters wurden versteigert, wieder
verließen die Mönche den Berg, und die Gebäude des Stiftes sollten
künftig als Gefängnis dienen. Soweit kam es aber nicht, denn 1802,
unter Kaiser Franz I., konnten die Benediktiner ihr Pannonhalma
wieder in Besitz nehmen.

Den Zweiten Weltkrieg hat Pannonhalma überstanden, ohne
den geringsten Schaden zu nehmen, was von anderen historisch
bedeutenden Plätzen Ungarns nicht gesagt werden kann. Das Kloster stand unter dem Schutz des Internationalen Roten Kreuzes,
und daran hielten sich die Deutschen sowie die Sowjets. An die
fünftausend Menschen fanden hier Zuflucht, unter ihnen auch die
Frau, die einstmals österreichische Kaiserin und ungarische Königin
hätte werden sollen: Stephanie von Belgien, die Frau des Kronprin-
zen Rudolf, der in Mayerling seinem Leben ein Ende gesetzt hatte.
In zweiter Ehe war sie mit dem ungarischen Fürsten Emerik Lonay
verheiratet, und beide hatten sich in den letzten Kriegsjahren nach
Pannonhalma zurückgezogen, wo sie 1945 beziehungsweise 1946
starben. Sie ruhen jetzt in der Krypta des Klosters.

Nach außen hin hat auch die Machtergreifung durch die Kommunisten die Stellung von Pannonhalma nicht wesentlich verändert.

Dem Kloster ist auch das Gymnasium erhalten geblieben, in dem Benediktinerpatres den Unterricht erteilen und dessen Abitur vom Staate auch anerkannt wird. Es ist eine von den insgesamt acht Oberschulen in Ungarn, die unter geistlicher Leitung stehen, zwei davon sind Mädchenschulen.

Unterrichtet wird nach staatlichen Lehrplänen, aber zweimal in der Woche gibt es Katechismusunterricht und einmal gemeinsamen Besuch der Messe. Nach dem Abitur können die Absolventen des Gymnasiums den Beruf wählen, den sie möchten. Nur etwa zwei bis drei Prozent wählen die geistliche Laufbahn. Die Schule in Pannonhalma ist also kein Priesterseminar.

Als ich das letzte Mal dort war, besuchten 320 Schüler das Gymnasium. »Diese Zahl ist ziemlich konstant«, sagte mir mein Begleiter. »Über Nachwuchs und mangelndes Interesse an unserer Schule brauchen wir uns also nicht zu beklagen.«

Zirc

Schlesien im Bakonywald

Wann immer ich den Koloman Zupan im ›Zigeunerbaron‹ singen hörte: »Mein idealer Lebenszweck ist Borstenvieh und Schweinespeck«, mußte ich an den Bakonywald denken. Oder wie ich ihn mir vorstellte: Hügeliges Land bedeckt von Eichenwäldern, durch die gemächlich große Schweineherden getrieben werden.

Auch der Freiherr Nikolaus Niembsch von Strehlenau, besser unter dem Namen Nikolaus Lenau bekannt, dürfte an dieser meiner Vorstellung vom Bakonywald nicht unschuldig gewesen sein. Irgendwann einmal hatte ich sein Gedicht ›Der Räuber im Bakony‹ gelesen, das folgendermaßen beginnt:

Der Eichenwald im Winde rauscht,
im Schatten still der Räuber lauscht,
ob nicht ein Wagen auf der Bahn
fern rollt heran.
Der Räuber ist ein Schweinehirt,
die Herde grunzend wühlt und irrt
im Wald herum; der Räuber steht
am Baum und späht ...

Später konnte ich feststellen, daß meine ›Vision‹ des Bakonywaldes im großen und ganzen richtig war. Ich begegnete zwar keinem Zupan mehr, und auch die Schweinehirten sahen mir nicht nach Räubern aus, aber die Schweine waren noch da, nur gehörten sie irgendeiner landwirtschaftlichen Produktionsgenossenschaft. Auch hatte ich den Eindruck, daß sie weniger durch die Wälder getrieben als im Pferch gehalten werden.

Auch die Eichenwälder sind noch da, nur dürfte ihre Ausdehnung im Vergleich zu den Zeiten Zupans und Barinkajs zurückgegangen sein. Und Buchenwälder und Wiesen gibt es, und Bäche rieseln in engen Tälern – und alles zusammen gibt diesem Mittelgebirge seinen Charakter. Es erstreckt sich in einer Länge von achtzig und in einer Breite von vierzig Kilometern zwischen Donau und Balaton, von Nordost nach Südwest. Es ist ein sanftes Gebirge, wenn man diesen Begriff überhaupt verwenden will. Seine höchsten ›Berge‹ erreichen siebenhundert Meter über dem Meeresspiegel und auch das merkt man kaum. Der Bakonywald hat nichts Dramatisches an sich, selbst dort nicht, wo die Bäche Schluchten in den Kalkstein gefressen haben oder dunkle Nadelwälder die einsamen Dörfer einschließen, wie den Ausflugsort Bakonybél, oder wo Burgruinen auf schroffen Felsen ein malerisches Bild bieten, wie im Falle Cseszenek hart an der Straße von Győr nach Veszprém. Sie führt direkt in das Herz des Bakonywaldes nach Zirc, einem Städtchen von siebentausend Einwohnern, dessen Zisterzienserkloster gerade für uns Deutsche von einigem Interesse ist.

Richtiger müßte ich sagen: das gewesene Zisterzienserkloster, denn anders als bei den Benediktinern in Pannonhalma besteht Zirc als Kloster nicht mehr. Der Orden wurde 1950 in Ungarn aufgehoben, die Klostergebäude nationalisiert. Die große Abteikirche mit ihren aus der Talmulde herauswachsenden zwei Türmen steht nun etwas verloren in der Landschaft, die von den Zisterziensern im Laufe der Jahrhunderte zweimal erschlossen worden ist.

Zum ersten Mal kamen Zisterziensermönche in diese Gegend, als der Bakonywald noch ein undurchdringlicher Urwald war. König Béla III. rief sie 1182 ins Land. Sie kamen aus Clairvaux, schufen hier im Bakonywald eine Abtei und nannten sie Nova Claravallis. Sie rodeten das Land rings umher und gründeten ein Dorf, von dem die weitere Erschließung dieses Gebietes im Herzen Transdanubiens ausging. Ein einsamer Bündelpfeiler an der Straße nach Győr ist alles, was von der Leistung der französischen Mönche, von ihrer Kirche und ihrem Kloster übriggeblieben ist. Denn im 16. Jahrhundert, nach der Besetzung Mittelungarns durch die Türken, lag der Bakonywald in dem zwischen dem Sultan und dem Kaiser hart umkämpften Gebiet zwischen Donau und Plattensee. Das Dorf wurde verwüstet, die Mönche zogen ab, Kirche und Kloster verfielen.

Erst 1701 kam neues Leben nach Zirc und in diesen Teil des Bakonywaldes. Der Abt des Zisterzienserklosters Heinrichau in Schlesien erwarb Zirc, schickte außer Ordensbrüdern auch Siedler in den ›Ungarischen Wald‹, und der Ort blühte wieder auf. Was an Mauerwerk vom einstigen Kloster und seiner Kirche noch übrig war, wurde in den Jahren 1727 bis 1753 zum Bau des neuen Klosters verwendet, den der Karmeliterbaumeister Athanas Witwer aus Tirol leitete. Auch die neue barocke Abteikirche wurde hauptsächlich mit den Quadersteinen aus der Ruine der ersten, vor fünfhundert Jahren entstandenen Kirche errichtet. So verschwand mit dem Glanz des neuen deutschen Zirc das wenige, was noch vom alten Zirc der Mönche aus dem fernen Frankreich übriggeblieben war.

Über ein Jahrhundert lang waren die Äbte von Heinrichau gleichzeitig auch Äbte von Zirc. Erst nach der Aufhebung der Klöster in Schlesien durch die preußische Regierung im Jahre 1810 wurde das Kloster im Bakonywald selbständig, und von da an waren die Äbte auch meist Ungarn. Und weil der Zisterzienserorden in Ungarn zu einem Lehrorden wurde – er leitete die Gymnasien in Eger (Erlau), Pécs (Fünfkirchen) und Székesfehérvár (Stuhlweißenburg) – wuchs auch die Bedeutung von Zirc als Zentrale des Ordens. Vor allem die Bedeutung seiner Bibliothek, für die Mitte des vergangenen Jahrhunderts der große Saal mit der Kassettendecke und den kunstvollen Intarsien aus dem im Bakonywald heimischen Eschenholz gebaut wurde.

Ende 1944 wäre die Bibliothek beinahe noch ein Opfer des Krieges geworden. Ein deutsches Jagdflugzeug stürzte auf das Dach des Gebäudes, explodierte dort, und brennende Teile der Maschine durchschlugen die Decke und fielen in den Saal. Das Feuer aber konnte gelöscht werden, und die Bücher nahmen keinen Schaden.

In der Bibliothek, die jetzt zur Ungarischen Nationalbibliothek in Budapest gehört und den Namen des aus Zirc stammenden Ethnographen und Sprachforschers Antal Reguly trägt, ist aus der mittelalterlichen Klosterbibliothek nichts mehr erhalten. Den Grundstock der jetzigen Bestände brachten die Mönche aus Heinrichau mit, alles übrige wurde in jahrzehntelanger Sammlertätigkeit zusammengetragen. Der Besucher sei aber gleich gewarnt: Von den wertvollen mittelalterlichen Handschriften und den alten Drucken, über die die Bibliothek verfügt – der älteste Druck stammt von 1470 und wurde in Köln hergestellt –, wird er kaum etwas zu sehen bekommen, denn meist befinden sie sich in der Nationalbibliothek in Budapest. Darunter auch eine Wittenberger Ausgabe der Werke Luthers von 1556. Aber auch das Vorhandene ist noch sehenswert genug, zum Beispiel eine siebensprachige Bibelausgabe aus Paris und eine neunsprachige aus London, beide entstanden um die Mitte des 17. Jahrhunderts.

Alles in allem genommen bietet der Bakonywald also mehr als nur Operettenromantik, Jagdgelegenheit für devisenträchtige Ausländer und Erholung für wanderlustige Einheimische. Zirc hat seinen eigenen Rang und lohnt einen Aufenthalt, auch wenn man von dem für die Ungarn historisch und kulturell bedeutenderen Pannonhalma kommt und nach Veszprém strebt, um den Spuren der bayerischen Herzogstochter und ungarischen Königin Gisela zu folgen.

Veszprém

Stadt der Königin

Im großen Bibliothekssaal von Pannonhalma wird dem Besucher unter einer Glastafel ein Meßgewand byzantinischer Herkunft gezeigt. Es soll der Überlieferung nach der Königin Gisela, der Frau Stephans I., des Heiligen, als Vorlage für den Krönungsmantel der ungarischen Könige gedient haben. Diesen Krönungsmantel aber habe die Königin in jenem Kloster in Veszprém sticken lassen, dessen Mauerreste noch heute am Ufer des Flüßchens Séd zu sehen sind, das um den Burgberg von Veszprém seine Schleife zieht.

Den Krönungsmantel gibt es noch, er kann seit 1978 im ungarischen Nationalmuseum in Budapest besichtigt werden. In jenem Jahr war er zusammen mit der Stephanskrone von den Amerikanern den Ungarn zurückgegeben worden. In der Zwischenzeit wurde er sorgfältig ausgebessert, denn er war schon reichlich zerschlissen,

weil er zusammen mit der Stephanskrone und den übrigen Kroninsignien schon zweimal in der Erde vergraben worden war.

Es stellt sich allerdings die Frage, ob dieser Krönungsmantel
wirklich der Mantel ist, den die Königin Gisela hatte sticken lassen.
Manche Experten meinen, er stamme nicht aus der Zeit des ersten
ungarischen Königs, auch wenn er die Jahreszahl 1031 und die
Porträts und die Namen König Stephans und der Königin Gisela
trägt. Er habe vielmehr erst seit dem 13. Jahrhundert als Krönungsmantel gedient.

Wir wollen die Frage der Herkunft des Krönungsmantels zunächst einmal offen lassen, denn wir werden uns mit den Kroninsignien noch ausführlich befassen. Wenden wir uns erst einmal der
Frage zu, welchem Orden wohl die Nonnen angehört haben, die
den Mantel im Auftrag der Königin gestickt haben sollen. Für die
frühe Geschichte des ungarischen Staates hat sie einige Bedeutung.

Es heißt, das Kloster in Veszprém sei im 10. Jahrhundert für
Basilianerinnen, also Nonnen griechischer Herkunft gegründet worden, und es sei Fürst Géza, der Vater Stephans gewesen, der die
Nonnen ins Land gerufen habe. Das wäre also noch vor der Gründung von Pannonhalma gewesen und vor der Christianisierung aus
dem römisch-katholischen und deutschen Westen. Es wäre diesem
mit allen politischen Wassern gewaschenen Fürsten schon zuzu-
trauen gewesen, daß er sich allseitig abzusichern trachtete und daher
auch seine Fäden nach Byzanz spann. Schließlich hat er nicht nur
für seinen Sohn Stephan die bayerische Herzogstochter Gisela als
Gemahlin ausgesucht, sondern auch seine drei Töchter politisch
gezielt verheiratet. Die eine mit dem Dogen von Venedig, die
zweite mit einem Fürsten in Polen, die dritte mit dem Sohn des
bulgarischen Zaren. Oder sollte sich vielleicht in Veszprém ein
griechisches Kloster aus der Zeit vor der Landnahme durch die
Ungarn erhalten haben, aus dem 9. Jahrhundert, als das Land um
den Plattensee Teil des Großmährischen Reiches war, in dem die
Apostel der griechisch-slawischen Liturgie wirkten? Sicher ist jedenfalls, daß die ungarische Oberschicht noch bis ins 13. Jahrhundert
hinein die Kirchenspaltung zwischen Rom und Byzanz nicht so ernst
nahm. Besonders im östlichen Teil des Reiches, in Siebenbürgen und
in der Tiefebene um die Theiß, wirkten in dieser Zeit noch Mönche
und Priester des östlichen Ritus, sei es, daß sie aus dem oströmischen
Reich, sei es, daß sie aus Bulgarien kamen.

Bei dieser Gelegenheit muß gleich noch etwas zu der Entscheidung auf dem Lechfeld bei Augsburg gesagt werden. Als das Reichsheer Otto I. hier im Jahre 955 die Ungarn vernichtend schlug, wurde nicht nur weiteren Beutezügen der Reiterscharen aus dem Osten, die jahrzehntelang Europa in Angst und Schrecken versetzt hatten, Einhalt geboten. Es fiel wahrscheinlich noch eine zweite Entscheidung: die für Rom und gegen Byzanz. Denn der Anführer des ungarischen Heeres vor Augsburg, Bulcsu, der ›Mann mit der blutigen Hand‹, wie er von den Zeitgenossen genannt wurde, hatte sich 948 in Byzanz taufen lassen. Wer weiß, ob Ungarn nicht in die politische und kulturelle Sphäre von Byzanz geraten wäre, hätte er die Schlacht auf dem Lechfeld gewonnen und das ungarische Königshaus begründet. So aber gerieten er und seine Unterführer in die Gefangenschaft des römisch-deutschen Kaisers und endeten am Galgen. Der Weg zur ungarischen Krone wurde frei für die Arpaden, die sich für Rom entschieden.

Aber kehren wir von diesem Exkurs zurück nach Veszprém und Umgebung, auch wenn wir noch ein wenig in der Geschichte verweilen müssen. Als ich über Győr berichtete, erwähnte ich, daß König Stephan der Überlieferung nach an das Tor der Burg von Győr ein Viertel der gevierteilten Leiche seines heidnischen Widersachers Koppányi hat annageln lassen. Koppányis Herrschaftsgebiet lag zwischen Plattensee und der Drau, und es war hier bei Veszprém, wo es 998 zur entscheidenden Schlacht zwischen Stephan und Koppányi kam. Dieser widersetzte sich nämlich nicht nur der Christianisierungspolitik Stephans, er forderte nach dem Tode von Stephans Vater Géza für sich auch die Nachfolge als erster unter den ungarischen Stammesfürsten. Den Traditionen der ungarischen Reiterstämme folgend forderte er auch Gézas Witwe Sarolt, das ›Weiße Wiesel‹, für sich, eine Dame, die der Sage nach ebenso tüchtig beim Trinken wie beim Reiten war.

Stephan aber, der 996 Gisela, die Tochter des Herzogs Heinrich II. von Bayern geheiratet hatte, war entschlossen, den Widerstand der noch heidnischen Stämme zu brechen. Unter dem Banner des Heiligen Martin von Tours, der, wie wir gesehen haben, in Pannonien geboren war, und unterstützt von Rittern aus Bayern besiegte er Koppányi bei Veszprém. Seine Leiche ließ er — wie wir wissen — vierteilen und drei Teile von ihr an die Tore von Burgen in Transdanubien nageln. Als Warnung an alle, die auf die Idee kommen sollten, sich seiner Herrschaft und seiner Politik entgegenzustellen. Den vierten Teil aber schickte er an den Führer der bis dahin noch unabhängigen Stämme jenseits der Theiß, um ihm vor Augen zu führen, welchem Schicksal er entgegen ging, falls er sich nicht unterwerfen sollte. Offensichtlich wirkte die Drohung, denn ein Jahr später konnte Stephan auch in Ostungarn seine Herrschaft festigen.

Nun sind wir angesichts des heutigen Veszprém sehr tief hinabgestiegen in die Anfänge der ungarischen Geschichte, aber das ist hier zwischen Donau und Plattensee nicht zu vermeiden. Wir haben ja schon gesagt, daß sich in diesem Teil Ungarns die Macht der Könige aus dem Hause der Arpaden entfaltet hatte und nicht von Budapest aus. So waren auch seine Burgen, Städte und Klöster vom 11. bis zum 14. Jahrhundert für die staatliche, kirchliche, kulturelle und wirtschaftliche Entwicklung Ungarns bestimmend. Immer wieder treten die engen Beziehungen zwischen Esztergom und Székesfehérvár, zwischen Pannonhalma und Veszprém und zwischen Győr und Zirc zutage, und wir sind hier eingefangen im Lebensnetz des mittelalterlichen Ungarn. Auch wenn wir uns, wie zum Beispiel in Veszprém, erst durch einen Ring moderner Wohnsiedlungen und Industriebezirke zu dem alten Stadtkern durchfinden müssen.

In Veszprém ist das gar nicht so einfach. Eigentlich liegt die Stadt in einem Kessel, aber dieser Kessel ist von Felsrücken durchzogen, die sein Inneres in einzelne Täler zerschneiden, zwischen denen man immer wieder die Orientierung verliert. Außerdem quillt die Stadt über den Rand des Kessels auf ein Plateau hinaus; von welcher Seite man auch kommt, es ist immer wieder eine Glückssache, ob man auf Anhieb auch den richtigen ›Abstieg‹ in den Kessel findet. Ist einem das gelungen, hat man noch immer keine Ursache zum Jubeln. Denn jetzt gilt es, den richtigen Aufstieg zum Burgberg zu finden, und erst wenn man vor dem Burgtor steht, ohne vorher in Seitentälern herumgeirrt zu sein, kann man sagen, man hat es geschafft. Nun wird man aber auch für seine Mühen belohnt.

Der *Burgberg* ist ein vierhundert Meter langer und nur hundert Meter breiter Felsrücken, der nach dem heutigen Stadtzentrum zu sanft, nach der anderen Seite hin steil abfällt. Hier schlug das Herz von Veszprém, der mittelalterlichen Stadt, die die Lieblingsresidenz der Königin Gisela war und in der sich auch die Könige der späteren Zeit immer wieder aufhielten. Von diesem Burgberg aus bekam die Stadt in der Barockzeit auch ihr neues Gesicht, nachdem sie in den zwei Jahrhunderten der Türkenkriege und der ungarischen Freiheitskämpfe gegen die Habsburger siebzehn Mal den Besitz gewechselt hatte. Man kann sich die Folgen vorstellen.

Trotzdem fühlt man sich, kaum hat man das Burgtor durchschritten, wie in eine andere Zeit und in eine andere Welt versetzt. Der Lärm der modernen Stadt mit ihren Bürohochhäusern, den Schulen, den Wohnsilos und dem starken Durchgangsverkehr ist hier oben nur wie aus weiter Ferne zu hören. Dabei ist das Getöse des heutigen Veszprém gewaltig, denn nach dem Zweiten Weltkrieg hat sich die Stadt aus einem beschaulichen Provinznest zu einem beachtlichen Wirtschafts- und Verkehrszentrum entwickelt. Östlich und westlich von Veszprém liegen die bedeutenden Industrieorte Várpalota und Ajka und ihre Kohlen- und Bauxitgruben, Kraftwerke und Aluminiumkombinate. Durch Veszprém führt die Fernverbindung Budapest—Graz, und um die Stadt herum gibt es offenbar wichtige militärische Einrichtungen. Das läßt sich schon aus den häufigen Photographierverboten auf den Zufahrtstraßen ablesen.

Nichts von alldem merkt man, wie gesagt, auf dem Burgberg, wann immer man sich dort auch aufhält. Ob am Vormittag, wenn aus den geöffneten Fenstern der Ämter und der kirchlichen Kanzleien, die sich in den Barock- und klassizistischen Palais befinden, das Geklapper der Schreibmaschinen dringt, oder am späteren Nachmittag, wenn noch Touristengruppen und alte Leute durch die Marschall-Tolbuchin-Straße zum ›Ende der Welt‹ schlendern. So heißt die Terrasse, wo der Burgberg steil abfällt und an deren Rand die Denkmäler von Stephan und seiner Gisela stehen.

Man kann sich auf dem Burgberg nicht verirren, es gibt dort nur diese eine Straße, an der die Palais mit den üppigen Stuckfassaden und die barocken Kirchen liegen und die sich dann vor dem Bischofspalais und der Kathedrale zu einem Platz erweitert, mit — wie könnte es anders sein — einer mächtigen Dreifaltigkeitssäule in der Mitte.

Warum diese, in ihrer Atmosphäre so ungemein ungarische Straße — ungarisch im Sinne jener besonderen Stimmung, wie sie, geschaffen durch die Architektur des 18. und frühen 19. Jahrhunderts, in so manchen Provinzstädten Transdanubiens herrscht — ausgerechnet nach einem sowjetischen Marschall benannt wurde, wissen wahrscheinlich nur die Parteifunktionäre der Stadt. Sollte sich der Marschall, der ja die sowjetische Heeresgruppe befehligte, die 1945 die deutschen Truppen aus Westungarn vertrieb, besondere Verdienste um die Erhaltung dieses Burgberges erworben haben, dann hat er es verdient, daß sein Name hier festgehalten wurde. Denn damit wurde auch das wenige erhalten, was noch an die Dame aus Bayern erinnert, die hier gerne weilte und nach der Veszprém als ›Stadt der Königin‹ bezeichnet wird.

Der königliche Palast des Mittelalters, ihr Palast, besteht nicht mehr, er hat die Türkenzeit nicht überlebt. An seiner Stelle befindet sich jetzt das *Bischöfliche Palais*, ein repräsentativer Bau aus den Jahren 1765 bis 1776. Es sind nicht so sehr seine Dimensionen, die imponieren, es ist seine Placierung im Verhältnis zum Dom, den anderen Kirchen und den kleineren Palais, die der gesellschaftlichen Stellung der geistlichen Herren, die dort residierten, äußerlichen Ausdruck gibt. Die Bischöfe von Veszprém waren nämlich Jahrhunderte lang nicht nur Oberhaupt ihrer Diözese, sie waren auch Obergespane ihres Komitates, in unserer Terminologie also so etwas wie Oberregierungspräsidenten. Und schließlich waren sie auch noch reiche Gutsherren. Also ist es nur legitim, wenn ihr Palais eine schwungvolle Wagenauffahrt mit einem weitvorspringenden Balkon darüber aufweist und der ganze U-förmige Bau einen Anspruch ausstrahlt, bei dem das Weltliche und das Kirchliche nahtlos ineinander über gehen.

Aber wir waren ja auf der Suche nach Gisela. Auf sie stoßen wir in der kleinen gotischen *Gisela-Kapelle* im Schatten von Bischofspalais und Kathedrale. Mit der bayrischen Herzogstochter hat sie allerdings nur den Namen gemein, denn die ursprünglich zweigeschossige Kapelle wurde gebaut, als die erste Königin Ungarns schon mehr als ein Jahrhundert tot war. Die Kapelle hat ihren Namen auch erst im 18. Jahrhundert bekommen. Aber der Bau ist trotzdem sehenswert durch sein schönes Kreuzrippengewölbe aus dem 13. Jahrhundert und seine kunstvoll gearbeiteten Schlußsteine. Das Fresko eines Apostelpaares an der Nordwand, das in seiner formalen Strenge an byzantinische Vorbilder erinnert, aber von einem italienischen Maler stammen soll, verdient ebenfalls beachtet zu werden.

Die *Kathedrale*, einige Schritte von der Gisela-Kapelle entfernt, ist auch nicht mehr die Kirche, die die Königin bauen ließ, und die schon in der Stiftungsurkunde von Pannonhalma aus dem Jahre 1002 erwähnt wird. Die dem Heiligen Michael geweihte romanische Basilika wurde schon von den Mongolen zerstört, später wurde sie im gotischen Stil neu aufgebaut. Aber auch von ihr ist kaum etwas erhalten, weil Feuersbrünste und Türken am Werk waren. Als die Türken schon tief in den Balkan zurückgedrängt waren und anstelle der gotischen schon eine Barockkathedrale stand, steckte diese der habsburgische General Heister, der sich hier mit den Rákoczi-Rebellen herumschlug, in Brand. Aber die Bischöfe von Veszprém gaben nicht auf und errichteten 1726 eine neue Barockkirche. Auch sie gibt es nicht mehr, denn sie wurde zu Beginn unseres Jahrhunderts dem romantisierenden Geschmack der Zeit entsprechend im neuromanischen Stil umgestaltet.

Ich erwähne all diese Einzelheiten nur, um zu zeigen, welche Schicksale eine Kirche in Ungarn haben kann und wie wenig oft aus den verschiedenen Bauepochen erhalten geblieben ist. In der Sankt-Michaels-Kathedrale ist es im wesentlichen nur die Krypta mit dem von Säulen gestützten spätgotischen Kreuzgewölbe.

Unter den Grabmälern in der Krypta und in der Kapelle seitlich des erhöhten Chors sucht man vergeblich das Grab der Gründerin der Kirche. Auch in der *Sankt-Georgs-Kapelle* neben der Kathedrale, deren Ursprünge noch in das 10. Jahrhundert zurückgehen und deren Überreste erst in den letzten Jahrzehnten freigelegt wurden, ist die Königin nicht beigesetzt worden.

Gisela ruht in heimatlicher Erde im Kloster Niedernburg in Passau. Nach dem Tode König Stephans 1038 war sie angesichts der Thronwirren in Ungarn nach Bayern zurückgekehrt und hatte in dem Benediktinerinnenkloster, das ihr Bruder, Kaiser Heinrich II., reich dotiert hatte, den Schleier genommen. Sie wurde später auch Äbtissin der reichsunmittelbaren Abtei. Zu ihrem Hochgrab an der südlichen Wand der Klosterkirche pilgern noch heute viele Ungarn.

Bevor wir uns ganz vom Burgberg trennen, sollten wir noch die Stufen hinunter gehen, die von der Bastei mit den Figuren des Königspaares zu dem tiefer gelegenen Felsrücken führen, auf dem ein mächtiges steinernes Kreuz steht. Man hat von hier zwar keinen umfassenden Blick auf ganz Veszprém, weil diese Felsrippe tiefer als der Burgberg liegt, aber man sieht von hier in die Seitentäler, und man erkennt die Lage der Stadt. Sie gruppiert sich um den Burgberg wie eine Armee um das Zelt des Feldherren.

Tata

Zopfstil, Schwabenzug und zwei Kaiser auf der Flucht

Nun wird es aber Zeit, nach Budapest zu streben, zumal ab Győr Autostraße und Autobahn zu schneller Fahrt dorthin verleiten. Aber da wir uns nun schon einmal auf Um- und Abwege eingelassen haben, sollten wir uns noch zwei Abschweifungen erlauben, nach Tata und nach Zsámbék. Sie liegen nicht weit weg von der Autobahn und wer weiß, wann sich wieder eine Gelegenheit zu ihrem Besuch bietet, einem Besuch, der sich aus den verschiedensten Gründen lohnt.

Wenn es nach mir ginge, ich würde Tata als die Stadt Jakob Fellners bezeichnen, obwohl der Name dieses Architekten und die Bezeichnung des Stils, der ihm eigen war, außerhalb Ungarns kaum mehr bekannt beziehungsweise gebräuchlich sind. Fellner stammte aus Mähren und hat in Ungarn einiges hinterlassen: Das ehemalige Lyzeum in Eger (Erlau), die spätbarocke Pfarrkirche in Császár, die imposante Kirche von Pápa mit Deckenfresken von Franz Anton Maulbertsch und das Portal der Gisela-Kapelle in Veszprém, um nur einige seiner Werke zu erwähnen. Aber in Tata stammt alles, was architektonisch interessant ist, aus dem Geist und der Phantasie dieses Baumeisters der zweiten Hälfte des 18. Jahrhunderts. Abgesehen natürlich von der Burg am Öreg-tó, dem Alten See, die so etwas wie ein Wahrzeichen der Stadt ist. Diese Burg ist älteren Datums und hat 1424 dem König und Kaiser Sigismund als Ort der Begegnung mit dem Kaiser von Byzanz, Manuel Paläologos, gedient. Hierher mußten sich 1435 auch die Legaten des Papstes Eugen IV. und des Basler Konzils bemühen, die sich heftig in den Haaren lagen und den Kaiser für ihre Sache gewinnen wollten.

Das kleine Tata — früher hieß es Totis oder Dotis — liegt also gar nicht so weit entfernt vom Strom der Geschichte. Auch nicht der neueren, womit wir wieder zu Jakob Fellner zurückkommen. Zuerst zu dem von ihm — im Auftrag des Grafen Esterházy — gebauten *Schloß*. Es ist eher als Schloßkomplex anzusprechen, denn es besteht aus einem Hauptbau mit zwei Ecktürmen und einigen anderen Gebäuden, die damals der Gutsverwaltung dienten. Heute gehören sie zum Bereich des Krankenhauses.

Für die Habsburger ist dieses Schloß mit zwiespältigen Erinnerungen verbunden. 1809 floh Kaiser Franz I. hierher; trotz des Sieges von Erzher-

zog Karl bei Aspern hatte der Krieg gegen Napoleon eine unglückliche Wendung genommen, und im kaiserlichen Schloß von Schönbrunn residierte der Korse. Der Kaiser von Österreich, der diesen Titel erst fünf Jahre trug, war zum Friedensschluß gezwungen. Trotz der Verhandlungskünste Metternichs verlangte er von Österreich große Opfer. Vor allem verlor es seinen Zugang zur Adria. Und diesen ›Schönbrunner Frieden‹, wie er in der Geschichte genannt wird, unterzeichnete Kaiser Franz I. am 14. Oktober 1809 im Turmzimmer des Schlosses von Tata.

Die Bestimmungen des Schönbrunner Friedens waren für Österreich drückend, allerdings nur von kurzem Bestand. Schon sechs Jahre später war Napoleon geschlagen, und nun diktierte ihm die Koalition der Sieger ihre Bedingungen – die im Wiener Kongreß vollzogene Neuordnung Europas ließ den Schönbrunner Frieden der Vergessenheit anheim fallen.

Das, was allerdings hundertzwölf Jahre später, im Oktober 1921 im Esterházy-Schloß von Tata einem Habsburger widerfuhr, war endgültig. Karl I. war zu dieser Zeit zwar kein österreichischer Kaiser mehr – er hatte im November 1918 auf den Thron verzichtet –, er fühlte sich aber noch als König von Ungarn und hatte in diesem Jahr zweimal versucht, aus seinem Schweizer Exil auf die Burg von Buda zurückzukehren und dort die Herrschaft zu übernehmen. Beim ersten Mal – im März 1921 – war er an seiner politischen und diplomatischen Unfähigkeit gescheitert, beim zweiten Mal – im Oktober desselben Jahres – an seiner militärischen Entschlußlosigkeit und an dem Machtwillen des ungarischen Reichsverwesers Admiral Horthy. Nachdem Karl vor den Toren Budapests militärisch zurückgeschlagen worden war, hatte er sich mit seiner Frau Zita nach Tata zurückgezogen. Und hier im Esterházy-Schloß wurde er zwischen dem 24. und dem 26. Oktober praktisch der Gefangene Horthys und der Entente, die eine Rückkehr der Habsburger, wenn auch nur auf den ungarischen Thron, auf alle Fälle verhindern wollten. Karl und Zita wurden von ihren Ratgebern getrennt, der Rest ihrer Truppen wurde entwaffnet und gefangengenommen. Dann begann für das frühere Kaiserpaar eine qualvolle Odyssee: Zuerst wurde es nach Tihany am Plattensee gebracht und von dort am 1. November nach Baja an der Donau auf den britischen Monitor ›Glowworm‹. Die Fahrt ging die Donau abwärts zum Schwarzen Meer und dann durch das Mittelmeer zur Atlantik-Insel Madeira, dem letzten Exil des letzten österreichischen Kaisers und ungarischen Königs, der dort am 1. April 1923, keine fünfunddreißig Jahre alt, starb. Die Habsburger hatten in Mitteleuropa endgültig ausgespielt, und das kleine Tata war Schauplatz einer wichtigen Phase in diesem *historischen Prozeß. Das gelb gestrichene und etwas verwahrlost wirkende Schloß steht also aus der Sicht der Habsburger nicht gerade unter einem glücklichen Stern.*

In Kunstbüchern steht, daß Jakob Fellner das Schloß im Zopfstil gebaut hatte. Ich sagte schon, daß diese Bezeichnung außerhalb Ungarns kaum mehr gebräuchlich und durch Louis-Seize ersetzt ist, in Ungarn aber noch viel verwendet wird. Gemeint ist damit der Stil, der sich zwischen Rokoko und Klassizismus herausgebildet hat. In ihm wirkt sich bereits der nüchterne Geist der Aufklärung aus, er ist eine Abkehr von der überquellenden Fülle des Barock und der Verspieltheit des Rokoko, aber er hat noch nicht die reinen Formen und Linien des Klassizismus. Mit seinen Halbsäulen und Stuckgirlanden über den Fensterbögen wirkte er auf mich immer wie ein nicht ganz gelungener Übergangsstil, dessen Protagonisten es, wenn schon nicht an Phantasie, so doch an Mut gefehlt hat, ihr auch vollen Ausdruck zu geben. Obwohl ich zugeben muß, daß mich manche Schöpfungen des Zopfstils in Ungarn doch beeindruckt haben. Zum Beispiel das Bischöfliche Palais in Székesfehérvár, von dem schon die Rede war. Ob man allerdings immer ganz genau unterscheiden kann, was sich noch dem späten Rokoko und was sich schon dem Zopfstil zuordnen läßt, möchte ich bezweifeln. Die *Pfarrkirche zum Heiligen Kreuz* in Tata, etwas erhöht über dem See gelegen, mit dem Esterházy-Wappen über dem Portal zwischen den beiden schlanken Fassadentürmen, ist so ein Fall. Auch sie ist eine Schöpfung Jakob Fellners, obwohl sie erst nach seinem Tode vollendet wurde.

Ich möchte nicht alles aufzählen, was dieser sehr fruchtbare Baumeister in Tata hinterlassen hat. Aber das *Kleine Schloß* im heutigen Volkspark zwischen dem Großen See und dem kleineren Cseke-See möchte ich doch noch erwähnen. Hier findet Fellners Zopfstil für meinen Geschmack den reinsten Ausdruck. Und weil das Gebäude freisteht, muß man sich nicht nur mit der Betrachtung der harmonischen Fassade begnügen, man kann sich den Bau sogar von allen Seiten ansehen. Zumal das Schlößchen eine durchaus moderne Zweckbestimmung gefunden hat. Tata ist Trainingslager der ungarischen Olympiamannschaft, und die entsprechenden Büros befinden sich in dem Schlößchen.

Auch das dazugehörende und im gleichen Stil gebaute ehemalige Gewächshaus hat eine originelle Verwendung gefunden: In das eingeschossige Gebäude mit den hohen Fenstern zur Sonnenseite hat man ein Stockwerk eingezogen, im Erdgeschoß und im Stock darüber Zimmer eingebaut und aus dem ganzen ein Hotel gemacht. Wo einst exotische Pflanzen wuchsen, kann man jetzt also wohnen. Burg- und Schloßhotels gibt es heute auch in Ungarn schon genügend. Ein Hotel in einem ehemaligen Palmenhaus dürfte aber eher ungewöhnlich sein.

Der *Volkspark*, einst ein englischer Garten der Esterházy, weist noch eine Besonderheit auf: die künstliche Ruine einer mittelalterlichen Kirche, in deren Mauern römische Grabsteine und gotisches Mauerwerk aus einer nahegelegenen Benediktinerabtei eingebaut wurden. Sie wurde 1801 geschaffen und gilt als eine der ältesten Schöpfungen der romantischen Welle in der Baukunst Ungarns. Heute, beinahe zwei Jahrhunderte später, ist die künstliche Ruine, in deren Gemäuer Halbwüchsige ihre Spiele und Späße treiben, selbst so etwas wie eine Ruine geworden, vom Zahn der Zeit benagt, verwildert und dem Verfall preisgegeben.

Das Dekorativste an Tata ist aber doch die *Burg*, von der schon kurz die Rede war. Sie liegt auf einem Felsplateau am Nordende des zweihundertdreißig Hektar großen Öreg-tó, dort wo der See so etwas wie eine Bucht bildet, um die herum sich die Stadt legt. Ihre von italienischen Festungsbaumeistern gebauten mächtigen Bastionen schieben sich vor in den See und vermitteln zusammen mit dem geduckten viereckigen Turm den Eindruck einer äußerst wehrhaften Anlage.

Dazu trägt auch der Burggraben bei, in den nicht nur der See sein Wasser ergießt, sondern auch Zuflüsse von der ›Landseite‹ her einmünden. Nur ist das Bild, das der Graben heute bietet, äußerst friedlich. Schwäne kreuzen elegant zwischen den Mauern hin und her oder brüten auf kleinen Inseln ihre Eier aus, und in den Fischteichen treiben träge Karpfen ihrem unausweichlichen Schicksal entgegen, Bestandteil einer stark paprizierten Fischsuppe zu werden. Denn Karpfen und Fischsuppe gehören zu Tata.

Tata oder Totis, wie es auf Stichen und in illustrierten Chroniken von einst hieß, war auch eine der stark befestigten und viel umkämpften Grenzburgen an der Berührungsstelle zwischen dem habsburgischen und dem türkischen Machtbereich im 16. und 17. Jahrhundert. Zweimal fiel sie für je zwei Jahre in die Hände der Türken. Ihr Schicksal mußte die damalige europäische Öffentlichkeit

stark beschäftigt haben, denn im Burgmuseum ist die Kopie eines
Blattes einer illustrierten Augsburger Chronik zu sehen, das Kunde
gibt »von der widereroberung der Vöstung Dotis in Ungarn, welcher durch den Herren Bernstein neben anderen Kriegsobristen den
23 May des 1597 Jars bey nachtszeit gegen den tag durch mittel
eines Petarts eingenommen und alles so darinnen niedergehawet
worden«.

Später teilte auch die Burg von Tata das Schicksal so vieler
befestigter Plätze im ehemaligen habsburgisch-türkischen Grenzbereich: Nachdem sie im ungarischen Freiheitskampf Anfang des
18. Jahrhunderts den Kuruzen Rákóczis als Stützpunkt gedient hatte,
wurde sie von den Kaiserlichen niedergebrannt, um ein für alle Mal
ihre weitere kriegerische Verwendung unmöglich zu machen.

Einige Teile der Anlage sind seither wieder aufgebaut worden,
vor allem der dem See zugewandte Flügel, der mit seinen gotischen
Bögen und dem Turm für die malerische Silhouette der Burg sorgt.
In diesem teils erhaltenen, teils neuen Trakt ist auch das *Domokos-
Kuny-Museum* untergebracht. Seinen sonderbaren Namen hat es
von dem Franzosen Dominique Cuny, der im 18. Jahrhundert in
Tata eine Fayence-Manufaktur aufbaute, die dann wieder die
Bauernkeramik der Umgebung beeinflußt hat. Eine Reihe besonders
schöner Exemplare dieser Keramiken mit ihren blaugrünen Verzie-
rungen auf weißem Grund ist in dem Museum zu sehen.

Unser Jakob Fellner – ich muß ein letztes Mal auf ihn zurückkommen – hat in Tata aber nicht nur Schlösser, Kirchen und Kapellen
gebaut, er hat auch Mühlen geschaffen. Eine davon, die *Miklós-
Mühle* (Nikolausmühle), befindet sich nicht weit entfernt von der
Burg. Außer dem See mit den von Pappeln und Platanen gesäumten
Promenaden an seinen Ufern, der Burg und den Fayancen des
Monsieur Cluny ist diese Mühle eine weitere Sehenswürdigkeit
von Tata. Denn sie beherbergt unter dem Titel ›Der große Schwabenzug‹ das Museum der Ungarn-Deutschen. Aller Ungarn-Deutschen, nicht nur der, die in der Umgebung von Tata lebten und zum
Teil heute noch leben. Es schließt auch die deutschen Siedlungen
bei Budapest und westlich von Szekésfehérvár mit ein, und natürlich
die in Südungarn in der Umgebung von Pécs. Es ist somit die
umfassendste Darstellung der Herkunft, der Verbreitung, des Lebens, der sozialen Struktur und der Gebräuche der deutschen Volksgruppe, die einstmals in Ungarn recht bedeutend war.

Zu Beginn des Zweiten Weltkrieges lebten rund 600 000 Deutsche in Ungarn, heute sind es offiziellen Angaben zufolge an die 220 000. Damit bilden sie unter den 400 000 bis 450 000 Angehörigen nationaler Minderheiten im Lande, das eine Gesamtbevölkerung von 10,7 Millionen hat, immer noch die stärkste Volksgruppe.

Daß sie auf ein Drittel ihrer einstigen Stärke zusammengeschrumpft ist, hängt mit der Kriegs- und Nachkriegszeit zusammen. Ein Teil der Ungarn-Deutschen hat in den letzten Kriegswochen mit der Wehrmacht seine Heimat verlassen, ein anderer Teil ist in den ersten Nachkriegsjahren von den ungarischen Behörden zwangsweise nach Westdeutschland ausgesiedelt worden. Der im Lande verbliebene Rest hat dann etwa ab Mitte der fünfziger Jahre schrittweise wieder eine gewisse Kulturautonomie zurückerhalten. Heute haben die Deutschen, wie die übrigen Minderheiten, auch ihren eigenen Verband, der hauptsächlich ihre kulturellen Interessen vertritt. Es gibt eine Anzahl von Kindergärten und Schulen, in denen auch Deutschunterricht gegeben wird, und es besteht die Absicht, die Zahl der zweisprachigen Nationalitätenschulen, in denen die humanen Fächer in Deutsch, die sogenannten realen Fächer in Ungarisch unterrichtet werden, wesentlich zu erhöhen. An zwei Gymnasien (in Budapest und in Pécs) gibt es deutsche Abteilungen, und in Baja, in Südungarn, haben die Deutschen ein eigenes Gymnasium. In den größeren Orten haben sie ihre Singgemeinden, ihre Orchester und ihre Tanzgruppen, die oft in den alten Trachten auftreten. Man muß — das ist auch in unserem Museum in Tata zu sehen — von diesen in der Mehrzahl sprechen. Denn eine ›Tracht der Deutschen in Ungarn‹ gibt es nicht. Jedes Gebiet hat seine eigene Tracht, manchmal unterscheidet sie sich sogar von Ort zu Ort. Eines fällt aber doch auf: Im Vergleich zu den ungarischen Trachten sind die deutschen in den Farben gedämpfter, Schwarz und Weiß dominieren, und das Rot und das Blau sind nicht so auffällig. Aber genau so wie bei den Ungarn werden ja die Trachten nicht mehr im Alltag getragen. Sie sind zur Festkleidung bei den Veranstaltungen der Vereine und den Darbietungen der Sing- und Tanzgruppen geworden.

Daß die Deutschen keine eigenen Minderheitenrechte politischer Natur haben, braucht kaum betont zu werden. Dafür ist in einem kommunistisch regierten Land kein Platz. Insofern kann man dem Regime glauben, wenn es erklärt, die Deutschen seien wie die anderen Minderheiten absolut gleichberechtigt.

Können aber die kulturellen Entfaltungsmöglichkeiten den Bestand der Gruppe sichern? Vor allem: Kann die Jugend dem Sog widerstehen, der sowohl von der ungarisch geprägten Umgebung als auch von dem Lebenszuschnitt unserer Zeit ausgeht, auf dem Arbeitsplatz bei Tag genauso wie am Abend in der Diskothek?

Kommt man in ein Dorf mit einem starken Anteil deutscher Bevölkerung, gleichgültig, ob das westlich von Budapest oder in der Nähe von Pécs ist, erhält man von den älteren Leuten immer die gleiche resignierte Auskunft: Die jungen Leute können kaum noch Deutsch, es liegt ihnen wenig am Deutschen, ihre Interessen gehen in andere Richtungen, sie wollen gut verdienen und ihr Vergnügen haben.

Von diesen Problemen ist natürlich in Jakob Fellners Miklós-Mühle in Tata nichts zu merken. Abgesehen von der Beobachtung am Rande, daß keine der alten Frauen, die im Museum an diesem Vormittag an der Kasse sitzen oder die Aufsicht haben, ein Wort Deutsch spricht, obwohl es ja in den Dörfern der Umgebung noch Deutsche gibt. Aber man kommt auch so zurecht, denn alle Erklärungen bei den Schautafeln und den Exponaten sind auch in Deutsch geschrieben, was sonst in ungarischen Museen eine Seltenheit ist.

Die ganze Schau im Museum steht nun, ich habe es schon erwähnt, unter der Schlagzeile ›Der große Schwabenzug‹. Es wird hier also die Geschichte der Ansiedlung deutscher Bauern in den stark entvölkerten Gebieten Ungarns nach der Vertreibung der Türken dargeboten. Ihr politischer und wirtschaftlicher Hintergrund, ihre Organisation, ihre einzelnen Phasen und ihre Ergebnisse, also die Struktur und wirtschaftliche Bedeutung der deutschen Dörfer und ihre Stellung im Vergleich zu den ungarischen Dörfern. Eine höchst informative Schau und Darstellung des vom Wiener Hof zentral gelenkten Besiedlungswerkes im 18. Jahrhundert, das für den Südosten von säkularer Bedeutung war. Das Anschauungsmaterial in der ehemaligen Mühle in Tata beschränkt sich auf das Gebiet des heutigen Ungarns; jene Teile der Baranya und der Batschka, die heute zu Jugoslawien gehören, und der Banat, den sich Jugoslawien und Rumänien teilen, sind ausgeklammert, obwohl auch diese Gebiete einst ein Teil Ungarns waren, in die viele deutsche Bauern strömten.

Nicht nur aus Schwaben, wie man nach der allgemein üblichen Bezeichnung dieser Bewegung meinen sollte. Von dort, vornehmlich aus dem Bodenseegebiet, kamen nur die ersten Kolonisten, die von den ›Inpopulationsagenten‹ der Krongüter der weltlichen und geistlichen Grundherren angeworben waren. Die neuen Siedler kamen aber genau so aus der

Rheinpfalz und von der Mosel, aus Bayern und später auch aus den österreichischen Landen.

Die Anwerber sparten nicht mit Versprechungen der großen Vorteile, die die Kolonisatoren in ihrer neuen Heimat genießen würden. Sie sicherten ihnen Freizügigkeit, Freiheit von den sonst üblichen Lasten der Untertanen, nationale und religiöse Gleichberechtigung, Bauhilfen und dergleichen mehr zu. In den Ansiedlungsverträgen, die in dem Museum ausgestellt sind, ist das alles nachzulesen. Auch geht aus den Dokumenten und Schautafeln deutlich hervor, daß die Kolonisationsbewegung des 18. Jahrhunderts im Südosten im Gegensatz zu der des Mittelalters im wesentlichen darauf abzielte, das Land zu besiedeln, also eine bäuerliche war. Und eine katholische, denn die kaiserliche Hofkammer in Wien, die die habsburgische Staatskolonisation leitete, und die Kameralverwaltung in Ofen (Buda), die sie durchführte, waren offenbar der Meinung, daß von den katholischen Bauern eine größere Staatstreue zu erwarten sei, als von den protestantischen. Letztere wurden nur angesiedelt, wenn nicht genügend Katholiken zur Verfügung standen.

Außer wirtschaftlichen Motiven — es fehlte auf den großen Gütern an Arbeitskräften, und die Deutschen galten sowohl als fleißig wie auch als landwirtschaftlich fortgeschritten — spielten bei der Kolonisation auch politische Motive mit. Kardinal Leopold Graf Kollonitsch, ein Ungar, aber treuer Anhänger des Hauses Habsburg, hat seinen Ruf nach deutschen Kolonisten mit dem Argument untermauert, »damit das Königreich (Ungarn) oder wenigstens ein großer Teil desselben nach und nach germanisiert werde und das hungarländische, zu Revolutionen geneigte Geblüt mit den Teutschen temperiert werde«. Diese politischen Erwägungen Kollonitschs waren von der Treue zum Herrscherhaus bestimmt, nicht aber von nationalistischen Motiven, wie sie erst im 19. und 20. Jahrhundert an die Oberfläche kamen. Schließlich hat man in den verödeten Teilen Ungarns im 18. Jahrhundert auch andere Völkerschaften, Serben und Slowaken, Ukrainer und Rumänen, Kroaten und Albaner angesiedelt.

Was in dem Schwabenzug-Museum fehlt, ist ein Hinweis darauf, daß es zwischen der neuen deutschen Einwanderung des 18. Jahrhunderts und dem seit dem Mittelalter in Ungarn ansässigen Deutschtum zu keiner gegenseitigen Durchdringung gekommen ist. Das ist einerseits auf die soziale Verschiedenheit der beiden Gruppen von Deutschen zurückzuführen: Die seit dem Mittelalter Ansässigen waren Städter, die ›neuen‹ Deutschen waren Bauern. Auch wenn von diesen viele in die Städte gingen, weil bei den Deutschen das

Majoratserbrecht galt, der älteste Sohn also den Hof ungeteilt übernahm. Den jüngeren Brüdern blieb also nichts anderes übrig, als sich ihren Lebensunterhalt in der Stadt zu verdienen.

Dann aber gab es den Unterschied der Religion. Die Kolonisten des 18. Jahrhunderts, ich sagte es schon, waren in der Mehrzahl katholisch, die Deutschen in der Stadt aber protestantisch. Und diese protestantischen Deutschen unterstützten oft die nationalen ungarischen Freiheitsbewegungen und Aufstände gegen Wien, weil sie in ihnen eine Abwehr der auch sie bedrohenden Gegenreformation der Habsburger sahen. Sie gerieten damit aber in eine ausweglose Situation: Zuerst nahm ihnen der Wiener Hof ihre autonomen Rechte, was ihre politische und wirtschaftliche Stellung auch im Verhältnis zu den Ungarn ihrer Umgebung schwächte. Dann setzte mit dem nationalen, politischen und kulturellen Erwachen der Ungarn im 19. Jahrhundert der Assimilationsdruck gegenüber dem deutschen Element in den Städten ein. So vollzog sich eine erstaunliche Entwicklung in Ungarn: An der Wende vom 18. zum 19. Jahrhundert waren Budapest, Ödenburg (Sopron), Raab (Győr), Stuhlweißenburg (Székésfehérvár), Fünfkirchen (Pécs) noch deutsche Städte. Aber zwischen 1880 und 1910 stieg zum Beispiel in Budapest der Anteil der ungarischen Einwohnerschaft von 56,7 Prozent auf 85,9 Prozent. Oder: Um 1800 waren in den Ländern der Stephanskrone nur 29 Prozent der Bevölkerung Ungarn. Hundert Jahre später war ihr Anteil schon auf 51,4 Prozent gestiegen, und die Fachleute für Bevölkerungsbewegung sind sich darin einig: Dieses Ergebnis ist nicht auf einen nationalen Zuwachs der angestammten ungarischen Bevölkerung zurückzuführen, sondern auf Assimilierung. Vor allem der Intelligenz, und da wieder der deutschen. Jedenfalls im engeren Ungarn. »Was die stürmische Magyarisierung anbetrifft«, so schrieb schon vor hundert Jahren der Lyriker Johannes Vajda, »die Magyarisierung der Intelligenz der fremden Rassen unseres Vaterlandes und gerade der Elite und des fähigsten Teiles sozusagen über Nacht, dafür gibt es kein Beispiel in der Geschichte irgendeiner Nation.« Und für die Zeit nach dem Ausgleich 1867, der den Ungarn ihre staatliche Selbständigkeit im Rahmen der Doppelmonarchie brachte, stellt Julius von Farkas in seinem Buch ›Der Freiheitskampf des ungarischen Geistes‹ fest: »Das deutsche Bürgertum nahm wirklich in imposantem Maße am Ausbau des ungarischen Staates und an der Schöpfung der neuen ungarischen Kultur teil.«

Puszta

einmal ganz anders

In Tata erkundigte ich mich im Touristenbüro nach einem Hotel. Das beste sei die Remeteség-Puszta, drei Kilometer von der Stadt entfernt, ein Dreisternehotel, sagte man mir. Ich zog es vor, zunächst in der Stadt zu bleiben, fuhr aber am nächsten Tag zu dem genannten Ort.

Remeteség-Puszta – das klingt romantisch und ruft Vorstellungen von unendlicher Steppe hervor, über die Peitschen schwingende Reiter Herden halbwilder Pferde treiben und am Abend Zigeuner um das Lagerfeuer wehmütige Weisen geigen.

In mir löste dieser Name andere Assoziationen aus. Ich hatte schon gelernt, daß im Ungarischen unter ›Puszta‹ nicht nur das Steppenland bei Debrecen oder zwischen Donau und Theiß verstanden wird, sondern daß – hauptsächlich in Westungarn, wo es ja keine weiten Weideflächen gibt – mit diesem Wort auch eine Ansammlung von Gesindewohnungen und Wirtschaftsgebäuden, also Ställen, Scheunen und Speichern mitten auf einem Großgut bezeichnet wird. Man kann diese Art von Puszta auch mit unserem Ausdruck Meierhof umschreiben. Man braucht sich nur eine Landkarte von Transdanubien anzusehen, es wimmelt dort von allen möglichen ›Pusztas‹.

Im Zusammenhang mit der mir empfohlenen Remeteség-Puszta erinnerte ich mich aber auch, wie mir vor Jahren durch Zufall das Buch ›Pusztavolk‹ von Gyula Illyés in die Hände geriet. Damals wußte ich noch nichts von der doppelten Bedeutung des Wortes ›Puszta‹ und erwartete ein Panorama der Hirten und Herden unter dem hohen Himmel Ostungarns – kurz ein Bild der Pußta, so wie es uns Romantiker wie Lenau und die Operette und der Film vermittelt haben.

Nach den ersten Seiten war ich ganz enttäuscht, daß das, worum es in dem Buch von Illyés ging, aber auch gar nichts mit dieser meiner Pußtavorstellung zu tun hatte. Je weiter ich aber las, um so faszinierter war ich von dem Einblick, den mir dieses Buch in eine soziale Welt gab, die mir bis dahin völlig unbekannt gewesen war.

Im ›Pusztavolk‹ schildert Illyés das Leben in einer solchen Gesindegemeinschaft, in der er selbst aufgewachsen war. »Die Puszta kann fast so groß sein wie ein Dorf, ist aber dennoch keines«, schreibt er. »Sie ist auch kein Hof, denn auf einem Hof leben höchstens zwei oder drei Familien, auf einer Puszta hingegen hundert oder zweihundert.«

Diese Familien lebten zusammengedrängt in ebenerdigen Gesindewohnungen, Anfang des Jahrhunderts mußten sich oft zwei Familien ein Zimmer teilen, später kam meist auf eine Familie ein Zimmer. Aber bis 1945 — Illyés schildert die Verhältnisse um den Ersten Weltkrieg und in der Zwischenkriegszeit — gab es nur eine große Küche für mehrere Familien. Man kann sich also die qualvolle Enge in diesen Gesindewohnungen vorstellen.

Die Masse des ›Pusztavolkes‹ bildeten die Ochsen- und Pferdeknechte, die Kutscher, die Schweine- und Kuhhirten, in späteren Zeiten dann auch die Maschinisten und Mechaniker, aber die fühlten sich schon als etwas Besonderes und wohnten auch besser.

Das Gesinde wurde immer nur für ein Jahr angestellt: Wessen Arbeit und Verhalten zufriedenstellten, durfte bleiben, wer sich als faul oder aufsässig erwies, mußte sich irgendwo anders nicht nur Arbeit sondern auch eine Wohnung suchen, denn aus der Wohnung auf der Puszta wurde er hinausgesetzt. Die Entlohnung erfolgte zum großen Teil in Naturalien, meist in Getreide, ein geringerer Teil wurde auch in Geld ausgezahlt. Eine gewisse Menge Salz und das Heizmaterial wurden ebenfalls von der Gutsverwaltung gegeben, manchmal auch Schuhe oder Stiefel.

Das also waren die materiellen Bedingungen, unter denen das ›Pusztavolk‹ lebte, das laut Illyés die Hälfte der Anbaufläche Ungarns bearbeitete.

Also Landproletariat der untersten Stufe? Vergleicht man die soziale Lage des Gutsgesindes mit jener der besitzlosen Landarbeiter, die sich als Saisonarbeiter verdingen mußten, so fällt es schwer zu entscheiden, wer schlechter dran war. Die Leute, die das Gutsgesinde bildeten, waren, was ihren Arbeitsplatz betraf, zumindest für ein Jahr gesichert, hatten aber kein Zuhause, sie lebten also in völliger Abhängigkeit von der Gutsverwaltung. Die Landarbeiter, die keinen eigenen Grund und Boden hatten, lebten zwar in einer Dorfgemeinschaft, konnten aber mit einer Arbeit oft fern von ihrem Wohnort für nur fünf bis sieben Monate im Jahr rechnen. Zum Landproletariat waren beide zu zählen, zu einer sozialen Gruppe die noch zwischen den beiden Weltkriegen etwa ein Drittel der Gesamtbevölkerung Ungarns ausmachte.

Aber wie war der Charakter, die Mentalität, wie waren die sozialen Verhaltensweisen dieser Menschen, die eigentlich versteckt, abgeschieden, isoliert lebten? Gyula Illyés:

»Lange glaubte ich aus irgendeinem dunklen Instinkte heraus oder aus Schamgefühl, daß das Pusztavolk gar nicht zur ungarischen Nation gehörte. In meiner Kindheit konnte ich es einfach nicht mit dem heldenhaften, kämpferischen, glorreichen Volk gleichsetzen, als das ich die Ungarn in der Pusztaschule achten gelernt hatte. Ich stellte mir die ungarische Nation als ein fernes glückliches Volk vor, unter dem ich gerne gelebt hätte. In meiner traurigen Umgebung träumte ich von diesem Volk, wie man von den Helden der Sagen und Märchen träumt. Jede Nation schafft sich ein strahlendes Ideal von sich selbst und ich glaubte, dieses Ideal sei die Wirklichkeit …

Befragte ich Ausländer, die in Ungarn gewesen waren, nach ihrer objektiven Meinung über uns, schilderten sie das einfache, Ackerbau treibende Volk als unterwürfig und still, als Menschen, die sofort den Hut abnahmen, in ehrfürchtiger Haltung erstarrten und deshalb auf Fremde einen unterdrückten und auch etwas hinterlistigen Eindruck machten. Diese Charakterisierung traf mich unerwartet. Ich war verblüfft und errötete. Mit welchen Ungarn waren meine Gesprächspartner nur in Berührung gekommen? Ich erfuhr, daß sie alle die sprichwörtliche Gastfreundschaft auf den Landschlössern genossen hatten und das Volk in der Umgebung dieser Schlösser beobachtet hatten. Sie waren also mit jener Schicht der ungarischen Bevölkerung zusammen getroffen, die ich selbst genau kannte, samt ihren Tugenden und Untugenden…

Dem Volk der Puszta ist nichts fremder als stolzes Selbstbewußtsein, das nach einer weit verbreiteten Ansicht eine charakteristische Eigenschaft unseres Volkes darstellt. Dieses Selbstbewußtsein findet man übrigens nicht nur beim niederen Adel aller Länder, sondern auch bei allen freien Bauern, also auch bei den unsrigen. Das Volk der Puszta aber, und das ist meine eigene Erfahrung, ist ein Dienervolk, es ist unterwürfig. Nicht aus Berechnung oder Überlegung, seine Unterwürfigkeit entspringt seinem Temperament, seinem Erbe, seiner tausendjährigen Erfahrung …

Von den Theorien über den Ursprung der Ungarn wirkte keine so sehr auf mich als Offenbarung, keine ging mir so ans Herz, wie die jüngste, nach der die Ungarn nicht mit Árpád ins Land gekommen sind, sondern als stille Lastenträger Attilas oder gar noch vor Attila. Ihrem stillen Wesen verdanken sie es zweifellos, daß sie weder mit den Hunnen noch mit den Awaren vertrieben oder erschlagen wurden, daß sie am Leben blieben und dienen durften. Sie dienten nacheinander den Hunnen, den Awaren und den Franken, kurz allen, die sich ihnen eben auf den Hals setzten, zuletzt den harten, selbstbewußten turkmenischen Kriegern Árpáds. Diese kneteten einen Staat aus dem schweigsamen, fleißigen Volk, das den edlen Eroberern alles gab, sogar seine wunderbare ungarische Sprache. Es gehorchte damit dem Gesetz, das seit jeher die Beziehungen zwischen Eroberern und Eroberten regelt.«

Ob man nun Gyula Illyés folgen will oder nicht: Der Bogen, den er von seiner Puszta-Welt zurück bis Attila schlägt, ist jedenfalls von großem Reiz. Er zeigt, wie facettenreich das Spektrum des ungarischen Volkes ist, das aus der europäischen Völkergemeinschaft nicht mehr wegzudenken ist und sich doch einen seltsam fremdartigen Rest bewahrt hat. Auf der Remeteség-Puszta merkt man aber weder davon noch von dem alten Pusztadasein etwas. Das Hauptgebäude, früher ein Jagdschlößchen der Esterházy, ist zu einem Hotel geworden, das den üblichen Komfort bietet; ein Restaurant, eine Weinstube und ein Espresso sorgen für das leibliche Wohl. In einem anderen, schon etwas bescheideneren Gebäude der ›Puszta‹ sind eine Touristenherberge und eine Diskothek untergebracht, und auch an den übrigen Häusern, die alle bewohnt sind, erinnert nichts mehr an das harte Leben von einst. Auf der Remeteség-Puszta jedenfalls scheint ein gewisser Wohlstand eingekehrt zu sein, der wohl damit zusammenhängt, daß sie unmittelbar an der Autobahn Győr–Budapest gelegen und, nur sechzig Kilometer von der Hauptstadt entfernt, inzwischen zu einem beliebten Ausflugsort geworden ist.

Wie es sonst mit dem Leben auf dem Lande bestellt ist, nachdem es keinen privaten Großgrundbesitz und damit auch keine ›Pusztas‹ mehr gibt, aber auch keine selbständigen Bauern mehr, sondern nur noch Staatsgüter und landwirtschaftliche Produktionsgenossenschaften – davon wird bei passender Gelegenheit die Rede sein.

Zsámbék

Trauriger Sonntag

An der Autobahn Győr–Budapest gibt es etwa 33 Kilometer vor der ungarischen Hauptstadt zwar ein Hinweisschild und eine Abfahrt nach Zsámbék, aber nichts weist darauf hin, daß es dort auch etwas zu sehen gibt. Ich fuhr an einem völlig verregneten Aprilsonntag dorthin, die Ausläufer der Pilis-Berge vor Budapest verschwammen im Grau, in den Straßen der Dörfer keine Menschenseele, überall Nässe, Kälte, Wind. Ich fragte mich, was ich an einem solchen Tag, bei einem solchen Wetter in der Ruine eines Prämonstratenserklosters wollte, auch wenn sie nur ein Dutzend Kilometer von der Autobahn entfernt ist. Ich erinnerte mich aber eines ebenfalls grauen und kalten Novembernachmittags, an dem ich durch Salzburg ging, durch den Mirabellgarten und die Getreidegasse, über den Domplatz und an Sankt Peter vorbei – wobei mir aber dann Salzburg in seinem Wesen aufging, weil nichts mich ablenkte – keine Menschen, kein schönes Wetter, und weil mir die Stadt sozusagen ungeschminkt entgegentrat. Im Gedanken daran fuhr ich die steile Straße hinauf zur Kirche oberhalb des Dorfes, von wo sich an freundlicheren Tagen ein schöner Ausblick auf die Umgebung bieten müßte. Nichts derartiges bot sich mir an diesem Sonntagnachmittag. Aber die Kirche hatte ich ganz und ausschließlich und völlig ungestört für mich, diese romanisch-gotische Kirche, die ja nur noch eine Ruine ist, aber offenbar weil sie eine Ruine ist, unsere Phantasie in Bewegung setzt und auf eine geradezu magische Art unsere Aufmerksamkeit und unsere Anteilnahme fordert.

Zsámbék gehört mit Lébény (zwischen Győr und Mosonmagyaróvár) und Ják (bei Szombathely) zu den sogenannten Familienkirchen. Ihr Bau wurde in der ersten Hälfte des 13. Jahrhunderts von einer Adelsfamilie begonnen, die Kirchen wurden aber dann später einem Orden überlassen. Ihre Bauzeit erstreckt sich meist über mehrere Jahrzehnte, weil sie durch den Mongoleneinfall 1241/42 und seine Verheerungen unterbrochen wurde. Es ist die Zeit des Überganges von der Romanik zur Gotik, und entsprechend gemischt sind auch die Stilelemente dieser Kirchen. So wurde in Zsámbék um 1220 mit dem Bau begonnen, die Kirche aber erst 1258 vollendet. Später erfolgten dann noch einige weitere, weniger bedeutende Umbauten. Die Kriege haben Zsámbék verschont, nicht aber die Elemente. Die Zerstörungen, denen wir heute gegenüber stehen, hat ein Erdbeben 1763 hinterlassen. An einen Wiederaufbau der Kirche hat man damals nicht gedacht, erst in unserem Jahrhundert wurden Vorkehrungen getroffen, um durch Stützmauern aus Ziegeln einen weiteren Verfall der Ruinen zu verhindern. Auch an diesem Mauerwerk aber nagen Wind und Wetter.

Am stabilsten scheinen die beiden Türme mit den durch Säulen geteilten romanischen Fenstern und den Bogengesimsen darüber. Einer der Türme hat sogar noch seinen ursprünglichen pyramidenförmigen Helm. Vorhanden ist auch noch die Empore zwischen den Türmen, aber die gotische Rosette über dem Portal hat das Herz eingebüßt, und von ihrem steinernen Flechtwerk sind nur noch die Ränder übriggeblieben, deren Steinzacken immerhin noch etwas von der Schönheit ahnen lassen, die hier den Naturgewalten zum Opfer gefallen ist.

Die Kirche hat drei Schiffe, oder sollte man lieber sagen, sie hatte drei Schiffe? Denn ihr Leib ist aufgerissen, das nördliche Seitenschiff fehlt völlig, auf der südlichen Seite sind wenigstens noch die Spitzbogenarkaden und die sie tragenden Bündelpfeiler da, die Mittel- und Seitenschiff trennen, nur wölben sich die Bögen oft in die Leere des Himmels.

Das Mittelschiff muß von großer Wirkung gewesen sein: Die Reste des Kreuzrippengewölbes und die Strebepfeiler des Hauptchores lassen erkennen, daß es hoch über die Seitenschiffe hinausgeschossen ist. Steingewordener Jubel des Glaubens, der seinen Weg zum Himmel suchte! Nun aber schaut der Himmel überall herein in dieses Gotteshaus von einst, der Wind pfeift durch die Spitzbögen, vor dem Regen ist man nur im Hauptportal geschützt, und die Steinplatten, über die ehedem die Mönche schritten und auf denen das Volk kniete, bedeckt dickes Gras.

Ich kann mich kaum losreißen von dieser Kirche, obwohl Kälte und Nässe in mir hochkriechen und der Nachmittag sich anschickt, in grauer Trostlosigkeit zu versinken. Die Pfeiler der Kirche sind geborsten, das Spannwerk ihrer Bögen ist gebrochen, die Fenster sind tote Augen, im Chor wird kein Gebet mehr gesprochen. Reiner aber als irgendeine unversehrte Kirche, webt in ihr der Geist, aus dem sie geschaffen wurde.

Der heilige Vogel Turul

und das weiße Pferd

Daß man an ein und derselben Stelle eine Begegnung mit dem Mythos eines Volkes und einer seiner modernen Industriestädte hat, dürfte eher selten sein. Auf der Fahrt von Győr nach Budapest, dort wo die Autobahn an Tatabánya vorbeiführt, hat man dieses Erlebnis.

Rechts unterhalb der Autobahn liegt die Stadt, und nichts ver-
lockt den Reisenden, sie zu besuchen. Nicht die Betonkästen der
Wohnblöcke, die seit dem Kriege hier aus dem Boden gewachsen
sind, und schon gar nicht der Dunst und der Qualm, in die der
Braunkohlenbergbau, die Kraftwerke und die Zement-, Kalk- und
Aluminiumindustrie Tatabánya zu tauchen pflegen, auch wenn die
Sonne scheint. Wie es dann bei Regen und Nebel um die Szenerie
bestellt ist, bedarf wohl keiner Beschreibung. Wendet der Reisende
aber kurz den Blick von der Fahrbahn nach links, dann wird er oben
auf dem Scheitel des Steinhanges ein merkwürdiges Gebilde sehen:
einen riesigen Vogel aus Bronze, der majestätisch seine Schwingen
über das Land ausbreitet. Es ist der Vogel Turul, jenes mythische
Tier, halb Adler, halb Falke, das die Magyaren aus ihrer asiatischen
Steppenheimat mit nach Europa gebracht haben.

1896 zum sogenannten Millenium, der Tausendjahrfeier der
›Landnahme‹ der ungarischen Stämme an Donau und Theiß, hat
man dieses Denkmal auf grauem Gestein errichtet. Zu einem Zeitpunkt also, da der nationale Romantizismus der Ungarn auf seinem
Höhepunkt war. Dementsprechend ist die Skulptur auch ausgefallen: In seinen machtvollen Fängen hält der Vogel das Schwert
Árpáds, 12,5 Meter lang, wenn man den touristischen Prospekten
Glauben schenken will. Und die Spannweite der schweren Flügel
beträgt 14 Meter. Ein imposantes Gebilde also, wenn man es von
unten betrachtet. Ob von den Vorbeifahrenden jemand sich die
Mühe machen wird, hinaufzusteigen, ist eher fraglich.

Was hat es aber mit diesem Fabeltier auf sich?

Ich habe gesagt, die Ungarn haben es aus ihrer asiatischen Heimat
in ihre neue Heimat in Mitteleuropa mitgenommen, und das ist nur
zum Teil richtig. In der ungarischen Sagen- und Märchenwelt, wie
sie sich schon auf europäischem Boden entwickelt hat, spielt dieser
heilige Vogel keine Rolle. Er ist an das Dasein der Ungarn in den
Steppen Vorderasiens und Südrußlands gebunden; daß man ihn vor
dem Kriege in Statuen oder in den Symbolen meist rechtsstehender
politischer Organisationen vorfand, hängt mit der nationalen Romantik des 19. und 20. Jahrhunderts zusammen, die, sei es emotional,
sei es wissenschaftlich, den asiatischen Ursprüngen des ungarischen
Volkes nachging.

In ihrer Steppenheimat war der Vogel Turul der gute Geist der
ungarischen Stämme. Sein Flug wies in die Richtung frischer

Weideplätze, und sein Schrei kündigte Gefahr an. Grund genug, daß ihn ein Reiter- und Nomadenvolk verehrte.

Für Kenner der Materie gehört der Vogel Turul ähnlich wie das weiße Pferd in die Reihe der ungarischen Symboltiere, nur messen sie letzterem einen höheren Rang zu als dem sagenhaften Vogel Turul. Das weiße Pferd hatte ja auch noch in unserem Jahrhundert eine höchst aktuelle politische Bedeutung.

Als der spätere Reichsverweser Miklós Horthy nach dem Zusammenbruch der kommunistischen Räteregierung Bela Kuns und dem Abzug der rumänischen Besatzungstruppen im November 1919 in Budapest einzog, ritt er auf einem weißen Pferd an der Spitze seiner Truppen. Obwohl er als Admiral der k.u.k. Flotte wahrscheinlich nur spärliche Beziehungen zu Pferden hatte, welcher Farbe auch immer sie gewesen sein mögen. Aber ein weißes Pferd mußte es sein, denn weiß war ja, wir haben es schon im Kapitel über Szekésfehérvár gesehen, die Königsfarbe.

Es war auch gleichgültig, wie man zu dem weißen Pferd kam. In Südungarn, wo sich die konservativen Kräfte um Horthy gesammelt hatten, war zunächst kein geeignetes weißes Pferd aufzutreiben. Schließlich entdeckten Horthys Offiziere eines im Gestüt des Grafen Karoly, nur wollten es die Verwalter des Gestüts nicht herausgeben. Die Zeit aber drängte, und so entschlossen sich die Offiziere, das Pferd, das sie benötigten, in der Nacht vor dem großen Ereignis einfach zu stehlen. Horthy konnte nun, so wie es sich für einen ungarischen Heerführer gehörte, auf dem ihm zustehenden weißen Pferd reitend, seinen triumphalen Einzug in die Hauptstadt halten.

Ein weißes Pferd mußte auch noch zwanzig Jahre später seine mythologische Aufgabe erfüllen, als Ungarn die ihm im Wiener Schiedsspruch zugesprochenen, hauptsächlich von Ungarn bewohnten Gebiete der Slowakei besetzte. Auch in die Städte nördlich der Donau, wie zum Beispiel in Komárom, dem slowakischen Komárno, ritt Horthy auf einem Schimmel ein. So wirken also bei den Ungarn die alten Mythen bis in unsere heutige Zeit.

Die Symboltiere, vor allem der Vogel Turul, haben uns in die Urheimat der Ungarn zurückgeführt und gleichzeitig darauf aufmerksam gemacht, daß es an der Zeit ist, auch einmal etwas darüber zu sagen, wo dieses seltsame Volk gelebt hat, bevor es Ende des 9. Jahrhunderts wie ein Sturmwind nach Mitteleuropa einbrach. Bis jetzt haben wir uns ja im wesentlichen mit dem Werden Ungarns nach der ›Landnahme‹ beschäftigt, mit seinen ersten christlichen

Kirchen und Klöstern, mit der Herausbildung einer zentralen
Königsmacht und mit dem Entstehen der Städte, von denen aus das
Land regiert wurde. Nun müssen wir noch tiefer in seine Geschichte
hinabsteigen, dort wo sich die Ursprünge der Ungarn im grauen
Nebel der Vorzeit verlieren. Da uns das aber aus dem geographischen Bereich unseres Buches weit hinausführt, werden wir es kurz
und eher schlagwortartig machen.

Also: Die Ungarn sind die stärkste Gruppe der Finno-Ugrischen
Sprachfamilie, zu der in Europa noch die Finnen und Esten sowie
einige kleinere Volksgruppen zählen. Nach den heutigen Erkenntnissen der Sprachwissenschaftler, der Archäologen und Ethnographen
lag ihre Urheimat im Gebiet am Zusammenfluß von Wolga und
Kama, etwa dort, wo heute die Stadt Kasan liegt und wo die Wolga
am weitesten nach Osten hin, dem Ural zu, ausschwenkt. Dort
lebten die finnisch-ugrischen Völker etwa bis zum dritten vorchristlichen Jahrtausend nebeneinander. Dann trennte sich zuerst die
ugrische Völkergruppe, darunter auch die Ungarn, von der finnisch-
permischen, und zwischen 1500 und 1000 vor Chr. scheinen dann
die Magyaren oder Ungarn, wie sie auch genannt werden, aus den
Waldgebieten zwischen Wolga und Ural in die Steppen am Unterlauf des Don und des Dnjepr und am Nordufer des Schwarzen
Meeres gezogen zu sein. Dort kommen sie mit den Turkvölkern in
Berührung, denen sie ihre Kenntnisse in der Viehzucht, vor allem
in der Pferdehaltung verdanken. Nun tauchen sie zum ersten Mal in
byzantinischen Quellen auf, in denen sie anfangs mit dem türkischen
Wort ›Onoguren‹ bezeichnet werden. Davon leitete sich später der
in den meisten europäischen Sprachen gebrauchte Begriff ›Ungarn‹
ab. Die Bezeichnung ›Magyaren‹ kommt von dem ugrischen Wort
›Magyar‹, das sowohl für einen der sieben ungarischen Stämme, die
im 9. Jahrhundert weiter nach Europa wanderten, benützt wurde,
als auch für den Stammesverband insgesamt.

Bevor sie nach Europa aufbrachen, hatten sie aber noch eine
Zeitlang im Chanat der Chasaren gelebt, dem merkwürdigen Staatswesen am unteren Don und der unteren Wolga, dessen Oberschicht
im 7. bis 9. Jahrhundert zum jüdischen Glauben übergetreten war.
Die Ungarn oder Magyaren, wie sie jetzt in den byzantinischen
Quellen genannt werden, betätigten sich dort als Steuereintreiber
bei den unterworfenen Völkerschaften, machten sich aber auch mit
einem primitiven Ackerbau vertraut. Im 9. Jahrhundert aber über-

warfen sie sich mit der Führungsschicht der Chasaren. Zusammen mit den Chabaren, einem Chasarenstamm, der ebenfalls gegen die herrschende Schicht rebellierte, wandten sie sich gegen Westen und eroberten zunächst weite Gebiete Südrußlands bis zum Unterlauf der Donau. Um 862 nach Chr. tauchen dann die ersten ungarischen Reiterscharen im Karpatenbecken auf, denen das Gros der sieben Stämme bis zur Jahrhundertwende folgte. Die ›Landnahme‹, die endgültige Festsetzung in dem weiten Gebiet, das im Norden und Osten von den Karpaten, im Süden von Drau, Save und Donau, im Westen von den Ausläufern der Alpen begrenzt wird, und das von Donau und Theiß wie von zwei großen Achsen durchzogen wird, erfolgte 896. So sieht es jedenfalls die Überlieferung. Wahrscheinlich war es das Jahr, in dem der gesamte Stammesverband der Ungarn im Karpatenbecken Fuß gefaßt hatte.

Wie stark waren aber diese Reiterhorden aus den Steppen um das Schwarze Meer, die dem Großmährischen Reich den Garaus machten – allerdings als Verbündete des deutschen Königs Arnulf –, dann aber auch das deutsche Heer schlugen und als ›Sendboten der Hölle‹ ein halbes Jahrhundert lang in Mittel-, West- und Südost-europa Angst und Schrecken verbreiteten? Auf zwanzigtausend bis fünfundzwanzigtausend Reiter wird heute das Heer geschätzt, mit dem der Großfürst der Ungarn ins Feld zog. Das würde, wenn wir unsere Maßstäbe anlegen, eine ›Basis‹ von hunderttausend Familien voraussetzen, was im günstigsten Falle eine gesamte Volkszahl von etwa einer halben Million ergibt. Manche Historiker halten diese Zahlen für zu hoch gegriffen. Aber wie dem auch sei: Vergleicht man mit ihr das Gebiet, das die Ungarn unterwerfen konnten und das in der ersten Hälfte des 11. Jahrhunderts, also zu Zeiten König Stephans I., von der Tatra bis zur Save und von der Leitha bis zum heutigen Kronstadt in Rumänien reichte, dann kann man nur sagen: Wahrlich, sie haben mit ihrem Pfunde gewuchert.

Stadtplan von Budapest
auf den Seiten 398/99

[II]

BUDAPEST

Ungarns Hauptstadt
Auf der Suche nach ihrer Seele

Ich muß den Abschnitt Budapest mit einem Geständnis beginnen. Das Argument, man sollte sich erst in jenen Teilen und in den Städten Ungarns umsehen, die schon von Bedeutung waren, als weder Buda noch Pest irgendein Rang zukam, war nicht der einzige Grund, warum ich den Leser erst jetzt in die ungarische Hauptstadt führe. Ich habe die Beschreibung Budapests auch deshalb zurückgestellt, weil ich stillschweigend der Vorstellung entgegenarbeiten wollte, daß Budapest Ungarn ist und daß es also genügt, sich die Hauptstadt anzusehen, um über das Land Bescheid zu wissen. Und daß man darüber hinaus seine Ungarnerfahrung nur noch durch eine Fahrt über die Pußta oder einen Badeaufenthalt am Balaton zu garnieren braucht. Ich habe aber auch noch einen persönlichen Grund für ein gewisses Zögern gegenüber Budapest.

So oft war ich dort, und zu allen Jahreszeiten habe ich die Stadt erlebt und in allen ihren Stimmungen, und ich kenne viele ihrer Gassen und Winkel — und trotzdem habe ich immer noch das Gefühl, die Stadt nicht richtig zu kennen. Zu kennen in dem Sinne, daß ich ihren Geist erfaßt hätte, den Geist, der hinter ihrem äußeren Bilde lebt, hinter den Fassaden der Bürgerhäuser aus dem Mittelalter oder der kleinen Palais aus der Barockzeit auf dem Burgberg, oder hinter dem Pomp der Bauten aus der Gründerzeit auf dem linken Donauufer in Pest. Um es kurz zu machen: Ich bin mir also über Budapest noch immer im Unklaren, ich bin noch nicht hinter sein Geheimnis gekommen, und so kann ich dem Leser zu Beginn dieses Abschnittes auch noch kein Gesamtbild der Stadt geben. Ich lade ihn vielmehr ein, mit mir durch die Stadt zu streifen, ohne viel Systematik, aber mit offenem Auge und wachem Sinn, vielleicht

wird uns neben der Besichtigung von Kirchen und Museen und
dem Schlendern auf den Boulevards, durch die Geschäftsstraßen
und über die großen und kleinen Plätze und bei den Fahrten durch
die U-Bahnschächte auch eine Stunde zuteil, in der sich uns das
Geheimnis dieser Stadt erschließt. Falls sie eines hat.

Der erste Kontakt
ist leicht gemacht

Wo setzen wir nun mit unserer privaten Eroberung Budapests an?
Die Antwort auf diese Frage fällt ziemlich leicht: beim Brückenkopf
der Elisabethbrücke (Erzsébet-híd) auf dem Ostufer der Donau, also
auf der Pester Seite. Kommt man vom Westen über die Autobahn
nach Budapest und hält man sich an die Schilder, die in Richtung
›Centrum‹ weisen, landet man unweigerlich dort.

Von diesem Punkt aus, genauer gesagt vom Platz des 15. März
(Március 15. tér), hat man den ersten Blick über die Donau hinweg
auf den Burgberg, der uns seine Südspitze zuwendet. Er ist wie ein
Schiff, das mit seinem Bug auf uns zudreht, wir sehen es nicht in
seiner ganzen Länge, aber seine Brücke und die Aufbauten sind
zu erkennen, in unserem Falle also das Mauerwerk, auf dem die
mittelalterliche Königsburg stand und darüber die Teile des Burgpa-
lastes, die im letzten Weltkrieg zerstört worden waren, nun aber
wiederaufgebaut sind.

Man sollte am späten Nachmittag hier stehen, wenn die Sonne
den Himmel noch einmal groß illuminiert, bevor sie hinter den
Schwabenbergen verschwindet. Dann hebt sich die Silhouette der
Burg mit der Kuppel über dem Flügel der Nationalgalerie wie
gestochen von dem erleuchteten Hintergrund ab. Eine Szenerie also,
wie man sie sich für die erste Begegnung mit einer Stadt nur
wünschen kann.

Sonst aber ist der Aufenthalt auf diesem Platz nicht besonders
reizvoll, weil sich hier der Verkehr von und zu der Brücke mit dem
der Uferstraße trifft. Für den entsprechenden Lärm und Gestank ist
also gesorgt. Trotzdem müssen wir noch etwas an dieser Stelle
verweilen, weil sie historisch ihre Bedeutung hat.

In römischer Zeit gab es hier einen vorgeschobenen Stützpunkt, dessen
Reste freigelegt wurden und in der Mitte des Platzes in einem Ruinengar-

ten zu besichtigen sind. Die Grenze des römischen Herrschaftsbereiches verlief hier an der Donau, und die römischen Vorgänger von Budapest, das Militärlager und die Bürgerstadt Aquincum, lagen am rechten Donauufer in den nördlichen Bezirken der heutigen Stadt. Die kleine Festung hier auf dem Március 15.tér war nur ein vorgelagerter Militärposten, der möglicherweise den Flußübergang sichern sollte. Denn es ist bezeichnend, daß sich von hier aus auch die Stadt Pest entwickelt hat; Buda und Pest wurden ja erst 1872 zu einer Stadt zusammengeschlossen.

Hier also stehen wir auf dem Boden des ältesten Teiles von Pest, und die Kirche, in die wir uns vor dem Lärm der modernen Stadt flüchten, läßt uns in ihrem Bau die Schicksale dieser Siedlung deutlich werden: Es ist die *Innerstädtische Pfarrkirche.* Sie geht bis ins 12. Jahrhundert zurück, doch sind ihre romanischen Reste nur noch von Fachleuten zu erkennen. Anfang des 15. Jahrhunderts wurde aus ihr eine große gotische Hallenkirche, von der wesentliche Teile des Chores mit seinem Kreuzrippengewölbe, den Sitznischen und Fenstern noch erhalten sind. Besonders bemerkenswert ist auch die 1507 gestiftete Sakramentsnische in reinster Florentiner Renaissance-Ornamentik. Aus der Zeit, da die Türken die Kirche in eine Moschee verwandelt hatten, ist noch ein Mihrab, eine nach Mekka weisende Gebetsnische mit einer grünen arabischen Inschrift vorhanden – im wahrsten Sinne des Wortes eine Arabeske in der gotischen Strenge ringsum. Nach der Rückeroberung Pests und Budas durch die Habsburger, bei der die Kirche ziemlichen Schaden nahm, und nach einer Feuersbrunst 1723 wurde sie im Stil der Zeit erneuert und erhielt die Barockfront mit den beiden Türmen und das Schiff mit dem Tonnengewölbe.

In dieser Zeit muß sie, umgeben von niedrigen Bürgerhäusern, einen imponierenden Eindruck gemacht haben. Auch heute noch behaupten sich ihre beiden hohen Türme selbstbewußt in der Nachbarschaft des gewaltigen Doppelpfeilers auf der Ostseite der Elisabethbrücke und vor dem aus unserem Jahrhundert stammenden Gebäudekomplex der philosophischen Fakultät der Budapester Universität.

Aber sehen wir uns von dem Platz vor der Kirche noch etwas in der Umgebung um. Wenn wir uns etwas nach Südwest drehen, kommt der Gellértberg (Gellérthegy) in unser Blickfeld, mit der Zitadelle auf seinem Plateau und der weithin sichtbaren Frauengestalt, die einen Palmenzweig in den Händen hält: Sie ist die zentrale

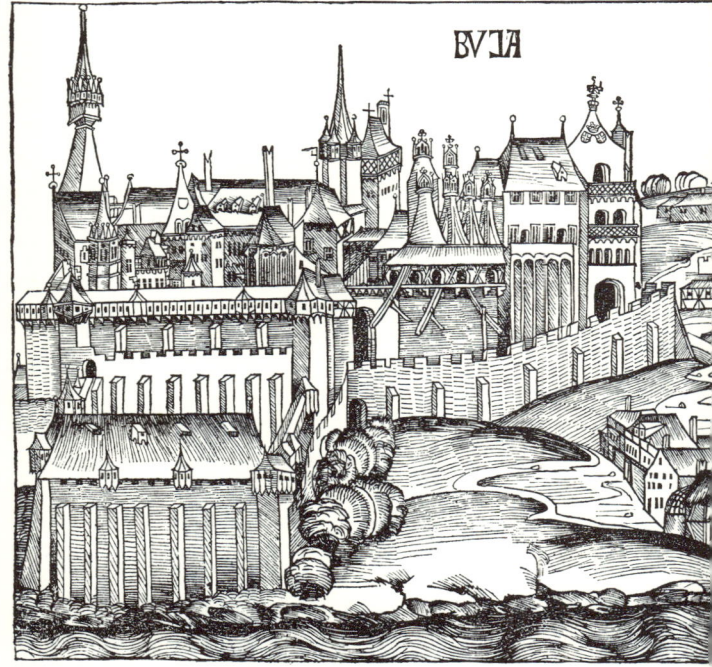

Dieser Holzschnitt aus der 1493 erschienenen ›Schedelschen Weltchronik‹ ist die früheste

Figur des *Befreiungsdenkmals* des renommierten ungarischen Bild-
hauers Zsigmond Kisfaludi Strobl, dessen Schöpfungen man im
Lande immer wieder begegnet. Das Denkmal soll an die Befreiung
Budapests durch die Rote Armee im Winter 1945 erinnern.

Dort, wo sich heute die Elisabethbrücke befindet und wo sich
am linken Donauufer die Stadt Pest entwickelte, ist die schmalste
Stelle der Donau im Bereich der ungarischen Hauptstadt. Die Entfernung von Ufer zu Ufer beträgt hier nur 285 Meter (sonst ist die
Donau im Stadtbereich im Durchschnitt 400 Meter breit), und
deshalb gab es hier schon in frühen Zeiten einen Flußübergang, der
in natürlicher Weise vom Gellértberg her beherrscht wurde. Nun
hat der Berg in der Geschichte von Buda und Pest kaum eine Rolle
gespielt, und die Zitadelle stammt erst aus der Zeit von Kaiser Franz

annähernd realistische Ansicht von Buda

Josef I., der sie nach der Revolution von 1848/49 errichten ließ, um die aufsässigen Budapester besser unter Kontrolle halten zu können.

In der Legende allerdings hat der Gellértberg seinen Platz. Über seine Felsenabstürze zur Donau zu sollen im 11. Jahrhundert heidnisch gebliebene Ungarn den italienischen Bischof Gerhardus (Gellért) in einem mit Nägeln bestückten Faß in die Donau haben rollen lassen. Allerdings weiß nur die Legende etwas davon.

Wir haben also von unserem ersten Standort in Budapest aus schon einige wichtige Teile der Stadt im Blickfeld: den Burgberg, die Keimzelle von Pest, den Gellértberg. Eine Krümmung des Flusses verbirgt uns aber noch den Blick auf den um die Jahrhundertwende entstandenen Teil von Pest, dessen baulicher Charakter vom neugotischen Parlamentsgebäude geprägt wird. Verdeckt ist auch der nördliche Teil von Buda, also vom Burgberg, und natürlich auf dem rechten Donauufer auch Óbuda (Alt-Ofen), das ebenso wie Buda und Pest bis zur Bildung von Budapest eine selbständige Stadt war. Bevor wir aber unseren Weg in diese Richtung fortsetzen, müssen wir noch kurz auf dem *Petőfi tér*, dem Platz mit der Statue von Ungarns berühmtestem Dichter, verweilen. Der Platz schließt unmittelbar an den Március 15.tér an, und darin liegt etwas Symbolisches: Sándor Petőfi und der 15. März 1848 sind auf das engste miteinander verbunden.

»Auf Magyaren«
Erste Bekanntschaft mit Petőfi

Wenn auch nicht unmittelbar von diesem Platz, so doch von diesem Teil von Pest nahm die Revolution von 1848 ihren Ausgang. In der Luftlinie keine dreihundert Meter von hier entfernt, in der Városház utca, lag und liegt noch das Café Pilvax, wo am frühen Morgen des 15. März 1848 die radikale Jugend die berühmten zwölf Punkte proklamierte, die ein ungarisches Freiheits- und ein bürgerliches Revolutionsprogramm waren. Pressefreiheit, eine eigene Landesregierung in Buda-Pest, Gleichheit vor dem Gesetz, Aufhebung der Leibeigenschaft, Freilassung der politischen Gefangenen waren die Forderungen dieses Programmes. Petőfi trug hier und an diesem Tag zum ersten Mal sein ›Nationallied‹ vor, den flammenden Aufruf:

> *Auf! Die Heimat ruft, Magyaren!*
> *Jetzt heißt's: sich zusammenscharen!*
> *Wollt ihr frei sein oder Knechte?*
> *Hier die Frage — wählt das Rechte!*
> *Schwört beim Gotte der Magyaren,*
> *schwört den Eid,*
> *schwört den Eid, daß ihr vom Joche*
> *euch befreit.*

Die Ereignisse vom 15. März 1848 waren aber nicht die einzige revolutionäre Bewegung, die von diesem Teil von Pest ihren Ausgang nahm. Die Ungarn neigen nun einmal dazu, ihren politischen Aktionen historisches Pathos zu unterlegen, und so nahmen auch in späteren Krisenzeiten Entwicklungen von hier ihren Lauf. Besonders vom Standbild Petőfis scheint immer wieder eine zündende Wirkung auszugehen.

Im 1982 erschienenen großen Budapest-Führer von Istvan Wellner lesen wir zum Beispiel: »Am 15. März 1942 organisierten Kriegs- und Hitlergegner vor dem Petőfi-Denkmal eine große antifaschistische Demonstration. Unter den Losungen ›Nieder mit dem Krieg!‹, Weg mit Hitler!‹, Für ein freies unabhängiges Ungarn!‹ protestierten sie gegen die Teilnahme Ungarns am Zweiten Weltkrieg.«

Nicht erwähnt ist in diesem Führer, daß von dem Petőfi-Denkmal vierzehn Jahre später jene Ereignisse ihren Ausgang nahmen, die wir als die ungarische Revolution bezeichnen, während das offizielle Budapest den Begriff ›Konterrevolution‹ vorzieht, es wäre denn, daß man wertfrei von den ›Ereignissen vom Oktober 1956‹ spricht.

Am Nachmittag des 23. Oktober 1956 strömten nämlich die Studenten zum Petőfi-Denkmal, sangen die Kossuth-Hymne, ein Schauspieler rezitierte Petőfis ›Auf! Magyaren‹, und die Menge forderte eine unabhängige nationale Politik, den Rücktritt des verhaßten Parteichefs Rákosi und Arbeiterselbstverwaltung. Von hier marschierten die Menschen dann zum Denkmal für József Bem, den polnischen General, der 1848/49 einer der bedeutendsten Heerführer der ungarischen Aufständischen gegen das Haus Habsburg war. Weiter ging es dann zum Rundfunkgebäude, wo es zu den ersten Schießereien kam und die ersten Toten gab. Damit nahmen jene Ereignisse ihren Lauf, die die Sowjets veranlaßten, mit ihren Panzern einzugreifen, und die die Welt noch wochenlang in Atem halten sollten.

Aber kehren wir zur Gegenwart zurück. Gehen wir weiter auf der Uferpromenade flußaufwärts in Richtung Kettenbrücke, vorbei am Hotel ›Duna Intercontinental‹, vorbei an dem schlichten Obelisk aus rotem Marmor für die gefallenen sowjetischen Krieger, vorbei auch an der wiederaufgebauten, in allen Stilarten schwelgenden Pester Redoute.

Blicken wir über die Donau, dann ist es so, als drehe uns das Schiff des Burgberges langsam seine linke Breitseite zu. Der Kuppeltrakt des neobarocken Ostflügels des Palastes, in dem sich die Nationalgalerie befindet, ist mit seinen korinthischen Säulen jetzt ganz der Donauseite zugewandt; weiter nach Norden werden unter ihrem spitzen Turm das Schiff der Matthiaskirche sichtbar und vor ihr noch die weißen Türmchen der Fischerbastei und die Front des Hiltonhotels. Der Burgberg liegt nun in seiner ganzen Länge vor uns – ein Anblick, der immer wieder gefangennimmt.

Und hier zwischen ›Duna Intercontinental‹ und den erst in den letzten Jahren errichteten Hotels ›Forum‹ und ›Atrium-Hyatt‹ war, sozusagen als Pendant zu dem großartigen Blick hinauf zur Burg, der berühmte Donaukorso.

Ich war vor dem Krieg nie in Budapest gewesen, trotzdem habe ich eine lebendige Vorstellung von diesem Donaukorso, weil ein Freund als ganz junger Mensch nach Budapest kam und fasziniert war von dem Leben, das sich hier am *Donaukai* bot. Noch heute, mehr als fünfzig Jahre später, schwärmt er davon. Hören wir uns sein Schwärmen an, es gehört zu Budapest, es vertieft das Bild in die − noch nicht ganz versunkene − Vergangenheit hinein.

Es war 1931, so erinnert er sich, ich kam aus Deutschland über Wien nach Ungarn. Deutschland im Strudel der Wirtschaftskrise, am Rande des Bürgerkrieges, geschüttelt von politischen Kämpfen. Wien grau, hoffnungslos, ohne Leben, wie ein zusammengeschrumpfter Körper in einem zu großen Gewand.

In der Früh waren wir mit dem Salondampfer der österreichischen Donaudampfschiffahrtsgesellschaft von Wien abgefahren, und am Abend so gegen acht Uhr kamen wir hier in Budapest an. Es war ein ganz großes Erlebnis: Wir landeten am Kai, etwa zwischen Kettenbrücke und Elisabethbrücke, etwa da, wo wir jetzt stehen, und waren ganz fasziniert von dem Treiben auf dieser Donaupromenade. Damals standen ja noch die alten Hotels, das Riesenhotel ›Hungaria‹ und drei, vier andere, das ›Bristol‹ oder wie sie alle hießen. Ich erinnere mich noch sehr gut, es war der 15. August, ein herrlicher Sommerabend. Zwar hatte die Wirtschaftskrise damals auch Ungarn erfaßt, hier auf dem Donaukorso war es aber, als ob es keine Krise gäbe. Die Leute saßen auf den Terrassen vor den Hotels, die Zigeunerkapellen spielten, und der Donaukorso war der Treffpunkt der eleganten Welt, es war wie auf dem Kurfürstendamm oder auf der Düsseldorfer Königsallee. Es flanierten hier die Offiziere in ihren farbenprächtigen Uniformen mit den hohen Kappen und die Damen in einer Eleganz, wie ich sie noch nie gesehen hatte. Es war für uns, die wir, wie gesagt, aus dem grauen, krisengeschüttelten Österreich und Deutschland kamen, als ob wir plötzlich auf eine Operettenbühne oder in ein Märchen versetzt worden wären. Es war hier am Donaukai auch viel internationaler Betrieb, denn man darf nicht vergessen, daß hier eben die Dampfschiffe aus Wien ankamen und daß am Abend auch ein Schiff nach Belgrad abging. Und all dies internationale Kommen und Gehen, dieses bunte Treiben, spielte sich hier auf diesem Kai ab.

Soweit der Freund über den Budapester Donaukorso vor fünfzig Jahren und den großen Eindruck, den das sorglose Leben der Ungarn bei ihm hinterließ. Und wie präsentiert sich der Donaukorso heute?

Kein Vergleich mit dem Treiben von damals, aber es sieht beinahe so aus, als wolle man die Uferpromenade revitalisieren, wenn ich das Modewort hier gebrauchen darf.

Die Lücken, die der letzte Krieg in die Hotels ringsum am Kai geschlagen hat, sind ausgefüllt, außer dem ›Duna Intercontinental‹ hat man noch die zwei schon erwähnten Hotels ›Forum‹ und ›Atrium-Hyatt‹ gebaut und auch die Redoute am Vigadó tér, von der drei Jahrzehnte lang nur die Fassade übrig geblieben war, erstrahlt in neuem Glanz. Auf der Uferpromenade stehen Sessel und Bänke für die Leute, die in Ruhe den Anblick der Burg, der Matthiaskirche und der Fischerbastei drüben auf der anderen Seite der Donau genießen wollen.

Die äußere Szenerie ist also beinahe wieder dieselbe. Aber die Gesellschaft in Ungarn hat sich gewandelt und mit ihr in einer gewissen Hinsicht auch der Lebensstil. Wer es im heutigen Ungarn zu etwas bringen will – und man kann es zu etwas bringen –, der muß hart arbeiten und hat keine Zeit zum Flanieren und Flirten auf dem Donaukorso. Und die Pensionisten, die hier sitzen, oder die ausländischen Touristen, die hier herumspazieren, oder die jungen Leute, die sich hier treffen, füllen diese Bühne von einst nicht aus. Auch wenn im Sommer am Kai das Tragflügelboot aus Wien anlegt, oder die sowjetischen und rumänischen Passagierschiffe, die bis zum Schwarzen Meer fahren. Die große Allüre von einst ist dahin.

»Sie war bestimmt ein schönes Schauspiel«, sagt unser ungarischer Begleiter, »sie hat aber auch viel Unschönes in unserem damaligen Dasein verdeckt.«

Die Kettenbrücke
Das herrliche Bauwerk

Aber lassen wir das Thema ›Vorkriegsungarn – heutiges Ungarn‹, wir werden uns sowieso noch öfters damit zu befassen haben. Lange genug haben wir über die Donau hinweg den Burgberg im Blick gehabt. Jetzt ist es Zeit, uns Budapest von oben, eben von jenem Burgberg aus, anzusehen. Gehen wir also über die Kettenbrücke auf die andere Seite des Flusses und die Serpentinen mit ihren Treppen hinauf nach Buda (Ofen), wo im Mittelalter Ungarns Könige residierten, zur Zeit der Habsburger der Vizekönig (Palatin) seinen Sitz hatte und wo die letzten Kaiser von Österreich als ungarische Könige die Stephanskrone aufs Haupt gesetzt bekamen.

Bevor wir uns aber ganz der Burg zuwenden können, muß ich noch einige Worte über die *Kettenbrücke* sagen. Denn sie ist nicht einfach irgendeine Brücke, für die Budapester ist sie ›die Brücke‹ schlechthin. Sie war die erste feste Brücke, die die beiden Städte rechts und links der Donau miteinander verband. Bis zu ihrer Errichtung zwischen 1839 und 1849 gab es dort nur eine Pontonbrücke, die im Winter eingezogen werden mußte.

Mit ihren klassizistischen Strompfeilern, in denen die Eisenketten verspannt sind, war sie eine beachtliche technische Leistung der damaligen Zeit. Am Ende des Zweiten Weltkriegs fiel sie, wie alle anderen Donaubrücken in Budapest, den Kämpfen um die ungarische Hauptstadt zum Opfer: Sie wurde am 18. Januar 1945 beim Rückzug der deutschen Truppen von Pest nach Buda auf das Westufer gesprengt.

Zwar wurde sie nach dem Kriege erst als zweite der Donaubrücken wieder aufgebaut, aber zweifellos steht sie den Herzen der Budapester am nächsten. Das hängt wohl mit ihrem Erstgeburtsrecht zusammen und damit, daß sie jahrzehntelang im Mittelpunkt jedes Bildes war, das die beiden Teile der ungarischen Hauptstadt umfaßte.

Sie war aber auch so etwas wie ein Symbol der Wiedererweckung der nationalen Energie des ungarischen Volkes auch auf dem Gebiet der modernen Wirtschaft. Und wir begegnen hier jenem Manne, dessen Persönlichkeit das sogenannte Reformzeitalter, das zweite Viertel des 19. Jahrhunderts, geprägt hat: Graf István Széchenyi.

Er war es, der die Initiative zur Errichtung der Brücke ergriff und ihren Bau tatkräftig vorantrieb. Und der mit ihr indirekt einen Einbruch in das – die Entfaltung eines neuzeitlichen Wirtschaftslebens hemmende – Privileg der Steuerfreiheit des Adels erzielte. Denn die Gebühr für die Benützung der Brücke, die ja eine Art Steuer war, mußte damals jeder zahlen, der über sie von einem Ufer zum anderen wollte, gleichgültig, ob er Tagelöhner oder Magnat war. Von der Kettenbrücke nahm also, wenn man so will, die Gleichheit vor dem Gesetz ihren Ausgang.

Beinahe hätte sie aber das Schicksal, das ihr am Ende des Zweiten Weltkriegs zuteil wurde, schon hundert Jahre früher ereilt. Im Mai 1849, auf dem Höhepunkt des ungarischen Freiheitskampfes gegen Habsburg, spielte sie als einziger fester Donauübergang zwischen Pest und Buda eine große Rolle. Das Werk der beiden englischen Namensvettern Clark — William Tierney Clark hatte die Konstruktion entworfen, den Bau leitete Adam Clark — war gerade fertig geworden, es fehlte nur noch die feierliche Einweihung. Als sich die ungarischen Aufständischen Pests bemächtigten und sich die kaiserlichen Truppen in Buda verschanzten, war sie in höchster Gefahr. Denn die Österreicher waren entschlossen, sie in die Luft zu sprengen, wenn ihre Stellungen in Buda in Gefahr geraten sollten. Ihre Pioniere — oder wie man damals sagte: Sappeure — hatten beim Brückenkopf auf dem rechten Donauufer bereits große Pulvermengen zur Sprengung aufgehäuft.

Noch in letzter Minute versuchten beide Befehlshaber einen Kampf zu vermeiden, indem sie jeweils an den anderen appellierten, sich doch der Schönheit der beiden Städte und der sie verbindenden Brücke bewußt zu sein, die unweigerlich Schaden nehmen würden. Der kaiserliche General Hentzi beantwortete jedoch die Aufforderung seines ungarischen Gegners, mit seinen 4500 Mann zu kapitulieren, mit dem Satz: »Ich werde den Platz nach Pflicht und Ehre bis auf den letzten Mann verteidigen, mögen Sie es verantworten, daß hierbei die zwei schönen Schwesterstädte geopfert werden.«

General Arthur Görgey, der ungarische Oberbefehlshaber wiederum drohte General Hentzi, sollte er Pest bombardieren und die Kettenbrücke, »jenes herrliche Kunstwerk«, sprengen lassen, »so gebe ich Ihnen mein Ehrenwort, daß nach geschehener Einnahme von Ofen die ganze Besatzung über die Klinge springt.«

Diese Drohung mußte Görgey nicht wahr machen. Zwar lehnte Hentzi, ein Schweizer in österreichischen Diensten, die Übergabe von Buda (Ofen) ab, und die Ungarn mußten die Burg in den Morgenstunden des 21. Mai 1849 stürmen, aber die Kettenbrücke blieb erhalten. Auch gab der kaiserliche Obrist Alnoch den Befehl, ›Anzünden‹, doch zögerte der zur Sprengung abkommandierte Sappeur. Da sprang Alnoch schießend zu den Pulvertonnen, die auch explodierten. Als sich der Rauch verzogen hatte, standen die Brückenpfeiler unerschüttert, den Obristen aber hatte es in Stücke gerissen. Am 21. November desselben Jahres, als der ungarische Aufstand längst niedergeschlagen war, seine Führer ins Ausland geflohen, hingerichtet waren oder im Kerker saßen, wurde dann die Kettenbrücke feierlich eingeweiht.

Die Gegner im Zweiten Weltkrieg waren im Winter 1944/45 weniger um die Schönheit der ›Schwesterstädte‹ und die Pracht der Kettenbrücke besorgt. Große Teile von Buda und von Pest gingen in Trümmer, und die Pioniere, die die Kettenbrücke zu sprengen hatten, verrichteten diesmal ganze Arbeit. Aber keine fünf Jahre später war Budapests populärste Brücke neu erstanden. Auf den Tag genau hundert Jahre nach der ersten Einweihung wurde die Kettenbrücke Nummero zwei am 21. November 1949 dem Verkehr und den Budapestern wiedergegeben.

Der Burgberg
Die Krone der Stadt

So wie ich den Weg von der Elisabethbrücke den Donaukorso entlang zur Kettenbrücke liebe, weil einem der Burgberg immer wieder in einem neuen Blickwinkel erscheint, so liebe ich auch den Anstieg von der Kettenbrücke hinauf nach Buda. Man hat die Wahl zwischen gemächlichen Serpentinen und steilen Treppen, man kann nach Lust, Laune und physischem Vermögen auch beide miteinander kombinieren. In jedem Falle hat man aber, wenn man sich umdreht und der Donau zuwendet, neue und umfassendere Ausblicke auf das linke Donauufer und damit auf Pest. Wenn man dann oben auf der Terrasse der Fischerbastei angelangt ist, liegt einem Pest am anderen Donauufer sozusagen zu Füßen.

Zuerst fällt der Blick auf das gewaltige Parlament, von dem witzige Leute schon zur Zeit seines Baues um die Jahrhundertwende gesagt haben, soviel Demokratie als in diesem neugotischen Bau Platz haben werde, gäbe es in Ungarn gar nicht. Der Blick fällt weiter auf die größte Kirche Budapests, die etwa aus der gleichen Zeit stammende Basilika mit den das Stadtbild dominierenden zwei Türmen und der riesigen Kuppel. Unser Blick wird auch angezogen von den Prunk- und Prachtgebäuden der Akademie der Wissenschaften, der Museen und Ministerien, und über diese hinweg verliert er sich dann in dem nach Osten und Südosten ausufernden Häusermeer der einstmals selbständigen Stadt Pest, die sich zwi-

schen den Jahren 1850 und 1914 geradezu explosionsartig entwik-
kelt hatte.

Als Buda, Óbuda und Pest 1872 zusammengelegt wurden, betrug
die Einwohnerzahl der neuen Metropole Budapest 300 000. Dreißig
Jahre später war sie bereits auf über 730 000 gestiegen, und heute
hat sie die Zwei-Millionen-Grenze überschritten, wobei dem Stadtteil Pest der Hauptanteil an diesem Wachstum zufällt. Das Häusermeer auf der gegenüberliegenden Seite der Donau läßt das deutlich
werden. Mit seinen zwei Millionen hat Budapest längst das 1,6
Millionen Einwohner zählende Wien überflügelt, in dessen Schatten
es jahrhundertelang gestanden hatte.

Aber kehren wir, nachdem wir bis zur Fischerbastei aufgestiegen
sind, der Donau und Pest den Rücken und wenden wir uns dem
viel älteren Buda zu.

Vorerst muß aber noch ein Wort über die *Fischerbastei* gesagt
werden. Um ehrlich zu sein: Ich vermag in diesem neoromanischen
Bauwerk, das wie die steingewordene Schöpfung eines ambitionier-
ten Zuckerbäckers wirkt, keinen Sinn zu erblicken. Weder hat eine
Fischerbastei historisch eine Rolle gespielt — die Behauptung, hier
hätte im Mittelalter die Zunft der Fischer ihren Verteidigungsab-
schnitt an der Stadtmauer gehabt, ist recht umstritten —, noch gibt
es eine architektonische Rechtfertigung ihrer Schaffung in dieser
Form. Eine Bastei ist sie ja nicht, höchstens eine um die Jahrhundertwende mit großem historisierenden Aufwand geschaffene Aussichtsterrasse. Diese hätte man im Zuge der Restaurierungsarbeiten
an der und um die Matthiaskirche, deren Chor sie sich anschließt,
auch ohne Pomp schaffen können. Aber die Aussicht von ihr ist,
das soll zugegeben werden, über alle Maßen schön. Denn sie umfaßt
auch, wenn man zu ihrem höchsten Turm hinaufsteigt, die Berge,
die im Norden, Westen und Süden Óbuda, Buda und die Stadtteile
um den Gellért-Berg wie in einem Halbkreis einschließen.

Wenn man zur Fischerbastei aufgestiegen und dann zur Matthiaskirche vorgegangen ist, befindet man sich gleichsam im Herzen des
alten Buda. Am Szentháromság tér, dem Dreifaltigkeits-Platz, steht
man vor der Kirche, deren Turm der Silhouette des Burgviertels,
von welcher Seite man es auch im Blickfeld hat, den Akzent aufsetzt.
Und von diesem Platz kann man dann durch die schmalen Gassen
streifen, in denen sich noch ein Hauch aus den zweieinhalb Jahrhunderten erhalten hat, als in Buda die ungarischen Könige regiert und

Der Nordteil des Burghügels von Buda mit der Matthiaskirche und der Fischerbastei

die in der Mehrheit deutsche Bürgerschaft den Stil der Stadt geprägt hatten. Diese Epoche reichte vom Anfang des 14. bis in die Mitte des 16. Jahrhunderts.

Die *Matthiaskirche* bekam diesen Namen erst in späterer Zeit, nachdem sie unter König Matthias Corvinus erweitert worden war. Aus dieser Zeit stammt auch das Königswappen mit dem Raben, das an der Vorderseite des Kirchturmes zu sehen ist.

Die Matthiaskirche wird auch als Krönungskirche bezeichnet, obwohl in ihr nur wenige ungarische Könige gekrönt worden sind. Krönungsstadt war ja, das haben wir schon erfahren, durch Jahrhunderte hindurch Székesfehérvár (Stuhlweißenburg), und außer Karl Robert, dem ersten König aus dem Hause Anjou, wurden in der Kirche in Buda nur die beiden letzten Kaiser aus dem Hause Habsburg, nämlich Franz Josef I. (1867) und Karl I. (1916) als ungarische Könige gekrönt. Sie hieß ursprünglich Liebfrauenkirche und war die Pfarrkirche der deutschen Bürgerschaft von Buda. Zu Beginn des 14. Jahrhunderts war sie Schauplatz eines in der Geschichte wohl einmaligen Ereignisses: Hier wurde der Papst mit dem Bann belegt.

Und das kam so: Im Zuge der Thronkämpfe nach dem Aussterben der Arpaden favorisierte die deutsche Bürgerschaft von Buda den König von Böhmen, Wenzel III., während Papst Bonifaz VIII. Karl Robert von Anjou unterstützte. Als sich der von ihm nach Ungarn entsandte Legat nicht durchsetzen konnte, belegte der Papst die Stadt mit dem Bann, worauf die Bürgerschaft durch ihre Priester über den Papst und den Episkopat den Bann verhängen ließ. Nach langem hin und her setzte sich Karl Robert durch: 1309 wurde ihm in der späteren Matthiaskirche die Krone des Heiligen Stephan aufs Haupt gesetzt.

In Buda wurden die Rechte der deutschen Bürgerschaft erst Mitte des 15. Jahrhunderts eingeschränkt, als nach einem Aufruhr des magyarischen Bevölkerungsteiles die Deutschen das Zugeständnis machen mußten, in Zukunft abwechselnd einen Deutschen und einen Ungarn als Stadtrichter amtieren zu lassen und den Stadtrat zur Hälfte mit Magyaren zu besetzen.

Schon 1390 allerdings hatte es die ungarische Bevölkerung von Buda nach einem ein ganzes Jahrhundert dauernden Prozeß durchgesetzt, daß sie eine eigene Pfarrkirche bekam. Es war die *Maria-Magdalenen-Kirche* auf dem Kapisztrán tér in der Nähe des Wiener-Tor-Platzes (Bécsi kapu tér). Von ihr existiert heute nur noch der gotische *Turm*, das Schiff fiel den Granaten der Roten Armee am Ende des Zweiten Weltkrieges zum Opfer. Wie die Tour Saint-Jacques in Paris steht auch dieser Turm einsam in der Gegend.

Als sich die Türken 1541 auf dem Burgberg festsetzten, machten sie auch dem Kirchenstreit zwischen Deutschen und Ungarn ein Ende. Als einziges Gotteshaus auf dem Burgberg überließen sie die Maria-Magdalenen-Kirche der christlichen Einwohnerschaft. Künftig mußten sich nicht nur Deutsche und Ungarn ihre Benützung teilen, sondern auch noch Katholiken und Protestanten.

Die Matthiaskirche aber hatten die Türken unmittelbar nach der Einnahme von Buda in eine Moschee verwandelt. In ihr dankten sie in Anwesenheit von Sultan Suleiman dem Prächtigen Allah für ihren Sieg.

Die Einnahme von Buda war eigentlich gar kein Sieg, denn der Padishah hatte sich der Burg durch eine List bemächtigt. Als nämlich Königin Isabella, die Witwe Johann Zápolyas, des letzten Königs von Ungarn, der kein Habsburger war, ihren einjährigen Sohn Johann Sigismund begleitet von einem großen Gefolge in das Zelt des Sultans unter der Burg von Buda schickte, um ihm zu huldigen, schlenderten Janitscharen wie harmlose Spaziergänger durch die offenen Tore in die Burg. Ein Kommando ertönt, blitzschnell sind die Wachen entwaffnet, alle für die Verteidigung wichtigen Punkte besetzt und Buda im Besitz der Türken. Für genau 145 Jahre. So lange ist auch die Matthiaskirche eine Moschee gewesen. Königin Isabella aber hatte freies Geleit nach Siebenbürgen erhalten, das der Sultan dem kleinen Johann Sigismund zu Lehen gegeben hatte.

Für die nächsten eineinhalb Jahrhunderte regiert nun auf der Burg von Buda weder ein Nachkomme aus dem Geschlecht der Zápolyas noch ein Nachkomme von Ferdinand I., der zwar mit der Stephanskrone gekrönt war, dessen Herrschaftsgebiet aber nur West- und Oberungarn, also die heutige Slowakei, umfaßte. Die Burg von Buda war Sitz eines türkischen Paschas, der das ungarische Kernland um Donau und Theiß als Paschalik des ottomanischen Reiches verwaltete.

Die Matthiaskirche
Wenig Altes und viel Neues

Wir sind aber abgekommen von der Matthiaskirche, die unseren Exkurs in die Geschichte ausgelöst hatte. Wer in ihr historische Kostbarkeiten zu finden hofft, wird eher enttäuscht sein. Vom ursprünglichen gotischen Bau des Mittelalters (1255-69) sind nur der untere Teil des Südturmes, die Basis der Hauptmauern, einige Innenpfeiler und Teile des Marienportals an der Südseite erhalten. Die ganze übrige gotische Pracht ist eine Neuschöpfung des Architekten Frigyes Schulek aus der zweiten Hälfte des vorigen Jahrhunderts. Die Kirche hatte nämlich weniger zur Zeit der Türken als bei der Rückeroberung Budas durch die Kaiserlichen 1686 gelitten und war dann im Barockstil umgebaut worden. Dabei blieb es aber nicht. Als die Ungarn im vergangenen Jahrhundert von einem neuen nationalen Elan erfaßt wurden und die Wiedererweckung ihrer glorreichen Zeiten vor der Fremdherrschaft modern wurde, sollte auch die Matthiaskirche im alten Glanz neu erstehen. Schulek beseitigte den barocken Zubau und bemühte sich, der Kirche ihr mittelalterliches Aussehen wieder zu geben. Ob es ihm gelungen ist, das mag jeder für sich entscheiden.

Auch an Details ist in der Kirche nicht viel Originales zu finden. Die Gebeine König Bélas III. (1172-96) und seiner französischen Gemahlin Anne de Châtillon sind erst nach ihrer Entdeckung Mitte des vorigen Jahrhunderts in Székesfehérvár hierher gebracht worden, und ihr Grabmal in der Dreifaltigkeitskapelle im nördlichen Schiff ist ebenfalls so wie der neugotische Hauptaltar eine Schöpfung des vielseitigen Herrn Schulek, der ja auch für die Fischerbastei verantwortlich zeichnet.

Die Stephanskrone und die übrigen Krönungsinsignien in der Schatzkammer sind Nachbildungen. Die 1978 von den Amerikanern zurückgegebenen Originale befinden sich ja im Nationalmuseum. Über sie wird noch ausführlich zu sprechen sein. Original sind hingegen die beiden mit rotem Samt bezogenen Krönungssessel, auf denen am 8. Juni 1867 Franz Joseph I. und Elisabeth Platz genommen hatten, als der österreichische Kaiser nach dem ›Ausgleich‹ mit Ungarn und der Schaffung der Doppelmonarchie auch zum König von Ungarn gekrönt wurde. In diesen Sesseln saßen sie auch, während die ›Krönungsmesse‹ aufgeführt wurde, die Franz Liszt für das große Ereignis komponiert hatte. Er hätte sie auch gerne selbst dirigiert und war deshalb eigens aus Rom nach Budapest geeilt. Das strenge Protokoll aber verhinderte Liszts Auftreten, und so dirigierte zum großen Ärger der Ungarn ein Dirigent aus Wien die kaiserliche Hofkapelle. Kaiserin Elisabeth, ›Sissi‹, blieb aber trotzdem das Idol der Ungarn, besonders an diesem Tage, an dem sie, die diamantene Krone auf dem Haupte, nach dem Bericht des ›Pester Lloyd‹ wirkte, »als wäre eines von den Bildern, welche die heiligen Räume schmücken, aus dem Rahmen gestiegen und wäre lebendig geworden«.

Ich muß den Leser um Nachsicht bitten, wenn ich immer wieder in die Vergangenheit abschweife. Für mich liegt das weniger an der Matthiaskirche, als an der ganzen Atmosphäre des Burgviertels. Wann immer ich in Budapest war, habe ich versucht, mir die Zeit zu nehmen, um durch seine Gassen zu streifen, über die kleinen Plätze zu gehen, die pathetischen Denkmäler zu umrunden, in die Höfe der alten Häuser zu treten und von den Wällen und Basteien hinunter auf die Donau und auf Pest oder, nach Westen zu, auf die Hügel von Buda und die Stadtteile, die sich an ihnen hochziehen, zu blicken. Ich will auch nicht verschweigen, daß mich die Restaurants und Cafés, die Espressi, die Konditoreien und die Weinlokale auf den Burgberg gelockt haben und noch immer locken. Man kann wählen, ob man unter gotischen Gewölben oder barocken Stuckdecken oder in den tiefen Kellern sitzen will, die im Mittelalter in den Kalkstein getrieben wurden. Man kann sich aussuchen, ob man seinen Kaffee an Biedermeier-Tischchen oder auf Empire-Stühlen sitzend trinken will. Und ebenso breit gefächert wie Stil und Ambiente sind natürlich die Preise.

Auf den Burgberg kann man zu allen Jahreszeiten gehen, und ich geriete in Verlegenheit, sollte ich sagen, zu welcher er sich am schönsten präsentiert. Ich sage es lieber umgekehrt: Sogar an einem trüben Novembertag büßt er nichts von seinem Reiz ein.

Die schönste Tageszeit für einen Besuch auf dem Burgberg ist für mich aber der späte Nachmittag: Wenn die Statuen lange Schatten werfen, die barocken und klassizistischen Fassaden der Häuser im Schein der langsam untergehenden Sonne ihre Details preisgeben und wenn in der Dämmerung die Straßenlampen ihr mattes Licht verbreiten, so als lebe man hier noch in der Zeit der Gaslaternen. Alles in allem eine Szenerie von unbestreitbarem Charme. Nur spiegelt dieses Burgviertel auch das dramatische Auf und Ab in der Geschichte Ungarns wieder.

Zur ständigen Residenz der ungarischen Könige — wir haben es in den Kapiteln über die Königsstädte schon erwähnt — wurde Buda und seine Burg relativ spät, nämlich erst in der zweiten Hälfte des 14. Jahrhunderts unter König Ludwig dem Großen aus dem Hause Anjou. Er begann mit dem Ausbau der bescheidenen Burg, die ihm sein Vorgänger Karl Robert hinterlassen hatte, zu einer anspruchsvollen Residenz. Seine Bauvorhaben setzte dann im großen Stil der nächste Herrscher auf dem ungarischen Thron fort: sein Schwiegersohn, der Luxemburger Sigismund, Sohn des deutschen Kaisers Karl IV. Sigismund blieb zeitlebens mit Buda verbunden und sorgte für den Ausbau seiner ungarischen Residenz, auch als er deutscher König, König von Böhmen und schließlich auch noch Kaiser des Heiligen Römischen Reiches wurde. Sein Werk war der Königspalast, von dem wir erst durch die Ausgrabungen nach dem Zweiten Weltkrieg Näheres wissen. Von diesem Palast wird später noch die Rede sein, ebenso vom Renaissance-Palais des Königs Matthias Corvinus.

Der Glanz der königlichen Residenzen unter Sigismund und Matthias strahlte natürlich auch auf die Stadt aus. Ihre gotischen Häuser stammen meist aus der Zeit des Luxemburgers, an Renaissancebauten aus der Zeit von Matthias ist schon weniger vorhanden. Höchstens, daß Höflinge gotische Häuser kauften und sie im neuen Stil umbauen ließen. Das *Wohnhaus* Országház-utca (Land-taggasse) 2, in dem sich heute das Nobelrestaurant ›Alabárdos‹ befindet, ist ein Beispiel dafür.

Im wesentlichen aber blieb das Burgviertel von Buda doch eine Stadt des Bürgertums. Unter der Herrschaft der Türken verfiel sie, bei der Rückeroberung wurden viele Häuser aus dem Mittelalter und der Renaissance zerstört oder beschädigt, und der Wiederauf-bau ging nur zögernd vor sich. Denn Buda wurde ja nicht Haupt-stadt eines neu erstandenen Ungarns; die Habsburger Kaiser als ungarische Könige residierten in Wien, und ungarische Landes-hauptstadt blieb Preßburg bis in die Mitte des vorigen Jahrhunderts. In dem heute zur Tschechoslowakei gehörenden Bratislava trat der ungarische Landtag zusammen, und dort befanden sich auch die wichtigsten für Ungarn zuständigen Ämter. Buda blieb eine kleine Stadt, der große Strom der Politik ging an ihr vorbei, die Magnaten bauten ihre Palais in Wien, in Buda erhielten auch die bürgerlichen gotischen Häuser, die sich erhalten hatten, barocke oder klassizisti-sche Fassaden, hinter denen sich ihre spitzen Bögen versteckten. Die Zerstörungen des Zweiten Weltkrieges und die folgenden Re-staurierungen brachten sie aber wieder an den Tag.

Der Burgpalast
Es fehlten die Könige

Verfallen, ausgeplündert und teilweise zerstört war auch der Palast des Königs Matthias, als die christlichen Heerscharen nach dreimo-natiger Belagerung wieder ihren Fuß auf die Burg von Buda setzten. Die Paschas von Buda hatten ihn nicht als Residenz benützt, dazu diente ihnen ein Teil des Franziskanerklosters, das sich etwa dort befand, wo das nach dem Zweiten Weltkrieg wiederaufgebaute Várszinház, das Burgtheater, steht.

Unter der Herrschaft der Habsburger wurde den Ruinen des Palastes der ungarischen Könige auch keine große Aufmerksamkeit geschenkt. Sie wurden abgetragen, das Gelände eingeebnet und darüber zwischen 1714 und 1723 ein neues Palais erbaut, das dann unter Maria Theresia 1750 bis nach 1760 zu einem Barockpalast mit über zweihundert Räumen erweitert wurde. Obwohl kein Habsbur-ger, der die Stephanskrone trug, jemals von der Burg von Buda aus

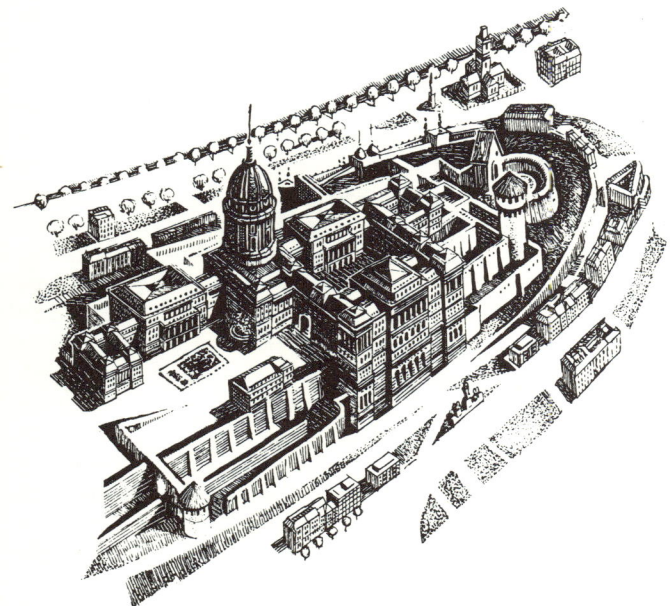

Der Südteil des Burghügels mit der Burganlage: das ›Museumsviertel‹ von Budapest

regierte – nur der Palatin, der jeweilige Vizekönig hatte zeitweise dort seinen Sitz –, wurde der Palast in den Jahren nach 1875 sowie 1892 bis 1904 um beinahe das Doppelte erweitert. Er überstand aber nicht einmal ein halbes Jahrhundert: In den Kämpfen um Budapest im Winter 1944/45 brannte er völlig aus.

Um es zusammenfassend zu sagen: Der Burgberg von Buda ist also keineswegs zu vergleichen mit dem Hradschin von Prag. Kein römisch-deutscher Kaiser residierte jemals dort, und von den ungarischen Königen auch nur wenige. Die Pálffy, Esterházy, Batthyány und was es an Magnatenfamilien sonst noch gab, bauten sich, wie erwähnt, ihre Paläste in Wien; niemals hatte der Primas von Ungarn seinen Sitz in Buda, so daß es auf dem Burgberg auch kein erzbischöfliches Palais gab und gibt, so wie in Prag gleich neben dem Sankt-Veits-Dom und der Burg, in der ein Karl IV. und ein Rudolf II. residierten und in der heute der Präsident der Republik Amt und Wohnung hat. Und Glück hatte der Hradschin im Gegensatz zum

Burgberg von Buda im Laufe der Geschichte auch noch: Bisher hat
er alle Machtwechsel, Besetzungen und sogar Kriege unversehrt
überstanden.

An die 35 Jahre wird nun an der Wiederherstellung des Burgpalas-
tes über der Donau gearbeitet, und wesentliche Teile sind bereits
fertiggestellt. Zur Donau zu präsentiert er seine Front in der alten
Form: zwei barocke bzw. neu-barocke Flügel mit der Kuppel in
der Mitte. Die Kuppel ist allerdings vereinfacht wiederhergestellt
worden. Die ›Burg‹ des Burgberges hat aber ein neues Aussehen
bekommen, weil man dort die mittelalterlichen Befestigungsmauern
freigelegt und zum Teil restauriert hat, einschließlich der Tore und
Türme. Dabei ist man auch auf die Reste der Palastbauten aus
der Zeit der großen ungarischen Könige Ludwig, Sigismund und
Matthias gestoßen. Diese Ausgrabungen, die in das neue Burgmuseum miteinbezogen wurden, werfen ein neues und helleres Licht
auf die Stadt und die Burg Buda im ungarischen Mittelalter.

Es ist nicht das einzige Museum in dem neu erstandenen Palastkomplex. Ob es nun die ungarische Regierung oder die Stadtverwaltung war: Man hat für den Wiederaufbau dieses Ensembles einen
beinahe unungarischen Beschluß gefaßt. Es sollte nämlich nach
seinem Wiederaufbau weder Regierungsämter beherbergen noch
den neuen Herrschern als Amtssitz dienen, sondern Museen vorbehalten bleiben. So sind dort außer dem Burgmuseum die Ungarische
Nationalgalerie, die Nationalbibliothek und das Museum der ungarischen Arbeiterbewegung untergebracht. Die neuen Machthaber
haben also auf eine repräsentativ spektakuläre Verwendung der
neuen Burg zum Zwecke der Selbstdarstellung verzichtet und ihr
eine unauffälligere, für das Selbstverständnis der ganzen Nation
aber um so bedeutendere Bestimmung gegeben.

Im *Burgmuseum* steigt man im wahrsten Sinne des Wortes in die
Tiefe der Geschichte hinab. Es wurde dort eingerichtet, wo sich im
Mittelalter der Königspalast befand. Eigentlich muß es ein ganzer
Palastkomplex gewesen sein, der sich mit seinen Prunksälen und
Gemächern, den Wirtschafts- und Wachräumen, den Kapellen und
Höfen, den Gärten und Terrassen dem felsigen Gelände an der
Südseite des Burghügels angepaßt hat und über mehrere Etagen
erstreckte. Für den Besucher bedeutet das denn auch eine Wande-
rung treppauf treppab, wenn er den Spuren folgen will, die die
Könige des späten Mittelalters hier hinterlassen haben und die die

zwei Jahrhunderte zwischen 1340 und 1541 umfassen; Jahrhunderte, die trotz mancher Wirren, innerer Kämpfe und Katastrophen doch eine Blütezeit Ungarns waren.

Das, was vom Königspalast übriggeblieben ist, kann nur ein schwacher Abglanz dessen sein, was hier einmal war. Die Türken jedenfalls müssen, als sie sich in Buda festsetzten, sehr beeindruckt gewesen sein von ihrer neuen Eroberung, sonst hätten sie den Palast, in dem ein halbes Jahrhundert vorher noch König Matthias residierte, wegen seiner vergoldeten Dachziegel nicht als ›Palast des goldenen Apfels‹ bezeichnet.

Das Staunen der Türken hatte seine Berechtigung: Es muß das erste Mal gewesen sein, daß sie bei Vorstößen nach Mitteleuropa mit der Architektur der Renaissance in Berührung kamen. König Matthias war, als er italienische Baumeister an die Donau holte, in seinem Herrschaftsbereich seiner Zeit einige Jahrzehnte voraus. Die Um- und Neubauten, die er von den hauptsächlich aus Florenz kommenden Architekten und Steinmetzen durchführen ließ, waren für die Länder im Herzen Europas neu. Ein bezeichnendes Detail: Sein Nachfolger auf dem ungarischen Thron, der Jagellone Wladislav, der gleichzeitig König von Böhmen war und die Burg von Buda durchaus kannte, ließ den nach ihm benannten Prunksaal auf dem Prager Hradschin noch im Stil der spätesten Gotik bauen.

Was ist aber nun im einzelnen erhalten von den Bauten der Herrscher aus den Häusern Anjou, Luxemburg und Hunyadi?

Von den repräsentativen Bauten aus der fünfzig Jahre dauernden Regierungszeit König Sigismunds nur der große, aus zwei Schiffen bestehende gotische Saal, und auch der nur in Ansätzen seiner Fensternischen, der Mittelpfeiler und des Gewölbes. Aber man hat ihn rekonstruiert mit Hilfe der Bauteile, die man bei den Ausgrabungen nach dem Zweiten Weltkrieg in dem Schutt unter dem 1944/45 zerstörten Barockpalast gefunden hat. Heute stehen dort die gotischen Skulpturen, die man ebenfalls erst in der Nachkriegszeit entdeckt hat und die neben den freigelegten Höfen, Gärten und Gebäuderesten die zweite große Attraktion des Burgmuseums ausmachen. Es sind Statuen von Rittern und Höflingen, von Hofdamen, Reisigen und Knappen, Bischöfen und Heiligen, alle aus dem weichen, leicht gelblichen Kalkstein aus der Umgebung von Budapest geschaffen. Sie müssen einst die Palasträume und die königliche Kapelle geschmückt haben. Gefunden wurden sie 1974 in einer

Grube, in die sie offenbar geworfen worden waren, als man die Reste der Hofburg des Mittelalters einebnete, um darüber in der Barockzeit den neuen Palast zu bauen. So blieben sie erhalten, wenn auch zum Teil nur als Torso oder als abgeschlagene Köpfe. Ob es nun der Faltenwurf ihrer Gewänder ist oder die Drehung ihrer Körper oder der Zauber, der auf den Zügen der Gesichter liegt — gotische Skulpturen in dieser Fülle und von diesem künstlerischen Rang sind in diesen Breitengraden nur selten anzutreffen.

Von dem sagenhaften, wenn auch unvollendet gebliebenen Renaissancepalais des Königs Matthias sind nur noch die Grundmauern und Unterbauten vorhanden: Nicht genug also, um eine Rekonstruktion im großen Stil wie die des gotischen Saales zu ermöglichen und zu rechtfertigen. Zwar sind die Archäologen auf eine Fülle architektonischer und bauplastischer Fragmente des Palastes gestoßen, und manches wurde auch, ausgehend von zeitgenössischen Berichten und entsprechenden erhaltenen Bauwerken des Quattrocento in Italien wieder zusammengefügt, aber all das kann uns nur einen schwachen Widerschein von dem geben, was der Palast des Königs Matthias und der Königin Beatrix, die aus der in Neapel regierenden Seitenlinie des Hauses Aragon stammte, wirklich war. Am Zierbrunnen im Beatrix-Hof ist das von einer steinernen Krone überwölbte Doppelwappen des königlichen Paares zu sehen. Rechts das Wappen des Hauses Aragon, links das Hunyadi-Wappen mit dem Raben in der Mitte, der einen Ring im Schnabel hält. Von Beatrix und Matthias gibt es im Burgmuseum zwei Reliefs aus weißem Marmor; sie mit hoher Stirn und kleiner Nase, ein eher schmaler Mund über einem schwachen Kinn; die Büste dafür beeindruckend. Er mit einem Lorbeerkranz um das königliche Haupt und bis auf die Schultern fallendem Haar; die Züge nicht gerade edel oder vergeistigt, dafür aber voller Kraft und Energie. Eine ausgeprägte Nase über einem starken Mund und einem harten Kinn.

Mandelblüte im Winter

Der göttliche Herrscher

Des Königs italienischer Hofgeschichtsschreiber Bonnini sprach von ihm als dem »göttlichen Herrscher, Vater aller schönen Künste und Gönner der Begabten«. Das war in der Sprache gesagt, die der damaligen Zeit und der Stellung des Autors entsprach. Aber auch wir, die wir Matthias Corvinus aus einem Abstand von fünfhundert Jahren betrachten, müssen ihn als eine der größten Herrscherpersönlichkeiten seiner Zeit einstufen.

Matthias war ein Mann von unbändiger Arbeitskraft, über die es schon zu seinen Lebzeiten ganze Legendensträuße gab. Nach einem Tag intensivster politischer und administrativer Tätigkeit konnte er am Abend noch stundenlang mit Gelehrten an seinem Hofe diskutieren und die halbe Nacht mit der Lektüre wissenschaftlicher Bücher zubringen. Zu seiner Popularität trug auch bei, daß er sich bemühte, die Willkür des Adels und der Kirchenfürsten gegenüber Bauern und Bürgern zu unterbinden. Im Volke hieß er deshalb ›Matthias der Gerechte‹. Auch im politischen Bereich gilt, was schon über seine Bautätigkeit gesagt worden ist: Er war seiner Zeit weit voraus. Zu weit sogar, um seinem Regime eine dauerhafte Grundlage zu geben. Seine hohe Auffassung vom Königtum – »der König ist nicht Diener oder Werkzeug der Gesetze, sondern er steht an ihrer Spitze und herrscht über sie« – nahm den europäischen Absolutismus beinahe drei Jahrhunderte vorweg. Er war es auch, der mit seiner berühmt-berüchtigten ›Schwarzen Schar‹ praktisch

BUDAPEST

das erste Berufsheer auf europäischem Boden schuf und in der damaligen Zeit Ungarn zum mächtigsten Staat Mitteleuropas machte. Zeitweise reichte sein Herrschaftsgebiet von Schlesien bis an die Ufer der nördlichen Adria, von Wien bis nach Kronstadt in Siebenbürgen und schloß weite Teile Österreichs, das nördliche Bosnien und auch Belgrad mit ein. Matthias sicherte die Südgrenze Ungarns gegenüber den Türken, was ihm erlaubte, seine außenpolitische Hauptenergie auf die Stärkung seiner Stellung in Mitteleuropa zu konzentrieren. Aber alles, was er in politischer Hinsicht schuf, der zentralistische, von Beamten getragene Herrschaftsapparat, die Reorganisation der inneren Verwaltung, der Gerichtsbarkeit und des Finanzwesens im Sinne der Stärkung der zentralen Macht, verfielen nach seinem Tode wieder, und die Magnaten und der Landadel gewannen ihre alten ständischen Vorrechte zurück.

Aber wie schon Bonnini feststellte, ging seine Bedeutung weit über den politischen Bereich hinaus. Matthias und auch Beatrix machten Buda zu einem Zentrum der Künste und Wissenschaften, das Philosophen und Astrologen, Baumeister und Maler, Dichter und Musikanten gleichermaßen anzog. Matthias holte den Deutschen Andreas Heß nach Buda, und dieser richtete ihm die erste Buchdruckerei in Ungarn ein. Der Hess András tér vor dem Hotel Hilton erinnert an ihn. Die ›Bibliotheca Corviniana‹ mit ihren in zweitausend Bänden vereinigten lateinischen und griechischen Handschriften — Matthias hatte sie nach dem Fall von Konstantinopel auf dem Balkan aufkaufen lassen — war in ganz Europa berühmt. Die ›Corvinen‹, wie die mit dem königlichen Wappen geschmückten Bände damals hießen, waren in dem Bibliothekssaal mit silbernen Kettchen an den Florentiner Intarsienmöbeln befestigt. Was allerdings nicht verhindern konnte, daß sie der Wind der Geschichte in alle Himmelsrichtungen verstreut hat. Denn schon Matthias' Nachfolger, der Jagellone Wladislav II., hatte es sich zur Gewohnheit gemacht, prominenten Besuchern eine ›Corvine‹ zu schenken. Die restlichen Corvinen sind nicht alle in der Türkenzeit verschwunden. Denn als die Kaiserlichen am 2. September 1686 Buda eroberten, fand Graf Marsigli noch Corvinen in dem ehemaligen Palast von König Matthias vor. Er ließ sie zusammenpacken und in seine Heimatstadt Bologna schicken.

Heute sind noch an die zweihundert dieser Prachtbände erhalten, verteilt auf 44 Bibliotheken in der ganzen Welt. Auch die ungarische

Nationalbibliothek besitzt noch einige von ihnen. Als nämlich eine Abordnung der ungarischen Akademie der Wissenschaften 1862 Istanbul besuchte, stieß sie im Serail auf einige Ledersäcke, in denen sie Corvinen – oder was von ihnen übrig geblieben war – fand. Sultan Abdul Hamid II. war großzügig genug, die Beute von einst den Nachkommen des Eigentümers von einst zurückzuerstatten.

Überflüssig zu sagen, daß von der aus zwei Sälen bestehenden ›Bibliotheca Corviniana‹, die über dem sogenannten Königskeller und Corvinenkeller des heutigen Burgmuseums lag, nichts mehr übriggeblieben ist. Kein Bruchstück der Wände, die Fresken mit astrologischen Motiven schmückten, nichts von den Türumrahmungen und Reliefs aus rotem Marmor, der dem Königspalast sein Gepräge gab. Das Wort Marmor ist allerdings etwas übertrieben: Es handelte sich um einen Kalkstein von warmem Rot, der leicht zu bearbeiten war und aus den Steinbrüchen aus der Nähe von Esztergom stammte. Nach Berichten von Zeitgenossen gab es im Palast auch mehrere Kamine aus diesem Material. Wir können nur noch aus dem Bruchstück eines Kaminfrieses schließen, wie schön sie gewesen sein mögen.

Es ist eine melancholische Wanderung auf den Spuren einer großen Zeit, von der so wenig überkommen ist. Hatte Janus Pannonius, der erste ungarische Dichter, der diesen Namen verdient, auch wenn er noch lateinisch schrieb, eine Vorahnung des raschen Verfalls dieser Glanzzeit? Der Humanist, der es bis zum Bischof von Pécs brachte und der in eine Verschwörung gegen Matthias verwickelt war, schrieb:

> ... nie sah man einen Mandelbaum
> erblühen zur Jahreszeit der großen Fröste.
> Und doch geschah das Wunder in Pannonien.
> Zwar wird der Frost gewiß ihn bald verbrennen ...
> ach, armer Baum, oh Phyllis, der nicht wußte,
> daß man nicht blühen darf, wenn es Winter ist.

Ein Ungar ist ungern allein

Exkurs über den Humor der Ungarn

Jetzt müßten wir, da wir schon einmal im Burgpalast sind, auch noch in die Ungarische Nationalgalerie gehen, die hier ebenfalls untergebracht ist. Aber ich glaube, wir haben vorläufig mal genug von Historie, Kunst und Kunstgeschichte; außerdem wird von den großen Budapester Museen noch gesondert die Rede sein müssen.

Gehen wir also wieder ins Freie, tun wir das, was ich hier oben im Burgviertel so gern tue: Schlendern wir gemeinsam durch die alten Gassen, schauen wir von den Basteien und Promenaden hinunter auf die Donau oder auf der anderen Seite zu den grünen Hügeln am Westrand der Stadt, stöbern wir in den Antiquitätenläden und setzen wir uns vor oder in eines der kleinen Cafés und lassen wir uns den Espresso nach Landessitte in Gläsern servieren.

Allerdings: Es ist hier im Burgviertel absolut unmöglich, sich total von der Geschichte zu distanzieren. Man verläßt den Burgpalast nach der Donauterrasse zu und schon steht man vor dem Reiterstandbild des Prinzen Eugen, und da erinnert man sich natürlich, daß er bei der Rückeroberung Budas an jenem denkwürdigen 2. September 1686 dabei war, mit welcher der Türkenherrschaft in Ungarn ein Ende gesetzt wurde, und daß ihn beim Sturm auf die Festung ein Pfeilschuß am Arm verletzte.

Wie soll man sich der Geschichte entziehen, wenn man sogar im Hilton-Hotel plötzlich vor den Steintrümmern im Kreuzgang des einstigen Dominikanerklosters steht? Diese Überreste wurden beim Hotelbau freigelegt und dann einfach in den Komplex des Fünf-Sterne-Hotels miteinbezogen. Und dann die Denkmäler, auf die man allenthalben stößt: Kann man an ihnen vorbeigehen, ohne daran zu denken, wen sie darstellen und woran sie erinnern sollen?

Am Kapisztrán tér schwingt der Franziskanermönch Johannes Capistranus in der Schlacht um Belgrad 1456 die Fahne der Christen und tritt einen türkischen Soldaten energisch zu Boden. Soll man angesichts dieser dramatischen Szene nicht daran denken, daß wir diesem später heiliggesprochenen Mönch das Mittagsläuten verdanken? Er war der unermüdliche Trommler für den Kreuzzug gegen die Türken, und zum ewigen Gedenken an die siegreiche Abwehr der Türken vor Belgrad hat Papst Calixtus III. für alle Zeiten eben das Mittagsläuten eingeführt.

Bei der Anjou Bástya (Anjou-Bastei) hat man dagegen einem Türken ein Denkmal gesetzt: dem letzten Pascha von Buda, Abd-ur-Rahman, der im September 1686 die Burg gegen die anstürmenden Kaiserlichen heldenhaft verteidigte und an der Spitze seiner Truppen mit dem Schwert in der Hand fiel.

Am anderen Ende der von hier ausgehenden Úri utca (Herrengasse) erwartet uns hoch zu Roß der Husarengeneral András Hadik, von dem die Ungarn behaupten, er habe im Siebenjährigen Krieg Berlin erobert und es drei Tage lang gebrandschatzt. In Wirklichkeit ist er nur bis Köpenick gekommen und nach 24 Stunden wieder abgezogen, allerdings, nachdem er die preußische Hauptstadt beschossen und von ihr die respektable ›Kontribution‹ von über zweihunderttausend Talern erpreßt hatte. Aber so genau muß man ja nicht sein.

Die ungarischen Husaren haben auch ihr eigenes Denkmal. Neben der Korona Cukrászda (Kronenkonditorei) am Dísz tér (Paradeplatz) steht ein Husar in der Paradeuniform aus der Zeit Maria Theresias und prüft die Klinge seines Säbels.

Nun aber Schluß mit den Denkmälern: Bleiben wir gleich in der Kronenkonditorei, die nebenbei so etwas wie ein literarisches Café ist, wo am Abend Lieder, Gedichte und Sketches geboten werden, im Sommer sogar manchmal in deutscher Sprache.

An diesem Abend trägt das Programm den Titel ›Im Humor kennen wir keinen Spaß‹. Es ist ein typisches Sommerprogramm, abgestellt auf die Touristen deutscher Sprache, mit einer angenehmen Conférence, die niemandem wehtut, und einzelnen Nummern, die dem allgemeinen Ungarn-Klischee entsprechen. Nicht mehr ganz taufrische, aber doch noch feurige Soubretten holen die Evergreens aus dem unerschöpflichen Fundus der ›Csárdásfürstin‹ und der ›Gräfin Mariza‹ hervor oder machen sich über den Striptease einer Juliska in der Provinz lustig. Auch zwei Kompositionen von Béla Bártok bekommt man zu hören, ganz hervorragend auf einer Baßgeige gespielt. Aber Doppelbödiges, wie es der Titel erwarten ließe, wird einem nicht geboten.

Der Titel des Programms ist die Abwandlung eines Ausspruches von Frigyes Karinthy, der als Klassiker der ungarischen Humoristen gilt: »In Sachen Humor kenne ich keinen Spaß.« Was ich so verstehe, daß er imstande war, sich auch über sich selbst lustig zu machen.

Gilt das aber für die Ungarn schlechthin?

In dem 1984 erschienenen Buch des in Wien lebenden ungarischen Literaten Georg Kövary ›Ein Ungar kommt selten allein‹ kann man im Kapitel über den Humor der Ungarn lesen: »*Jánoska und Ferike ... werden meist schon mit gesundem Mutterwitz geboren; spätestens saugen sie ihn mit der Muttermilch auf. Sie wachsen in einem Elternhaus auf, in dem viel gestritten und geschrien wird, aber die meiste Zeit wird gelacht. Sie werden größer und gescheiter und erkennen, daß sie ihre Umgebung nicht ernst nehmen dürfen. Mit dem Alter kommt allmählich die Weisheit; der Humor wird zum Panzer, mit dem man sich gegen die ständigen Schicksalsschläge wappnet, welche das Ungarland gepachtet zu haben scheint. Das ganze Volk lacht für sein Leben gern ... Ein Ungar ohne Humor ist wie ein Butterbrot ohne Butter.*«

Dazu möchte ich einiges sagen.

Erstens: Die Ungarn sind ein außerordentlich witziges Volk, und nirgends wird eine Situation, ein Vorfall, ein Mensch so blitzschnell charakterisiert und entlarvt, wie in Budapest (Berlin vielleicht ausgenommen).

Zweitens: Die Ungarn sind Anekdotiers ersten Ranges, in dem Sinne, daß sie mühelos imstande sind, ihre Geschichte in Anekdoten aufzulösen.

Drittens: Die Ungarn sind ganz hervorragende Erzähler, was nicht sein könnte, wenn sie nicht einen ausgesprochenen Sinn für die Pointe hätten.

Nun aber muß ich auch einige Fragen stellen, wobei ich mir im klaren bin, daß ich mich auf ein Glatteis begebe. Denn als Nichtungar seine Zweifel am Humor der Ungarn anzumelden, kommt einer Tollkühnheit gleich, die mir wahrscheinlich den lebenslangen Boykott meiner ungarischen Freunde eintragen wird. Aber in Gottesnamen: Das Risiko muß eingegangen werden.

Zum Humor gehört bekanntlich, daß man nicht nur seine Umgebung, sondern auch sich selbst nicht ganz ernst nimmt; und es gehört zur ungarischen Selbstdarstellung, der Welt den Eindruck zu vermitteln, daß man sich permanent über sich selbst lustig macht. Wehe aber dem Nichtungarn, der den Eindruck erweckt, als nehme er die Ungarn im allgemeinen wie im besonderen nicht ernst. Als mache er sich lustig über ihre Übertreibungen, über die Klischees, die sie von sich selbst in die Welt setzen, über ihr nationales Selbstmitleid und das von ihnen mit viel Liebe kultivierte Gefühl, die Verratenen, Verlassenen und Verfolgten dieser Erde und ihrer

Geschichte zu sein. Da versteht so mancher Ungar wirklich keinen Spaß. Wenn das ganze ungarische Volk für sein Leben gerne lacht, wie Herr Kőváry meint, warum sehe ich dann in Budapest, in der U-Bahn und auf den Boulevards oder auch in den Kneipen so viele verschlossene und mürrische Gesichter, Gesichter, auf denen sich Resignation und Gleichgültigkeit spiegeln und von Heiterkeit nicht die Spur zu finden ist? Jedenfalls so lange diese Menschen allein sind.

Womit ich bei einer Beobachtung angelangt wäre, die mir immer wieder Kopfzerbrechen bereitet hat. Nicht nur einmal ist mir aufgefallen, daß Ungarn, mehr sogar noch Ungarinnen, so lange sie mit anderen Menschen in Kontakt sind und sprechen, lebendig, temperamentvoll, sprühend waren. Sobald der Kontakt aber nachließ oder ganz abbrach und sie mit sich allein blieben, dann war es, als verlöschte in ihren Augen ein Licht und träten Traurigkeit und Verlorenheit an seine Stelle. Ihre Augen wurden leer.

Daß die Ungarn ein Volk von außerordentlicher Kontaktfreudigkeit und Kontaktstärke sind, hat sich in der Welt herumgesprochen. Ebenso bekannt dürfte sein, daß sich aus dieser Charaktereigenschaft andere schätzenswerte Verhaltensweisen ergeben, wie zum Beispiel die Fähigkeit zur Freundschaft, die Gastfreundschaft, die Hilfsbereitschaft, die Höflichkeit. Und ist dann vielleicht auch ihr Humor eine Frucht der Freude am Kontakt, eine Folge des Gefühls, Mensch sein zu können unter Menschen?

›Ein Ungar kommt selten allein‹ – ich würde dem nicht widersprechen, aber auf alle Fälle noch hinzufügen: ›Ein Ungar ist ungern allein.‹

Ziehen wir also Bilanz: Setzt man Humor mit Witz und Ironie, mit Boshaftigkeit und Durchlöcherung der Realität gleich, dann haben die Ungarn zweifellos Humor. Versteht man darunter Heiterkeit, Distanz zu sich selbst, als Individuum und als Nation, dann bin ich mir meines Urteiles schon nicht mehr so sicher. Ganz sicher aber bin ich mir, daß ich mit diesen meinen Zweifeln mein Haupt sozusagen auf den Richtblock der ungarischen Nation gelegt habe.

Die Schwabenberge

und der diskrete Charme des Rosenhügels

Ich habe den Leser lange auf dem Burgberg von Buda festgehalten.
Allzu lange? Ich glaube nicht. Denn was wäre Budapest ohne den
Burgberg? Die Frage stellen heißt, daß ich sie eigentlich schon
beantwortet habe, obwohl ich über die Stadtteile am linken Ufer
der Donau, also über das frühere Pest, noch nicht allzu viel erzählt
habe. Aber wenn wir jetzt den Burgberg verlassen, wohin wenden
wir uns? Wir waren noch nicht in der alten ›Wasserstadt‹, dem
Bezirk auf dem schmalen Streifen zwischen Burgberg und Donau,
die wir von der Terrasse beim Prinz-Eugen-Denkmal gesehen haben.
Wir waren auch noch nicht im ›Grünen Budapest‹, das wir von
der Tóth Árpád sétány gesehen haben, der Promenade auf den
Festungsmauern auf der Westseite des Burgberges. Entscheiden wir
uns für die Natur und gehen wir zur Talstation der Zahnradbahn,
die uns hinauf in die Schwabenberge bringt. Sie ist heute leicht
zu finden: Sie liegt gegenüber dem vierzehn Stockwerke hohen
Turmhotel ›Budapest‹, das in der Stadtsilhouette nicht zu übersehen
ist. Auf dem Wege dorthin kommen wir über den Moszkva tér
(Moskauer Platz), einen der großen Verkehrsknotenpunkte Budapests am rechten Donauufer. Hier gibt es eine U-Bahn-Station,
und von hier gehen viele Straßenbahn- und Autobuslinien in die
westlichen Stadtteile ab, und es kreuzen sich Durchgangsstraßen
von Ost nach West und von Nord nach Süd. Der Verkehr ist hier
durchaus großstädtisch, auch nach unseren westlichen Begriffen.

Wir aber streben dem Budaer Bergland zu, auch *Schwabenberge*
(Sváb-hegy) genannt. Die einen führen diese Bezeichnung auf die
deutschen Dörfer zurück, die in diesem Gebiet nach der Vertreibung
der Türken entstanden sind, die anderen auf das schwäbische Hilfs-
corps in der von Karl von Lothringen geführten kaiserlichen Armee,
das bei der Belagerung und Eroberung Budas und der Vertreibung
der Türken 1686 an den Hängen dieser Hügel seine Stellungen
bezogen hatte. Heute freilich ist der Name ›Schwabenberg‹ selten
geworden, weil das Gelände im Juli 1945 in *Szabadság-hegy*, das
heißt *Freiheitsberg*, umbenannt worden ist.

Wie dem auch sei: Die Hügelkette, an deren Hängen und in
deren Tälern sich die Villenvororte hoch- und hineinschieben, ist
die grüne Lunge der Zweimillionenstadt. Denn die Parks in den

tieferen und die dichten Laubwälder in den höheren Lagen sorgen für frische Luft, die man bis ins Zentrum spüren kann, wenn der Westwind sie zur Donau hinunter trägt.

Die Hügel bieten aber auch ein schönes Bild, besonders gegen den frühen Abendhimmel, wenn auf ihm noch etwas vom Orange des Sonnenuntergangs liegt. An der zarten Silhouette haben sich durch die Jahrzehnte Legionen von Aquarellisten geübt.

Der Leser wird es mir erlassen, die Namen all dieser Erhebungen zu nennen. Aber den Széchenyiberg (Széchenyi-hegy) muß ich doch erwähnen, denn dort hinauf führt die schon erwähnte elektrische Zahnradbahn. Auf der knapp vier Kilometer langen Strecke überwindet sie einen Höhenunterschied von 315 Metern. Aus den bequemen Waggons mit den breiten Fenstern hat man immer wieder neue Einblicke in die steilen Straßen mit ihren großen und kleinen, gepflegten und verwahrlosten Villen und Gärten, und immer wieder neue Ausblicke auf die westlichen Stadtteile Budapests. Den vollen Rundblick genießt man dann vom Széchenyi-Berg selbst mit seinen 439 Metern über dem Meeresspiegel. Den höchsten Punkt in den Budaer Bergen erklimmt man auf dem Johannesberg (János-hegy) mit seinen stolzen 529 Metern, zu denen man noch 23,5 Meter eines Aussichtsturmes hinzuzählen muß. Hat man seine Aussichtsterrasse dann erreicht, liegt einem ganz Budapest zu Füßen.

Wenn man sich Zeit nimmt, kann man auch mit der ›Pioniereisenbahn‹ gemächlich an den Hängen der Hügel entlang und durch die grünen Wälder fahren. Die Schmalspurbahn wurde Ende der Vierzigerjahre für die ›Jungen Pioniere‹, die kommunistische Jugendorganisation, gebaut, und Jugendliche betätigen sich auch als Kassierer, Schaffner und technisches Personal, letzteres allerdings unter Aufsicht erwachsener Eisenbahner. Die Fahrt, die eine Dreiviertelstunde dauert, ist hübsch, besonders wenn man in einem der offenen Waggons sitzt. Aber Ausblicke bietet sie nur wenige, weil es meist durch dichten Wald geht. Auf die meisten Berge kann man auch mit dem Auto fahren, so auch auf den Dreigrenzberg (Hármashatárhegy), der die Bergkette im Norden abschließt. Man hat von hier den Blick hinunter auf die Landschaft um Óbuda (Alt-Ofen).

Daß die Budapester ihre grünen Berge nicht nur lieben, sondern auch stark frequentieren, kann man aus der Fülle der markierten Wege, der Erfrischungskioske, Buffets und Restaurants schließen, die man allenthalben findet.

Vom Schwabenberg löst sich eine Hügelkette, senkt sich in östlicher Richtung hinunter zur Donau und stößt etwa dort, wo sich die Margaretenbrücke befindet, an den Fluß. Es ist der Rosenhügel (Rózsadomb), Budapests feinstes Wohnviertel. Hier hatten einst die Leute mit Geld und Einfluß ihre Villen, umgeben von gepflegten Gärten. Die Villen sind geblieben und auch die Gärten, wenn auch in vielen Fällen ihre Eigentümer, Bewohner oder Benützer gewechselt haben. Heute wohnen hier die meisten der führenden Männer in Partei und Staat, und entsprechend aufmerksam folgen dem Fremden, der hier die schattigen Straßen hochgeht, die Augen unauffällig postierter Zivilisten. Aber verglichen mit anderen kommunistisch regierten Ländern sind die Prominentenbehausungen hier auf dem Rosenhügel verhältnismäßig wenig von der Umwelt abgeschirmt. Keine hohen Mauern, kein Stacheldraht, keine Uniformierten. Es heißt sogar, daß man hier gelegentlich dem ersten Mann des Landes begegnen kann, wenn er bei einem abendlichen Spaziergang seinen Hund ausführt.

Woher der Rosenhügel seinen Namen hat? In der Türkenzeit, so heißt es, seien hier Rosen in Hülle und Fülle angepflanzt worden, und hierher gebracht habe sie der Mann, dessen ›Türbe‹, zu deutsch Grabkapelle, sich dort befindet, wo der südöstliche Ausläufer des Hügels jäh zum Donauufer abfällt. Er trägt den schönen Namen Gül Baba, was soviel heißt wie ›Vater der Rosen‹, und Rosenbeete zieren auch den kleinen Garten, der die ›Türbe‹ umgibt.

Das klingt recht hübsch, nur wird auch das eine Legende sein, wie so manches, was sich um das Leben dieses Mannes rankt. Denn der ›Vater der Rosen‹ wurde schon am 2. September 1541 von Allah abberufen, also nur wenige Tage, nachdem sich Sultan Suleiman der Prächtige Budas bemächtigt hatte. Der Tod ereilte ihn auf recht spektakuläre Weise: Nämlich in der in eine Moschee verwandelten, heutigen Matthiaskirche auf der Burg von Buda in Anwesenheit des Padischahs beim Festgottesdienst zur Feier des historischen Ereignisses. Gül Baba gehörte dem Derwisch-Orden der Bektashi an, dessen Mitglieder in Kriegszeiten an der Seite der berühmt-berüchtigten Janitscharen kämpften. Schon während des Kriegszuges Suleimans im Jahre 1541 mußte sich Gül Baba ausgezeichnet haben, denn der Sultan trug dem ersten Pascha von Buda auf, die eroberte Stadt unter den Schutz des soeben Verstorbenen zu stellen. Und die folgenden Paschas errichteten ihm die ›Türbe‹.

Die *Grabkapelle* ist ein achteckiger Bau aus Sandsteinquadern, gekrönt von einer Kuppel aus Kupferplatten mit dem goldenen Halbmond auf ihrem Scheitelpunkt. Vor einiger Zeit ist sie gründlich restauriert worden, und sowohl der innere Raum wie der von Mauern eingeschlossene Garten werden sorgfältig gepflegt. Abgesehen von den Bädern ist sie das bedeutendste Bauwerk, das aus der Türkenzeit in Budapest erhalten geblieben ist.

Als die Türken hier noch herrschten, war das Grab ein viel besuchter Wallfahrtsort, wie wir schon von dem türkischen Reiseschriftsteller Evlja Tschelebi wissen, der Buda zwischen 1660 und 1664 besucht hat. Und an der Wand in der Grabkapelle hängt eine bildliche Darstellung der heiligen Stätten des Islam mit der Kaaba von Mekka im Mittelpunkt. Auf ihr kann man auch das Grab des ›Vaters der Rosen‹ in Budapest finden, wenn auch verglichen mit den übrigen Heiligtümern ganz klein.

Budapest
auch eine Bäderstadt

Wenn wir von Gül Babas letzter Ruhestätte die Treppen zum Donauufer hinuntersteigen, dann stoßen wir in der Frankel Leó utca gleich auf zwei türkische Bäder: Das *Lukács fürdö* und das *Császár fürdö*. In dem klassizistischen Hauptgebäude des ersteren befinden sich die medizinischen Einrichtungen zur Behandlung von Krankheiten der Gelenkorgane, es verfügt aber auch über zwei Schwimmbecken im Freien. Von den Badeeinrichtungen aus der Türkenzeit ist hier allerdings kaum etwas übrig geblieben, dafür aber im Császár fürdö, dem Kaiserbad. Das von Blendarkaden umgebene und von einer Kuppel überwölbte achteckige Becken ist noch vorhanden und wird auch noch benützt. So wie vor vierhundert Jahren, nachdem es Sokoli Mustafa Pascha hatte bauen lassen, der damals Gouverneur des türkisch besetzten Ungarn war.

Keinen halben Kilometer weiter südlich, am Beginn der Fö utca, sind wir schon beim nächsten Bad: dem *Király fürdö*, dem Königsbad. Den Namen hat es nicht davon, daß dort Könige gebadet hätten, sondern von einem Herrn König, der seinen Namen später in ›Király‹ magyarisierte. Er erwarb die Anlage Anfang des 19. Jahrhunderts, offenbar legte er Wert auf ein eigenes türkisches Bad.

Für mich ist es das schönste der türkischen Bäder in Budapest,
der Lage nach und auch in baulicher Hinsicht. Der alte Teil des
Baues liegt etwas unter dem heutigen Niveau der Fö utca, an der
Ecke zur Ganz utca und gegenüber einem kleinen Park mit der
barocken Sankt-Florians-Kapelle in der Mitte. Vier grüne Kuppeln
auf niedrigen Trommeln bilden das Dach des Badehauses; die große
überdeckt die Halle mit dem achteckigen Becken, die kleineren drei
Säle davor. Es ist ein Bau von großer Harmonie, die zusammen mit
dem gedämpften Licht, das durch die Glasaugen der großen Kuppel
fällt, auf das Gemüt ebenso wohltuend wirkt, wie das warme Wasser
auf den Körper.

Das gleiche Vergnügen wird einem unter der Kuppel des *Rudas-
bades* zuteil, das auch das ›Bad mit den grünen Säulen‹ heißt. Hier ist
das übliche große Becken von einem Gang mit einem von Säulen
getragenen Tonnengewölbe umgeben. Das Rudasbad liegt unmittelbar am westlichen Brückenkopf der Elisabethbrücke und wird, wie
auch das *Rácz fürdö*, das Raizenbad, von den Quellen gespeist, die am
Fuß des Gellértberges entspringen. Letzteres hat seinen Namen von
den ›Raizen‹, also den Serben, die sich unter der Burg von Buda, in dem
heute nicht mehr existierenden Stadtteil Tabán, angesiedelt hatten.

Wie das Rudasbad ist es eine Schöpfung aus der Zeit des Sokoli
Mustafa Pascha, aber schon vor seiner Zeit hat es hier ein Bad
gegeben, das auch König Matthias frequentiert haben soll, und zwar
durch einen Gang, der von der Burg unmittelbar zum Bad führte.
Bertrandon de la Broquière, ein Gesandter Philipp des Guten, des
Herzogs von Burgund, berichtete jedenfalls schon im Jahre 1438,
noch vor der Regierungszeit von Matthias, daß es in Buda außerhalb
der Burgmauern schöne warme Bäder gäbe. Die Türken haben also
das Badeleben in Buda nicht erfunden, aber sie haben es zu einem
Kult erhoben und die materiellen und ästhetischen Voraussetzungen
dafür geschaffen.

All diese türkischen Bäder, die ich genannt habe, sind in Betrieb
wie eh und je. Und auch der Besucher aus dem Ausland kann sich
in den warmen Wassern der kuppelüberdeckten Becken entspannen.
Nur ist es gut, sich vorher zu erkundigen, welches Bad wann und
für welches Geschlecht geöffnet ist.

Heutiges Kernstück der Thermalbäder auf dem rechten Donauufer aber ist das *Gellértbad*, verbunden mit dem Hotel gleichen
Namens am Fuße des Gellértberges. So, wie es sich uns heute

präsentiert, wurde es vor und während des Ersten Weltkrieges im Sezessionsstil erbaut. 1918 wurde es dann unter dem pompösen Namen ›Szent Gellért Gyógyfürdö és Szálló‹, was soviel heißt wie ›Sankt-Gellért-Heilbad und Hotel‹, eröffnet. So pompös wie der Name ist auch der ganze Komplex, im Äußeren wie im Innern. Seine Außen- und Innenarchitekten haben im Orientalischen, oder was sie sich darunter vorgestellt haben, geradezu geschwelgt: Das Hauptportal ist von einem wuchtigen Bogen überwölbt, als gewähre es Zutritt zu einem Heiligtum. Die Fassade, von schweren Säulen gegliedert, und der Giebel finden ihre Fortsetzung in einer großen zentralen und zwei kleinen Seitenkuppeln. Im Bad selbst: Hallen mit Säulen von rotem Marmor und Mosaikfußböden, die das Licht, das die gewölbten Glasdächer durchlassen, magisch zurückwerfen. Vergoldete Säulen an den Rändern, darüber Balkone, die zur Ruhe oder zu Gesprächen einladen. Auch Bassins mit türkisfarbenen Kacheln, in die das Wasser aus Brunnenbecken sprudelt; ich werde den Verdacht nicht los, daß die Gestalter des Bades ausgiebig in ›Tausendundeiner Nacht‹ gelesen haben. Trotzdem: Für Freunde des Historismus ist das Bad eine Augenweide, und wer den Film ›Trotta‹ gesehen hat, ist bestens für eine Visite vorbereitet. Dazu wird einem viel geboten im Gellértbad: Heilbäder mit ärztlicher Betreuung und ein Hallenschwimmbad, auch Sprudelbad genannt; Dampfbäder zum Schlankwerden; Schlammbäder und Kohlensäurebäder, Schwefelbäder und was die zweiundzwanzig Quellen, von denen das Gellért gespeist wird, sonst noch hergeben; im Sommer ein Wellenbad im Freien.

Soll man sich wundern, wenn die Budapester von ihrem Gellértbad schwärmen? Und mit Geschichten und Anekdoten aufwarten, wie man sie sonst nur von Kaffeehäusern, Salons und anderen Stätten menschlicher Begegnungen erzählt. Was mich in dem Verdacht bestärkt, daß die Budapester zwar auch des Wassers wegen, ob heilend oder nicht, ins Bad gehen, in erster Linie und vor allem aber wegen der Geselligkeit und der Ansprache, die sie dort finden. Bei den Mitbadenden, die man meist kennt, weil man ja für gewöhnlich zur selben Zeit erscheint, und auch bei den Bademeistern, die ebenfalls ihren Turnus haben. Ein Bad also als Stätte zwischenmenschlicher Beziehungen – auch in diesem Sinne kann es sich also als Heilinstitution bewähren, ganz abgesehen von der chemischen Zusammensetzung und physikalischen Eigenschaft seiner Wässer.

Ich habe bisher nur von den Bädern auf dem rechten Donauufer, also auf der Budaer Seite der ungarischen Hauptstadt, gesprochen. Es gibt aber solche Bäder auch auf der Margareteninsel und auf der Pester Seite. Das populärste Bad in Pest ist das *Széchenyibad* im Stadtwäldchen, von dem die Ungarn behaupten, es sei eines der größten in ganz Europa. Auch dort gibt es alle möglichen Arten von Heilanwendungen, außerdem aber drei große Schwimmbecken im Freien, in denen man sich auch im Winter tummeln kann.

Um statistisch zu werden: Auf dem Gebiet von Budapest sprudeln 123 Thermalquellen aus der Erde, die 31 Heil- und Strandbäder versorgen.

Wenn der Leser nun nach all dem, was ich ihm über die Budapester Bäder erzählt habe, den Eindruck gewinnen sollte, dieses Budapest sei nicht nur die Hauptstadt Ungarns, sondern offenbar auch noch ein Kurort, so ist dieser Eindruck gar nicht einmal so falsch. Zumindest war er es nicht. Denn in der Zwischenkriegszeit, als von einem Massentourismus noch nicht die Rede war, betrieb Budapest besonders in England, aber auch in anderen Ländern West- und Nordeuropas eine intensive Werbung für seine Heilquellen. Mit beachtlichem Erfolg: Tausende Westeuropäer kamen im Sommer als Kurgäste nach Budapest, nahmen hier bei Tag ihre Bäder und amüsierten sich am Abend in der Stadt, die ja dafür bekannt war, daß ihre Einwohner auch in schlechten Zeiten nicht auf ihr Vergnügen verzichteten. Und Kenner des damaligen internationalen Parketts attestierten Budapest mehr Vornehmheit und Eleganz als Paris.

Als sich nun in den letzten fünfzehn bis zwanzig Jahren auch Ungarn in den Kreislauf des internationalen Tourismus eingliederte, kam man natürlich auf die Idee, diesen Kurtourismus von einst neu zu beleben. Doch da stellte sich heraus, daß das gar nicht so einfach ist: Mit dem Massentourismus im allgemeinen und dem Ausbau der Hotellerie im besonderen hat nämlich weder der Wiederaufbau der im Kriege beschädigten älteren Bäder noch der Bau neuer Badeeinrichtungen Schritt halten können, so daß heute in den Bädern aus der Türkenzeit ebenso wie in den modernen Hallenbädern und Schwimmbecken im Freien meist ein beängstigendes Gedränge herrscht. Was auf einen Kurgast ja nicht unbedingt anziehend wirken muß. Also wird man noch einige zusätzliche Kur- und Badeeinrichtungen schaffen müssen — Pläne dafür gibt es bereits —, bis man Budapest mit gutem Gewissen auch das Etikett eines internationalen

Badeortes wird anheften können. Dann allerdings wird Budapest eine einmalige Erscheinung sein: Gleichzeitig Hauptstadt eines Landes und reputierter Kurort. Bis dahin muß es sich noch damit begnügen, die an Thermalquellen reichste Hauptstadt der Welt zu sein. Aber auch damit kann man sich auf dem Weltmarkt des Tourismus sehen lassen.

Zwischen Burgberg und Donau
Die Wasserstadt

Die Beschäftigung mit Budapests Bädern hat uns etwas von unserem ursprünglichen Vorhaben, einen Spaziergang durch den Stadtteil Viziváros, die Wasserstadt, zu unternehmen, abgelenkt. Wir sollten aber diesen Plan nicht aufgeben, denn die Wasserstadt, die sich auf dem schmalen Streifen zwischen Burgberg und Donau erstreckt, hat ihren eigenen Charakter. Kehren wir also zum Királybad und zum nahegelegenen Bem József tér (Josef-Bem-Platz) zurück, wo die uns schon bekannte Fö utca, die Hauptverkehrsader dieses Bezirkes, ihren Ausgang nimmt.

Der Bem József tér ist natürlich nach jenem General Bem benannt, dessen Denkmal hier steht. Es zeigt den legendären Freiheitskämpfer mit der verwundeten Rechten in der Schlinge, während die erhobene Linke mit dem Säbel in der Faust das Zeichen zum Angriff gibt. Also wieder einmal ein Denkmal voll patriotischem Pathos, wie es die Ungarn so lieben. Und weil dieses Standbild, ähnlich wie das Petőfis auf dem Pester Donauufer, in Zeiten revolutionärer Gärungen als Sammelpunkt vor allem der Jugend gilt – am 23. Oktober 1956 zogen die Studenten auch hierher –, muß ich dem Heerführer im ungarischen Freiheitskampf von 1848/49 einige Worte widmen, zumal er eine der abenteuerlichsten Gestalten der an abenteuerlichen Figuren wirklich nicht armen Ereignisse jenes europäischen Revolutionsjahres war.

Wollte ich aber sein ganzes, wild bewegtes Leben hier schildern, bliebe mir keine Seite mehr für das übrige Budapest oder Ungarn. Bem, von dem ein Mitkämpfer einmal sagte, er habe aus dem Nichts Armeen geschaffen, war ja kein Ungar, sondern ein Pole. Als Neunzehnjähriger nimmt er an Napoleons Rußlandfeldzug teil, im polnischen Aufstand 1830 ist er Befehlshaber der polnischen Artille-

rie und hält durch ihren geschickten Einsatz lange Zeit den Vor-
marsch der zaristischen Armee auf. In Frankreich und Portugal,
wohin er nach dem Zusammenbruch des Aufstandes emigriert ist,
versucht er vergeblich eine polnische Legion aufzustellen. Das Revolutionsjahr 1848 sieht ihn zunächst in Wien, wo er das Kommando
über die Aufständischen führt. Dann stellt er sich den Ungarn zur
Verfügung, und Kossuth ernennt ihn 1849 zum Oberbefehlshaber
der ungarischen Armee in Siebenbürgen. Dort macht er sowohl den
habsburgischen wie den russischen Interventionstruppen schwer zu
schaffen, aber das Kriegsglück ist ihm nicht hold. Er muß wieder in
die Emigration, diesmal in die Türkei. Auch im Reiche des Sultan
ist er unermüdlich: Erst will er die türkische Armee reorganisieren,
und dann versucht er in Aleppo in Kleinasien eine Salpeterfabrik zu
gründen, ebenfalls ohne Erfolg. 1854 stirbt er im Glauben Allahs,
zu dem er in seinen letzten Lebensjahren übergetreten war. Die
Ungarn aber zählen ihn zu den Großen ihrer Geschichte. Keine
Stadt ohne einen nach ihm benannten Platz oder eine Bem József
utca, wenn es nicht zu einem Denkmal gereicht haben sollte.

Aber nicht die Erinnerung an den polnischen Haudegen ist es,
die die Atmosphäre dieser Wasserstadt bestimmt. Einstmals war sie
die Stadt der Handwerker, der kleinen Kaufleute und der Fischer,
die im Schatten der Stadt auf dem Burgberg, aber auch von ihr
lebten. Auch heute hat sie noch etwas von der Beschaulichkeit einer
Kleinstadt bewahrt. Trotz der Barockbauten, die nach der Türkenzeit
entstanden sind, trotz der Mietshäuser aus der Jahrhundertwende,
und trotz des Außenministeriums und anderer Behörden, die sich
hier angesiedelt haben. Und auch trotz des Verkehrs, der durch die
Fö utca und die Donaustraße entlang braust. Vielleicht liegt es
an den kleinen Plätzen mit den Bäumen, in deren Schatten die
Pensionisten ihre Zeitung lesen und die Liebespaare schäkern, vielleicht an den runden Erkern der behäbigen Bürgerhäuser vom Beginn des vorigen Jahrhunderts, vielleicht an der Stille in den schmalen, steilen Gassen, die zur Burg hinauf führen. Nicht einmal auf
dem Batthyány tér mit Markt, Metrostation, Busbahnhof und Vorortbahn nach Szentendre hat man den Eindruck, am Verkehrsknotenpunkt einer Metropole zu stehen. Offenbar bestimmt die schöne
Barockfassade der Annenkirche mit ihren beiden hohen Türmen die
Atmosphäre des Platzes stärker als der moderne Verkehr. Vielleicht
liegt es auch an den gemütlichen kleinen Lokalen, die auf dem Platz

und in seiner Nähe zu finden sind, daß hier ein etwas lässiges Ambiente herrscht. Die Angelika-Konditorei zum Beispiel ist im Gewölbe eines Seitenflügels des Pfarrhauses untergebracht, und das Rokoko-Palais, das etwas unter dem Niveau des Platzes liegt, beherbergt das Nachtlokal ›Casanova‹. Das Palais war früher einmal der Gasthof ›Zum weißen Kreuz‹, und es heißt, daß außer Casanova dort auch Kaiser Josef II. abgestiegen sein soll. Im Gegensatz zu dem Abenteurer aus Venedig hat der große Reformer aus Wien hier aber keine Spur hinterlassen. Mit Josef II. wollen die Ungarn sowieso nur wenig zu tun haben. Sie haben ihm seinen rationalen Zentralismus, der sich über ihre nationalen und ständischen Rechte hinwegsetzte, ebenso übelgenommen wie die Einführung des Deutschen als Amtssprache. Nie verziehen haben sie ihm, daß er es ablehnte, sich als ungarischer König die Stephanskrone aufs Haupt setzen zu lassen: Zur Strafe nannten sie ihn ›Josef ohne Hut‹.

Óbuda
Die große Enttäuschung

Ich muß sehr lange nicht in Óbuda, in Alt-Ofen, gewesen sein. Es war mir alles neu, und ich fand mich kaum zurecht in diesem nördlichsten Stadtteil von Budapest am rechten Donauufer.

Vor zwanzig bis fünfundzwanzig Jahren nahmen mich Freunde nach Óbuda mit, wenn wir in einem der kleinen Gasthäuser am Fluß eine Fischsuppe essen wollten. Jetzt irrte ich ziemlich lange herum, bis ich dorthin kam, wo ich glaubte, damals gewesen zu sein: am Fö tér, dem kleinen Platz, auf dem sich auch das Rathaus befindet und hinter Wirtschafts- und Wohngebäuden das Schloß der Zichy, der einstigen Grundherren von Alt-Ofen.

Aber die Kneipen habe ich nicht wieder gefunden oder nicht wieder erkannt. Sie waren entweder verschwunden oder hatten ihr lokales Kolorit verloren, waren auf touristisch zurechtgemacht worden. Viele der alten kleinen, einstöckigen Häuser waren verschwunden, was noch da war, stand verloren inmitten der neuen Betonblocks. Von der traulichen Atmosphäre von einst ist nichts mehr zu spüren.

Wer aber zu den ältesten Schichten der Stadt Budapest vorstoßen will, muß doch hierher kommen, schließlich hatten die Römer auf dem Gebiet dieses Stadtteiles eine Militär- und Bürgerstadt, von der aus sie den östlichen Teil Pannoniens beherrschten und verwalteten. Außerdem soll sich der Überlieferung nach im Zuge der Landnahme der Stamm des Großfürsten Árpád hier niedergelassen haben, und der Urvater des ersten ungarischen Königshauses soll auch in Óbuda begraben worden sein. Von den Römern sind immerhin Reste des Amphitheaters und der Militärstadt ausgegraben worden, und von der zivilen Stadt Aquincum gibt es den *Ruinengarten* (Romkert) an der Straße nach Szentendre. Unter freiem Himmel sind die Grundmauern der Bäder dieses nicht sehr großen Municipiums zu sehen, eines Mithrasheiligtums und der Markthalle. Das kleine *Museum von Aquincum* bewahrt die hier gefundenen Gegenstände des täglichen Lebens in der römischen Siedlung am Rande der damaligen zivilisierten Welt auf: Lampen, Handwerksgerät, Tongefäße und auch Kultgegenstände. Sehenswerter ist die einige Häuserblöcke weiter westlich an der Meggyfa utca 19–21 gelegene *Herkules-Villa*. Nach ihren Mosaikfußböden oder den Resten von ihnen zu urteilen, muß sie das Haus eines reichen Bürgers gewesen sein. Die Mosaiken stellen Szenen aus der Herkulessage dar, und die Szene, die die Entführung der Nymphe Deianeira durch den Kentaur Nessos zeigt, ist das schönste Bildwerk, das die Römer in Pannonien hinterlassen haben. Fachleute schließen allerdings aus seiner künstlerischen Qualität, daß es nicht hier geschaffen worden ist, sondern daß der Besitzer es sich aus Italien hat kommen lassen.

Welchen Platz aber nimmt Óbuda in der Geschichte Ungarns im frühen Mittelalter ein? Folgt man den historischen Quellen, dann ist dieser Teil Budapests der älteste der ungarischen Hauptstadt. Er hieß zunächst Buda, angeblich nach einem Bruder Atillas. Jedenfalls waren es die Hunnen, die die Römer in Aquincum ablösten. Ob aber hier das Zentrum des Reiches Atillas war, ist eher fraglich. Die Archäologen haben in Óbuda nur einige Hunnengräber entdeckt, und die Annahme, daß sich ›König Etzels Burg‹ nicht hier befunden hat, sondern weiter östlich, hat mehr Wahrscheinlichkeit für sich.

Präzise Nachrichten fehlen auch für die späteren Zeiten. Nach den Ostgoten und den Langobarden haben sich vermutlich Slawen und Awaren auf dem Gebiet von Óbuda niedergelassen, denen dann Ende des 9. Jahrhunderts die Ungarn folgten. Die Behauptung, der Stamm Árpáds habe sich bei der Landnahme im Raum des heutigen Budapests niedergelassen, stammt von dem als Anonymus

bezeichneten ungarischen Chronisten aus dem 12. oder 13. Jahrhundert, dessen wirklicher Name nicht bekannt ist. Auf ihn geht auch
die Vermutung zurück, daß Árpád in Óbuda beerdigt sei. Dafür ist
aber im heutigen Óbuda kein Hinweis zu finden, und auch von den
bedeutenden kirchlichen und weltlichen Bauten, die es hier im 12.
und 13. Jahrhundert gegeben haben soll, ist keine Spur mehr zu
entdecken.

Denn zu oft ist Óbuda zerstört worden, ein Schicksal, das dieser
Keimzelle Budapests bis zum heutigen Tag wiederholt widerfahren
ist. Zuerst waren es Mitte des 13. Jahrhunderts die Mongolen, die
die Ansätze zu einem städtischen Gemeinwesen in diesem Raum
vernichteten. Als die Mongolengefahr gebannt war, ließ König
Béla IV. seine Königsburg auf dem Hügel weiter südlich erbauen,
die wieder den Namen Buda erhielt. Das frühere Buda nannten die
Ungarn nun Óbuda und die dort neu angesiedelten Deutschen
Alt-Ofen. Es entwickelte sich zu einer bedeutenden Handels- und
Handwerkerstadt, die sich neben Buda und Pest durchaus behaupten
konnte, auch unter der türkischen Herrschaft. Von den Zerstörungen
aber, die sie im Zuge der Rückeroberung Budas und Pests durch
die Kaiserlichen erlitt, hat sie sich nie mehr ganz erholen können.
So ist denn auch ihr Name in den Namen der Hauptstadt Ungarns
nicht ausdrücklich miteinbezogen worden, obwohl Budapest 1872
durch den Zusammenschluß von drei Städten entstanden ist:
Óbuda, Buda und Pest.

Auch der Zweite Weltkrieg hat hier die Spuren seiner Verheerungen hinterlassen, und was ihnen entgangen war oder widerstanden
hatte, fiel dann dem Eifer der Urbanisten zum Opfer, die aus Óbuda
absolut einen modernistischen Stadtbezirk machen wollten. Es ist
ihnen auch gelungen, nur ist dabei das heimelige Óbuda von einst
auf der Strecke geblieben. Aber der historische Kreis hat sich
geschlossen: Der älteste Teil Budapests ist zu seinem jüngsten
geworden. Angesichts der Orgie von Beton und Stahl, die sich hier
ausgetobt hat, kann man allerdings nicht behaupten, daß er zu
seinem schönsten geworden sei.

Margitsziget

Die Insel der Frommen Margarete

Weiß der Himmel, woher ich meine Vorstellung von der Margareteninsel hatte. Jedenfalls erwartete ich dort gepflegte ältere Herrschaften auf ebenso gepflegten Wegen promenierend, breite Alleen, durch die elegante junge Paare reiten, und auf den Bänken unter hohen Bäumen Männer mit einem Buch in der Hand und mit zerfurchter Stirn dem Gelesenen nachsinnend. Wahrscheinlich hatte ich irgendwann einmal einen Roman gelesen, in dem auch von der Insel in der Donau die Rede war, und ich hatte mir dann ein Bild aus Bois de Boulogne, Hydepark und Prater zurecht gemacht.

Als ich 1957 das erste Mal in Budapest war, war einer meiner ersten Gänge auf die Margareteninsel. Es war an einem Sonntagvormittag im Frühling, und es bot sich mir folgendes Bild: Die Insel war voller junger Leute. In den Alleen und auf den gepflegten Wegen übten sie Langstreckenlauf oder strebten dem Sportschwimmbad zu, aus dessen Halle die schrillen Pfeifsignale der Trainer drangen. Vor den Kassen des Palatinus-Freibades hatten sich schon Schlangen gebildet, denn der Tag war schön, wenn auch noch ein wenig frisch, was aber nicht viel zu bedeuten hatte, denn die Becken werden ja mit Thermalwasser gespeist. Die Tennisplätze waren samt und sonders belegt, und auf den Handballplätzen übten energische Ilonas wuchtige Torwürfe. Die Bänke unter den hohen Bäumen waren zu dieser Tageszeit leer, und die gepflegten älteren Ehepaare entdeckte ich erst am Nachmittag im Café oder auf der Terrasse des Grand Hotels.

War ich enttäuscht? Ich war es nicht, auch wenn ich mein Phantasiebild von der Margareteninsel wesentlich korrigieren mußte. Ich tat es gern, denn das Treiben auf der Insel war von einer Frische und Unbekümmertheit, die etwas Ansteckendes hatten. Ich war mit meinem Sonntagvormittag sehr zufrieden.

Auf die Margareteninsel (Margitsziget) kann man über die Árpádbrücke (Árpád-híd) an der Nordspitze oder über die Margaretenbrücke (Margit-híd) am Südende gelangen.

Die *Margaretenbrücke* ist die interessantere der beiden. Sie besteht eigentlich aus zwei Teilen, die in einem Winkel von 150 Grad zueinander stehen, und von dort, wo sie zusammenstoßen, zweigt eine Seitenbrücke zur Insel ab. Ein seltsames Gebilde – und die

französischen Brückenbauer, die sie im letzten Viertel des vergangenen Jahrhunderts schufen, mußten damals viel Spott über sich erge-
hen lassen.

Die 2,5 Kilometer lange und bis zu fünfhundert Meter breite
Donauinsel muß man sich zu Fuß erobern, was ja nur zu begrüßen
ist. Auf der Hauptstraße der Insel gibt es allerdings auch einen
Autobusverkehr, für die Müden oder die Eiligen, die zu den Sport-
stätten streben.

Der große Park, der die Insel einnimmt und heute so vielen
Menschen Vergnügen bereitet, ist auf die gärtnerischen Leidenschaf-
ten eines Habsburgers zurückzuführen: Erzherzog Joseph, Enkel
Maria Theresias und ein halbes Jahrhundert Palatin (Vizekönig) von
Ungarn, ließ ihn in der ersten Hälfte des vorigen Jahrhunderts
anlegen. Erzherzog Joseph residierte zwar hauptsächlich in Wien,
aber sein Wunsch, die ganze Insel in einen englischen Garten zu
verwandeln, veranlaßte ihn auch, sich auf der Insel eine Villa zu
bauen. 1908 ging die Insel in den Besitz der Stadt Budapest über,
aber die Besucher mußten noch bis 1945 Eintrittsgeld zahlen. Wahrscheinlich kommt daher meine Vorstellung von der Margareteninsel
als einem exklusiven Treffpunkt der feinen Welt.

Kaum zu glauben, daß es Zeiten gab, da die Insel eine Stätte der
Muße und der Einkehr, des klösterlichen Daseins und der frommen
Beschaulichkeit war. Aber es waren wirklich die Mönche und die
Nonnen, die sie erschlossen haben. Schon im 12. Jahrhundert soll es
hier ein Prämonstratenserkloster gegeben haben, von dem, wie in
Ungarn so oft, außer Grundmauern nichts übriggeblieben ist. Die
kleine *Kirche* in der Nähe dieser Mauern ist eine Rekonstruktion im
neuromanischen Stil aus den dreißiger Jahren.

Die Ruinen, die sich etwa in der Mitte der Insel befinden, sind
die *Reste der Franziskanerkirche* vom Ende des 13. und Anfang des
14. Jahrhunderts. Der wichtigste Konvent auf der Insel aber war das
Kloster der Dominikanerinnen. Mit ihnen aber ist der Name der Insel
eng verbunden. Jedenfalls will die Überlieferung wissen, daß König
Béla IV. während des Mongolensturmes, der Mitte des 13. Jahrhunderts das Land verheerte, das Gelübde ablegte, seine Tochter
Margarete in ein Kloster zu geben, wenn sein Haus und sein Land
das Unheil überstünden. Als dann die Mongolen, die in Wirklichkeit
Tataren waren, so plötzlich, wie sie nach Mitteleuropa eingebrochen
waren, auch wieder in den Steppen Südrußlands und Asiens ver-

schwanden, ließ der König auf der Insel das Kloster für den Orden der Dominikanerinnen bauen, in deren Obhut er seine neunjährige Tochter Margarete gab. Ihr war kein langes Leben in der strengen klösterlichen Zucht beschieden: sie starb schon 1271 im Alter von achtundzwanzig Jahren. Aber eine Legende bildete sich um sie und ihr gottgefälliges Leben. Die Insel erhielt ihren Namen und Margarete selbst wurde 1944 heiliggesprochen.

Die Legende, also wörtlich ›Das zu Lesende‹, von der Königstochter, die in dem Kloster die schwersten Arbeiten verrichtete, verdankt Ungarn der Nonne Lea Ráskai, die um 1500 lebte. Durch ihren ›Bericht‹ über die Entsagungen und das gottgefällige Leben der Margarete wollte sie zweifellos den Nonnen ihrer Zeit ein Beispiel vor Augen setzen. Gleichzeitig ist er jedoch auch eine lebendige Darstellung des Klosterlebens der damaligen Zeit, so daß die ungarischen Literarhistoriker in ihm den frühen Keim der Belletristik ihrer Nation sehen. So hat also die Königstochter Margarete und die Insel, die ihren Namen trägt, auch einen Platz in der Kulturgeschichte des Landes.

Für uns aber ist die Margareteninsel ein ebenso willkommener wie angenehmer Übergang auf das linke Donauufer, nach Pest, das wir etwas vernachlässigt haben, dem wir aber jetzt unsere Aufmerksamkeit wieder zuwenden wollen.

Auf Umwegen zurück in die Innenstadt
Kleines Land – Großes Parlament

Wir haben den Stadtteil Pest über die Kettenbrücke verlassen und kehren jetzt über die Margaretenbrücke, etwa eineinhalb Kilometer donauaufwärts auf das linke Flußufer zurück. Nun gibt es für mich keinerlei Ausrede mehr, mich nicht mit dem *Parlament* (Országház) zu beschäftigen, von dem viele behaupten, es sei das Wahrzeichen Budapests, was ich aber, aus welchen Gründen auch immer, nicht wahrhaben möchte.

Sicher: In seiner neugotischen Pracht mit beherrschender Kuppel und schlanken Türmen, spitzbogigen Arkaden, monumentalen Portalen und großartigen Treppenaufgängen wirkt es ungemein dekorativ. Es hat auch eine prächtige Lage: Von der Budaer Seite gesehen beherrscht es das linke Donauufer, und zur Stadt zu schafft der

Kossuthplatz genügend Distanz, um den Bau in seiner ganzen Ausdehnung und Pracht übersehen zu können. Immerhin ist er 268 Meter lang und in seiner größten Breite mißt er 118 Meter; der rote Stern auf der Kuppel befindet sich 96 Meter über dem Erdboden. Und noch einige Zahlen, die einen beinahe das Fürchten lehren könnten: es gibt 691 Räume in dem Parlamentsgebäude, davon mehr als 100 Säle, ferner 18 Innenhöfe und 27 Stiegenhäuser. Soll es einen da wundern, daß ein ungarischer Reiseführer stolz vermerkt, das Parlament habe seinerzeit zu den »allergrößten Gebäuden der Welt« gezählt?

Sollte jemals ein außerirdisches Wesen beim ungarischen Parlament landen, es müßte zwangsläufig annehmen, sich in der Herzkammer eines Weltreiches zu befinden. So beeindruckt wäre es von dem Anspruch, den dieses Gebäude symbolisiert. Wenn es dann allerdings erführe, daß das heutige Ungarn ein Zehn-Millionen-Staat ist, mit einem Regime, in dem die Volksvertretung die Entscheidungen, die an anderer Stelle getroffen werden, nur zu sanktionieren hat, dann würde es wahrscheinlich die Frage stellen: Wozu der ganze Aufwand?

Man wird mir natürlich entgegenhalten können, daß die ungarische Reichshälfte um die Jahrhundertwende, als das Parlament gebaut wurde, ein ansehnliches staatliches Gebilde war. Schließlich reichte es von der Tatra bis zur nördlichen Adria und vom Neusiedler See bis zum Karpatenbogen in Siebenbürgen und dem Eisernen Tor an der Donau, beides im heutigen Rumänien. Es zählte zwanzig Millionen Einwohner.

Die Friedensverträge der Pariser Vororte, die nach dem Ersten Weltkrieg die Doppelmonarchie zerschlugen sowie Mittel- und Südosteuropa neu ordneten, bedeuteten für Ungarn eine Amputation sondergleichen. Es verlor 71,4 Prozent seines Territoriums und 61,8 Prozent seiner Bevölkerung, die dann nur mehr acht Millionen zählte; es büßte auch 61,4 Prozent seines Agrarlandes und 55,7 Prozent seines Industriepotentials ein. Und 3,3 Millionen Ungarn blieben außerhalb der Grenzen ihres Landes, in Rumänien, der Tschechoslowakei und Jugoslawien.

Zurück blieb eine große Hauptstadt in einem kleinen Land, zurück blieb in ihr dieses Parlamentsgebäude, das sich nun erst recht ausnahm wie eine zu weit und zu prunkvolle Krone auf einem schütter gewordenen Haupt. Aber wie gesagt: Aus der Ferne gesehen

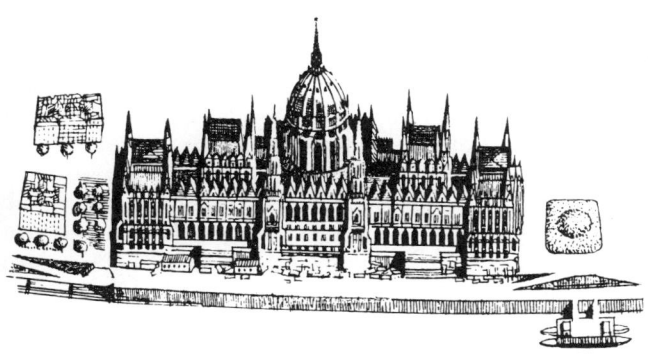

Das Parlamentsgebäude am Ostufer der Donau

möchte man seine dekorative Wirkung nicht missen. Ich muß auch gestehen, daß ein festlicher Empfang unter dem Sternengewölbe der großen Kuppelhalle, auf deren Pfeilern die Statuen der ungarischen Herrscher stehen, der großen Allüre nicht entbehrt.

Der Großzügigkeit des Gebäudes entspricht die Weitläufigkeit des *Kossuthplatzes* (Kossuth Lajos tér) vor dem Parlament. Zwei Statuen zieren ihn: Das Reiterstandbild des Fürsten Ferenc Rákóczi II. (1676-1735), das ganz im Stil des Barocks gehalten ist, obwohl es erst 1937 aufgestellt wurde. Auf dem Sockel lesen wir die Parole von Rákóczis Unabhängigkeitskampf ›pro patria et libertate‹ – für Vaterland und Freiheit – und den ersten Satz seines Aufrufes zum Aufstand, der aus dem Lateinischen übersetzt lautet: ›Die alten Wunden der ruhmreichen ungarischen Nation brechen wieder auf.‹

Dann gibt es hier natürlich noch eine Statue von Lajos Kossuth, dem Führer des Freiheitskampfes von 1848/49. Diese Statue ist noch jüngeren Datums, und es hat mit ihr eine besondere Bewandtnis. An ihrer Stelle stand schon einmal ein Kossuthdenkmal; es zeigte, wie der legendäre Revolutionär nach dem Scheitern des Aufstandes vor Verlassen des Landes und dem Gang in die Emigration von seinem Volke Abschied nimmt. Eine Szene des Verzichtes und der Trauer. Nach dem Zweiten Weltkriege fand das neue Regime, daß dieses Standbild zu ›pessimistisch‹ sei. Die alte Statue mußte einer neuen Platz machen, und nun weist Kossuth gebieterisch und optimistisch in die Zukunft.

Da wir nun schon einmal auf dem Kossuthplatz sind, sollten wir nicht versäumen, einen Blick in das *Ethnographische Museum* (Néprajzi Múzeum) zu werfen. Für jeden, der sich für Volkskunst interessiert, für Keramiken, Trachten, bäuerliche Möbel, aber auch für überseeische Völkerkunde, wird sich der Besuch lohnen, außerdem sind dort sehr schöne Arbeiten des Volkskunstgewerbes zu sehen, das sich in den letzten zwanzig Jahren in Ungarn stark entwickelt hat. Es sind neue Arbeiten, ausgehend von der früheren Volkskunst, aber es sind keine Nachschöpfungen, sie haben ihren Wert in sich.

Hier um das Parlament und den Szabadság tér (Freiheitsplatz), zu dem wir gleich kommen werden, befinden wir uns in jenem Teil von Pest, der aus der Gründerzeit und der Jahrhundertwende stammt. Die Straßen sind beinahe wie auf dem Reißbrett gezogen, die großen Gebäude spiegeln alle Stile dieser Welt wieder. Es ist der Bezirk der großen repräsentativen Bauten und der weiten Plätze; abgesehen vom Parlament finden wir hier viele Ministerien, die Nationalbank, die Akademie der Wissenschaften, alle möglichen Institute, Botschaften und die Zentralen großer Organisationen. Bei Tage herrscht lebhaftes Kommen und Gehen, nach Büroschluß ist der Stadtteil menschenleer und verlassen.

Verlassen und verloren in dem Häusermeer flackert denn auch zu abendlicher Stunde auf dem dreieckigen Platz, wo Aulich utca und Báthori utca zusammenstoßen, eine kleine Ölflamme in einer Bronzelampe. Dieses *Ewige Licht* soll an den Grafen Lajos Batthyány erinnern, den ersten Ministerpräsidenten einer ungarischen Nationalregierung. Ganz in der Nähe, auf dem heutigen Szabadság tér, befand sich nämlich jene als ›Neugebäude‹ bezeichnete Kaserne, an deren rückwärtiger Mauer am 6. Oktober 1849 Graf Batthyány und eine Reihe anderer ungarischer Politiker und Militärs, die in die Revolution von 1848 verwickelt waren, von den Österreichern erschossen wurden.

Das Neugebäude — von den Ungarn als eine Zwingburg der Habsburgerherrschaft angesehen — wurde 1889 abgerissen. An die auf seinem Gelände Hingerichteten erinnern aber noch die Namen einiger Straßen, die vom Szabadság tér ausgehen. An einigen von ihnen ist abzulesen, wie international das Offizierskorps der Honvéd-Armee, der ungarischen revolutionären Streitkräfte, war. Der Fürst Mieczyslaw Woroniecki befehligte als Oberst die polnischen Ulanen, die an der Seite der Ungarn kämpften; er war dreiundzwanzig Jahre alt, als er hier hingerichtet wurde. General Ludwig Aulich, der im Frühjahr 1849 Pest und Buda erobert und für kurze Zeit gehalten hatte, war deutscher Abstammung, ebenso Graf Karl Leiningen, der zudem ein Verwandter der englischen Königin war. Der Adjutant von General Dembinski, Hauptmann Charles d'Abancourt, war aus Frankreich zu den ungarischen Aufständischen geeilt. Peter Giron hatte die Wiener Totenkopflegion kommandiert.

Der 6. Oktober 1849 war nicht nur für Budapest ein blutiger Tag. In Arad, heute in Rumänien gelegen, wurden zur gleichen Zeit neun Generäle der ungarischen Armee, die am 13. August angesichts der österreichrussischen Übermacht kapituliert hatten, gehängt und vier erschossen. Mit Absicht war der 6. Oktober als Tag der Hinrichtungen gewählt worden: Genau ein Jahr zuvor hatte die Revolution in Wien ihren Höhepunkt erreicht, und Kriegsminister Graf Latour war von der Menge gelyncht und an einem Laternenpfahl aufgehängt worden. Nun nahm die Casa d'Austria blutige Rache.

Die ›Basilika‹, die größte Kirche Budapests

Auf dem Wege in den Kern der Pester Innenstadt sollten wir uns auf alle Fälle noch den kleinen Umweg zur *Basilika* leisten. Kuppel und Türme sind von weitem zu sehen und setzen diesem Stadtteil einen weiteren Akzent auf. Es ist aber merkwürdig: Viele meiner Freunde und Bekannten, die Budapest gut kennen, waren nie in der zwischen 1851 und 1905 gebauten Basilika, die eigentlich Sankt-Stephans-Kirche (Szent-István-Basilika) heißt. Sie ist die größte Kirche Budapests, ein Neorenaissancebau, kalte Pracht ohne jede Atmosphäre. Ich kann mit ihr nichts anfangen, und so scheint es auch vielen anderen Leuten zu gehen. Da hilft nicht einmal die rechte Hand des Heiligen Stephan, die als kostbarste Reliquie hier aufbewahrt wird. Aber nach den Autobussen zu urteilen, die vor ihr halten, scheint die Basilika ein ›Muß‹ für die Reisegruppen zu sein.

Da fühle ich mich auf dem langgestreckten József nádor tér schon wohler. Er wird von einigen geschmackvollen Gebäuden mit klassizistischen Fassaden gesäumt, in seiner Mitte steht die Statue eines Habsburgers, was für Budapest eher ungewöhnlich ist. Denn in allzu guter Erinnerung haben die Ungarn das Herrscherhaus in Wien ja nicht. Aber dem Erzherzog Joseph, Enkel Maria Theresias, von dem wir schon einmal gesprochen haben und der hier auf dem Sockel steht – das Denkmal schuf der Münchner Bildhauer Johannes Halbig 1858 –, haben vor allem die Budapester ein gutes Andenken bewahrt. Einundfünfzig Jahre lang, von 1796 bis 1847 war er Palatin, also Vizekönig, in den Ländern der Stephanskrone.

In dieser Zeit fiel das nationale Wiedererwachen der Ungarn, auf allen Gebieten regten sich die Energien der Nation, es war auch die Reformzeit, in der so moderne Köpfe wirkten, wie ein Graf István Széchenyi, der seinem Land den Anschluß an die Neuzeit sichern wollte. Erzherzog Joseph hatte viel Verständnis für diese Strömungen und auch dafür, daß Pest seine mittelalterlichen Fesseln sprengen und sich nach allen Seiten hin ausdehnen wollte. Er förderte vor allem den Ausbau nach Norden hin – etwa dort, wo jetzt sein Denkmal steht – und noch weiter in Richtung auf das heutige Parlament. Dieser Stadtteil ist mit ihm verbunden, auch wenn er nicht seinen Namen, sondern den seines Vaters trägt und Leopoldstadt (Lipótváros) heißt (seit 1950 offiziell V. Bezirk).

Jetzt brauchen wir nur noch wenige Schritte nach Süden zu machen und wir sind auf dem Vörösmarty tér und am Eingang zur Belváros, der historischen Innenstadt von Pest, angelangt. Entlang der Deák Ferenc utca, die den Vörösmarty tér überquert, verlief nämlich die nördliche Stadtmauer von Pest. Heute ist dieser kleine, im unregelmäßigen Viereck gebaute Platz aber keineswegs am Rande der Innenstadt. Das Leben und Treiben in Pest hat vielmehr hier einen seiner Schwerpunkte. Der Vörösmarty tér ist also so etwas wie ein Nervenzentrum großstädtischen Lebens in Budapest, mit allem was dazugehört.

Später Triumph

Gerbeaud ist wieder Gerbeaud

Auf dem Vörösmarty tér gibt es zunächst einmal Buchhandlungen und Antiquitätenläden. Es gibt Modegeschäfte, Schallplattenhandlungen und Büros ausländischer Fluggesellschaften. An dem Platz beginnt die Váci-utca, die Geschäftsstraße, die die Ungarn gerne mit der Kärntner Straße in Wien vergleichen. Von hier nimmt auch die erste Untergrundbahn, die auf dem Kontinent gebaut wurde, ihren Ausgang. Vor allem befindet sich aber auf dem Platz, der nach dem großen ungarischen Lyriker benannt ist, Budapests berühmteste Konditorei. 35 Jahre lang, von 1949 bis 1984, trug sie denselben Namen wie der Platz; im Frühjahr 1984 verkündeten die Budapester Zeitungen aber triumphierend: »Gerbeaud ist wieder Gerbeaud«. Es klang so, als habe man endlich ein unüberlegt begangenes Unrecht wiedergutgemacht und die guten alten Zeiten wiederhergestellt. Was da offiziell verkündet wurde, war aber nur die Kenntnisnahme eines sowieso schon bestehenden Zustandes, denn kein Budapester und keine Budapesterin ist in die ›Vörösmarty-Konditorei‹ gegangen. Sie gingen auch in den zurückliegenden ›dunklen‹ 35 Jahren natürlich zu Gerbeaud, der Konditorei, die vor hundert Jahren nach ihrem damaligen Besitzer, einem Genfer, benannt worden war. Die Budapester sind immer zu Gerbeaud gegangen und werden auch weiter zu Gerbeaud gehen, allen Kriegen, Revolutionen, Umstürzen, Zerstörungen und Regimewechseln zum Trotz. Dieser Einstellung hat man nun durch Wiederherstellung des alten Namens auch höchst offiziell Rechnung getragen.

Über die Konditorei heißt es in dem neuesten ungarischen Budapestführer: »Ihre Inneneinrichtung stammt aus dem vorigen Jahrhundert.« Sitzt man am Nachmittag dort und schaut sich das Publikum an, muß man sich sehr zusammennehmen, um nicht leise vor sich hinzusagen: Nur die Inneneinrichtung?

In der *Váci utca* sollte man nicht nur auf die großen Geschäfte achten, sondern vor allem auch auf die kleinen. Es gibt hier eine Fülle von Boutiquen, privaten Handschuhmachern, Schustern, die Schuhe, und Schneidern, die Anzüge nach Maß anfertigen, Kunstgewerbeläden und überhaupt Geschäfte, die Dinge anbieten, die dem Alltag, der auch in Ungarn eher grau ist, die Farbtupfen aufsetzen. Ganz zu schweigen von Buffets und kleinen Cafés, in denen man schnell und im Stehen einen Sandwich oder eine Torte essen und einen Kaffee trinken kann.

Man sollte sich aber nicht nur von der Váci utca gefangennehmen lassen, sondern auch in die kleinen Seitenstraßen ausschwärmen. Ein Platz aber, den man auf der Wanderung durch die Innenstadt auf keinen Fall auslassen sollte, ist der *Martinelli tér*. Schön ist er nicht, von einer architektonischen Geschlossenheit kann überhaupt nicht die Rede sein, aber für mich ist er so etwas wie Pest in der Nußschale: alt und neu im harten Nebeneinander, ohne sanfte Übergänge, jede Zeit und jeder Stil pochen auf ihr Daseinsrecht. Bürohäuser aus der Zwischenkriegszeit zwängen die barocke Servitenkirche ein, ein neunstöckiges Autoparkhaus präsentiert geradezu schamlos seine häßliche Fassade. Ihm gegenüber hat man die mit Keramikornamenten und Halbsäulen verzierte Front des sogenannten Rozsavölgyi-Hauses, und in all dem architektonischen Durcheinander steht, wie verloren, zierlich und gebrechlich eine Marienstatue.

Das *Rozsavölgyi-Haus* — der Name stammt von der Musikalienhandlung, die sich darin befindet — muß man sich länger ansehen. Gebaut hat es Béla Lajta knapp vor dem Ersten Weltkrieg, und es ist so etwas wie ein Musterbeispiel für die ungarische Variante des Jugendstils in der Architektur. Die beiden unteren Stockwerke fast nur Glas, darüber sparsam verzierte Geometrie, ganz oben die Andeutung eines durchgehenden Balkons mit einem feinen durchsichtigen Eisengitter. Schade, daß im letzten Krieg die Innenausstattung der Musikalienhandlung vernichtet wurde; sie muß, nach alten Photographien zu urteilen, ein Schmuckstück des Jugendstils gewesen sein.

A propos Musikalienhandlung: Rozsavölgyi ist nicht die einzige in diesem nördlichen Teil der Innenstadt. Es lohnt sich, in ihnen zu stöbern, besonders wenn man auf der Suche nach Platten mit der Musik des Mittelalters, der Renaissance und des Barocks ist. Die Ungarn pflegen die Musik dieser Zeiten besonders, sie haben ihre eigenen Ensembles dafür, stellen die alten Instrumente wieder her und verfügen über die Lauten-, Flöten-, Harfenspieler und sonstigen Instrumentalisten, die dafür notwendig sind. Der Besucher aus dem Ausland findet in diesen Geschäften auch immer wieder jemanden, der ihn in seiner Sprache berät, ebenso auch in den Buchhandlungen, Antiquariaten und Antiquitätenläden, auf die man rundherum stößt.

Da wir schon am Martinelli tér sind, sollten wir gleich auch einen Blick in die Innenhöfe des Budapester Rathauses und des Pester Rathauses werfen, die in der Városház utca einträchtig nebeneinander stehen. Getrennt werden sie lediglich von einem kleinen Platz mit der Aluminiumstatue des Herrn Károlyi Kamermayer, des ersten Bürgermeisters des vereinigten Budapest.

Sehenswert ist vor allem die Fassade des hauptstädtischen *Rathauses:* Sie hat die respektable Länge von 189 Metern, womit dieses Gebäude des Architekten Antonio Martinelli das gewaltigste barocke Baudenkmal der ungarischen Hauptstadt ist. Als es 1716-35 unter dem Vater der Maria Theresia, Kaiser Karl VI., gebaut wurde, sollte es als Invalidenheim für viertausend Teilnehmer an den Türkenfeldzügen des Prinzen Eugen dienen. Es wurde aber nie ganz fertig. Trotzdem ist es ein imponierendes Bauwerk, dessen Wirkung allerdings noch größer wäre, wenn es frei und nicht in einer engen Straße stünde.

Am Café und Restaurant ›Pilvax‹ schräg gegenüber, wo der Pilvax köz beginnt, ist nur noch der Name historisch. Das Café, von wo sich am Vormittag des 15. März 1848, geführt von Sándor Petőfi, die revolutionäre Jugend Budapests in Bewegung setzte, um ihre nationale und politische Freiheit zu erkämpfen, besteht nicht mehr. Es hat einem Neubau Platz machen müssen, aber das Café und seinen berühmten Namen wollte man doch bewahren.

Es gibt in diesen Straßen natürlich auch eine Fülle von Restaurants. Ich kann nicht versuchen, sie alle aufzuzählen, ich würde es mir bestimmt mit jenen verderben, die ich zu erwähnen vergesse. Aber zwei sollen hier doch genannt sein, weil sie sowieso über die Grenzen des Landes hinaus bekannt sind. Die Mátyás-Pince, der Matthiaskeller, bei der Elisabethbrücke am Pester Donauufer, und das Restaurant Százéves in dem ältesten profanen Barockgebäude Budapests, nicht weit vom Hotel Duna-Intercontinental.

Ich muß noch nachtragen, daß die Belváros, der historische Kern von Pest, von dem sogenannten Kis körút, dem kleinen Ring, begrenzt wird, der entlang der einstigen Stadtmauer verläuft. Er wird gebildet aus der schon erwähnten Deák Ferenc utca, ferner dem Tanács körút, dem Múzeum körút, dem Kálvin tér und dem Tolbuhin körút. Durch die Straßen in Verlängerung der Elisabethbrücke wird er in zwei Teile geteilt, die sich auch architektonisch und in ihrer Atmosphäre voneinander unterscheiden.

Bisher waren wir in dem nördlichen Teil, dem lebhaften und geschäftigen. Der südliche Teil, mit Universität, Universitätskirche, Nationalmuseum und Palais Károlyi wirkt monotoner, stiller, langweiliger. Die Universität, ein neubarockes Bauwerk vom Ende des vorigen Jahrhunderts, vergißt man auch schnell, denn es wird vom echten Barock der *Universitätskirche* nebenan völlig in den Schatten gestellt. Die Fassade und das Portal dieser 1725 bis 1742 von Andreas Mayerhoffer für den Paulinerorden gebauten Kirche mit den beiden herrlichen, erst 1770 vollendeten Türmen gehören zu den schönsten Schöpfungen des Barocks in ganz Budapest. Das Innere erfreut durch eine qualitätvolle Ausstattung, vor allem durch Deckenfresken des Wieners Johann Bergl von 1776.

Im Kloster war ursprünglich die Universität untergebracht, nachdem sie 1784 von Nagyszombat, dem heutigen Trnava (Tyrnau) in der Slowakei zuerst nach Buda und dann 1785 nach Pest verlegt worden war. Die Gründung in Tyrnau hatte 1635 der große Gegenreformator Ungarns, Erzbischof Péter Pázmány, vorgenommen.

Wir dürfen nicht vergessen, daß während der Dreiteilung Ungarns in einen türkischen, einen habsburgischen und einen siebenbürgischen Teil der politische und geistige Schwerpunkt des westlichen Ungarn auf dem Gebiet der heutigen Slowakei lag. Der Landtag befand sich in Preßburg, dem heutigen Bratislava, und dort war auch der Sitz der zentralen Ämter für Ungarn, des Statthalterrats und der königlichen Kammer. Sie wurden erst 1784 nach Buda verlegt. Auch der Palatin (Vizekönig) übersiedelte erst zu jener Zeit in die alte Königsstadt Buda. Der Primas von Ungarn, der Erzbischof von Esztergom, blieb, wie wir bereits erfahren haben, in Tyrnau sogar noch bis zum Anfang des 19. Jahrhunderts und kehrte damit erst nach drei Jahrhunderten an den Sitz seiner Vorgänger zurück. Buda und Pest begannen also erst gegen Ende des 18. Jahrhunderts eine zentrale Stellung im Lande zu gewinnen. Sie waren zu jenem Zeitpunkt noch lange nicht die größten Städte Ungarns. 1787 stand Buda mit seinen 24 000 Einwohnern noch an dritter und Pest mit 21 000 Einwohnern an fünfter Stelle in der Reihe der ungarischen Städte. Wollte man ganz genau sein, müßte man sagen: der Städte Ungarns, denn bis in die zweite Hälfte des vorigen Jahrhunderts waren Buda und auch Pest, was die ethnische Zusammensetzung ihrer Bewohner betrifft, gemischte Städte, mit einem Überhang des deutschen Elementes.

Noch 1867 machten die Schwesterstädte Buda und Pest nach Berichten von Zeitgenossen den Eindruck rein deutscher Städte. Aber schon zum

Millenium, der Tausendjahrfeier Ungarns 1896, war der Anteil der Ungarn an der Bevölkerung der Hauptstadt auf achtzig Prozent ange-stiegen.

Die Krone des Heiligen Stephan
Glanz, Elend und Geheimnis

Das *Ungarische Nationalmuseum* (Nemzeti múzeum) ist ein klassizistischer Bau aus den vierziger Jahren des vorigen Jahrhunderts, in einem kleinen Park am Múzeum körút, der vom Hotel Astoria zum Kálvin tér führt. Es ist ein mächtiger Bau: Eine breite Freitreppe führt hinauf zu einem vorspringenden Portikus, dessen acht korinthische Säulen einen schweren Architrav mit Giebel tragen. In der Mitte des Tympanons erscheint die Allegorie der Pannonia, nach Entwurf des Münchner Bildhauers Ludwig Schaller in Zinn ausgeführt. Vor der Freitreppe ein Denkmal des Dichters János Arany, der so etwas wie ein Klassiker der ungarischen Literatur ist. Im Revolutionsjahr 1848 war es noch nicht dagestanden – es wurde erst 1893 aufgestellt –, um so mehr Platz gab es für die vieltausendköpfige Menge, die sich am Nachmittag des 15. März 1848 hier versammelte und die Petőfi mit seinem ›Auf Magyaren‹ in vorrevolutionären Schwung versetzte. Von hier begann dann der Marsch der Massen zuerst zum Rathaus von Pest und dann über die Kettenbrücke hinauf nach Buda, wo sie den Statthalterrat so unter Druck setzten, daß er alle Forderungen der Revolution akzeptierte.

Wir sind also wieder einmal an einem historisch bedeutungsvollen Punkt von Budapest angelangt. Abgesehen davon und auch abgesehen von seinen Schätzen aus der Geschichte Ungarns ist das Nationalmuseum aber noch aus einem anderen Grund für die Ungarn und auch für uns Besucher aus dem Ausland von besonderer Bedeutung. Seit ihrer Rückkehr in die Heimat 1978 ist hier die Krone des Heiligen Stephan ausgestellt und mit ihr die übrigen Herrschaftsinsignien des königlichen Ungarn. Diese wollen wir nun vor allem betrachten, während die übrigen Sammlungen in einem eigenen, den Museen Budapests gewidmeten Kapitel behandelt werden (Seite 163 ff.).

Ungarn war zwar bereits nach dem Ersten Weltkrieg nur noch de jure ein Königreich, und nach dem Zweiten Weltkrieg wurde es

zur Republik erklärt. Aber noch immer haftet an dieser Krone ein
nationaler Mythos, dem sich auch die neuen, die kommunistischen
Machthaber nicht entziehen konnten. Vielleicht auch nicht entziehen wollten, denn schließlich legt jedes Regime, wie immer es
auch zur Macht gekommen sein mag, Wert auf seine nationale
Legitimierung. So verlangten denn auch die neuen Machthaber von
den Amerikanern, in deren Besitz die Krone bei Kriegsende geraten
war, jahrzehntelang hartnäckig die Rückgabe. Am 6. Januar 1978
war es dann so weit: Der amerikanische Außenminister Vance
händigte sie dem ungarischen Parlamentspräsidenten Antal Apro
feierlich aus. Damit war die letzte der vielen Odysseen, welche die
Krone des ersten christlichen Königs der Ungarn erlebt hat, beendet:
Die Insignien der Legitimität der ungarischen Herrscher aus einem
Jahrtausend waren heimgekehrt.

Nun liegen sie auf rotem Samt im großen Museumssaal des
ersten Stockwerks: die Krone mit dem schiefstehenden Kreuz, der
Krönungsmantel, das königliche Zepter, der Reichsapfel und das
Schwert. Und die Besucher gehen langsam und schweigend um sie
herum, die Väter erzählen ihren Söhnen leise von der Krone und
ihrem Schicksal. Ich kam mir an jenem Sonntagvormittag, da ich
dies beobachtete, wie in einer Wallfahrtskirche vor, in der die
Gläubigen an der Reliquie eines Heiligen ergriffen vorbeiziehen.

Etwas beeinträchtigt wird die Andacht allerdings durch die massive Bewachung der nationalen Kleinodien. Um sie herum und in
den umliegenden Räumen wimmelt es von Wächtern. Offenbar hat
man in das schon etwas betagte Museumspersonal nicht das richtige
Vertrauen; jedenfalls stößt man an allen Ecken und Enden auch noch
auf graublau uniformierte Milizionäre. Ich wollte sie zählen, was mir
kläglich mißlang, denn ein Teil von ihnen war ständig in Bewegung.
Denkt man allerdings an die Schicksale der *Krone* in den vergangenen Jahrhunderten, dann bekommt man beinahe Verständnis für die
strengen Sicherheitsmaßnahmen. Denn etwas Abenteuerlicheres als
ihren Weg durch die Geschichte kann man sich kaum vorstellen.

*Ich habe mir einmal die Mühe gemacht, zu zählen, wie oft sie aus
politischen Gründen außer Landes gebracht, geraubt, gestohlen, versteckt
und vergraben wurde. Ich bin auf die ansehnliche Zahl sechzehn gekommen, bin aber keineswegs sicher, daß ich alle Wechselfälle ihres Schicksals
erfaßt habe. Wie dem auch sei, sie ist jedenfalls weit herumgewandert.
Schon in Ungarn selbst wurde sie abwechselnd in Székesfehérvár, in*

Visegrad und in Buda aufbewahrt. Zeitweise wurde sie aber auch nach Siebenbürgen gebracht, und einmal fiel sie sogar Sultan Suleiman dem Prächtigen in die Hand, der sie aber, nachdem er sie triumphierend seinen Heerscharen gezeigt hatte, dem von ihm unterstützten König Johann Zápolya übergab.

Wie sie aus der Burg von Visegrad regelrecht gestohlen wurde, habe ich schon in dem Kapitel über diese Königsresidenz ausführlich geschildert. Unter den Habsburgern wurden die Krönungsinsignien lange Zeit in Wien und Prag aufbewahrt, bis die Ungarn 1608 durchsetzten, daß sie nach Preßburg, der in der heutigen Slowakei gelegenen damaligen Hauptstadt gebracht wurden: Kaiser Rudolf II. mußte sie an seinen Bruder und Rivalen, den späteren König Matthias, herausgeben, der sie in einer von sechs Schimmeln gezogenen Karrosse, begleitet von dreihundert ungarischen Magnaten nach Preßburg bringen ließ. Dort wurde Matthias als Wiederbringer der Krone stürmisch gefeiert, und der ungarische Landtag beschloß, die Insignien fürderhin in Preßburg zu verwahren. Was aber Kaiser Leopold I. nicht daran hinderte, sie 1683 angesichts des Vormarsches der Türken gegen Wien zunächst nach Linz und dann bis Passau bringen zu lassen.

Ganz abenteuerlich wurde das Schicksal der Krone aber im Revolutionsjahr 1848/49 und gegen Ende des Zweiten Weltkrieges. Die Revolutionsregierung nahm sie, als sich 1849 das Heer des Fürsten Windischgrätz Buda nahte, mit nach Debrecen, und als die ungarischen Truppen schließlich angesichts der Übermacht der russischen und österreichischen Streitkräfte kapitulieren mußten, vergrub sie Innenminister Szemere vor seiner Flucht in die Türkei in einem Weidenhain an der Donau bei Orşova im heutigen Rumänien. Vier Jahre lang blieben Krone und Insignien verschwunden, dann bekam der mit ihrer Aufspürung beauftragte österreichische Major Karger den entscheidenden Tip — von wem ist bis heute nicht geklärt. Er fand die schon zur Hälfte verfaulte Kiste. Krone und Zepter waren in ihren Futteralen unversehrt, aber das Schwert hatte Rost angesetzt und der Krönungsmantel unter der Feuchtigkeit arg gelitten; die übrigen Bekleidungsstücke, Sandalen und Strümpfe, die zu unterst lagen, waren sogar völlig verrottet. Ein Boot der österreichischen Donauflottille brachte die Kleinodien nach Buda, wo sie mit Ehrensalven, Dankgottesdiensten und Feuerwerk begrüßt wurden. Vierzehn Jahre später wurde die Stephanskrone dann, wie wir schon erwähnten, Kaiser Franz Joseph I. in der Matthiaskirche aufs Haupt gesetzt. Kaiserin Elisabeth soll noch am Vorabend der Krönung den lädierten Krönungsmantel eigenhän-

dig gestopft haben, aber das dürfte, wie so manches in der ungarischen Geschichte, eine schöne Legende sein.

Zum letzten Mal wurde ein ungarischer König mit der Stephanskrone am 30. Dezember 1916 gekrönt. Es war Kaiser Karl I., den die Ungarn Karl IV., nennen. Auf den Krönungsphotos sieht er eher unglücklich aus, so als ob er sich nicht zu rühren wage, weil ihm die große Krone nur locker auf dem Kopf sitzt. In der Tat war die Krone für die Prätendenten meist zu groß und mußte jeweils besonders gefüttert werden, damit sie auf dem Haupte des Gekrönten nicht wackelte. Bei Kaiser Franz Joseph I. wollte Kaiserin Elisabeth auf Nummer Sicher gehen und fragte in letzter Minute, als beide schon in vollem Krönungsornat waren, ihren Gemahl noch einmal, ob die Krone auch richtig sitze. Worauf sich Franz Joseph in ein Nebengemach auf der Burg begab, »um hinter der halboffenen Tür alle möglichen Kopfbewegungen zu machen, wobei die herabhängenden kleinen Schnüre hin- und herflogen, was sehr lustig aussah«. So jedenfalls berichtet die Gräfin Helene Erdödy über die Vorbereitungen zur Krönung.

Recht abenteuerlich war das Schicksal der Insignien auch gegen Ende des Zweiten Weltkrieges. Die ungarische faschistische Pfeilkreuzler-Regierung nahm sie auf ihrer Flucht nach dem Westen mit. Mit Ausnahme der Krone wurden die übrigen Insignien von Soldaten der Kronwache in einem Faß in der Nähe von Mattsee im Lande Salzburg vergraben. Die Stephanskrone selbst übergab der Offizier der Kronwache aber dem Pfarrer von Mattsee, der sie eine Woche lang in einer Pappschachtel unter seinem Bett aufbewahrt hielt. Dann fühlte er sich aber doch verpflichtet, dem Leutnant der amerikanischen Streitkräfte, die Mattsee besetzten, davon Mitteilung zu machen, welchen Schatz er unter seinem Bett aufbewahrt hielt. Der Zufall wollte es, daß dieser Leutnant, er hieß Grünwald, ungarischer Abstammung war und beurteilen konnte, welch Juwel er in Mattsee ausgehändigt bekam. Die Amerikaner fanden dann auch die anderen Insignien, die vergraben waren, und brachten alles zunächst nach Deutschland. Eine Zeitlang müssen sie die Amerikaner in der Bundesrepublik belassen haben, denn dort wurden die Insignien von nichtungarischen Experten einer gründlichen Untersuchung unterzogen. Erst 1965 gaben die Amerikaner offiziell bekannt, daß sie im Besitz der ungarischen Krönungsinsignien sind. Und daß sie sie als ›Eigentum des ungarischen Volkes‹ im Regierungstresor in Fort Knox aufbewahren. Von dort kehrten sie dann Anfang Januar 1978, nachdem die USA und die Regierung in Budapest ihre Beziehungen normalisiert hatten, in die Heimat zurück. Soweit also die Schicksale dieser Krönungsinsignien.

Nach Meinung der ungarischen Historikerinnen Eva Kovács und Zsuzsa Lovag gehören sie »in ihrer Gesamtheit« zu den im besten Zustand erhaltenen Herrschaftszeichen aus dem Mittelalter. Das ist vor allem jener übergroßen, nachgerade sakralen Verehrung zu verdanken, die die ungarischen Könige sowie die ganze Nation der Krone, aber auch den anderen Insignien entgegenbrachten. Ich würde hinzufügen: Von allen Herrschaftssymbolen, die sich uns aus dem Mittelalter erhalten haben, haben die Krone des Heiligen Stephan und die anderen ungarischen Insignien am stärksten ihre Mystik bewahrt, eine Mystik, die immer noch wirkt, obwohl es schon längst keine Länder der ›Sankt-Stephans-Krone‹ als staatsrechtlichen Begriff und keine ungarischen Könige mehr gibt. Aber woher dieser Mythos und diese Mystik und woher ihre Wirkungen?

Da ist zunächst die Überlieferung, daß Papst Sylvester II. dem Sohn des Großfürsten Géza, Stephan, die Krone aus Rom geschickt habe, mit der dieser dann am 1. Januar 1001 als erster ungarischer König gekrönt wurde. Damit ist die Gründung eines christlichen Staates der Ungarn mit der Stephanskrone verbunden.

König Stephan hat also, wenn wir bei der ›Tradition‹ bleiben wollen, seine Krone direkt vom Papst erhalten und nicht über den damaligen römisch-deutschen Kaiser Otto III. Das ist von großer Bedeutung, denn damit wurde kein Lehensverhältnis zwischen Stephan und seinen Nachfolgern auf der einen und den römisch-deutschen Kaisern auf der anderen Seite begründet. Damit war die ›Legitimation‹ des ungarischen Königs, falls er mit der Stephanskrone gekrönt worden war, eine viel unmittelbarere als zum Beispiel jene der böhmischen oder polnischen Könige. Kann man nun daraus folgern, daß Ungarns Könige ›von Gottes Gnaden‹ herrschten, weil sie diese Gnade unmittelbar aus der Hand des Stellvertreters Christi auf Erden, des Papstes, empfangen hatten?

Es gibt Historiker, die diese Auffassung vertreten, es gibt andere, die ihr vehement widersprechen. So sagt János Némeskürty, einer der originellsten Köpfe unter den ungarischen Historikern unserer Zeit: »Die ungarischen Könige waren nicht, wie die anderen Könige im Mittelalter, Herrscher von Gottes Gnaden. Die ungarischen Könige wurden gewählt, sie mußten gewählt werden. Aber nicht einmal der gewählte Herrscher war der Inhaber der Macht. Inhaber der Macht war die Heilige Stephanskrone. Wurde er mit ihr gekrönt, so übte er, so lange er lebte, in ihrem Namen die Macht aus. Sie müssen sich vorstellen, daß bis 1945 die Gerichte in Ungarn ihre Urteile im Namen der Stephanskrone verkündet haben. Ein

Mörder also wurde im Namen der Krone und nicht des Königs und auch nicht des Volkes verurteilt.«

Als Beweis für seine Theorie kann Némeskürty auf Karl Robert von Anjou verweisen, der Anfang des 14. Jahrhunderts trotz der Unterstützung, die ihm der Papst angedeihen ließ, und trotz seiner Wahl durch einen Teil des Adels von der ungarischen Nation erst dann akzeptiert wurde, als er bei seiner dritten Krönung die Stephanskrone aufs Haupt gesetzt bekam. Auch geht die Verbindung von Wahl und legitimierender Kraft der Krone schon aus dem Krönungszeremoniell hervor. Der die Krönung vollziehende Bischof oder später der Palatin stellte dreimal an die Anwesenden die Frage, ob sie mit der Person des Königs einverstanden seien, und sie mußten ihr Einverständnis durch Akklamation zum Ausdruck bringen. »Die ungarischen Könige«, so schreibt Magda von Bárány-Oberschall, »fühlten sich nur dann als legitime Herrscher, wenn sie die Stephanskrone trugen. Auch das Volk betrachtete als seinen König nur jenen, der mit der Heiligen Krone gekrönt worden war. Und wenn die Krone sich im Laufe der Geschichte einmal außer Landes befand, fühlte sich die Nation gelähmt und verstümmelt.« Außerdem führt die Autorin, die sich sehr eingehend mit der Stephanskrone befaßt hat, deren mystischen Charakter auch darauf zurück, daß sich in ihr schon sehr frühzeitig die Verehrung des ersten ungarischen Königs mit der des ersten Landesheiligen vereinigen.

Wie aber ist das alles zu begreifen, da man doch schon seit geraumer Zeit weiß, daß die Stephanskrone, so wie sie durch Jahrhunderte verehrt wurde und wie sie jetzt vor uns auf dem roten Samt im Nationalmuseum liegt, gar nicht die Krone ist, die der Papst Sylvester an der Jahrtausendwende nach Ungarn geschickt hat und mit der der erste ungarische König gekrönt wurde? Nach allen Erkenntnissen von Historikern und Kunsthistorikern, Materialexperten — Erkenntnisse, die unbestritten sind — kann sie es gar nicht sein.

Die Stephanskrone in ihrer heutigen Gestalt besteht nämlich aus zwei Teilen unterschiedlicher Herkunft: Der untere Teil, der Kronreif aus starkem Goldblech, verziert mit Emailplatten und Edelsteinen, wird als ›Corona greca‹, die ›Griechische Krone‹ bezeichnet. Sie ist eindeutig byzantinischer Herkunft. Auf den Emailplatten der Vorderseite sind rechts und links von dem Christusbild auf dem Stirnaufsatz Heiligenfiguren zu sehen, auf der Rückseite aber zeigen drei Platten historische Persönlichkeiten: den byzantinischen Kaiser

Michael Dukas, rechts unterhalb von ihm Konstantin Porphyrogen-
netos, wahrscheinlich der mitregierende Sohn des Kaisers, und links
unterhalb des Kaiserbildnisses den ungarischen König Géza I. Da
die Regierungszeiten der drei Herrscher annähernd zusammenfallen,
nimmt man an, daß die Platten aus den Jahren 1074 bis 1077
stammen. Darüber sind sich die Gelehrten, die sich mit der Herkunft
der Krone des Heiligen Stephan befaßt haben, ziemlich einig. Weniger einig sind sie sich, ob der untere Teil der Krone zu einer
Königskrone gehörte oder der Kopfschmuck einer Königin war,
und wie und wann das heutige Ensemble zusammengestellt wurde.

*Ich möchte den Leser nicht mit Argumenten für diese oder jene Theorie
langweilen, festgehalten sei aber, daß die Mehrzahl der Gelehrten zu der
Auffassung neigt, die ›Griechische Krone‹ sei eine in Ungarn umgearbeitete
Krone aus Byzanz. Sie sei wahrscheinlich für Synadene bestimmt gewesen,
die Gemahlin König Gézas, eine Nichte des byzantinischen Kaisers
Michael VII. Dukas. Michael und Géza regierten beinahe zur gleichen
Zeit: der Kaiser am Bosporus von 1071 bis 1078, Géza I., »getreuer König
Turkias«, wie er in dem griechischen Text neben seinem Bild auf der
Emailplatte genannt wird, von 1074 bis 1077. Das war rund vierzig Jahre
nach dem Tode Stephans des Heiligen.*

*Die ›Westliche‹, auch ›Lateinische Krone‹ genannt, also der Kreuzbügel,
der den oberen Teil der Stephanskrone bildet und den byzantinischen Reif
überwölbt, gibt noch mehr Rätsel auf. Die Tradition wollte in diesen sich
kreuzenden Bügeln mit den Apostelfiguren auf Emailplatten ein Teilstück
der Krone sehen, die Papst Sylvester zur Krönung Stephans geschickt hat.
Heute glauben die Experten nicht mehr an diese Überlieferung, sie sind
sich aber nur darin einig, daß die Bügel aus der Zeit des Heiligen Stephan
stammen. Ob sie allerdings einstmals die Einfassung eines Buchdeckels
gebildet haben oder Teile eines Reliquiars gewesen waren oder gar vielleicht
zu einem Tragaltar gehört haben, bleibt weiterhin offen.*

Offen bleiben auch noch weitere, wichtigere Fragen: Wann und
warum wurden diese beiden Teile verschiedener Herkunft zu der
Sankt-Stephans-Krone in ihrer heutigen Gestalt zusammengefügt?
Und wenn diese ›unsere‹ Stephanskrone nicht die ursprüngliche ist,
hat es überhaupt eine ›echte‹ Stephanskrone gegeben? Und wenn
ja, was ist mit ihr geschehen?

*Hält man sich an die Quellen aus dem 11., 12., und auch noch
13. Jahrhundert, dann muß es damals eine ungarische Königskrone von
besonderem Nimbus gegeben haben. Jedenfalls wird der Begriff ›Heilige*

Krone‹ oder ›Krone des Heiligen Königs‹ um die Mitte des 13. Jahrhunderts oft verwendet. Nach 1270 aber treten Ereignissse ein, die das weitere Schicksal der Krönungsinsignien stark verdunkeln. In den Thronwirren nach dem Tod König Bélas IV. ist seine Tochter Anna zu ihrem Schwiegersohn, dem König Ottokar II. von Böhmen, geflohen und zwar, nach dem Bericht eines österreichischen Chronisten, indem er »duas coronas aureas et sceptra regalia« mitnahm. Befand sich die Stephanskrone unter diesen Schätzen?

Professor Josef Deér, der wohl anerkannteste Forscher in Sachen Stephanskrone, verweist darauf, daß Stephan V. im sogenannten Preßburger Frieden mit Ottokar II. auf die Rückgabe der von der Fürstin Anna nach Prag mitgenommenen »insignia regalia« verzichtet habe. Er konnte das um so leichter zugestehen, als er 1245 als ›Rex junior‹ mit der alten und im Mai 1270 mit der neuen, mit ›unserer‹ Stephanskrone gekrönt worden war. Professor Deér meint, daß sich Stephan V. — als er nach dem Tode seines Vaters den Verlust der Krone bemerkte — in einer Zwangslage befunden habe: Er mußte die alten Insignien durch neue ersetzen. Die Gefahr einer Entdeckung dieser Manipulation sei gering gewesen, denn die letzten Krönungen seien 35 beziehungsweise 55 Jahre zurückgelegen. Außerdem sei seine ›Legitimität‹ unanfechtbar gewesen, da er ja schon einmal mit der ›echten‹ Krone gekrönt worden war. Die zweite Krönung mit der neuen Krone sei somit nur eine Ergänzung gewesen.

Für seine These führt Josef Deér auch die unbestreitbare Tatsache an, daß die neue Stephanskrone offenbar in großer Hast und ziemlich unsachgemäß aus den schon beschriebenen zwei Bestandteilen zusammengesetzt worden sei. Daß diese beiden Teile recht gewaltsam miteinander verbunden worden sind, ersieht man auch daraus, daß zur Anbringung des für den sakralen Charakter der Krone wichtigen Kreuzes die Pantokratorplatte am Scheitelpunkt der Bügel einfach durchbohrt worden ist.

Mit diesem durch seine schiefe Lage berühmten Kreuz hat es noch eine besondere Bewandtnis. Seit wann es schief steht und warum wissen wir nicht, jedenfalls hat es schon seit langem diese Stellung, denn auf dem Königstaler, den Matthias II. 1611 prägen ließ, ist die Krone bereits mit dem schiefen Kreuz zu sehen.

Vielleicht war die Anbringung des Kreuzes auch eine schlampige Arbeit. Jedenfalls ist das Kreuz, das wir heute sehen, nicht jenes, das ursprünglich auf der Krone war. Es ist ein Ersatz für das Reliquienkreuz, das Königin Isabella, die Witwe Johann Zápolyas, für ihren Sohn Johann Sigismund von der Krone abbrach, als sie die

Insignien 1551 König Ferdinand I., dem Habsburger, ausliefern mußte. Johann Sigismund soll das Kreuz zeitlebens auf der Brust getragen haben, denn es hieß, wer dieses Kreuz trage, »der wird auch in den Besitz der fehlenden Teile kommen, welche bislang der Macht des Kreuzes unterworfen waren«.

Das Kreuz hat allerdings Johann Sigismund nicht mehr in den Besitz der Stephanskrone gebracht, und auch nicht seinen Nachfolger als Fürst von Siebenbürgen, Sigismund Báthory. Es heißt, daß dieser das Kreuz irgendwann einmal Rudolf II. geschenkt hat, dem in seine Alchimie und Astrologie versponnenen Kaiser auf der Prager Burg. Was daran wirklich wahr ist, weiß man nicht. Auf alle Fälle verliert sich dann die Spur des ursprünglichen Kreuzes auf der Stephanskrone.

Nun müssen wir aber doch noch einmal zu der Frage zurückkehren, wo denn – wenn Professor Deérs Theorie von der neuen Krone stimmt – die alte, die ursprüngliche, die echte Stephanskrone geblieben sei. Daß die Insignien von den böhmischen Königen jemals zurückgegeben wurden, ist nirgends festgehalten. Die letzten Hinweise darauf, daß sie sich in Prag befänden, stammen aus dem Jahre 1278. Ob sie der Markgraf von Brandenburg, Otto V. der Lange, der Vormund des jungen Königs von Böhmen, Wenzel II., mit nach Brandenburg genommen hat, ist ebenso unbewiesen, wie die in einer österreichischen Urkunde enthaltene Behauptung, sie sei dem böhmischen Adeligen Zavis von Falkenstein geraubt worden, als er sie 1288 zu seiner Hochzeit mit der Schwester König Ladislaus IV. nach Ungarn bringen wollte.

Merkwürdig ist auf alle Fälle, daß nach 1279 keine ungarischen Versuche mehr festzustellen sind, die Krönungsinsignien zurückzubekommen. Professor Deér schließt daraus, daß die neuen endgültig an die Stelle der alten Insignien getreten sind.

Ein Stück aus dem Teil des Kronschatzes, der nach Prag gebracht worden war, ist dort allerdings noch vorhanden und zwar das *Schwert.* Es kann in der Schatzkammer des Veitsdomes auf dem Hradschin besichtigt werden. Es wird auch als Sankt-Stephans-Schwert bezeichnet, weil in gelehrten Kreisen nicht daran gezweifelt wird, daß es jenes Schwert ist, das auf Miniaturen von der Krönung mehrerer Arpadenkönige zu sehen ist. Aus der Elfenbeinschnitzerei der Parierstange und des Griffknopfes schließen Sachverständige im übrigen, daß es sich um ein normannisches Schwert handle, das über Südrußland nach Ungarn gekommen sei.

Aber was für ein Schwert liegt dann im Nationalmuseum in Budapest neben der Krone? Von ihm wissen weder die Historiker noch die Waffenkundigen etwas Besonderes auszusagen. Es dürfte vom Beginn des 16. Jahrhunderts stammen und hat somit erst ziemlich spät seine Funktion als Krönungsschwert bekommen.

Die bewegten Schicksale der Kronjuwelen haben mich bisher daran gehindert, jenes Stück der Herrschaftsinsignien zu beschreiben, das unstreitig das Dekorativste ist: den *Krönungsmantel.* Ich habe ihn im Original niemals gesehen, denn als ich zum ersten Mal die Insignien besichtigte, war der Mantel schon in Restaurierung. An seiner Stelle hatte man ein Photo des ausgebreiteten, halbkreisförmigen Mantels in seiner originalen Größe ausgelegt. Nun hatte ich vorher schon im Kloster Pannonhalma eine Kopie des Krönungsmantels gesehen, die etwa aus der gleichen Zeit wie das Original stammt. An sie erinnerte ich mich, als ich vor dem Photo stand und meine Phantasie bemühte, mir den großartigen Ornat aus einer jetzt schon verblichenen, mit Gold- und Seidenstickereien bedeckten Purpurseide vorzustellen.

Der Krönungsmantel war ursprünglich ein Meßgewand, das König Stephan und seine Gemahlin Gisela der Marienkirche in Székesfehérvár geschenkt hatten. Woher wir das wissen? Aus einer der lateinischen Inschriften auf dem Mantel. Sie lautet übersetzt: »Dieses Meßgewand wurde im Jahr 1031 nach der Menschwerdung Christi und im vierzehnten Regierungsjahr von König Stephan und Königin Gisela gefertigt und der Marienkirche in der Stadt Alba gestiftet.« Die Stadt Alba ist Székesfehérvár, und seine Propsteikirche war, wie wir wissen, die Krönungskirche der ungarischen Könige.

Stephan und Gisela sind auf dem Meßgewand auch in Person zu sehen, seltsamerweise unter den Märtyrern. Die Königin trägt das Kirchenmodell in der Hand, der König ist mit den Insignien seiner Herrschaft ausgestattet, darunter auch einer Lanze, wie sie die Stammesfürsten der Steppenvölker als Zeichen ihrer Würde zu tragen pflegten. »Selten blieb uns ein mittelalterliches Kunstdenkmal erhalten, dessen historischer Hintergrund in jeder Hinsicht so geklärt ist wie jener des Krönungsmantels«, sagt die schon einmal zitierte Magda von Bárány-Oberschall. »Das ursprüngliche Meßgewand wurde später zu einem Mantel umgestaltet, damit ihn die ungarischen Könige bei der Krönungszeremonie, gleichsam den Geist des Heiligen Stephan beschwörend, zusammen mit der Krone Stephans tragen sollten.«

Aber noch weiter zurück in die Geschichte als der Mantel führt uns das *Zepter*. Für mich hat dieses Herrschaftszeichen, das wie ein Streitkolben wirkt, etwas Barbarisches: ein silberüberzogener Schaft, bedeckt mit einer Filigranverzierung, der Knauf ein Bergkristall, in dem drei Löwen eingeschnitten sind, eingefaßt von einer Goldblechrosette, von der an Kettchen kleine Goldkugeln herabhängen. Ihr Klingeln sollte die bösen Geister fernhalten.

Ein Krönungszepter dieser Art, so sagen die Experten, ist unter den westlichen Krönungsinsignien absolut ungewöhnlich. Dafür ist es in den Händen assyrischer und babylonischer Gottheiten zu sehen. Von da übernahmen es die Perser und von ihnen wieder die Araber und Türken. Und auch die Nomadenstämme in den Steppen Südrußlands, was im Falle des ungarischen Zepters besonders wichtig ist.

Haben es also die Fürsten aus dem Hause Árpád schon aus ihrer Urheimat nach Pannonien gebracht? Es gibt Sachverständige, die dieser Ansicht sind. Andere datieren den Bergkristallknauf in die zweite Hälfte des 10. Jahrhunderts und meinen, er sei Anfang des 11. Jahrhunderts nach Ungarn gekommen, vielleicht als Geschenk Kaiser Heinrichs II., des Schwagers des Heiligen Stephan. Die Vorliebe dieses Kaisers für Bergkristalle sei bekannt gewesen, und man schreibe seiner Sammlung ja auch den Bamberger Zepterknauf zu.

Wie dem auch sei, das Zepter ist, zumindest was seinen Knauf betrifft, offensichtlich das älteste Stück der Krönungsinsignien. Daneben wirkt der *Reichsapfel*, im Gegensatz zum Zepter ein typisch westliches Herrschaftssymbol, geradezu uninteressant. Er ist eine aus zwei vergoldeten Silberschalen zusammengefügte Kugel, die ein Doppelkreuz trägt. Aus welcher Zeit er stammt, ist eindeutig festzustellen, denn er trägt das Lilienwappen der Anjou-Könige, kann also nur im 14. Jahrhundert geschaffen worden sein. Mit dem Heiligen Stephan ist er also bestimmt nicht in Verbindung zu bringen, denn der Apfel, den der König auf dem Krönungsmantel aus dem Jahre 1031 in der Hand hält, trägt nur ein einfaches Kreuz. Das Doppelkreuz hat erst Béla III. im 12. Jahrhundert nach dem Vorbild von Byzanz, wo er seine Jugend verbracht hatte, eingeführt.

Das also ist die, ich muß es zugeben, einigermaßen verwirrende Geschichte von der Herkunft, dem Schicksal und dem Nimbus der Krone des Heiligen Stephan und der sie ›flankierenden‹ übrigen Herrschaftsinsignien der ungarischen Könige. Daß Mythos und

Wirklichkeit oft auseinanderklaffen, wer könnte das bestreiten? Wer wollte aber entscheiden, was im Geschichtsverständnis einer Nation wichtiger ist: Tradition oder Realität? Ich muß ein letztes Mal Frau von Bárány-Oberschall zitieren, der ich viel von dem verdanke, was ich hier über die Kronjuwelen geschrieben habe:

»Die geist- und geschichtsformende Kraft«, so schreibt sie, »die aus der ›Wahrheit‹ einer nationalen Tradition strömt, ist unabhängig von materiellen Detailproblemen, wie das Alter oder die genaue Herkunft einzelner historischer Gegenstände. ›Habeant sua fata libelli‹ – dieser dem Terentianus Maurus zugeschriebene Aphorismus – paßt – mutatis mutandis – auf die Geschichte der ungarischen Kroninsignien! Ihr Schicksal wurde dem Wesen nach von der auf sie zuströmenden nationalen Ehrfurcht geformt, und die Legenden, die sie umgeben, werden den Anspruch einer persönlichen Beziehung zu dem ersten heiligen König des Landes immer unversehrt aufrechterhalten!«

Streifzüge – Streiflichter
Budapest, die Theaterstadt

Was macht man nach einem ausgedehnten Museumsbesuch und dem damit verbundenen Hinabtauchen in die Tiefen der Geschichte? Man kehrt entschlossen in die Gegenwart zurück und stürzt sich in den Trubel der Großstadt, dort, wo er am dichtesten ist. In unserem Falle bereitet das keine Schwierigkeiten, denn vom Nationalmuseum zu der Kreuzung von Múzeum körút und Tanács körút mit Kossuth Lajos utca und Rákóczi út ist es nur ein Katzensprung. Um die Orientierung zu erleichtern: An dieser Kreuzung steht das Hotel ›Astoria‹, allen alten Budapest-Besuchern als eines der Traditionshotels bekannt, das in seiner Atmosphäre noch etwas von der Vorkriegszeit bewahrt hat.

Nach welcher Richtung man sich nun auch wendet, hier herrscht von früh bis spät turbulentes Treiben. Wir sind im Bereich der Warenhäuser und der großen Geschäfte, der Supermärkte und Selbstbedienungsläden – und entsprechend groß ist das Kommen und Gehen auch während der Arbeitszeit, wie das in kommunistisch regierten Ländern ja nicht ungewöhnlich ist, da man seine persönlichen Angelegenheiten tunlichst nicht in seiner Freizeit erledigen möchte.

Architektonisch ist dieses Viertel der Budapester Innenstadt ein Sammelsurium aller möglichen Stile und Zeiten, von der klassizistischen evangelisch-lutherischen Kirche und dem evangelischen Landesmuseum auf dem Deák Ferenc tér bis zu den eingeschossigen Geschäftsbaracken auf dem Tanács-Ring, die einmal nur vorübergehend die Lücken füllen sollten, die die Bomben geschlagen hatten, die aber wie viele Provisorien offenbar Bestand haben.

Die ineinander übergehenden Plätze Deák Ferenc tér und Engels tér bilden allerdings den Hauptverkehrsknotenpunkt von Budapest: Unter der Erde kreuzen sich hier die drei bisher bestehenden Metro-Linien, und über der Erde befindet sich der zentrale Autobusbahnhof, von dem die Fernbusse abgehen. Daneben liegt zu allem Überfluß auch noch ein großer Parkplatz. Es bedarf also keiner Phantasie, um sich vorzustellen, welcher Betrieb hier herrscht. Grund genug also, daß wir uns in Richtung der *Népköztársaság útja*, der Prunk- und Prachtstraße Budapests, davontrollen, die in unmittelbarer Nähe dieser Plätze ihren Ausgang nimmt.

Es wird dem Leser die Aussprache dieses Straßennamens kaum erleichtern, wenn ich ihm sage, die Unaussprechliche heiße auf Deutsch ›Straße der Volksrepublik‹. Vielleicht wird es ihn trösten, wenn ich ergänze, daß diese wirklich repräsentative Straße zuerst einfach Sugárút — Radialstraße — hieß, dann den Namen des österreichisch-ungarischen Außenministers und Vertrauten Kaiserin Elisabeths, Gyula Andrássy, trug, nach dem letzten Kriege zu Ehren von Väterchen Stalin umbenannt wurde, um dann, als die Ära des Kremlgewaltigen auch in Ungarn zu Ende ging, die jetzige, eher wertfreie Bezeichnung zu bekommen. Wenn man schon nach der Straße fragen muß, schreibe man sich den Namen am besten auf einen Zettel und halte ihn dem Befragten vor die Nase oder man erkundige sich einfach nach der Andrássy út — damit hat man immer Erfolg.

Wie immer man nun die Straße benennen möchte, man sollte sie trotz ihrer beachtlichen Länge von 2,5 Kilometern wenigstens einmal zu Fuß zurücklegen. Es lohnt sich aus mehreren Gründen. Erstens ist sie von einer bemerkenswerten architektonischen Geschlossenheit. Ich habe meine großen Reserven gegenüber der romantisierenden und eklektizistischen Architektur des ausgehenden 19. Jahrhunderts, als das zu Geld, Ansehen und Einfluß gekommene Großbürgertum bemüht war, sich seine ›Palais‹ zu schaffen. Dieser

Zeit und diesem Zeitgeist verdankt die ehemalige Andrássy út ihre Entstehung. Jemand hat bemerkt, daß es nicht die einzelnen Gebäude sind, die unsere Aufmerksamkeit verdienen, vielmehr das Ensemble der Bauten zu beiden Seiten der breiten Verkehrsader, das Gesamtbild, das sie bietet. Trotz der Länge der Straße wirkt es nicht monoton, weil die Straße sich nämlich in drei Abschnitte gliedert, die sich durch Baumreihen, durch die Vorgärten der Villen und den Grad der Auflockerung der Häuserreihen voneinander unterscheiden. Außerdem kommt man immer wieder an Buchhandlungen, Antiquariaten und Antiquitätenläden vorbei, in denen es etwas zu stöbern gibt. Und schließlich findet man auch immer wieder ein Restaurant oder ein Café, um sich zu laben.

Wer es bequem haben und die lange Straße in Etappen genießen will, kann sich von der U-Bahn unter ihrem Asphalt zu verschiedenen Punkten bringen lassen. Er wird die kleinen gelben Wagen mit Ehrfurcht betreten, vertraut er sich doch, wie ich schon erwähnte, der ältesten U-Bahn auf dem europäischen Kontinent an. In Betrieb genommen wurde sie 1896 aus Anlaß des Milleniums, das der Nachwelt außer Denkmälern, Pseudoburgen und anderem historischen Kitsch also auch etwas Nützliches hinterlassen hat. Bis vor wenigen Jahren führte sie vom Vörösmarty tér, den wir schon kennen, zum Stadtwäldchen und war 3,5 Kilometer lang. Mitte der siebziger Jahre wurde sie dann bis zu einem neuen Wohnviertel im Osten der Stadt verlängert. An dieser – man möchte fast sagen: imperialen – Straße liegt auch Budapests prunkvollster Theaterbau, die 1875 bis 1884 erbaute Nationaloper. Sie heißt offiziell *Staatliches Opernhaus*, und die Budapester sind sehr stolz auf sie. Sie meinen, sie erinnere ein bißchen an die Pariser Oper von Garnier, worüber man sich natürlich streiten kann, von den Neorenaissance-Schöpfungen des Miklós Ybl ist sie aber zweifellos eine der harmonischsten. Außerdem stammen ja die Opernhäuser in Paris, Wien und Budapest aus annähernd derselben Zeit, vor allem aber aus demselben Zeitgeist.

Sehr schön ist der Zuschauerraum, nicht so strahlend in Elfenbein und Gold wie jener in Wien, in den Farben eher gedämpft, trotzdem festlich und den Aufführungen eine besondere Atmosphäre verleihend. Außerdem weist er eine vorzügliche Akustik auf. Von großer Allüre ist die Eingangshalle mit der marmornen Prunktreppe, die zu den Foyers und den Logen im ersten Rang führt.

Wer sich in der Opernwelt, der heutigen und jener vergangener Zeiten halbwegs auskennt, wird wissen, welchen Rang die Budapester Oper unter den europäischen Opernhäusern einnimmt. Er wird auch wissen, welche großen Dirigenten und Sänger hier gewirkt oder ihre internationale Karriere begonnen haben. Außer Gustav Mahler und Otto Klemperer, Rosette Andáy und Maria Németh werde ich niemanden erwähnen; alle kann ich nicht aufzählen, und den Vorwurf derjenigen, die ich nicht nenne, möchte ich mir nicht zuziehen.

Wer Sinn für Musiktheater oder Ballett hat, sollte trachten, einen Abend in der Budapester Oper zu verbringen, auch wenn es ziemlich schwierig ist, zu Karten zu kommen. Er wird mit Sicherheit eine gute, wenn nicht sogar vorzügliche Aufführung erleben, er wird aber auch einen Eindruck davon bekommen, was den Budapestern ihre Oper und ein Besuch in der Oper bedeuten. Ein Opernbesuch ist für sie nicht etwas Alltägliches, auch wenn sie oft in die Oper gehen. Er wird nicht so nebenbei absolviert wie ein Vergnügen unter anderen; der Opernbesuch hat den Hauch von etwas Festlichem, und das zeigt man schon in der Kleidung. Die Männer durchwegs in dunklen Anzügen, die Damen zwar nicht in ganz großer Robe, aber doch für den Abend zurechtgemacht. Große Eleganz darf man sich allerdings nicht erwarten: Ein Teil der Karten wird ja auch über Behörden, Institutionen und Organisationen vergeben, so daß das Publikum sozial gesehen recht vielschichtig ist. In der Konzentrierung auf die Musik und auf das Geschehen auf der Bühne aber gibt es kaum Unterschiede.

Ich habe auf dem Stadtplan nachgesehen und festgestellt, daß es in unmittelbarer Nähe der Oper acht Theater gibt. Die Oper und ihre Atmosphäre und diese Konzentration von Theatern läßt es wohl gerechtfertigt erscheinen, wenn wir uns jetzt die Frage vorlegen, ob Budapest eine Theaterstadt ist. Ich für meinen Teil würde diese Frage spontan bejahen. Nicht nur wegen der Zahl der Theater. Außer jenen in der unmittelbaren Umgebung des Opernhauses habe ich, da ich nun schon einmal beim Zählen war, auch die übrigen miteinbezogen und bin auf die stattliche Zahl von zweiundzwanzig gekommen. Dabei habe ich bestimmt nur diejenigen erfaßt, die in den Innenbezirken liegen und für ein breites Publikum von Bedeutung sind.

Aber lassen wir die Zahlen, wichtiger ist der Geist, der in einer Stadt lebt, wichtiger ist die Antwort auf die Frage, ob eine Nation sich auf den Brettern, die die Welt bedeuten sollen, zunächst einmal

selbst wiederfindet. Auch hier ist meine Antwort ein uneinge-
schränktes ›Ja‹. Ob Schauspiel oder Oper oder Operette – Theater
im umfassendsten Sinne des Wortes ist zutiefst in der Psyche der
Ungarn verwurzelt.

Vor Jahren brachte das österreichische Fernsehen einen Film über
die Zubereitung einer ungarischen Fischsuppe, genannt Halászlé,
und ihren genüßlichen Verzehr in anregender Gesellschaft. Die
Akteure waren samt und sonders ungarische, in Wien lebende
Freunde und Bekannte. Natürlich alles Männer, denn Frauen sind
von diesem beinahe sakralen Akt der Fischsuppenzubereitung aus-
geschlossen. Keiner von den Konviven war ein professioneller
Schauspieler, es waren Literaten, Journalisten, Rundfunkleute, Kritiker, Maler und dergleichen mehr. Es war eine hinreißende Show,
jeder spielte sich selbst und das in einer Weise, wie es kein Berufs-
schauspieler zuwege gebracht hätte. Seit dieser Zeit weiß ich, daß
die Ungarn die begabtesten Selbstdarsteller der Welt sind. (Seither
weiß ich natürlich auch, daß im Vergleich zu ihrer Fischsuppe eine
Bouillabaisse eine minderwertige Brühe ist.)

Womit wir auch schon bei jener Kunstgattung angelangt wären,
zu der die Ungarn ihren besonderen Beitrag geleistet haben und
zum Teil heute noch leisten: bei Operette und Film. Hier interessiert
uns in erster Linie natürlich die Operette, die in Budapest in mehreren Häusern gepflegt wird. Während die ›Goldene Ära‹ der Operette
hauptsächlich von Komponisten geprägt wurde, die im Wiener
Milieu wurzelten – Strauß, Millöcker, Lanner und andere –, waren
es in der ›Silbernen Epoche‹ Komponisten, die aus der Budapester
Atmosphäre kamen, wie zum Beispiel Léhar und Kálmán, später
dann Abraham.

Auf die ›gesellschaftspolitische‹ Funktion der Operette mit ihrer
Illusionswelt, ob sie nun aus Wien oder Budapest kam, ist schon
oft hingewiesen worden. Auf die Funktion, eine Welt auf die Bühne
zu zaubern, die es in der Doppelmonarchie nicht gab und erst recht
nicht in der ungarischen Reichshälfte, nämlich eine Welt, in der die
verschiedenen Völker einträchtig ihre Lieder sangen, die sozialen
Gräben überbrückt wurden, in dem der Fürst die Soubrette heiratete
und das aufstrebende Bürgertum sich über einen vertrottelten Grafen lustig machen konnte. Also Märchenwelt und soziales Ventil
zugleich – ein Amalgam, das, schaut man sich die Programmzettel
der hauptstädtischen Operettentheater an, auch heute noch, am

Ausgang des 20. Jahrhunderts, nichts von seiner Anziehungskraft verloren hat.

Muß ich jetzt noch sagen, daß die Schauspieler und vor allem die Schauspielerinnen eine Kategorie von Menschen sind, mit denen sich die Nation unaufhörlich beschäftigt? Und zwar nicht nur in bezug auf die Rollen, die sie auf der Bühne verkörpern, sondern auch auf die Rollen, die sie im Leben spielen, ihre Ehen, Liebschaften, Freundschaften, Feindschaften, ihre Intrigen und Erfolge, ihr Ruhm und ihr Scheitern. Mit anderen Worten: Sie sind Gemeingut der Nation.

Der Besucher allerdings, der das ungarische *Nationaltheater* sucht, wird enttäuscht sein, es auf einem kleinen Platz (Hevesi Sándor tér) außerhalb des Großen Ringes in einem älteren Haus zu finden, das der Bedeutung einer Bühne der Nation absolut nicht gerecht zu werden vermag. Dort wird es jedoch nicht mehr lange sein Domizil haben, denn spätestens 1989 soll Budapest ein neues Nationaltheater bekommen, für dessen Bau jahrelang in der Bevölkerung gesammelt worden ist. Aus Geldspenden, vor allem des Adels, wurde auch der Bau des ersten ungarischen Nationaltheaters finanziert. Graf István Széchenyi, der große Politiker der Reformzeit, stellte für diesen Bau ein ganzes Jahreseinkommen zur Verfügung. Die Anekdote weiß darüber hinaus zu berichten, daß er, als er gefragt wurde, wovon er denn dann leben wolle, geantwortet habe: »Ich habe Freunde.«

Das ungarische Nationaltheater wurde 1837 in Pest feierlich eröffnet, bis dahin spielten die Theater sowohl in Buda als auch in Pest ausschließlich in deutscher Sprache. Der Bau befand sich gegenüber dem heutigen Hotel ›Astoria‹, wurde Anfang unseres Jahrhunderts baufällig und mußte abgerissen werden. Das Theater fand dann Zuflucht im Volkstheater an der Ecke Rákóczi út und Lenin körút, aber auch dieses Haus gibt es nicht mehr: Es fiel 1966 dem Metro-Bau zum Opfer. Seither hat es Unterschlupf zwischen den alten Mietskasernen des Hevesi Sándor tér gefunden, was aber, wie schon erwähnt, nur vorübergehend sein soll.

Wir müssen aber noch einmal in unsere Népköztársaság útja zurückkehren, dorthin, wo sie in den Hősök tér, den Heldenplatz, einmündet. Ihren Abschluß findet sie in einer großen architektonischen Geste, denn in ihrer Verlängerung erhebt sich das *Milleniumsdenkmal.* Es besteht aus einer 36 Meter hohen Steinsäule, gekrönt von der Statue des Erzengels Gabriel und mit einer bronzenen Reitergruppe an ihrem Sockel, Fürst Árpád umgeben von den übrigen Stammesfürsten, mit denen er vor tausend Jahren die ›Landnahme‹ vollzog. Hinter der Säule und dem Reiterdenkmal je ein Halbbogen mit Kolonnaden, zwischen deren Säulen die Statuen der ungarischen Könige, Regenten und der Fürsten von Siebenbürgen stehen, angefangen von König Stephan dem Heiligen bis zu Lajos Kossuth, dem Führer in der Achtundvierziger-Revolution.

Wieso nur bis Kossuth, fragt sich der historisch halbwegs beschlagene Betrachter, wieso nicht bis Franz Josef I., der ja zur Zeit der Errichtung des Denkmals mit der Krone des Heiligen Stephan gekrönter ungarischer König war? Franz Josef I. ist nicht der einzige ungarische König aus dem Hause Habsburg, der hier fehlt, in diesem Areopag gibt es überhaupt keinen ungarischen König aus dem Hause Habsburg, nicht einmal Maria Theresia.

Sonderbar, wird der Betrachter sagen, die Habsburger gehören doch nun einmal zu vier Jahrhunderten ungarischer Geschichte, man kann sie doch nicht einfach aus ihr verschwinden lassen, man mag nun zu ihnen stehen, wie man will?

Der Nationalismus kann, wie man sieht, vieles. In diesem Fall konnte er sogar etwas ganz Absurdes: Die Habsburger-Könige zierten nämlich bereits die Kolonnaden des Milleniumdenkmals, doch verschwanden sie eines Tages und wurden durch die Statuen der Männer ersetzt, die wie Imre Thököly und Ferenc Rákóczi II. die Fahne des Aufruhrs und der nationalen Freiheit gegen die Habsburger Herrschaft erhoben hatten. Zu ihnen gehörte im vorigen Jahrhundert auch Lajos Kossuth; geht man davon aus, daß er 1849 vier Monate lang frei gewähltes ungarisches Staatsoberhaupt war, nachdem das Revolutionsparlament in Debrecen die Habsburger für abgesetzt erklärt hatte, so ist immerhin sein Platz in den Kolonnaden legitim.

Hinter dem Denkmal mit Erzengel Gabriel, Urvater Árpád und der Galerie der Könige und Rebellen liegt das *Stadtwäldchen* (Városliget), der größte Park Budapests. In dem Wäldchen gibt es einen Teich, auf dem man rudern kann, und in dem Teich eine Insel und auf der Insel eine ›Burg‹, die ihre Entstehung ebenfalls der Tausendjahrfeier verdankt. Deshalb setze ich die Bezeichnung Burg auch in Anführungsstriche. Ungarisch heißt sie ›Vajdahunyad vára‹, was soviel wie Burg Vajdahunyad bedeutet. Damit hat es folgende Bewandtnis: Sie ist eine Kopie der Burg János Hunyadis in Vajdahu-

nyad, das heute in Rumänien liegt, Hunedoara heißt und ein Juwel
der späten Gotik ist.

*Seinen Platz in der Geschichte Ungarns und Südosteuropas hat sich
János Hunyadi durch seine Feldzüge gegen die Türken gesichert, bei denen
sich glorreiche Siege und bittere Niederlagen abwechselten. Seine größte
Tat war der Sieg über Mehmed den Eroberer 1456 vor Belgrad, also drei
Jahre, nachdem der Sultan Konstantinopel erobert und dem tausendjährigen oströmischen Reich ein Ende bereitet hatte. Dieser Sieg Hunyadis
bescherte Ungarn eine siebzig Jahre dauernde Ruhe vor den Türken, in
der Hunyadis Sohn, Matthias Corvinus, die Pracht seiner Renaissance-
herrschaft entfalten konnte. Also Anlaß genug, um János Hunyadis und
seiner Burg zu gedenken.*

Daß man die Burg zur Tausendjahrfeier auf der Insel nachbaute,
entsprach dem romantischen Geist der Zeit, der auch in unseren
Breitengraden das Mittelalter und die ritterliche Welt verklärte und
Burgen und gotische Dome neu erstehen ließ.

In Ungarn aber war diese Strömung von besonderer Gewalt.
Denn sie fiel mit der Wiedererlangung einer weitgehenden staatlichen Autonomie im Rahmen der Doppelmonarchie durch den ›Ausgleich‹ von 1867 zusammen. Es kam zu einer geradezu explosionsar-
tigen Entfaltung aller Energien der Nation, die in einer stürmischen
wirtschaftlichen Entwicklung die alten Rückständigkeiten in kürze-
ster Zeit überwinden wollte. Aus dieser Zeitstimmung heraus war
es nur noch ein Schritt zu dem Versuch, über die dunklen Jahrhunderte der Dreiteilung des Landes, der Fremdherrschaft von Ost und
West und der vielen gescheiterten Freiheitsbewegungen hinweg die
Brücke zurück in die glorreichen Epochen der eigenen Geschichte
zu schlagen. Dies um so mehr, als diese nationalen Katastrophen
das kulturelle Gut der Nation so geschmälert hatten, daß die Kontinuität in ihrer Existenz immer wieder ernsthaft in Frage gestellt war.
Daß man dabei nicht nur bis zum Stammvater Árpád zurückging,
sondern auch noch den Hunnenkönig Attila für die ruhmreiche
Vergangenheit der Magyaren vereinnahmen wollte, zeigt, welche
Blüten der Nationalismus damals trieb.

Noch Jahrzehnte später hat sich der Wiener Kabarettist Peter
Hammerschlag, der in einem nationalsozialistischen Vernichtungslager umgekommen ist, in einem langen Gedicht ›Ungarische Schöp-
fungsgeschichte‹ darüber lustig gemacht. Darin heißt es unter
anderem:

Wie Erde bißl trocken war,
hat angefangt zu reiten
Held Attila mit Hunnenschar,
um Kultur zu verbreiten.
Erst hat gegründet Ungarland,
dann Rom, Athen und Kreta,
und alle Menschen, was bekannt,
sind nachgekommen späta.

Das Kaffeehaus
Seine Verklärung

Wo trifft man sich in Budapest mit ungarischen Freunden, mit Bekannten, Kollegen oder mit Verwandten, Freunden, Bekannten und Kollegen von Ungarn, die im Ausland leben und deren Adresse man von letzteren bekommen hat? Wo sonst als im Kaffeehaus, wird die Antwort dessen lauten, der etwas über die Bedeutung des Cafés für die zwischenmenschlichen Beziehungen im Bereich der alten Donaumonarchie gehört hat. Ich muß den Leser enttäuschen, so einfach ist das in Budapest nicht. Die Palette der möglichen Treffpunkte ist hier vielfältiger, als man annehmen möchte.

In Wien ist das Kaffeehaus zwar auch ein Ort des Zusammentreffens, in erster Linie ist es aber eine Stätte der Einkehr in sich selbst, des Sichzurückziehens in das Alleinsein, ohne sich den Fährnissen der Einsamkeit auszusetzen.

In Budapest ist es eher umgekehrt: Der Ungar kann geradezu animalisch traurig sein, aber kann er sich inmitten der anderen in sich selbst zurückziehen? Wer die Ungarn jemals im Kaffeehaus, im Espresso, im Restaurant, in der Konditorei beobachtet hat, wird die Absurdität dieser Vorstellung sofort begreifen.

Der Ungar braucht ein Gegenüber, einen Gesprächspartner oder zumindest Zuhörer, um sich manifestieren zu können, so wie der Schauspieler ein Publikum braucht, um zu wirken. Diesem verschlagen leere Bänke im wahrsten Sinne des Wortes die Sprache, jenen läßt das Fehlen einer Gesellschaft am Sinn seines Lebens zweifeln.

Es ist daher kein Zufall, wenn man von seinen ungarischen Bekannten, besonders wenn sie aus dem intellektuellen Milieu kommen, das Kaffeehaus und Restaurant *Hungaria* als Treffpunkt vorgeschlagen bekommt. Gewiß: Es liegt sehr zentral in der Nähe des Blaha Lujza tér, am Anfang des Lenin körút, der zum äußeren Ring gehört, und ist mit allen Verkehrsmitteln schnell zu erreichen. Wichtiger aber ist, daß es immer noch den Nimbus des Literaten-cafés aus der Zeit vor dem Ersten Weltkrieg hat, als es, um seinen kosmopolitischen Charakter zu betonen, noch ›New York‹ hieß, und sich an den Marmortischen unter den gewaltigen Lustern und hinter den vergoldeten Säulen alles traf, was in der schreibenden Welt von Budapest Rang und Namen hatte oder glaubte, einen solchen beanspruchen zu können.

Derer müssen sehr viele gewesen sein, wenn ich an das denke, was ich über die großen Zeiten des ›New York‹—›Hungaria‹ gelesen habe. So viele, daß sie den großen Ferenc Molnár, den Autor von ›Liliom‹ und ›Olympia‹, der hier sein Hauptquartier hatte, zu dem unsterblichen Bonmot inspirierten: »In Ungarn können mehr Leute schreiben als lesen.«

Im heutigen ›Hungaria‹ gibt es aber weder irgendwelche Nachfolger des so berühmt gewordenen Franz Molnár, noch seiner zwar beredsamen, aber weitaus weniger erfolgreichen Kollegen von Anno dazumal: Dafür treffen sich im Café pensionierte Redakteure der Budapester Zeitungen mit in Ehren ergrauten und nicht mehr sehr gefragten Schauspielern der vielen Bühnen und erzählen einander den neuesten Tratsch über ihre noch aktiven Kollegen. Im Restaurant, das wie ein Schwimmbassin etwas tiefer liegt und zu dem eine Treppe mit einem verschnörkelten Geländer auf beiden Seiten hinabführt, sitzen die für die Kontakte nach außen zuständigen Funktionäre aus dem Medienbereich und bewähren sich sozusagen im historischen Milieu als aufmerksame Gastgeber ihrer Besucher aus dem Ausland.

Heutzutage ist das ›Hungaria‹ nicht mehr der intellektuelle und gesell-schaftliche Nabel von Budapest. Es ist mehr das Schaustück einer vergan-genen und verlorenen Zeit, das aus nostalgischen und kommerziellen Gründen noch bewahrt und gepflegt wird. Sonst aber haben der Arbeits-rhythmus unserer Zeit und die sozialen Umschichtungen im kommuni-stisch regierten Ungarn auch die Form der Beziehungen zwischen den Menschen gewandelt. Wer in seinem Beruf oder in seiner Funktion bestehen oder vorwärts kommen will, kann sich eine lässige Lebensführung nur in Grenzen gestatten; das bremst auch die einst endlosen Palaver in Cafés und Restaurants. Außerdem gibt es jetzt die Clubs der verschiedenen Institutionen, die sich als Treffpunkte anbieten, wobei sie noch den Vorteil haben, daß sie ihren Mitgliedern ein billigeres und oft besseres Essen bieten als die öffentlichen Lokale.

In den letzten zehn bis fünfzehn Jahren hat in Budapest auch die Zahl der Hotels mit internationaler Atmospähre beträchtlich zugenommen. Ihre Bars, Espressos, Cafés und Restaurants sind neue Treffpunkte geworden, wobei der Flair der großen Welt — oder was man sich darunter vorstellt — seine Anziehung nicht verfehlt.

Irgendwo habe ich gelesen, in Budapest pulsiere das Leben ohne Pause, in den großen Lokalen sei vom Morgen bis tief in die Nacht Betrieb und die Budapester gingen fast täglich aus, wenn auch nur auf einen Sprung, um einen Drink zu nehmen oder im Stehen einen Mokka zu trinken.

Aber ich bin mir nicht sicher, daß das als Zeichen überschäumender Lebensfreude zu werten ist. Ich neige eher dazu, darin den Ausdruck eines recht angespannten Lebens zu sehen, eines Daseins voller Probleme, Probleme persönlicher, beruflicher, sozialer, wirtschaftlicher Art, die die Menschen unter starken Druck halten.

Anders als in den anderen Ländern des sogenannten sozialistischen Lagers kann es der Ungar zu einem relativen Wohlstand bringen. Man sieht das an den Autos in und um Budapest, an den Wochenendhäusern am Rande der Stadt. Er kann auch zu einer Eigentumswohnung kommen oder sich einen Urlaub im Westen leisten. Abgesehen von politischen Spitzenfunktionären, Managern in der Wirtschaft und bekannten Künstlern kann sich die überwiegende Mehrheit der Ungarn das alles nur leisten, wenn sie zusätzlich hart arbeitet. Indem zum Beispiel ein Mechaniker in einem Staatsbetrieb auch noch eine kleine private Werkstatt führt. Oder ein Buchhalter in einer Außenhandelsfirma in seiner Freizeit auch noch die Buchführung eines privaten Boutiquenbesitzers übernimmt. Wie ja überhaupt der ›Zweitberuf‹ die Voraussetzung dafür ist, daß man sich ›etwas leisten kann‹. Von der Notwendigkeit, daß auch die Frau mitverdient, ganz zu schweigen. Man braucht nur zur Zeit des Büroschlusses in der Metro oder den anderen öffentlichen Verkehrsmitteln zu fahren und man wird erkennen, wie angespannt die Menschen sind. Und deshalb sind die Lokale, rein oder schmuddelig, so etwas wie Oasen der Entspannung, zwischendurch während der Arbeitszeit oder nachher auf dem Weg nach Hause, oder am Abend, um nicht in der engen Wohnung dem Lärm der Kinder und des Fernsehens ausgesetzt zu sein.

Nur wären die Ungarn nicht die Ungarn, wenn sie sich das alles anmerken ließen. Wenn sie tafeln, dann tafeln sie – die Mühsal stellt sich sowieso am nächsten Tag wieder ein. Warum sollte man also nicht wegschieben, was man ohnehin nicht ändern kann?

Die größte Synagoge der Welt
Im Schatten der Vergangenheit

Der alte Mann, mit dem ich vor der Synagoge an der Ecke Tanács körút und Dohány utca ins Gespräch komme, meint: »Das ist die größte Synagoge auf der ganzen Welt, sechstausend Menschen haben darin Platz.«

Er sagt das schon mit Stolz, aber auch mit Wehmut, so als denke er an die Zeiten zurück, da von der einen Million Einwohner Budapests 250 000, also ein Viertel, Juden waren.

In ihrem maurisch-byzantinischen Stil wirkt die Synagoge wie eine Basilika. Gebaut wurde sie in den Jahren 1854 bis 1859, der Wiener Baumeister Ludwig Förster hatte sie in dem romantisierenden Geist jener Zeit entworfen. Die Fassade aus weißen und roten Ziegeln mit farbigen Fayencen, Fensterrosen und Zinnen über dem Kranzgesims, das ganze überragt von zwei schlanken Türmen mit fast vollrunden Kuppeln. Anschließend an das Gebäude eine von Arkaden umgebene Gedenkstätte mit den Gräbern jener Juden, die den Verfolgungen im Ghetto zum Opfer fielen, das die deutschen Besatzer und das ungarische faschistische Pfeilkreuzler-Regime in den letzten Kriegsmonaten um die Synagoge herum eingerichtet hatten. An der Nordseite des Gartens das *Mausoleum* für die im Ersten Weltkrieg gefallenen Soldaten jüdischen Glaubens. Es entstand 1929 bis 1931 zur gleichen Zeit wie der Seitenflügel, in dem sich jetzt das *Ungarische Jüdische Museum* mit den Zeugnissen aus der beinahe zweitausendjährigen Geschichte der Juden in Ungarn befindet. Es ist eine lange Geschichte, eine Geschichte der Behauptung und der Verfolgung, des Glücks und des Elends, die zwischen dem Grabstein aus der Römerzeit und der Dokumentation über die Deportierung der ungarischen Juden in die nationalsozialistischen Vernichtungslager liegt.

Der graue geborstene Grabstein aus dem 3. Jahrhundert mit dem eingeritzten Menorah, dem siebenarmigen Leuchter, gefunden in

Esztergom, ist das älteste Stück in diesem Museum. Daß es ein Gedenkstein für ein jüdisches Ehepaar ist, zeigen nicht nur das Symbol des Leuchters, sondern auch die Namen der Verstorbenen und die Segensformel in dem teils lateinischen, teils griechischen Text auf dem Stein.

Dieser und andere Grabsteine — heute hauptsächlich im Ungarischen Nationalmuseum —, ferner Sarkophage, Schmuckstücke und Münzen sind ein Hinweis darauf, daß es schon in der römischen Provinz Pannonien jüdische Gemeinden gegeben hat. Die Juden dürften hierher mit den Legionen aus dem Vorderen Orient oder in ihrem Gefolge gekommen sein.

In den folgenden Jahrhunderten, als in die pannonische Tiefebene die verschiedensten Völkerschaften einbrachen, verlieren sich die Spuren der Juden. Erst nach der Landnahme durch die Magyaren sind sie wieder festzu-stellen.

Im Mittelalter werden jüdische Synagogen zum ersten Mal in einem Privileg König Bélas IV. aus dem Jahre 1251 erwähnt, in dem diese Gottes-häuser unter königlichen Schutz gestellt werden. Aus zeitgenössischen Be-richten wissen wir von reichen jüdischen Gemeinden in Ödenburg — Sopron und in Buda. Während der 150 Jahre türkischer Herrschaft in einem großen Teil Ungarns ließen sich hier auch zahlreiche Sephardim aus den balkani-schen und Mittelmeer-Provinzen des Osmanischen Reiches nieder.

Die Vertreibung der Türken aus Ungarn zwischen 1683 und 1689 war für die jüdischen Gemeinden zunächst eine Katastrophe. »Von den Wällen Budas brach am 2. September 1686 die Flut herein und in ihr ging die blühende jüdische Gemeinde mit ihrem Reichtum an Erinnerungen und ihrer großen Vergangenheit unter und zurück blieb nur ein Haufen von Ruinen«, schrieb später ein jüdischer Historiker über die Eroberung Budas durch die Kaiserlichen. Und nach einer Zählung im Jahre 1720 gab es in ganz Ungarn nur mehr 12 000 Juden.

Aber schon anderthalb Jahrhunderte später, im Jahre 1869, hatte sich ihre Zahl auf 542 000 erhöht, und 1910 betrug sie eine Million, was damals fünf Prozent der Gesamtbevölkerung der ungarischen Reichshälfte ausmachte. In der Hauptstadt Budapest betrug der Zuwachs der Juden in der genannten Zeitspanne sogar 400 Prozent.

An all das denkt man, wenn man durch die Räume des jetzt neuge-stalteten Jüdischen Museums im ersten Stock des Seitentraktes der Synagoge geht. Das Museum sorgt auch dafür, daß das Schicksal der 800 000 Juden, die in Ungarn lebten, als die Deutsche Wehrmacht im März 1944 das Land besetzte, nicht in Vergessenheit gerät.

Bis zu diesem Zeitpunkt waren die Juden Ungarns von der Vernichtungsmaschinerie der SS verschont geblieben, zwischen Mai und Juli 1944 aber ließ Eichmann aus den Ghettos in der ungarischen Provinz täglich vier Deportationszüge nach Auschwitz abgehen, so daß in diesem Zeitraum an die 430 000 Juden seiner Vernichtungsaktion zum Opfer fielen. Erst im Juli 1944 wurden die Deportationen auf Verlangen von Reichsverweser Horthy eingestellt.

Aber noch war das Schicksal von über 100 000 Juden in Budapest in der Schwebe. Ihre Lage wurde besonders kritisch, als die Deutschen im Oktober 1944 Horthy, der gegenüber den Alliierten kapitulieren wollte, stürzten und in Ungarn die faschistischen und streng antisemitischen Pfeilkreuzler an die Macht brachten. Eichmann nahm sofort die Deportationen wieder auf und ließ zehntausende von Juden in Marschkolonnen nach dem Westen treiben. Wieviel dabei umkamen, ließ sich bis heute nicht genau feststellen. Zwar wurden die Deportationen Ende November eingestellt, dafür mußten aber die Budapester Juden in ein Ghetto um die große Synagoge ziehen. Noch einmal stand ihr Schicksal auf des Messers Schneide, als die Pfeilkreuzler angesichts der vorrückenden Roten Armee das Ghetto in die Luft sprengen wollten. Durch eine Intervention der jüdischen Vertreter bei den deutschen militärischen Stellen konnte dies in letzter Minute verhindert werden. Am 13. Januar 1945 besetzten die sowjetischen Truppen Pest, und das war für die Juden im Ghetto die Rettung. Von den 825 000 ungarischen Juden aber waren bis Kriegsende nur mehr 255 000 am Leben.

Da das Ghetto der Vernichtung entging, blieb auch die große Synagoge erhalten als Zentrum des religiösen Lebens der rund 20 000 Juden, die heute in Budapest leben. Und das Museum in ihrem Gebäudekomplex kann von der dramatischen Geschichte der Juden in Ungarn Auskunft geben.

Budapests Museen
sind wert, besucht zu werden

Überhaupt sollte man von Budapest erst dann Abschied nehmen, wenn man auch seine Museen besucht hat. Von einigen habe ich schon berichtet, wenn wir auf unseren Streifzügen durch die ungarische Hauptstadt zu ihnen gekommen sind. Eines habe ich sogar

ausführlich beschrieben, das Burgmuseum, weil es mehr ist, als eine
bloße Zurschaustellung historischer Gegenstände; in den Kellerge-
wölben und auf den Stiegenaufgängen, in den Höfen und Gärten,
in den wiederaufgebauten Sälen, Kapellen und Küchen spiegelt sich
die Geschichte der ganzen Burg wider, eine Geschichte, die, wie
wir gesehen haben, der Dramatik nicht entbehrt.

Bis zum Rande gefüllt mit Historie haben wir dann den Besuch der
im wiederaufgebauten barocken Teil des Schlosses untergebrachten
Ungarischen Nationalgalerie auf später verschoben. Er soll jetzt nach-
geholt werden, auch wenn ich den Leser (oder Besucher) nicht durch
alle Säle begleiten, sondern ihn nur auf einiges aufmerksam machen
will.

Auf die gotischen Madonnen zum Beispiel oder die auf Holz
gemalten Tafelbilder oder die Altarflügel aus dem 14. und
15. Jahrhundert. Meine Lieblingsfigur ist die Madonna I. aus Toporc,
einem Ort in der Zips (heute Ostslowakei). Sie ist ein Bauernmäd-
chen mit rundlichem Gesicht und heiter lächelndem Mund, den
Blick beinahe vergnügt auf das Jesuskind in ihrem Arm gerichtet.
Dann gibt es hier eine Reihe der ›Schönen Madonnen‹ aus der Zeit
um 1400, von denen der ungarische Kunsthistoriker Gyöngyi Török
sagt, sie seien »die schönsten Schöpfungen des sogenannten Weichen Stils«. Von den böhmischen und österreichischen ›Schönen
Madonnen‹ weichen die ungarischen seiner Meinung nach in vielem
ab. »Ihre Haltung ist aufrechter, ruhiger, der Kopf weniger seitwärts
geneigt, die Form geschlossener. Ihr Körper ist schlanker, geschmei-
diger, das seitliche Spiel der Röhrenfalten des Gewandes schmiegt
sich, gleich wie das Jesuskind ... harmonisch den Konturen der
Gestalt an. Es sind in sich gekehrte, still vor sich hin lächelnde
Heilige.«

*Dem Besucher wird auffallen, daß die meisten Ausstellungsstücke in
der gotischen Abteilung aus dem ehemaligen Ober-Ungarn, der heutigen
Slowakei, und auch aus Siebenbürgen, jetzt Rumänien, stammen. Für die
Bilder und Skulpturen der Renaissance gilt im wesentlichen das gleiche.*

*Das ist nicht nur darauf zurückzuführen, daß im zentralen Teil Un-
garns, der 150 Jahre unter türkischer Herrschaft war, die sakrale Kunst
aus jenen Epochen vernichtet wurde. Vielmehr waren die Städte Ober-
Ungarns und Siebenbürgens im Vergleich zu jenen Mittel- und Südun-
garns, was Handwerk und Kunst und den Lebenszuschnitt ihrer Bürger
betrifft, weit mehr entwickelt. Nach dem Tode von Matthias Corvinus*

und der Festsetzung der Türken in Zentralungarn erlebte die Renaissance
eine Art zweiter Blüte im Fürstentum Siebenbürgen.

Aus der Zeit des Überganges von der Gotik zur Renaissance gibt
es in der Nationalgalerie die zauberhafte ›Heimsuchung Mariä‹ des
geheimnisvollen Meisters M. F., den die Kunsthistoriker bisher nicht
identifizieren konnten. Ob es nun ein Deutscher oder ein Ungar
war — angesichts der Anmut der beiden Frauenfiguren und ihrer
Gebärden sowie der bewegten, schon die Renaissance verratenden
Szenerie im Hintergrund ist einem das eher gleichgültig.

Mit den vielen Porträts und Heiligenfiguren in der Barockabtei-
lung weiß ich weniger anzufangen; abgesehen davon, daß hier
Ungarns wichtigster Bildnismaler jener Zeit, Ádám Mányóki, vertreten ist, unter anderem mit dem wohl bekanntesten Bild des
Rebellenfürsten Ferenc Rákóczi II. Mányóki war sein Hofmaler. Er
ist aber auch in Deutschland nicht unbekannt. Seine Ausbildung
erhielt er in Lüneburg und in Hamburg, und später war er ein viel
beschäftigter Porträtist in Berlin und am Hofe Augusts des Starken
in Dresden.

Wer sich mit der ungarischen Malerei des 19. Jahrhunderts und
der Jahrhundertwende befassen will, kommt in der Nationalgalerie
natürlich voll auf seine Rechnung. Alle großen Namen dieser Epochen sind hier mit Werken vertreten, die Landschaftsmaler ebenso
wie die Historienmaler, und vom vielseitigen Mihály Munkácsy
gibt es Arbeiten des einen wie des anderen Genres. Man kann seine
›Pußtafahrt‹ ebenso bewundern wie seinen ›Christus vor Pilatus‹.

Den zweiten Stock beherrschen im wesentlichen die von den
französischen Impressionisten beeinflußten Angehörigen der Schule
von Nagybánya, die die ungarische Malerei vor dem Ersten Weltkrieg nachhaltig geprägt haben. An Repräsentanten der ungarischen
Sezession findet man hier die aus den meisten ungarischen Kunstbüchern vertrauten Gemälde von József Rippl-Rónai wie die ›Frau mit
dem Käfig‹ und das ›Mädchen im Tupfenkleid‹.

Nicht auf seine Rechnung kommt hier in der Nationalgalerie, wer
sich ein Bild von der modernen ungarischen Malerei machen will.
Aber auch in anderen Ländern sind Nationalgalerien konservativ;
sie halten sich an das Etablierte und Anerkannte und lassen das
noch Diskutierte unbeachtet.

Überhaupt ist es in Budapest eher schwierig, sich einen Überblick
über die zeitgenössischen Strömungen in der bildenden Kunst des

Landes zu verschaffen. Ein Museum der Modernen Kunst gibt es
nicht, man ist auf Einzelausstellungen und auf kleinere Galerien
angewiesen, und man braucht eigentlich einen Führer, der sich auf
diesem Gebiet auskennt.

So wie wir uns auf der Burg zunächst auf das Burgmuseum
konzentriert haben, so galt im *Ungarischen Nationalmuseum* am
Múzeum körút unser Interesse vor allem der heimgekehrten Krone
des Heiligen Stephan und den übrigen Kroninsignien. Man soll das
Nationalmuseum aber nicht nur wegen dieses Schatzes besuchen,
es bietet auch dem an Ungarn allgemein Interessierten viel Anschauungsmaterial. Und weil es intelligent aufgebaut und seine Exponate
gut ausgewählt sind, bekommt auch der mit Ungarns turbulenter
und verwickelter Geschichte nicht allzu intim vertraute Besucher
eine Vorstellung von ihren einzelnen Epochen.

Vor allem lichtet sich bei den Laien ein wenig das Dunkel, das
über dem Karpatenbecken zwischen dem Ende der Römerherrschaft
in Pannonien und der Landnahme durch die ungarischen Stämme
Ende des 9. Jahrhunderts liegt. Anhand der hier ausgestellten Funde
aus Gräbern der Hunnen, Goten, Gepiden, Langobarden, Awaren
und Slawen – Waffen, Pferdegeschirr, Schmuckstücke, Kunstgegen-
stände, Trinkgefäße – kann man sich ein ungefähres Bild von den
verschiedenen Völkerschaften und ihrer Kultur machen, die sich hier
in den Jahrhunderten der Völkerwanderung für kürzere oder längere
Zeit festgesetzt hatten. Es gibt auch der alten Frage neue Nahrung,
ob nicht schon vor der ›Landnahme‹ ungarische Sippen in das Land
an der Donau und der Theiß eingesickert sind. Denn es ist ziemlich
sicher, daß noch unter der Herrschaft der Awaren am Ende des 7.
und zu Beginn des 8. Jahrhunderts neue Reitervölker hier aufgetaucht sind, nur ist ihre ethnische Zugehörigkeit noch immer umstritten.

Der überwiegende Teil der Exponate des Museums umfaßt natürlich die tausend Jahre des Reiches der Stephanskrone. Was soll ich
von ihnen erwähnen? Krone, Schwert und Zepter aus dem Grab
von Béla III. und seiner Anne de Chatillon vom Ende des
12. Jahrhunderts? Die Hochzeitsgewänder des unglücklichen Königs
Ludwig II., der bei Mohács fiel, und seiner Frau Maria von Habsburg,
der später noch eine Karriere als Statthalterin in den Niederlanden
vorbehalten sein sollte? Den imposanten Glaspokal des Königs
Matthias Corvinus, die eisenbeschlagene Kriegskasse des Rebellen-

fürsten Rákóczi, die goldene Feder des Grafen Széchenyi oder den
Schreibtisch Lajos Kossuths? Die Unabhängigkeitsdeklaration vom
14. April 1849, mit der das Haus Habsburg des ungarischen Thrones
für verlustig erklärt wurde? Die von den Schüssen des Exekutions-
kommandos durchlöcherte Weste des Ministerpräsidenten Lajos
Batthyány?

Ich könnte jetzt sagen, die Liste ließe sich beliebig fortsetzen,
was allerdings nicht ganz korrekt wäre, denn mit dem Revolutionsjahr 1848/49 schließt die historische Schau eigentlich ab. Natürlich
läßt sich auch eine andere Auswahl unter den für die Geschichte
Ungarns bedeutsamen Stücken treffen; ich überlasse sie aber dem
interessierten Besucher.

Nun bleibt uns nur noch ein Museum vorzustellen übrig, das
Museum der Bildenden Künste auf dem Heldenplatz beim Milleniumsdenkmal. Mit Ungarn und der ungarischen Kunst hat es nichts zu
tun. Aber man kann es, gemessen an dem, was es zu bieten hat,
getrost in die Reihe der großen kunsthistorischen Museen Europas
stellen. Sehenswert ist es vor allem durch seine graphische Sammlung, die an die zehntausend Zeichnungen und etwa hunderttausend
Stiche umfaßt, mit Arbeiten von Leonardo da Vinci, Rembrandt,
Raffael, Dürer, Lucas Cranach, Rubens, Daumier, Toulouse-Lautrec,
Gainsborough – um nur einige wenige zu nennen. Im Kupferstichka-
binett fehlt kaum einer der Großen dieses Faches.

Die Herzkammer des Museums ist aber die Galerie Alter Meister,
deren Grundstock eine ehemalige Privatsammlung bildet, nämlich
die des Fürsten Esterházy. Der ungarische Staat erwarb sie 1870/
72, als das Haus Esterházy in finanzielle Schwierigkeiten geraten
war. Die Sammlung bestand aus 637 Gemälden, über 3600 Zeichnungen und mehr als 50000 Stichen. Ihr Prunkstück war das Bild
›Maria mit dem Kinde und Johannes‹ von Raffael; es ist auch
das Prunkstück des Museums geblieben, das in 23 Sälen und 17
Kabinetten die europäische Malerei von den italienischen Meistern
des 14. Jahrhunderts über die großen Venezianer, Spanier, Flamen,
Niederländer und Deutschen bis zu den Engländern und Franzosen
des 18. Jahrhunderts umfaßt.

Gewiß, man kann sich darüber streiten, ob ein Besuch im ›Museum der Bildenden Künste‹ unbedingt notwendig ist, wenn man
sich ein Bild von Ungarn im allgemeinen und von Budapest im
besonderen machen will. Auf alle Fälle gibt er aber einen Eindruck

von dem kulturellen Gut, über das Ungarn verfügt. Und deshalb sollte man auf ihn nicht verzichten.

Freilich ist damit das Angebot an Museen in Ungarns Hauptstadt noch längst nicht erschöpft, denn für die Interessenten der verschiedensten Fachrichtungen und Spezialgebiete gibt es hier wertvolle Sammlungen. Das Aquincum-Museum *(Szentendrei út 139) mit den römischen Ausgrabungsfunden und seinem Ruinengarten haben wir schon früher erwähnt. Es wird ergänzt vom* Museum der (römischen) Lagerstadt *(Korvin Ottó utca 64) mit den ältesten Siedlungsresten der Römerzeit und einem Bad mit der am besten erhaltenen Zentralheizungsanlage Pannoniens. Studien zur Geschichte Budapests von den Römern bis zur Neuzeit kann man im* Budapester Historischen Museum *auf der Budaer Burg (Flügel E) betreiben und sie in den Beständen zur Historie der Hauptstadt von 1686 bis 1849 im* Kiscelli Museum *(Kiszelli utca 108) ergänzen. Die Landesgeschichte findet sich auch dargestellt im* Kriegshistorischen Museum *(Tóth Árpád sétány 40) und im* Museum der Neuesten Geschichte *(Szentháromság utca 2). Ein* Chinamuseum *und ein* Ostasiatisches Museum *bieten sich dem Liebhaber fernöstlicher Kunst an, das* Museum für Kunstgewerbe *veranstaltet auch periodische Sonderausstellungen, und den mehr technisch-wissenschaftlich orientierten Besuchern stehen ein* Naturwissenschaftliches Museum, *ein* Verkehrsmuseum, Gießereimuseum *und* Feuerwehrmuseum *offen. Dazu kommen* Verkehrsmuseum, Postmuseum *und* Briefmarkenmuseum, *Spezialsammlungen zur Theatergeschichte, Literatur und Musik* (Bartók-Archiv) *sowie zur Pharmazie, die sowohl im* Semmelweis-Museum *wie im* Semmelweis-Gedenkzimmer *in der Gömörer Apotheke das Andenken an den in Buda geborenen großen Arzt und Geburtshelfer Ignaz Semmelweis (1818-65) – der durch die Bekämpfung des Kindbettfiebers zum ›Retter der Mütter‹ wurde – wachhält.*

III

WEITER DURCH
TRANSDANUBIEN

Nun habe ich den Leser, vielleicht auch den Reisenden, durch Budapest geführt, und ich kann nur hoffen, daß er eine, seine, Antwort auf die eingangs gestellte Frage nach der Seele, oder dem Geist, oder dem Geheimnis dieser Stadt gefunden hat. Wie auch seine Antwort lauten mag, für mich ist Budapest eine große Stadt, nicht nur wegen ihrer zwei Millionen Einwohner; sie ist groß in ihrer Anlage, sie ist groß in der Allüre ihrer Architektur wie in der ihrer Menschen. Oder um es anders zu sagen: Für mich ist sie die Stadt der machtvollen Gebärden; auf ihren Plätzen und um ihre Brücken, auf den Boulevards und um die gewaltigen Staatsgebäude – überall glaube ich Bewegung und Dramatik zu spüren.

Aber weben Geheimnisse in ihren Straßen, so wie man in der Prager Altstadt zu nächtlicher Stunde den Schatten des Golem gesehen zu haben glaubt, oder in den Winkeln der Kleinseite und des Hradschin den Alchimisten Kaiser Rudolfs und dem Geist des Johannes Kepler und des Tycho de Brahe begegnet zu sein meint? Und hat hier ein Rabbi Löw durch die Macht seines Zaubers den Kaiser und die schöne Esther jede Nacht im Traum zueinander geführt?

In Budapest werden einem solche Stunden und solche Gesichte nicht zuteil, hier ist alles vordergründiger und ungebrochener. So wie das Licht über den Stadtteilen zu beiden Seiten der Donau.

Aber lösen wir uns von Budapest, es ist Zeit, uns wieder in das westliche Ungarn zu begeben, von dem wir bisher nur einen kleinen Teil besucht haben. In Ungarn wird dieser Teil des Landes als Transdanubien bezeichnet, was für unsere Ohren einigermaßen unlogisch klingt, denn von unserem Standpunkt aus liegt er ja nicht jenseits, sondern diesseits der Donau. Aber auch vom Standpunkt der Budapester aus, die diesen Begriff geprägt haben, ist er nicht ganz präzise. Er ist die Übersetzung des Wortes ›dunántúl‹, was so

viel wie ›über (oder jenseits) der Donau‹ bedeutet. Aber schießlich
wohnt ja ein großer Teil der Budapester auf dem rechten Donauufer.
Und wenn es schon ein Transdanubien gibt, so müßte es ja auch
ein Cisdanubien geben, aber auf diesen Begriff haben die Ungarn
verzichtet. Also sollten auch wir die Sache nicht so ernst nehmen.

Szentendre

Kirchen, Künstler, Kaufleute

Wer in einen kleinen Ort mit sieben Kirchen kommt, von denen
sechs Blagoveštenska und Preobraženska, Beogradska und Požarevačka, Čiprovačka und Opovačka heißen – der möchte glauben,
wie durch ein Zauberwort nach Jugoslawien versetzt worden zu
sein. Mitnichten: Er ist noch mitten in Ungarn, an der Donau,
zwanzig Kilometer nördlich von Budapest, und das Städtchen, durch
dessen winkelige Straßen er geht, heißt Szentendre und ist einer
der reizvollsten Orte, der sich in Ungarn finden läßt.

Vor bald dreihundert Jahren ließen sich hier Serben, Dalmatiner
und Griechen nieder und machten Szentendre zu einem Umschlagplatz des Handels in Südosteuropa und zu einer orthodoxen Enklave
im katholischen Ungarn. Als dann der Handel andere Wege einschlug, wurde es still in Szentendre; die Kaufmannsfamilien aus dem
südlichen Balkan starben langsam aus, die Handelshäuser aus der
Zeit des Barock und des Rokoko begannen zu verfallen, und um
die Kirchen wucherte das Unkraut. Da entdeckten die Budapester
Künstler den Ort am Ufer der Donau, mit seiner Stimmung der
Vergänglichkeit in den schmalen Gassen und der Wehmut über den
steilen Steintreppen, die zu den Kirchen und den Friedhöfen auf den
Hängen und Hügeln führen. Sie ließen sich hier nieder, schufen sich
in den alten Häusern ihre Ateliers und Ausstellungsräume und
machten Szentendre zu einer Künstlerkolonie, in der es hauptsächlich im Sommer recht munter zuging. Dann bemächtigte sich der
Fremdenverkehr des Ortes, und da war es mit seiner Stille endgültig
vorbei. Aber auch mit seinem melancholischen Verfall. Die meisten
Häuser aus dem 18. Jahrhundert sind restauriert, und schrittweise
geschieht das auch mit den orthodoxen Kirchen, von denen bis in
die jüngste Zeit nur eine zu besichtigen war, während bei den
übrigen dicke Eisenketten und mächtige Schlösser schon den Zutritt

durch die massiven Gittertore der Ringmauern um die Gotteshäuser verhinderten.

Mit den Künstlern und den Touristen taten sich natürlich Boutiquen und Buffets auf, die Zahl der Geschäfte und der Gasthäuser nahm zu. Im Sommer werden in Szentendre Konzerte veranstaltet und Folkloredarbietungen organisiert, und das Kunstgewerbe wittert seine Absatzchancen. In der Hochsaison ist in Szentendre also allerhand Rummel; erstaunlicherweise kann er aber dem Ort und seinem Charme nichts anhaben. Wenn sich die Menge verlaufen hat, taucht das Städtchen aus der Flut der Touristen und der Budapester Schickeria wieder auf, als sei es von ihr niemals überschwemmt worden. Was eindeutig dafür spricht, daß seine Reize nicht nur oberflächlicher Natur sind.

Aber wie kommen die Serben nach Szentendre? Sie kamen im Jahre 1690, gehörten zu jenen 80 000 Menschen, die unter der Führung ihres Patriarchen Arsenije Crnojević aus dem südlichen Serbien aufgebrochen waren und sich in die Gebiete nördlich von Save und Donau geflüchtet hatten, weil sie die Rache der Türken fürchteten. Denn nach der ersten Eroberung von Belgrad 1689 waren die Kaiserlichen tief in das türkische Herrschaftsgebiet bis in das heutige Mazedonien vorgestoßen, und Kaiser Leopold I. hatte die christliche Bevölkerung aufgerufen, sich gegen die Türken zu erheben. Aber dann mußten sich seine Truppen zurückziehen und selbst Belgrad wieder den Türken überlassen. Der Kaiser in Wien versprach den Serben, die sich in seinem Reich niederlassen wollten, Religionsfreiheit, politische Autonomie und wirtschaftliche Privilegien. Fünf- bis sechstausend Serben, unter ihnen auch der Patriarch, zogen bis Szentendre, dem nördlichsten Punkt dieser Abwanderungsbewegung. Von Peć in der heutigen autonomen Provinz Kosovo in Südserbien, damals Sitz des Patriarchen der serbischen orthodoxen Kirche, bis nach Szentendre hatten sie an die 900 Kilometer zurückgelegt. »Tag und Nacht auf der Flucht mit meinem verwaisten Volk, von Ort zu Ort geworfen, wie ein Boot von den Wellen des großen Ozeans«, klagte der Patriarch wie die Propheten des Alten Testamentes über das Schicksal des Volkes Israel.

Warum aber zog der Patriarch mit einem Teil seiner Herde so weit nach Norden bis nach Szentendre? Die Serben dieser großen Wanderung waren nicht die ersten Serben auf ungarischem Boden. Schon im 15. Jahrhundert, als die Türken in Richtung Donau drängten, suchten viele von ihnen Zuflucht auf ungarischem Gebiet. König Matthias Corvinus siedelte sie hauptsächlich entlang der Donau an, weil er mit einem Teil von ihnen seine Donauflotille bemannte. In dieser Zeit entstanden serbische Kolonien in Győr, Komárom, in Esztergom und Buda, auf der Insel Csepel und in Szeged –, und zum ersten Mal wurden Serben auch in Szentendre angesiedelt. Der Patriarch und seine Gemeinde fanden hier also schon so etwas wie alten serbischen Boden vor. Der Kuriosität halber sei auch erwähnt, daß die ersten Husaren eigentlich Serben waren. Aus diesen hatte schon König Matthias Corvinus eine leichte Reiterei aufgestellt, die von den Grenzfestungen aus die Türken ständig zu beunruhigen hatte. Das Wort Husar leitet sich vom mittellateinischen Cursarius ab, das Seeräuber bedeutet; im Serbokroatischen heißt Gusar ebenfalls Seeräuber oder auch Freibeuter. Im 17. Jahrhundert entwickelte sich daraus die leichte ungarische Kavallerie, die auch für entsprechende preußische und französische Regimenter Vorbild wurde.

Kehren wir aber zurück zu den Kirchen von Szentendre mit den in ihrer ungarischen Umgebung so fremd klingenden slawischen Namen, lassen wir uns noch einmal einfangen von dieser seltsamen Atmosphäre gemischt aus melancholischem Verfall und robuster Zuversicht, aus Kultur und Kommerz, aus Tradition, Geschmack und Kitsch und unverhülltem Streben nach Geld und Genuß. Das ist wohl das Merkwürdigste an Szentendre: Man hätte aus dem Städtchen mit seiner kulturellen Hinterlassenschaft gut und gern ein großes Museum machen können. Das ist vermieden worden, ob gezielt oder zufällig ist gleichgültig. So wie es heute ist, ist Szentendre Vergangenheit und Gegenwart und Zukunft in einem, kurz es ist Leben in ihm.

Natürlich ein anderes Leben als in früheren Zeiten, da die Einwohnerschaft noch zu zwei Drittel aus Serben und zu einem Drittel aus Ungarn bestand. Heute sollen nur noch an die hundertfünfzig Menschen serbischer Herkunft in der Stadt leben, und wenn man sich auf die Suche nach dem Serbentum begibt, dann ist das eine eher wehmütige Wanderung zurück in die Vergangenheit. Auf den Friedhof mit den von Unkraut halb überwachsenen wuchtigen Sandsteinkreuzen für den ›Knecht Gottes‹ Božko oder Stanko. In das prawoslawische Kirchenmuseum bei der sogenannten Belgradkathedrale mit seinen Ikonen, goldenen Kelchen und filigranverzierten holzgeschnitzten Kreuzen und den dunklen Bildern, von denen Patriarchen und Budapester Bischöfe der serbischen orthodoxen Kirche den Betrachter aus ernsten Augen anblicken.

Und dann natürlich zu den Kirchen selbst, die alle etwa aus der Mitte des 18. Jahrhunderts stammen, als die ›Privilegierte serbische Handelsgesellschaft‹ in voller Entfaltung war und ihre Mitglieder so reich machte, daß sie die Silhouette ihrer Stadt mit sieben hohen Glockentürmen schmücken konnten. Es sind spätbarocke Bauwerke mit eleganten Rokokoportalen, mit üppigen Ikonostasen und marmornen Altartischen und der Zweiteilung in eine ›Männerkirche‹ und eine ›Frauenkirche‹.

Schön und seltsam klingen die Namen der Kirchen: Die *Blagoveštenska* auf der Ostseite des Marktplatzes ist die Mariä-Verkündigungs-Kirche. Oft wird sie auch als die ›Griechische Kirche‹ bezeichnet, weil sie von den griechischen Kaufleuten gestiftet worden war. Die *Preobraženska*, die Verklärungskirche, befindet sich am nördlichen Stadtrand, dort wo die von ihrem Patriarchen geführten Serben nach dem Exodus 1690 die erste Holzkirche in ihrer neuen Heimat errichteten.

Die anderen orthodoxen Gotteshäuser erhielten ihren Namen von den Orten, aus denen ihre Stifter oder deren Nachfahren gekommen waren: Die Bischofskirche, der prunkvollste kirchliche Bau des Ortes, wird auch als *Belgrader Kirche* (Beogradska) bezeichnet, die *Požarevačka* verdankt ihren Bau den Leuten aus Požarevac und so weiter und so fort.

Für diejenigen, die es ganz genau wissen wollen, sei noch angemerkt, daß Szentendre zwar sieben Kirchtürme aufweist, daß aber nur sechs der dazugehörenden Kirchen orthodoxe Gotteshäuser waren. Denn die altersgraue *Pfarrkirche* des Heiligen Johannes des Täufers auf dem Burghügel war immer katholisch, und im 18. Jahrhundert der Sammelpunkt der Kaufleute aus Dalmatien.

Ferner ist noch zu sagen, daß von den erwähnten sechs Kirchen nur noch vier der serbischen orthodoxen Kirche gehören. Die einstige *Ciprovačka* im Stadtzentrum ist heute als Peter-und-Pauls-Kirche katholisch, und in der bescheidenen *Opovačka* beten jetzt die Reformierten.

Damit können wir das Kapitel der Kirchen von Szentendre endgültig abschließen und uns den Bürgerhäusern zuwenden. Wir brauchen nun nicht mehr von einem Stadtende zum anderen und treppauf treppab zu laufen, wir können es uns bequem machen und uns auf dem alten Hauptplatz, dem heutigen Marx-Platz, vor einem Café in einen bequemen Sessel niederlassen und unsere Umgebung betrachten.

Vor uns haben wir das dreieckige pyramidenförmige Rokokodenkmal aus rotem Marmor, das sogenannte *Gedenkkreuz* oder *Kaufmannskreuz*, mit der altslawischen Inschrift, die besagt, daß es von der ›Privilegierten serbischen Handelsgesellschaft‹ im Jahre 1763 errichtet wurde. Um uns und den dreieckigen Platz herum sind die meist einstöckigen Häuser der wohlhabenden Kaufleute und Handwerker von einst, eine Orgie der Stile und Farben. Manchmal drängen sich drei bis vier Häuser unter einem einzigen mächtigen Dach, die Fassaden in karmesinrot, braun, grün und orange, abgehoben davon die Stukkaturen, Halbsäulen und Simse in weiß und die Erker in ockergelb. Im Erdgeschoß breite Portale, die zu den Geschäftsgewölben führten; heute sind dort Läden, Buffets, Boutiquen und Friseursalons. Vergangenheit und Gegenwart, Tradition und Geschäft also in einer Mischung, die ihren eigenen Reiz hat.

Das läßt sich auch von den Ausstellungen, Sammlungen, Galerien und Ateliers der Maler, Graphiker, Bildhauer, Holzschnitzer und Töpfer sagen, die in Szentendre gelebt und gearbeitet haben oder die Künstlerkolonie von heute bevölkern. Denn schon um die Jahrhundertwende wurde Szentendre von den bildenden Künstlern entdeckt, und auch die folgenden Generationen sind diesem Ort treu geblieben, in dessen Stille man sich zurückziehen und doch der turbulenten Welt des großen Budapest nahe bleiben kann.

Wollte ich all die großen und kleinen Künstler erwähnen, die hier gelebt und gewirkt haben oder heute hier leben und schaffen und ihre Werke präsentieren – ich müßte ein eigenes langes Kapitel schreiben. So beschränke ich mich auf einige wenige Namen, die ihren Platz in der ungarischen Kunstgeschichte schon gefunden haben; sie mögen stellvertretend für die anderen stehen.

Károly Ferenczy zum Beispiel, der in München seine Laufbahn begann und oft als Bahnbrecher des Impressionismus in Ungarn bezeichnet wird. Sein Einfluß auf die Maler seiner Zeit – vor allem durch sein Wirken in der legendären Malerschule von Nagybánya – war aber viel größer, als daß man ihn auf einen -ismus festlegen könnte. Im *Károly-Ferenczy-Museum* in der ehemaligen serbischen Schule sind nicht nur seine Arbeiten zu sehen, sondern auch die seiner Kinder. Der Tochter Noémi, deren Gobelins internationalen Ruf haben, der Söhne István und Béni, von denen der erste ebenfalls malte, während der andere ein anerkannter Bildhauer war.

Zu den ›Arrivierten‹, deren Werke in Szentendre zu sehen sind, zählt auch Béla Czóbel, bei dem der Einfluß der französischen Expressionisten nicht zu übersehen ist, und Jenő Barcsay, der mit seinen ›konstruktivischen‹ Bildern schon in die Kunst der zweiten Hälfte unseres Jahrhunderts hineinreicht.

Auf keinen Fall soll aber Márgit Kovács vergessen werden, deren Keramiken in den Gewölben eines der größten ehemaligen Handelshäuser von Szentendre ausgestellt sind. Man betritt das Haus zwischen Hauptplatz und Donau durch ein prächtiges Barockportal und ist plötzlich in einer Zauberwelt. Denn Phantasie und Originalität der Ende der siebziger Jahre gestorbenen Künstlerin waren ebenso überwältigend wie ihre Schaffenskraft. Mit ihren von der Volkskunst inspirierten, aber durchaus eigenwilligen Schalen, Krügen und Tellern, Figurinen, Reliefs und Wandbildern hat sie ein Universum aus Ton geschaffen, für das man sich keinen besseren Platz vorstellen kann, als das vom Wind der Zeiten durchwehte Szentendre.

Ráckeve

Serbenkirche und Prinz-Eugen-Schloß

Szentendre liegt, wir haben es schon gesagt, etwa zwanzig Kilometer nördlich von Budapest an der Donau. Ein weiterer bedeutender ›serbischer‹ Ort liegt rund fünfzig Kilometer südlich von Budapest auf der langgestreckten Donauinsel Csepel und heißt Ráckeve. Dort befindet sich die älteste serbische Kirche in Ungarn.

Schon der Name dieses Ortes weist auf die Serben hin, denn im Ungarischen steht das Wort ›Rác‹ für die Serben, abgeleitet vom lateinischen ›Rascia‹, der im Mittelalter üblichen Bezeichnung für Serbien. Im Deutschen hat sich dafür die Bezeichnung ›Raizen‹ entwickelt, die bis zum 19. Jahrhundert für die Serben gebräuchlich war.

Ráckeve liegt ziemlich abseits der großen Straße. Fährt man von der Hauptstadt dorthin, mit dem Auto oder der Vorortbahn, hat man immer noch den Eindruck, im Bereich der Kapitale zu sein. Der

linke, der östliche Donauarm jedenfalls ist gesäumt von Wochenendhäusern mit gepflegten Gärtchen zum Ufer herunter und mit
Bootsanlegestellen am Wasser. Stellenweise begleiten Parkanlagen
mit hohen Bäumen den Fluß, der hier einen ungeheuer gezähmten
und zivilisierten Eindruck macht.

Man kann aber auch von Westen her mit einer der kleinen Fähren
über den rechten Donauarm auf diesen Teil der Insel und nach
Ráckeve gelangen; und da glaubt man schon eher, in einer Urland-
schaft zu sein. Die Donau mächtig und breit und von versumpften
Auwäldern begleitet, die Dörfer verloren in der Weite des flachen
Landes, aus dem nur da und dort ein Kirchturm vorsichtig hervorlugt.

Hierher haben sich schon um die Mitte des 15. Jahrhunderts
Serben geflüchtet, als es nur noch eine Frage der Zeit war, bis die
Türken auch dem kleinen serbischen Satellitenstaat an der Donau
östlich von Belgrad den Garaus machen würden. Was dann 1459
auch geschah.

Die *Orthodoxe Kirche,* die diese Flüchtlinge in Ráckeve bauten,
existiert heute noch, und erstaunlicherweise beinahe in ihrer ursprünglichen Form. Mit Ausnahme des oberen Teiles des Campani-
les ist sogar der Barock spurlos an diesem spätgotischen Bauwerk
vorübergegangen. 1487 wurde es gebaut, mit einem Netzgewölbe
im Hauptschiff, und einige Jahrzehnte später wurden ihm noch zwei,
ebenfalls gotische Seitenkapellen hinzugefügt. Die byzantinischen
Fresken, die Wände und Gewölbe der Kirche bis in die letzte
Ecke bedecken, stammen allerdings aus der zweiten Hälfte des
18. Jahrhunderts. Aber es dürften nicht die ersten Wandbilder gewesen sein, da schon Reisende Ende des 16. Jahrhunderts von Fresken
in dieser nun ältesten serbisch-orthodoxen Kirche Ungarns berichten. Die jetzigen Gemälde an den Wänden und der Decke sind
erstaunlich gut erhalten, und aus dunklen Augen blickt Christus
Pantokrator umgeben von den Erzengeln aus dem Mittelfeld des
Gewölbes auf die Gläubigen herunter.

Nur gibt es deren nur noch ganz wenige in Ráckeve, genau
gesagt neun. Und deshalb findet auch nur noch einmal im Monat
ein Gottesdienst in dieser so außergewöhnlichen Kirche statt, die
noch immer von einer in früheren Jahrhunderten gebauten Mauer
umgeben ist. Auf dem Rasen um die Kirche spielen Halbwüchsige
Fußball, und sie lassen sich auch nicht von dem weißbärtigen Popen
stören, der seinen Gästen in Ruhe die Kirche zeigen will. Sie wissen,

daß er bald wieder in sein Dorf, neun Kilometer von Ráckeve entfernt, zurückfahren wird, wo er eine größere Gemeinde zu betreuen hat, denn dort leben immerhin noch 250 Serben.

In Ráckeve und Umgebung gibt es aber auch noch Reste von Ungarn-Deutschen. Sie wurden vom Prinzen Eugen hierhergeholt, der 1698 praktisch die ganze 250 Quadratkilometer große Csepel-Insel erwarb und sich in dem damals hauptsächlich von Serben bewohnten Ort ein *Schloß* bauen ließ. Das war ein Jahr, nachdem er Oberbefehlshaber der kaiserlichen Armee in Ungarn geworden war und seinen ersten selbständigen Sieg über die Türken in der Schlacht von Zenta errungen hatte.

Mit dem Schloßbau beauftragte er einen jungen, als Baumeister bis dahin völlig unbekannten Militäringenieur. Er hieß Johann Lucas von Hildebrandt und hatte an zwei Feldzügen des Prinzen teilgenommen. Ráckeve war das erste größere Werk des damals dreißig Jahre alten Baumeisters, der neben Fischer von Erlach zur bedeutendsten Figur des österreichischen Barocks werden sollte. Der Bauherr war im übrigen auch noch recht jung, er stand im vierunddreißigsten Lebensjahr, und sein Stern als Feldherr und Politiker war erst im Aufsteigen.

In Ráckeve, dem serbischen Dorf auf der tischflachen und beinahe menschenleeren Csepel-Insel, begann also die über dreißig Jahre währende Verbindung zwischen dem Savoyer und dem Barockbaumeister, den der Graf Harrach als einen eigensinnigen und extravaganten Phantasten bezeichnet hatte. Ihr verdanken wir unter anderem das Wiener Belvedere, das Sommerschloß des Prinzen, und allein schon dieser Bau würde genügen, um rückhaltlos zu erklären, daß sich diese Zusammenarbeit für die Nachwelt außerordentlich gelohnt hat.

Verrät aber Ráckeve schon im Ansatz das über zwanzig Jahre später entstandene Belvedere? Hat sich das Genie des Johann Lucas hier schon manifestiert? Argumente dafür gibt es bestimmt, ich finde, der Reiz dieses Schlosses liegt darin, daß es sich in diese Zwischenstromlandschaft beinahe natürlich einfügt. Es meldet schon einen Anspruch an, aber es überbetont ihn nicht; so wie auch der Mittelrisalit, der in den Ehrenhof vorspringende achteckige Teil des Hauptgebäudes mit dem Wappen des Savoyers im Giebelfeld und den Götterstatuen auf der Balustrade die harmonische Wirkung der Fassade nicht unterbricht.

Lange Zeit war das Schloß nur zum Teil benützt. Sein Festsaal diente als Magazin, und dem Bau drohte der Verfall. Inzwischen wurde es gründlich restauriert, über seine künftige Bestimmung gehen die Auskünfte jedoch auseinander. Eine Fahrt nach Ráckeve aber lohnt sich auf alle Fälle, ob man nun den frühen Spuren der serbischen Diaspora folgen, sich die wirtschaftlichen und kulturellen Aktivitäten eines jungen Heerführers der Barockzeit vergegenwärtigen oder den ersten großen Wurf eines genialen Architekten auf sich wirken lassen möchte.

Auf dem Wege zum Balaton

Beethoven, ein kleines Museum und die ›Unsterbliche Geliebte‹

Man hat zwei Möglichkeiten, von Budapest zum Balaton zu gelangen: die Autobahn M7 und die alte Hauptstraße 70. Man kann auch beide kombinieren, indem man zuerst auf letzterer fährt und dann vor Székesfehérvár auf die Autobahn überwechselt. Das hat den Vorteil, daß man sich unterwegs noch etwas ansehen kann: Martonvásár und den Velence-See, der so etwas wie eine Taschenausgabe des großen Balaton ist.

Martonvásár, 32 Kilometer südwestlich von Budapest gelegen, fände ohne Ludwig van Beethoven, die schönen Brunswick-Töchter und das Geheimnis um seine ›Unsterbliche Geliebte‹ wohl kaum Erwähnung. In seiner heutigen Gestalt verdient das Schloß, das einst dem Grafen Brunswick gehörte, auch keine Beachtung. Es ist weder architektonisch von Bedeutung noch historisch: Denn jenes Schloß, in dem Beethoven mehrere Male Gast des gräflichen Cellospielers Franz Brunswick war, ist nämlich Ende des vorigen Jahrhunderts im Stil der englischen Neugotik gänzlich umgebaut worden. So sind auch die beiden Räume, die das kleine Beethovenmuseum beherbergen, keine Zimmer, von denen man sagen könnte, Beethoven habe dort die seinem Freunde Franz Brunswick gewidmete Sonate in f-Moll, die ›Appassionata‹, vollendet, als er im Sommer 1806 in Martonvásár weilte.

Das Museum ist, wie gesagt, bescheiden; es enthält nicht allzu viel, was mit Beethoven zu tun hätte, ausgenommen vielleicht den alten Flügel der Familie Brunswick, auf dem auch der berühmte Gast aus Wien gespielt hat. Es gibt dann noch Photokopien von Briefen und von Notenhandschriften des Komponisten, einige seltene Notenausgaben seiner Kompositionen und schließlich die Faksimiles von dreizehn Briefen Beethovens, die sich auch auf das eineinhalb Jahrhunderte heftig diskutierte Geheimnis um die ›Unsterbliche Geliebte‹ beziehen und erst nach dem Zweiten Weltkrieg entdeckt worden sind. Sie sind an Josephine, die mittlere der drei Brunswick-töchter, gerichtet und stammen aus den Jahren 1804 bis 1807, den Witwenjahren der erst 25 Jahre alten Josephine. Ihr erster Mann, Graf Deym, war 1804 gestorben, drei Jahre später heiratete sie den baltischen Baron Christoph von Stackelberg. Aus diesen Briefen geht eindeutig die Liebe Beethovens zu Josephine hervor. In ihrer Diktion, ihrem Tonfall haben sie eine große Ähnlichkeit mit den drei nicht abgeschickten Briefen ohne Datum und ohne Anrede, die nach dem Tode Beethovens 1827 in seinem Schreibtisch gefunden wurden und die Beethovenforschung bis in unsere Zeit nach der ›Unsterblichen Geliebten‹ suchen ließen.

Obwohl der letzte Beweis fehlt, geht man heute doch davon aus, daß nicht die ältere und ernsthafte Therese Brunswick, sondern die vier Jahre jüngere und leichtfertigere Josephine die Frau war, der die unerfüllte Liebe Beethovens galt. Es gibt ja auch Tagebucheintragungen von Therese, in denen sie bedauert, daß Josephine, als sie Witwe war, Beethoven nicht geheiratet hat, mit ihm wäre sie glücklicher geworden als mit Stackelberg. »Sie waren für einander geboren und wären beide am Leben, wenn sie sich vermählt hätten«, notierte Therese Brunswick 1848.

Auch an Therese Brunswick gibt es in Martonvásár eine Erinnerung: Der Kindergarten gegenüber dem Schloß, der ihren Namen trägt. Sie hat diesen Kindergarten zwar nicht gegründet, aber in Budapest 1828 den ersten Kindergarten Ungarns ins Leben gerufen. Bei einer Reise in die Schweiz war sie Pestalozzi begegnet und hatte unter seinem Einfluß beschlossen, sich ganz der Kindererziehung zu widmen. Durch Studienreisen in Deutschland, Frankreich und England vervollständigte sie ihr Wissen auf diesem Gebiet, und als in Wien die ersten Kindergärten gegründet wurden – in Ungarn gab es zu jener Zeit bereits dreizehn – wurde sie um Rat und Mithilfe gebeten.

Im heutigen Ungarn gilt Therese Brunswick als eine der großen Figuren des kulturellen Fortschritts im Land und als Vorkämpferin der Bewegung für die Selbständigkeit der Frau. Sie hat sich also selbst einen Namen in der Geschichte geschaffen und nicht erst dadurch, daß sie an einem Maitag im Jahre 1795 mit ihrer Mutter und ihrer Schwester Josephine in einem Haus auf dem Petersplatz in Wien die drei Treppen zu dem damals dreißig Jahre alten Musiklehrer und Komponisten Louis van Beethoven hinaufstieg, um bei ihm Klavierstunden zu nehmen, und dieser die drei Damen »sehr freundlich und so höflich als er sein konnte« empfing.

Daß es in Martonvásár jetzt in jedem Sommer Beethovenkonzerte gibt, braucht wohl kaum besonders erwähnt zu werden. Nur darf es nicht regnen, denn sie finden im Freien statt, auf der Insel im See des Schloßparkes, zu der eine geschwungene Holzbrücke führt, vor der Büste des Komponisten aus weißem Marmor und unter hohen Bäumen, deren Blätter das Dach einer Konzerthalle ersetzen.

Der Velence-See

Erst kürzlich entdeckt

Fährt man von Martonvásár weiter in Richtung Balaton, kommt man nach etwa zehn Kilometern an das Südufer des Velence-Sees. Ich habe ihn als eine Art Taschenausgabe des großen Balaton bezeichnet, was aber nicht ganz richtig ist. Er ist zwar langgestreckt wie der Plattensee in Richtung Nordost—Südwest, mit flachem Südufer und hügeligem Nordufer, aber er ist nur zehn Kilometer lang und an die 2,5 Kilometer breit und seine Tiefe beträgt im Durchschnitt nur zwei Meter. Mit seinen ausgedehnten Schilfwäldern, in denen Scharen von Wasservögeln nisten, erinnert er eher an den Neusiedler See, der ja bekanntlich ein Steppensee und damit so etwas wie eine europäische Rarität ist.

Zu einem Ausflugsziel und Erholungsgebiet habe sich der Velence-See, so las ich in einem Prospekt von Agárd, erst in den letzten zwanzig Jahren entwickelt. Das merkt man an der Atmosphäre des Ortes. Hier sind die Ungarn im wesentlichen unter sich, es gibt nur wenige Hotels und Motels, dafür viele Campingplätze und Wochenendhäuser. Letztere sind manchmal bescheiden, manchmal aber auch schon ganz anspruchsvoll, woraus sich ablesen läßt, daß es viele Ungarn in der letzten Zeit auch privat zu etwas gebracht haben. In Agárd, Gárdony und Velencefürdő verdrängen die Wochenendhäuser, Bungalows und kleinen Villen jedenfalls ganz eindeutig die niedrigen alten Bauern- und Fischerhäuser mit ihren schilfgedeckten Dächern.

Hübsch ist der kleine Hafen in *Agárd*, der sich mit Mole und Leuchtfeuer am Abend wie ein großer gebärdet. Hier liegen einige flache Motorschiffe, mit denen man um den See fahren oder vorsichtig in die Lagunen der Schilfwälder eindringen kann, wo die Reiher nisten und wo es große, fette Fische geben soll. Ich bekam aber zum Abendessen keinen Fisch aus dem Velence-See, sondern aus dem Balaton, wo der Fischfang offenbar im größeren Maßstab betrieben wird.

Es ist alles harmlos hübsch hier um den Velence-See, Landschaft, Leben, Stimmung. Einen dramatischen Akzent setzt am Nordufer allein das Denkmal der Schlacht von Pákozd, das auf dem Mészeg-Hügel wie ein Zeigefinger in die Luft ragt. Es erinnert an den Sieg der militärisch kaum ausgebildeten und noch schlecht ausgerüsteten ungarischen Aufständischen am 29. September 1848 über die kaiserlichen Truppen unter dem Befehl des Banus von Kroatien, Josef Jellačic – ein Erfolg, der der Achtundvierziger-Revolution der Ungarn mächtigen Auftrieb gab. Zum Gedenken an diesen Sieg wird heute der 29. September als ›Tag der Armee‹ begangen.

So wie sich dieser Obelisk in der heiteren Landschaft erhebt, wirkt er wie ein Mahnmal für die Magyaren, über dem bequemen und lässigen Leben am Ufer des Sees nicht den Ernst der Geschichte zu vergessen.

Der Balaton
Die kleine Welt des großen Sees

Zum ersten Mal erlebte ich den Balaton, den Plattensee, an einem schon kühlen, aber strahlenden Oktobertag. Ich war auf der Fahrt vom Balkan in Richtung Wien und wollte einmal eine andere Route ausprobieren als die üblichen über Zagreb oder Budapest.

Das ist schon lange her; das ›Ungarische Meer‹, so wie der See jetzt in Reiseprospekten angepriesen wird, war damals auch, abgesehen von der späten Jahreszeit, noch kein Ziel für Urlauber aus dem Westen, ausgenommen vielleicht einige ›Wissende‹ aus Österreich.

Ich erreichte den See in Siófok, also am Südufer. Es war Mittag, ich mußte an eine Fahrpause denken, und da die Sonne noch wärmte, beschloß ich, auf das Essen in einem Restaurant zu verzichten und mich auf eine Bank an der Uferpromenade zu setzen. Der Strand

war leer, der See lag vor mir: Wirklich beinahe ein Meer, denn das
gegenüberliegende Ufer bei Tihany und Balatonfüred zeichnete sich
im herbstlichen Dunst nur undeutlich ab, und im Osten wie nach
dem Westen zu waren das graugrüne Wasser und der blaßblaue
Himmel darüber schon bald nicht mehr zu trennen. Sie verschwammen ineinander, und der See ging damit in seiner Länge wortwört-
lich ins Uferlose. Ich erinnerte mich, daß ich einmal bei dem Budapester Schriftsteller Tamás Bárány gelesen hatte: »Der Balaton ist die
große Liebe eines Volkes, das kein Meer besitzt ... am Ufer des
Balaton zu sitzen, das Wasser anzustarren und auf der gegenüberliegenden Seite kein Land zu sehen – das bedeutet für uns Ungarn die
Begegnung mit dem Unendlichen.«

Die ungarischen Literaten: Unter einer Begegnung mit dem
Unendlichen machen sie's nicht, auch wenn sie ihre Füße nur in
das Wasser des Plattensees setzen. Mir können sie aber nichts
vormachen, ich bin ein Binnenländer wie sie und liebe unsere Teiche
und Seen, ob groß oder klein eben deshalb, weil sie uns an nebelver-
hangenen Tagen das Unendliche nur vorgaukeln. Gott sei Dank
wissen wir, daß die gegenüberliegenden Ufer für uns immer erreichbar sind. Mit dem unendlichen Meer können wir nichts anfangen,
es flößt uns nur Angst und Schrecken ein.

Seit jenem verhangenen Herbsttag bin ich oft am Plattensee
gewesen, im Frühjahr ebenso wie auf der Höhe des Sommers, nur
den Winter habe ich dort noch nicht erlebt. Ich bin auch an den
verschiedensten Orten an seine Ufer gestoßen, von Budapest kommend an das nordöstliche, vom österreichischen Burgenland her bei
den Weinbergen von Badacsony oder in Keszthely, der Stadt mit
dem Schloß Festetics an seinem Südwestende. Oder ich bin direkt
vom Norden gekommen und habe von der Terrasse hinter der
Kirche von Tihany auf den See hinuntergesehen.

Jede dieser Annäherungsmöglichkeiten hat ihren Reiz, vom flachen Südufer gesehen hat man das Nordufer mit dem Schwung
seiner Hügel vor sich, eine Szenerie, wie sie zur Einstimmung auf
den See sehr geeignet ist. Was mich betrifft, so fällt mir nach meinen
Erfahrungen die Wahl der Annäherung und Einstimmung nicht
schwer: Es ist Tihany, und zwar sowohl aus seiner Vergangenheit
heraus, wie wegen seiner Landschaft. Man begreift hier am unmittel-
barsten, was der Balaton kulturell für Ungarn bedeutete und bedeutet und worin seine Anziehungskraft auf Einheimische und Auslän-

der besteht. Darüber wird noch ausführlich zu sprechen sein. Zunächst aber sind einige dürre Angaben nötig, um dem Bericht über diesen Teil Ungarns, der nach Budapest innerhalb und außerhalb der Grenzen des Landes die größte Beachtung findet, eine solide Grundlage zu geben.

Also: Der Plattensee ist 595 Quadratkilometer groß und übertrifft sowohl den Genfer See (581 Quadratkilometer), den Bodensee (539 Quadratkilometer) wie den Gardasee (370 Quadratkilometer). Er ist somit das größte Binnengewässer Mittel- und Westeuropas. Was seine Tiefe betrifft, so muß er sich schon bescheidener geben. Im Durchschnitt beträgt sie nur zwei Meter, und zwölf Meter ist der tiefste Punkt im See in der Nähe der Enge von Tihany. Da können der Genfer See mit 334 Metern, der Bodensee mit 252 und der Gardasee mit 346 Metern sich schon eher sehen lassen.

Mit der Temperatur seines Wassers im Sommer ist der Balaton seinen europäischen Konkurrenten dafür wieder weit voraus. Im Juli und August liegt sie meist zwischen 26 und 28 Grad Celsius, und das ist manchen Leuten schon zu warm. Und weil der See eben relativ flach ist, kühlt sich das Wasser auch in der Nacht oder an Tagen ohne Sonne nur wenig ab.

In seiner Länge von 77 Kilometern erstreckt er sich vom Nordosten nach Südwesten durch die Mitte Transdanubiens und teilt somit das Ungarn südlich und rechts der Donau in zwei annähernd gleich große Gebiete. Der See selbst wird durch die Enge von Tihany – die Ufer sind hier nur 1,5 Kilometer voneinander entfernt – geteilt, der östliche ist kleiner, aber breiter (bis zu 23 Kilometern), der westliche größer, aber schmäler (bis zu 14 Kilometern). Die Ufer rund um den See sind 197 Kilometer lang.

Tihany

Der einsame König

Aber genug der nüchternen Zahlen und Angaben, kehren wir zur Halbinsel Tihany zurück mit der Barockkirche hoch über dem See, den kleinen bewaldeten Hängen ringsum und den Bauern- und Fischerhäusern im Ort. Und natürlich auch mit Kiosken und Parkplätzen und Cafés, die nun einmal zu einem Fremdenverkehrsort gehören.

Man erreicht Tihany am besten von Veszprém aus, sei es, daß man sich über Székesfehérvár dem See nähert, sei es, daß man von Győr durch den Bakonywald direkt nach Veszprém fährt. Diesen Hinweis gebe ich aber nicht nur aus geographischen und verkehrstechnischen Gründen, ich meine ihn auch kulturhistorisch. Székesfehérvár – das war die Krönungsstadt der ungarischen Könige; Veszprém, wie wir schon wissen, die Residenz der Königin Gisela; und im Kloster Pannonhalma zwischen Győr und Veszprém wird die Stiftungsurkunde für die Benediktinerabtei Tihany aufbewahrt. Sie trägt das Datum 1055 und ihre Bedeutung in der Geschichte Ungarns rührt auch daher, daß sie, obwohl lateinisch geschrieben, die erste Urkunde des Landes ist, die auch einige ungarische Wörter aufweist. König Andreas I. (András), »der christlichste Träger des Herrscherstabes«, wie es im Stiftungsbrief heißt, hat das Kloster gegründet. Es sollte die Begräbnisstätte der ungarischen Könige sein. Tihany fügt sich damit in den Kreis jener Orte Westungarns ein, die wie Esztergom und Székesfehérvár, Pannonhalma und Veszprém ihre besondere Bedeutung in der Frühzeit des ungarischen Königtums hatten. Und deshalb ist es keine schlechte Idee, das Land um den Balaton gerade hier zu betreten.

Aus der Königsgruft ist allerdings nichts geworden, Tihany ist kein Dom zu Speyer, keine Kapuzinergruft und auch kein Escorial. In der romanischen Krypta, dem einzig erhaltenen Teil der Abtei aus dem 11. Jahrhundert, ruht nur ein Arpadenkönig, der Gründer des Klosters. Die anderen Herrscher aus dem Geschlechte der Arpaden und auch die Könige aus dem Hause Anjou wurden in Székesfehérvár beigesetzt, aber keines ihrer Gräber konnte, wie wir gesehen haben, mit Sicherheit festgestellt werden. Zu gewalttätig hat hier in Westungarn die Geschichte ihren Schutt und ihre Trümmer aufgehäuft. So ist es verständlich, wenn aus der in der Krypta angebrachten kurzen Beschreibung so etwas wie Wehmut herausklingt. Die Beschreibung lautet: »Die Unterkirche von Tihany ist die älteste Kirche Ungarns. Sie ist fast tausend Jahre alt, im Jahre 1055 hat König Andreas I. diese Krypta gebaut, er ist hier begraben. Das ist unser einziges Königsgrabmal, das uns vom tausend Jahre alten Königreich Ungarn im Original geblieben ist.«

Ist es dieser Hauch der Vergeblichkeit auch großer geschichtlicher Pläne und Absichten, der einen in dieser Krypta so berührt? Oder sind es die schmucklosen Säulen und das von ihnen getragene gewaltige Gewölbe, an dem nicht die Spur einer Bemalung zu sehen ist, die einen so beeindrucken? Oder ist es schließlich das schmale Grab des Königs in der Mitte der Krypta, dessen Schlichtheit ergreift?

Denn wir waren in der Tat ergriffen, meine Frau und ich, als wir vor dieser Grabplatte aus weißem Kalkstein mit dem einfachen Kreuz auf dem langen gewundenen Stab standen. Hier hatte man dem toten König nichts von dem Prunk und der Pracht seiner einstigen Stellung auf das Grab gelegt: Nur das Symbol seiner Würde hatte man ihm für alle Zeiten gelassen.

Ein solches Kreuz mit gewundenem Stab findet man übrigens auch auf einem Grab in Deutschland, das in Beziehung zu Ungarn steht. Es ist das Grab der bayrischen Herzogstochter Gisela, die als Gattin Stephans I. ungarische Königin war und der wir schon mehr als einmal begegnet sind. Die Ruhestätte befindet sich in Passau, in der Kirche des Nonnenklosters Niedernburg, und ihre Grabplatte wurde beinahe um dieselbe Zeit geschaffen wie jene für König Andreas. Damals lagen Bayern und Ungarn noch in unmittelbarer Nachbarschaft.

Von der romanischen Kirche, die Andreas bauen ließ, ist außer der Krypta nichts geblieben. Denn das Benediktinerkloster wurde in der Türkenzeit in eine Festung verwandelt, die Mönche zogen ab, und statt eines Abtes hatten königliche Burgkapitäne in Tihany das Sagen.

In ungarischen Büchern über den Balaton liest man in verschiedenen Variationen den Satz: »Den Türken gelang es nie, Tihany einzunehmen.« Ob sie es wohl jemals ernsthaft versucht haben?

In den 150 Jahren der türkischen Herrschaft in Mittelungarn verlief die Grenze zwischen dem zum Habsburgerreich gehörenden Restungarn und dem osmanischen Teil entlang des Nordufers des Plattensees. Eine ungarische Besatzung in Tihany schien die Türken offenbar nicht zu stören, wichtiger war ihnen wohl, wie wir gesehen haben, der Besitz von Veszprém, von Székesfehérvár und von Esztergom. Die zahlenmäßig meist schwache Besatzung in der Festung auf der Halbinsel im Balaton schienen sie nicht als eine Bedrohung ihrer Position zu empfinden. Nach der Vertreibung der Türken aus Ungarn verlor Tihany völlig seine militärische Bedeutung und die Benediktinermönche kehrten in den Ort zurück. Was sie vorfanden, waren Ruinen. Dieses Material wurde dann in der ersten Hälfte des 18. Jahrhunderts zum Bau der Barockkirche und des neuen Ordenshauses benützt.

Die *Abteikirche* beeindruckt in erster Linie durch ihre Lage: 120 Meter über dem See gelegen, sind ihre beiden Barocktürme beinahe von allen Seiten zu sehen, nur wenn man mit der Fähre an der engsten Stelle des Sees vom Südufer zum Nordufer übersetzt, verschwinden sie zeitweise hinter der Kette der Hügel.

Verglichen mit anderen Kirchen ist dieser spätbarocke Bau eigentlich gar nicht einmal so groß, aber der Innenraum hat eine Wirkung, die über seine realen Dimensionen hinausgeht; man kann sich ihr nicht entziehen. Ebenso beeindruckend sind die Holzschnitzereien, die Figuren der vier Kirchenväter an der Kanzel, die durchbrochene vergoldete Brüstung der Orgelempore. Wie die Altäre und das Sakristeimobiliar sind sie Werke des Benediktinermönches Sebastian Stuhlhoff aus Österreich, der hier 25 Jahre an ihnen gearbeitet hat.

Aber genug von Geschichte und Kunstgeschichte in Tihany, denn der Charme des Ortes liegt ja nicht allein darin. Außerdem: Wer an den Plattensee fährt, möchte vermutlich, wenn überhaupt, erst in zweiter Linie auf den Spuren der Vergangenheit wandeln. Er möchte baden, segeln, sich unterhalten, spazierengehen. All dies bietet ihm Tihany, besonders letzteres. Denn von allen Plätzen am Balaton ist hier das Wechselspiel von See und Land am heitersten. Dem Schwung der Uferlinie um die Halbinsel entspricht die Silhouette der sanften Höhen; die Vegetation, von den Lavendelfeldern über die Weingärten bis zu den dunklen Tannen, ist reicher als anderswo, und wo es der Landschaft noch an Akzenten gefehlt haben sollte, dort hat sie entweder die Natur mit schroffen Felsen oder der Mensch mit seinen Kirchen, Burgen, Villen oder auch schlichten Bauernhäusern gesetzt. Also alles in allem ein Stück Erde von großem Reiz. Auch wenn man in seiner Begeisterung nicht so weit gehen möchte, wie der Verfasser eines ungarischen Büchleins über die Landschaft um Tihany, der von ihr sagte: »Weder Capri noch Sunion sind schöner als sie!«

Vergleiche dieser Art sind immer mißlich; deshalb möchte ich auch nicht die Bezeichnung ›Ungarische Riviera‹ allzu sehr strapazieren, mit der das Seeufer um Balatonfüred und Tihany bezeichnet wird. Wenden wir uns dafür Balatonfüred zu, einem Ort, der mir schon ein Begriff war, lange bevor ich eine Vorstellung vom Plattensee hatte. In meinem böhmischen Elternhaus oder in der Wiener Verwandtschaft muß öfter von Balatonfüred die Rede gewesen sein. Dieser Kurort war nämlich im Bereich der Donaumonarchie und der Nachfolgestaaten schon bekannt, als noch niemand auf die Idee kam, sich in die Fluten des Plattensees zu stürzen.

Balatonfüred verdankt seinen Ruf also nicht dem See, sondern den kohlesäurehaltigen Quellen, die hier aus dem vulkanischen Boden sprudeln. Es war übrigens ein deutscher Geograph, Martin Zeiller, der 1632 von der heilenden Wirkung der Quellen Kunde gab. Seit dem 18. Jahrhundert gilt ihr mineralhaltiges Wasser als lebensspendend, es wurden Badehäuser und Trinkpavillons gebaut, und im 19. Jahrhundert kamen noch Sanatorien hinzu. Das größte und auch international bekannteste war das im sezessionistischen Stil errichtete Elisabethsanatorium, benannt nach der Kaiserin Elisabeth, deren Liebe, wie man weiß, den Ungarn gehörte. In der Zwischenzeit wurde es mehrfach umgebaut und vergrößert, heute heißt es offiziell ›Staatliches Krankenhaus‹, im Lande ist es einfach als Herzkrankenhaus bekannt, weil es ein Rehabilitationszentrum für Herz- und Kreislaufkranke ist, in dem täglich bis zu tausend Patienten behandelt werden können. So wie sein Hauptgebäude heute noch aussieht, könnte es auch in Baden-Baden stehen. Damit unterscheidet sich Balatonfüred wesentlich von den anderen Badeorten am Balaton, die ihre Bedeutung erst der Lust, sich im See zu tummeln, und dem Touristenverkehr verdanken, dem einheimischen wie dem aus der Fremde. Man sieht es Balatonfüred noch immer an, daß es ein Kurort für feine und berühmte Leute war. Am Ufer gibt es eine lange Promenade, nach dem indischen Dichter Rabindranath Tagore benannt: Tagore sétány. Die riesigen Pappeln, die sie einst säumten, gibt es allerdings nicht mehr. Ein plötzlicher Wirbelsturm hat sie 1972 in Sekundenschnelle entwurzelt. An ihrer Stelle hat man Platanen gepflanzt, die sich schon ganz schön entwickelt haben.

An Tagore, der 1926 hier Heilung suchte, erinnert auch noch eine Büste im Park, ein von ihm gepflanzter Lindenbaum mit einer Tafel davor, auf der in Englisch und Ungarisch ein Gedicht zu lesen ist, das mit den hübschen Zeilen schließt: »Solange er lebte, / liebte der Dichter«. Andere Prominenz aus West und Ost hat hier auch ihren Lindenbaum gepflanzt, nur klingen die von ihr hinterlassenen Texte weit weniger menschlich.

Im Park gibt es, wie es sich für einen Kurort gehört, einen klassizistischen Pavillon, wo weißgeschürzte Frauen Becher mit dem Wasser des Sauerbrunnens reichen, der, wie könnte es anders sein, nach einem berühmten Mann benannt ist, nach Lajos Kossuth, dem Führer der Revolution von 1848/49.

Mehr noch als Kossuth ist aber ein anderer berühmter Ungar, der sein Widersacher und Mitstreiter zugleich war, mit Balatonfüred verbunden: István Széchenyi. Sein Standbild steht an der Uferpromenade, eine der Hauptstraßen trägt seinen Namen. Wir sind ihm schon als Initiator der Kettenbrücke in Budapest, der ersten Brücke über die Donau in der ungarischen Hauptstadt, begegnet. Hier in Balatonfüred hat dieser dynamische Mann 1846 die Dampfschiffahrt auf dem See ins Leben gerufen. Gleichzeitig gab er mit seinem Segelschiff ›Himfy‹ auch den Auftakt für den Segelsport auf dem Balaton, der heute in den alle zwei Jahre stattfindenden Wettkämpfen um das ›Blaue Band‹ seinen Höhepunkt hat.

Zur Zeit von Kossuth und Széchenyi, also in der sogenannten ›Reformzeit‹, war Balatonfüred ein geistiges Zentrum des Landes. Hier trafen sich Politiker, Schriftsteller, Schauspieler, Journalisten — in der geistigen Aufbruchstimmung, die damals in den oberen Schichten Ungarns herrschte, spielte der Badeort eine große Rolle. Hier wurde auch das erste Theater Transdanubiens errichtet, in dem Stücke in ungarischer Sprache aufgeführt wurden. Und so soll man Balatonfüred also nicht nur nach seinen Hotels, Stränden und Promenaden beurteilen, es hat seinen Platz auch in der Geschichte des Landes.

Badacsony und Keszthely
Wein und Wissensdurst

Der Balaton ist ein großer See, und wir dürfen nicht zu lange in seinem nordöstlichen Teil verweilen, der südwestliche hat auch einiges zu bieten und ist außerdem noch der größere. Also fahren wir vom Isthmus von Tihany auf der Straße, die dem Ufer folgt, in Richtung Badacsony und Keszthely.

Aber bevor wir uns endgültig von Tihany lösen, noch eine Bemerkung zu den Wasserverhältnissen an dieser ›Meerenge‹. Es könnte sein, daß der Reisende hier eine Beobachtung macht, die ihn einigermaßen in Erstaunen versetzt. Die Beobachtung nämlich, daß es hier eine Strömung gibt, die sogar sehr stark sein kann und gegen die auch die Fährschiffe anzukämpfen haben. Der häufige Nordostwind vom Bakonywald her drückt nämlich das Wasser aus dem ›oberen‹ Teil des Sees in den ›unteren‹. Wenn er sich dann legt, strömt das Wasser zurück und ruft eine Bewegung hervor, die an Ebbe und Flut denken läßt. So weit hergeholt ist also der Vergleich des Balaton mit einem Meer auch wieder nicht.

Zwischen Tihany und Badacsony beziehungsweise Keszthely am Ende des Sees soll man keine Bade- und Kurorte mit entsprechenden Hotels erwarten. Es gibt hier Badestrände und Campingplätze und es gibt Schenken (Csárdas), in denen man den frischen und herben Weißwein vom Nordufer des Balaton bekommt. Und man fährt durch eine Landschaft, die einen immer wieder bezaubert. Rechts der Straße Weinberge und bewaldete Hügel, die den Übergang zum Balaton-Oberland bilden. Dazwischen immer wieder die Ruinen der Burgen, die einstmals Westungarn vor den Türken schützen sollten. Links der Straße und am Ufer Reihen von Pappeln, die diesem Teil des Balatons ihren Akzent aufsetzen. Außerdem Schilfwälder, die im Herbst dem graugrünen See ein goldenes Kollier anlegen. Nur eines stört: die Eisenbahntrasse zwischen Straße und Ufer.

Bei Badacsony ist es Gott sei Dank umgekehrt, aber da achtet man schon nicht so sehr darauf. Da ist man gefangen von dem Tafelberg, an dessen Hängen die Terrassen der Weinberge aufsteigen, die dann in einen Wald übergehen, aus dem wilde Basaltfelsen hervorlugen. Und Wald und Felsen tragen dann ein Hochplateau mit einem hinreißenden Blick auf den See und in die bizarre Hügelwelt des Beckens von Tapolca.

Es ist eine Landschaft vulkanischen Ursprungs, und die Berge sehen aus wie stehengelassene Kraterkegel — was von Experten der Erdgeschichte allerdings bestritten wird. Uns kann das gleichgültig sein, wir freuen uns darüber, daß der Berg Gulács ausschaut wie ein Mini-Fudschijama und die Bauern einen anderen Hügel ›Rock der Königin‹ nennen, weil er die Form einer Krinoline hat.

Wenn die Landschaft nicht so lieblich wäre, könnte man sie beinahe als pathetisch bezeichnen. Aber weil die Hügel ja nicht höher als drei- bis vierhundert Meter sind und weil der See da ist mit seiner sanften Uferlinie und weil neben den Weinbergen auch die Buchen- und Ahornbäume für ein beruhigendes Grün sorgen, ist das alles nicht so dramatisch. Auch wenn manche dieser Kegel aus der Erde geradezu herausschießen und sich mit den Felswänden an ihren Flanken schroff und abweisend zeigen. Aus der Ferne, vor allem vom gegenüberliegenden Ufer aus gesehen, ist das aber schon eine recht aufregende Szenerie.

Badacsony — das ist in erster Linie der Wein. Nach Tokaj ist es wohl das größte Weißweingebiet Ungarns, und seine Riesling- und sonstigen Sorten haben auch außerhalb Ungarns einen guten Ruf. Es sind keine schweren Weine, sie sind hell, frisch und würzig, wie geschaffen, um einem Plattensee-Fogosch das Geleit zu geben.

Die Weinbauern von Badacsony meinen, es sei nicht nur die vulkanische Erde, die ihre Trauben so gut gedeihen läßt, auch der Reflex der Sonnenstrahlen vom Spiegel des Sees sei wichtig. »Nur der Weinstock, der sein Spiegelbild im Balaton erblickt, gibt einen guten Wein«, heißt es bei ihnen. Der Berg Badacsony steht in der Tat unmittelbar am See. Einstmals gehörte er dem Fürsten Esterházy, wie auch das Barockschlößchen von Szigliget in unmittelbarer Nachbarschaft. Heute sind die Weinberge Teil eines Staatsgutes oder werden von einer Genossenschaft bearbeitet; und das Schloß aus dem vorigen Jahrhundert dient dem Schriftstellerverband als Erholungsheim und ›Haus des Schaffens‹. Vorausgesetzt, daß seine Mitglieder nicht längst ein eigenes Haus am Plattensee haben oder hatten, was jedenfalls für die Prominenten unter ihnen gilt. Den Anfang machte in der ersten Hälfte des 19. Jahrhunderts Sándor Kisfaludy (1772-1844), ein Lyriker der Romantik, dessen Gedichte seinerzeit großes Echo fanden, obwohl sie gar nicht mal so originell waren. Sein Haus am Südhang des Badacsony ist heute ein Museum.

Von den bekannten Schriftstellern unserer Zeit lebte László Németh am Balaton, Tibor Déry weilte regelmäßig in Balatonfüred und Gyula Illyés hatte sein Haus auf der Halbinsel von Tihany. Um nur die zu nennen, deren Romane, Novellen und Essays auch bei uns bekannt sind.

Keszthely
Das Schloß der Musen

Der Berg Helikon, wir alle sollten es noch wissen, war der Sitz der Musen. In Keszthely, der Stadt am Südwestende des Balaton, ist er allgegenwärtig. Die Bibliothek im *Schloß Festetics* trägt seinen Namen, der große Park zwischen Hauptstraße und Strand ist auch nach ihm benannt, und natürlich auch das modernste und größte Hotel am Ufer des Sees. Beinahe überflüssig hinzuzufügen, daß es auch eine Helikon utca in der Stadt gibt.

Woher aber die vielen Bezüge auf die Musen und ihren Berg? Schuld daran ist der Graf György Festetics (1755-1819). Er war ein Mann der Aufklärung, umfassend gebildet und beseelt von dem Wunsch, Geist und Wissen auch anderen zu vermitteln. Keszthely, der kleine Ort am Balaton, von dem in der Geschichte bisher kaum die Rede war, das aber den Mittelpunkt des 50 000 Hektar umfassenden Landbesitzes der Festetics bildete, sollte das Zentrum des Fortschrittes in diesem Teil Ungarns werden. György Festetics gründete hier die erste Höhere Landwirtschaftliche Schule in Europa und nannte sie − getragen vom griechischen Geist wie er war − Georgikon. Sie bildete den Grundstein für die heutige Agrarhochschule, deren Studenten dem Leben im kleinen Keszthely einigen Schwung geben.

In dem Barockschloß, dessen Bau Mitte des 18. Jahrhunderts begonnen wurde, schuf Festetics die Bibliothek, die mit ihren 80 000 Bänden zu den bedeutendsten des Landes zählt. Der im klassizistischen Stil geschaffene große Bibliothekssaal mit der Kassettendecke aus slawonischer Eiche ist heute die Hauptattraktion für die Touristenscharen, die im Sommer Keszthely besuchen.

György Festetics hat auch die Helikon-Dichtertreffen ins Leben gerufen. Sie fanden jedes Jahr im Februar statt, und was in Ungarns junger Literatur schon einen Namen hatte oder sich einen Namen machen wollte, strömte hier zusammen. Die Dichterlesungen und Aufführungen im Rahmen dieses Festivals, wie wir heute sagen würden, waren für die kulturelle Wiedergeburt der ungarischen Nation von größter Bedeutung.

Das weiß auch das heutige Regime; es hat diesem Feudalherrn, dessen Standbild vor dem rechten Flügel des Schlosses steht, längst den ihm gebührenden Platz in der Geschichte Ungarns eingeräumt. Auch wenn der Besitz der Festetics Ende der vierziger Jahre genauso enteignet wurde, wie jener der anderen ungarischen Magnaten, und die Mitglieder des Hauses im Flüchtlingsstrom nach der ungarischen Revolution 1956 nach dem Westen gingen. Einer von ihnen hat sich auch hier schon einen Namen gemacht: Der Universitätsprofessor Antal Festetics, der als Verhaltensforscher das Werk seines Lehrers, des Nobelpreisträgers Konrad Lorenz, fortsetzt.

Es ist merkwürdig: Es gibt viele Orte mit einem Schloß − manche werden von ihm schon rein architektonisch oder durch seine Lage beherrscht, in anderen steht das Schloß mehr am Rande, sozusagen in Distanz zu dem Orte. Hier in Keszthely liegt das Schloß zwar etwas erhöht, sein neubarocker Turm ist auch von allen Seiten sichtbar, und die Stadt fällt dann zum See ab, aber man kann nicht sagen, daß das Schloß die Stadt dominieren würde. Obwohl die Hauptstraße zu ihm aufsteigt. Es ist aber etwas anderes: Das Festetics-Schloß ist so etwas wie das Herz der Stadt, das das Blut in ihre Adern gepumpt hat. Noch heute hat man das Gefühl, ohne das Schloß wäre Keszthely nicht das geworden, was es ist, die Stadt ist seine Schöpfung, auch wenn sie in der Zwischenzeit die Nabelschnur längst abgetrennt und ihr eigenes Dasein gefunden hat.

Zalavár

Der Bruch in der Christenheit

Unter meinen ungarischen Freunden gibt es, was den Balaton betrifft, zwei scharf zu trennende Gruppen: Die eine schwört auf das Nordufer des Sees, die andere zieht das Südufer vor. Zu ersterer gehören die unruhigen Geister, die nicht nur baden, segeln und in der Sonne liegen, sondern auch im Lande herumstreunen wollen. Dazu ist die Landschaft des Nordufers, wie wir gesehen haben, besser geeignet. Zur zweiten sind die trägeren Temperamente zu zählen, jedenfalls was ihre Betätigung an den Wochenenden und im Urlaub betrifft; sie haben entweder ein eigenes Haus in einem der Dörfer am See, wohnen dort privat oder kommen in einem der vielen Erholungsheime oder kleineren Hotels unter. Die großen Hotels, vor allem in Siófok, dem größten Ort am Südufer, der sich zu einem richtigen Fremdenverkehrszentrum entwickelt hat, sind meist den Devisen bringenden Touristen aus dem Ausland vorbehalten. An das Südufer geht natürlich auch, wer Kinder hat. Hier gibt es einen regelrechten Sandstrand, eine Nehrung könnte man fast sagen, entstanden dadurch, daß der häufig wehende Ostwind das Wasser auf diesen Uferstreifen zudrückt und das Wasser wiederum vom flachen Seeboden Sand und Schlick mitnimmt. Hier kann man noch weiter in den See hineinmarschieren als auf der gegenüberliegenden Seite, und das Wasser ist auch in diesem Bereich noch um ein oder zwei Grad wärmer als im übrigen See.

Fährt man am Südufer entlang, so reiht sich heute zwischen Balatonberény und Siófok ein Ort an den anderen. Oder besser gesagt: Zu beiden Seiten der alten Bauern- und Fischerdörfer haben sich die Villen und Wochenendhäuser so vermehrt, daß die einzelnen Ortschaften nur noch wie Glieder in einer langen Kette erscheinen. Allerdings unterbrochen von viel Grün, dem der Platanen an den Uferpromenaden, der Parks und Gärten und manchmal auch der Weinberge, dort, wo das Land stellenweise doch etwas ansteigt.

Bevor wir aber nach Siófok zurückkehren und dort unsere Balaton-Rundfahrt beenden, müssen wir noch einen Abstecher in das flache Land westlich des Sees machen. Wir müssen *Zalavár* besuchen, ein verschlafenes Dorf in dem Sumpfgebiet um den Kis-Balaton, dem kleinen Balaton, und das Flüßchen Zala herum, das heute allerdings weitgehend trocken gelegt ist.

Um es gleich zu sagen: Viel bekommt der Besucher in Zalavár, über dem im Sommer die Hitze brütet, nicht zu sehen. Der neueste große Ungarnführer des Budapester Corvina-Verlages verzichtet sogar darauf, das Dorf überhaupt zu erwähnen. Wahrscheinlich weil die Grundmauern der kleinen Kirchen, die in der Umgebung freigelegt wurden, nicht besonders spektakulär sind.

Und doch sollte man an den Spuren dieser Kirchen — entdeckt auf Erhebungen, die einstmals als Inseln aus dem Sumpfgebiet herausragten — nicht achtlos vorübergehen. Denn von hier nahm eine Entwicklung ihren Ausgang oder erfuhr zumindest eine entscheidende Verschärfung, die von säkularer Bedeutung werden sollte. Die Spaltung der Kirche zwischen Ost und West, zwischen Byzanz und Rom, zwischen Orthodoxie und Papsttum.

Dieses Zalavár ist nämlich das Mosapurc der bayrischen Quellen aus dem 9. Jahrhundert, das auch unter der slawischen Bezeichnung Blatnograd bekannt und der Sitz des Slawenfürsten Pribina war. Das war noch zu jener Zeit, bevor die Ungarn in das Land um Donau und Theiß eindrangen. Pribina stammte aus dem Großmährischen Reich, hatte aber in dortigen Machtkämpfen den kürzeren gezogen und war zu den Franken geflohen. Nachdem er sich im heutigen Traismauer in Niederösterreich hatte taufen lassen, belehnte ihn König Ludwig der Deutsche 840 mit dem Gebiet zwischen Raab, Plattensee und Drau. Pribina schuf sich seine Residenz auf den leicht zu verteidigenden Sumpfinseln westlich des Plattensees, und dieser Fürstensitz wurde unter dem Namen Mosapurc das Zentrum der von Salzburg ausgehenden Christianisierung der Slawen in Pannonien. Die große Kirche in Mosapurc-Zalavár wurde 850 vom Salzburger Erzbischof Luitpram sogar persönlich geweiht.

In der zweiten Hälfte des 9. Jahrhunderts aber setzte im Großmähri-schen Reich, das weite Gebiete Mitteleuropas einschloß, die von Byzanz ausgehende Mission der Slawenapostel Kyrill und Method ein. Fürst Rostislav, der die Kirche in seinem Land unabhängig vom bayrischen Episkopat und dem Ostfränkischen Reich halten wollte, hatte in Byzanz um die Entsendung von Missionaren gebeten. Die Brüder aus Saloniki und ihre Begleiter predigten und zelebrierten die Messe in slawischer Sprache nach byzantinischem Ritus und schrieben die Kirchenbücher in der von ihnen geschaffenen Schrift, der Glagolica, die der slawischen Mundart von Südmazedonien entsprach. Dem bayrischen Episkopat und seinen Missionaren bei den Slawen, denen die drei liturgischen Sprachen, Latein, Griechisch und Hebräisch heilig waren, war dieser Gebrauch der slawischen Sprache in der Kirche natürlich ein Greuel, und sie bezichtigten die Slawenapostel beim Papst der Häresie.

Um sich zu rechtfertigen, machten sich Kyrill und Method 867 auf die Reise nach Rom, und zwar über Mosapurc, wo sie sich auf Bitten des Fürsten Kocel, des Nachfolgers von Pribina, mehrere Monate aufhielten. Dabei setzten sie ihre Missionstätigkeit fort, was zu einem folgenschweren Konflikt mit der Mission aus Bayern führte. Wütend über die Erfolge der beiden Brüder verließ der Erzpriester Rihpald, ein Mönch aus dem Kloster Sankt Peter in Salzburg, die Residenz Mosapurc.

Woher wir das alles so genau wissen? Aus der ›Conversio Bagoariorum et Karantanorum‹, also der Bekehrungsgeschichte der Bayern und Karan-tanen, die die Missionstätigkeit der bayrischen Bischöfe in Kärnten und Pannonien schildert. Darin heißt es über die ›Affäre von Mosapurc‹, Rihpald habe sein Amt dort so lange ausgeübt, »bis ein Grieche namens Methodius mit neu erfundenen slawischen Buchstaben daher kam und die lateinische Sprache, die römische Lehre und die authentische Liturgie in den Augen des ganzen Volkes nach Philosophenart herabsetzte und zwar bezüglich der Messe, der Verkündigung des Evangeliums und des Kirchendienstes derjenigen, die das alles auf lateinisch gefeiert hatten. Das konnte Rihpald nicht ertragen und kehrte zum Bischofssitz Salzburg zurück.«

Die ›Bekehrungsgeschichte‹ war übrigens so etwas wie ein ›Weißbuch‹, das der Salzburger Erzbischof Adalwin für den Schauprozeß aufzeichnen ließ, den die bayrischen Bischöfe 870 in Regensburg vor König Ludwig dem Deutschen gegen Methodius führten, weil dieser, wie sie sagten, ohne Erlaubnis in ihrem Kirchensprengel gelehrt hatte. Sie stellten ihn vor Gericht und hielten ihn drei Jahre lang gefangen, obwohl ihn Papst

Hadrian II. zum Erzbischof von Pannonien ernannt und den Gebrauch der slawischen Liturgie gestattet hatte. Schließlich setzte sich der Papst aber durch, der bayrische Klerus mußte Methodius freilassen, und dieser konnte seine Missionstätigkeit in Großmähren bis zu seinem Tode 885 fortsetzen. Dann aber verbot Papst Stephan V. die slawische Liturgie und die Schüler Methods wurden aus dem Großmährischen Reich vertrieben.

Dessen Tage waren sowieso gezählt. Es brach Ende des 9. Jahrhunderts unter dem Ansturm der ungarischen Reiterscharen zusammen. Mit ihm ging aber auch das Salzburger Missionsgebiet in Pannonien verloren. Zwar wurden im Laufe des 10. Jahrhunderts auch die Magyaren christianisiert, aber sie konnten sich eine nationale, Rom direkt unterstellte Kirchenorganisation sichern.

Zalavár ist keine fünfzehn Kilometer vom Plattensee entfernt, die Grundsteine seiner Kirchen und die Flechtwerkmauer seiner Burg haben uns aber weit weg vom unbeschwerten Badeleben am Balaton und tief in die Geschichte des vorungarischen Pannonien geführt. Zu Ereignissen, die, wie wir gesehen haben, hier ihren Schauplatz hatten und die wesentlich dazu beitrugen, daß die Einheit der Christenheit, die damals noch bestand, auseinanderbrach. Mit Folgen, die bis in unsere Tage wirken.

So interessant das alles ist – wir können nicht zu lange in Zalavár und überhaupt im Bereich des Balaton verweilen. Als Finale kehren wir zurück zu der Uferpromenade in Siófok, von der wir den ersten Blick auf das ungarische Meer geworfen hatten.

Groß ist *Siófok* in den letzten zwanzig Jahren wirklich geworden – eine wichtige Stadt von 20 000 Einwohnern, deren Zahl sich dann im Sommer fast verdoppelt. Ein bißchen erinnert mich Siófok an die Badeorte, die seit den fünfziger Jahren an der Schwarzmeerküste in Rumänien und Bulgarien aus dem Sand gestampft wurden.

Hier ist natürlich alles kleiner und bescheidener, schließlich ist der Balaton auch kein Schwarzes Meer. Außerdem hatten sich die Ungarn auch bemüht, mit ihren Bettenburgen die Landschaft nicht zu vergewaltigen. Im großen und ganzen ist es ihnen auch gelungen. Aber das Fischerdorf Siófok sieht heute doch anders aus als 1882, als hier Imre Kálmán geboren wurde, der unter dem Namen Emmerich Kálmán Ungarn zu einer Großmacht der Operette gemacht hat. Auf seinem Geburtshaus in der Nähe des Bahnhofes erinnert eine Tafel an ihn. Noch mehr werden Einheimische und Gäste aber an ihn erinnert, wenn am Abend in den Restaurants die Zigeunerkapellen

›Komm mit nach Varazdin‹ und andere Melodien aus der ›Csárdásfürstin‹ und der ›Gräfin Mariza‹ spielen. Die in der Tat unsterblich
sind, weil sie nicht einmal durch Weltkriege und Revolutionen, die
in diesem Land das Unterste zu oberst gekehrt haben, tot zu kriegen
waren.

Zwischen Balaton und Bakony

Reiter, Ritter, Räuber

Sieht man sich eine Wanderkarte vom nördlichen Hinterland des
Balaton an, so fällt auf, daß die sanfte Hügellandschaft von Burgruinen geradezu gespickt ist. Wir wissen auch warum: Die Burgen
gehörten zu dem beinahe zwei Jahrhunderte lang umkämpften
Grenzgebiet zwischen dem habsburgischen und dem türkischen
Ungarn. Die Wehrbauten dienten nicht nur der Verteidigung, von
ihnen ließen sich auch immer wieder Einfälle und Beutezüge in das
Herrschaftsgebiet des Feindes unternehmen. Sie hatten aber auch
noch später militärische Bedeutung. Denn kaum waren die Türken
aus Ungarn vertrieben, kam es zu der für die Habsburger sehr
gefährlichen Rebellion der Ungarn unter Rákóczi, wobei die Burgen
wichtige Stützpunkte und Zufluchtsorte seiner Kuruzen-Armee waren. Deshalb wurden sie von den kaiserlichen Truppen und den
Labanzen, den habsburgtreuen ungarischen Einheiten, systematisch
zerstört.

Eine Burg entging diesem Schicksal, weil sie schon vor dem
Aufstand in den Besitz einer Adelsfamilie kam, die durch alle Wechselfälle der Geschichte dem Kaiser in Wien die Treue hielt. Ort
und Burg heißen *Nagyvázsony* und liegen etwa zwanzig Kilometer
östlich von Veszprém und in der gleichen Entfernung nördlich von
Tihany. Sie sind aus historischen wie aus touristischen Gründen
eines Besuches wert.

Da gibt es zunächst einmal die Burg selbst, am Nordrand der
Ortschaft gelegen, dort wo das Plateau zu einem breiten Wiesental
hin abfällt. Natürlich ist sie nicht so erhalten, wie sie sich in ihrer
Glanzzeit Ende des 15. Jahrhunderts präsentierte, aber der mächtige
Ring der Wehrmauern ist noch da und die hufeisenförmige Barbakane, das Vorwerk, welche das Burgtor schützte. Da ist vor allem
der vierschrötige, sechs Stockwerke hohe Wohnturm, in dessen

Räumen Waffen und einige wenige, aber mit großem Geschmack ausgesuchte Renaissancemöbel ausgestellt sind.

Die Burgkapelle ist auch noch vorhanden, und in ihr die Grabplatte von Pál Kinizsi, jenem Mann, von dem Nagyvázsonys Ruf ausgeht. Die Grabplatte aus rotem Marmor zeigt einen Körper von gewaltigen Ausmaßen, und es waren auch seine körperlichen Kräfte, die seine Karriere begründeten und sein Leben zu einer Legende machten. Er ist aber eine historische Figur, die ihren Platz in der Geschichte Ungarns hat.

Obskur wie seine Herkunft ist auch der Beginn seiner Karriere. Es heißt, er sei ein Müllergeselle gewesen und König Matthias Corvinus aufgefallen, als er diesem einen Becher Wasser servierte und dabei einen Mühlstein als Tablett benutzte. Jedenfalls nahm ihn der König in seine Dienste, und damit begann zuerst sein militärischer und dann auch sein gesellschaftlicher Aufstieg.

Kinizsi schlug sich mit Bravour in allen Kriegen des ehrgeizigen Renaissancekönigs, und es waren ihrer nicht wenige. Er kämpfte in Schlesien — die Schenkungsurkunde von Nagyvázsony ist in Breslau ausgestellt —, in Böhmen und in Österreich, und er trieb die Türken vor sich her bis tief nach Serbien hinein. Bei einem seiner Siege über die Osmanen soll er seinen legendären Tanz mit zwei toten Türken in den Armen aufgeführt haben. Von seinen gewaltigen Körperkräften zeugt auch ein Bild in der Burg selbst: Pál Kinizsi, in jeder Hand ein Schwert, hat seinen Widersacher mit den Zähnen am Kleid gepackt und hebt ihn hoch.

Kinizsi ist aber offensichtlich nicht nur stark, sondern auch klug gewesen. Jedenfalls machte ihn König Matthias zum Obergespan, dem obersten Verwaltungsbeamten des Komitates Veszprém, und Matthias' Nachfolger, König Ladislaus, ernannte Kinizsi zum Landesrichter, was im damaligen Ungarn eine der höchsten politischen Funktionen war.

Dieser Pál Kinizsi hat auch eine historische Tat vollbracht, die bis in unsere Zeit fortwirkte. Er hat von einem seiner Feldzüge 60 000 Serben ins Land gebracht und damit die erste serbische Einwanderungswelle nach Ungarn ausgelöst. Aus einer solchen Immigration entstand zum Beispiel auch Szentendre, die bedeutende Handels- und Handwerksstadt der Serben an der Donau nördlich von Budapest, deren orthodoxe Kirchen und malerische Gassen wir schon besucht haben.

Eine Renaissancefigur wie ihr Mann scheint auch Kinizsis Frau Benigna gewesen zu sein. Sie war die Tochter eines siebenbürgischen Edelman-

nes, der unter König Matthias ebenfalls militärische Karriere gemacht hatte. Nach dem Tode Kinizsis fiel ihr Nagyvázsony zu, nur behielt sie die Burg nicht lange. Sie ließ nämlich ihren dritten Mann – ihr zweiter war vom Pferd gefallen und hatte sich das Genick gebrochen – eines Nachts ermorden und die Leiche in den Burggraben werfen. Dafür wurde sie zum Tode verurteilt und ihr Besitz eingezogen. Der junge König Ludwig II. begnadigte sie jedoch und verbannte sie weit weg auf eine Burg in der heutigen Slowakei. Nagyvázsony aber schenkte er seiner Frau Maria. Diese hatte allerdings kaum Gelegenheit, sich der Burg zu erfreuen. Denn schon sieben Jahre später war Ludwig in der Schlacht bei Mohács gefallen, in Ungarn standen die Türken und Nagyvázsony geriet in den Grenzbereich zwischen beiden Herrschaftsgebieten. Jene Königin Maria aber, Schwester Kaiser Karls V. und des späteren Königs und Kaisers Ferdinand I., ging in die europäische Geschichte und die der Casa d'Austria als langjährige Statthalterin der Niederlande ein.

In den jahrzehntelang hin und her wogenden Kämpfen zwischen den Türken und den Habsburgern kam die Burg eher glimpflich davon. Ebenso wie die dem Heiligen Stephan geweihte Pfarrkirche, hinter deren Barockfassade das gotische Netzgewölbe im Schiff und im Chor erhalten geblieben ist. Auch die Spitzbogenfenster und die Tür zur Sakristei haben sich aus der späteren Gotik in unsere Zeit herüber gerettet.

Die Zichy – Feudalherren, denen Kaiser Ferdinand III. 1649 Nagyvázsony schenkte – bauten sich in der Nähe der Kirche Ende des 18. Jahrhunderts ein Barockschloß, das jetzt Reiterhotel ist. Im Schloßpark gibt es eine Reitbahn, wo alle zwei bis drei Jahre für Touristen und Einheimische historische Reiterspiele veranstaltet werden, und in den Wirtschaftsgebäuden des Schlosses ist eine offenbar weithin bekannte Reitschule untergebracht. Jedenfalls deuten die Autos mit den Nummernschildern aus dem westlichen Ausland, die zu beiden Seiten des Säulenportals parken, auf den Ruf dieser Reitschule hin.

Daß eine Schenke Eingang in Kunstbücher findet, dürfte relativ selten sein. Der Csárda von *Nemesvámos,* auf halbem Wege zwischen Veszprém und Nagyvázsony, wurde diese Auszeichnung zuteil. Mit ihren dem Hofe zu offenen Bogengängen im Erdgeschoß und auch im oberen Stockwerk ist sie ein schönes Beispiel rustikaler Architektur vom Ende des 18. und Anfang des 19. Jahrhunderts. Im vergangenen Jahrhundert soll sie eine echte Betyáren-Csárda gewesen sein, weil sie an der Grenze zwischen zwei Komitaten lag, und die Gendarmen aus dem einen Komitat die Räuber nicht in das andere verfolgen konnten. So war es für diese ein Leichtes, rechtzeitig zu verschwinden. Denn gewarnt wurden sie von der Bevölkerung auf alle Fälle.

In der ungarischen Volkspoesie und Volkskunst spielen die Betyáren eine große Rolle, und es gibt unendlich viele Lieder und Geschichten über sie. Es waren meist Leute, die sich entweder vom langjährigen Militärdienst drücken wollten oder irgendwann einmal mit ihrer gutsherrlichen Obrigkeit in Konflikt gekommen waren. Sie sind dann unter dem Hirtenvolk der Pußta oder wie hier, in dieser bewaldeten Gegend eben, untergetaucht. Wir würden sie heute als Outlaws bezeichnen. Die Bevölkerung machte einen feinen Unterschied zwischen den Betyáren und gewöhnlichen Räubern und Mördern, denn die Betyáren nahmen den Wohlhabenden meistens nur so viel weg, wie sie unbedingt zu ihrem Lebensunterhalt brauchten. Deshalb wurden sie vom Volke auch unterstützt, und besonders die Hirten und die armen Bauern boten ihnen Zufluchtstätten. Die Betyáren schlossen sich auch oft zu Gruppen zusammen, manchmal bildeten sie sogar Banden bis zu fünfzig und sechzig Mann. Im Revolutionsjahr 1848 schlug sich einer der berühmtesten ungarischen Betyáren, Sándor Rozsa, mit seiner Bande auf die Seite der Freiheitskämpfer.

In den Legenden und Liedern nimmt sich das Betyárenleben recht romantisch aus, in Wirklichkeit war es eher mühselig. Denn nicht nur die Gendarmen verfolgten die Betyáren, auch Wetter, Regen, Schnee und Sturm setzten ihnen zu. Davon ist auch in einem der bekanntesten Betyárenlieder die Rede:

> *Trink, Betyár, die Zeit vergeht,*
> *kalter Wind vom Berge weht.*
> *Ist einmal das Laubwerk weg,*
> *Find't im Wald er kein Versteck.*
> *Nimmt ein großes Lattichblatt,*
> *daß er eine Zudeck hat.*

Heute hat sich der findige ungarische Fremdenverkehr der Betyárenromantik angenommen und schlachtet sie mit allerhand Touristen-Schnickschnack aus. Auf der Fahrt nach Nemesvámos werden Touristenbusse von ›Betyáren‹ in Kostümen vergangener Zeiten ›überfallen‹ und die Männer um ihre Uhren und die Damen um ihre Armbänder und Halsketten erleichtert. Beim Betyárentanz im Hof der Csárda erhalten dann die ›Beraubten‹ im Schein der Fackeln ihre Sachen unter großem Getöse und bei viel Alkohol zurück. Die Scherze von Nemesvámos sind im Ausflugspreis inbegriffen.

Herend, Pápa, Lébény
Rosenmuster, blaue Röcke und ein lächelnder Engel

Sollte mir der Leser oder der Reisende in Ungarn wirklich in das sanfte Hügelland nördlich des Balaton gefolgt sein, nach Nagyvázsony und in die Räubercsárda von Nemesvámos, so hoffe ich, daß er mir auch weiter folgen wird. Vor allem, wenn es ihm darum geht, die Heimreise vom großen See nach dem Westen nicht auf ausgefahrenen Straßen zu unternehmen, und er bereit ist, auch einige Schleifen einzulegen.

Für die ersten sorgen die südwestlichen Ausläufer des Bakonywaldes, den wir in nordsüdlicher Richtung ja schon durchquert haben. In dem Teil, durch den wir uns jetzt schlängeln, ist der ›Wald‹ schon wesentlich milder: Die Vegetation ist heller, die Kuppen sind runder geworden und die Wiesen weiter und flacher — die Natur kommt hier also ohne großes Pathos aus. Entsprechend geruhsam kann man auch dahinfahren.

Wenn man allerdings etwa fünfzehn Kilometer westlich von Veszprém auf die große Hauptstraße 8 von Budapest nach Graz gerät, ist es zumindest für kurze Zeit mit der Gemütlichkeit aus. Man hat *Herend* erreicht, ein Dorf, das zwar klein, durch seine Porzellanfabrik aber weltweit bekannt ist, und nach den geparkten Autobussen und dem Gedränge in den Ausstellungs- und Verkaufsräumen zu schließen, offenbar zum festen Programm zahlloser Gruppenreisen gehört.

Muß ich jetzt das hohe Lied von Herend singen? Ich fürchte, das wäre nicht die richtige Partie für mich. Denn die Servicemuster von Herend sind mir im wahrsten Sinne des Wortes zu blumig, zu süßlich, zu verspielt, und die Figurinen zu glatt, zu neckisch und zu sehr auf das Populäre hin abgestellt. Ich habe es nun einmal lieber strenger; aber über Geschmack läßt sich ja bekanntlich streiten.Und deshalb braucht dieses Thema hier auch nicht vertieft zu werden.

Immerhin möchte ich einräumen, daß mich einige Vasen im Empire-stil oder das Gödöllő-Service, das Kaiser Franz Josef für die Kaiserin Elisabeth in ihrem ungarischen Schloß anfertigen ließ, mit seinen geometrisch stilisierten fernöstlichen Motiven auf Rot und Gold schon reizen könnten.

Übrigens hat Herend, das verglichen mit anderen Porzellanmanufakturen in Europa relativ jung ist – die Fabrik wurde erst 1839 ins Leben gerufen –, seinen Ruf in der Welt der Mächtigen durch die Kopien begründet, die hier von alten Services aus Meißen, Sèvres oder China angefertigt wurden. Wenn nämlich in Herrscherhäusern oder bei Sammlern wie den Rothschild etwas von den wertvollen Stücken zu Bruch ging, bestellte man bei dem Gründer von Herend, Moric Fischer-Farkasháza (Kaiser Franz Josef I. hatte ihn 1865 geadelt), eine Kopie. So unter anderen Berühmtheiten auch der König von Sardinien, Viktor Emanuel, dem Teile aus seiner chinesischen Sammlung fehlten.

Darüber gibt es eine schöne Anekdote: Moric Fischer habe nämlich, so wird erzählt, den Auftrag nur unter der Bedingung angenommen, daß es ihm ermöglicht werde, seine ›Produkte‹ dem König persönlich zu überreichen. Als er dann in das königliche Schloß in Turin kam, bat er allein gelassen zu werden, um sein Porzellan für den König zu arrangieren. Aus der Glasvitrine nahm er die echten chinesischen Stücke heraus und stellte sie auf den Tisch, seine Erzeugnisse aber placierte er in die Vitrine, dann bat er den König und seinen Hofstaat, sich seine Schöpfungen auf dem Tisch anzusehen. Einige Höflinge fanden, daß die Arbeit des Herrn Fischer aus Herend doch keinen Vergleich mit den Originalen in der Vitrine aushielten, wofür sie sich später, als Fischer sein Manöver preisgab, viel Spott gefallen lassen mußten.

Die Erzeugnisse von Herend, das seit 1947 Staatsbetrieb ist, sind wichtige Exportartikel Ungarns. Das Gedränge ausländischer Touristen in den Verkaufsräumen macht das deutlich.

Im Sog der renommierten Porzellanfabrik in den gar nicht nach Massenproduktion aussehenden Biedermeiergebäuden macht aber auch noch eine andere Branche ihre Geschäfte: Auf dem Platz unweit der Fabrik haben Töpfer aus einem benachbarten ›Schwabendorf‹ ihre Stände mit bäuerlichen Keramiken aufgestellt. Wer derbere Schüsseln, Krüge und Töpfe den Tassen, Tellern und Vasen aus zerbrechlichem Porzellan mit dem feinen Rosenmuster vorzieht, kann hier fündig werden.

Bald hinter Herend zweigt die Regionalstraße 83 von der schon erwähnten Hauptstraße Budapest–Graz ab, windet sich die westlichen Hänge des Bakonywaldes hoch, und ehe man sichs versehen hat, geht es auch schon wieder bergab, wobei man immer wieder freien Blick auf das tischflache Land bekommt, das sich weit nach Westen dehnt. Und am Rande dieser Ebene liegt *Pápa*, für mich der Prototyp einer Provinzstadt in Westungarn. Das bedeutet: ein weiter, von Bäumen umrahmter Marktplatz, eine barocke oder klassizistische Kirche mit zwei mächtigen Türmen, unweit davon das Schloß aus derselben Bauperiode, also aus der zweiten Hälfte des 18. Jahrhunderts. Es gehörte früher einem Magnatengeschlecht, jetzt ist dort das Museum oder eine Schule untergebracht oder die Partei hat ihre Büros dort installiert. Hinter dem Schloß der Park mit hohen alten Bäumen, einem Sportplatz und einem Espresso, einem Restaurant und einer Freilichtbühne und was es sonst noch an Vergnügungsmöglichkeiten gibt.

Die Mitte der Stadt aber beherrschen eindeutig Kirche und Schloß, auch wenn ihnen im Ungarn von heute nicht mehr die Bedeutung von ehemals zukommt. Die Bürgerhäuser in der Hauptstraße und in zwei, drei Nebenstraßen können sich in ihrem Schatten nur ducken, selbst wenn sie mit ihren Torbögen, Erkern und Stuckgirlanden an den Fassaden gar nicht so übel aussehen. Aber es waren halt doch nur die Häuser von Provinznotablen und nicht die eines selbstbewußten städtischen Patriziertums.

So haben diese Provinzstädte, und Pápa ist eine von ihnen, auch heute noch, wo doch an ihrem Rande Industriebetriebe entstanden sind und moderne Wohnblocks gebaut wurden, etwas sehr Ländliches. Wozu wohl auch die Menschen beitragen, die tagsüber den Hauptplatz und die zu ihm führenden Straßen bevölkern. Sie sind zum Einkaufen in die Stadt gekommen, um hier das zu finden, was sie bei sich zu Hause vermissen. Wenn es dann dem Abend zugeht, kehren sie mit Auto, Motorrad und Autobus in ihre Dörfer zurück, und in die ›große Stadt‹ zieht die Stille ein. In Pápa nicht anders als in Kapuvár oder Csorna, um im Bereich der kleinen ungarischen Tiefebene zu bleiben.

Die Pfarrkirche in Pápa mit ihrer großflächigen, für einen Barockbau schon recht strengen Fassade, aus der die beiden von kunstvollen Helmen gekrönten Türme herauswachsen, ist dem Heiligen Stephan dem Märtyrer geweiht. Entworfen hat sie ein Baumeister, dem wir schon begegnet sind, und zwar in Tata, auf der Fahrt nach Budapest. Es ist Jakob Fellner, in dem wir einen der Hauptvertreter des sogenannten Zopfstils kennengelernt haben.

Begegnet sind wir auch schon dem Manne, der die Deckenfresken im Kirchenschiff und die Himmelfahrt Mariä in der Marienkapelle geschaffen hat: dem großen Franz Anton Maulbertsch. Wir haben schon seine Fresken in der Karmeliterkirche in Székesfehérvár bewundern können und wir werden bald Gelegenheit haben, sein Hauptwerk in Ungarn zu betrachten: den Freskenzyklus in der Pfarrkirche von Sümeg. Zwischen Maulbertschs Schöpfungen von Sümeg und Pápa liegen beinahe dreißig Jahre. Der Vollender der Barockmalerei hatte in der Zwischenzeit den Theologiesaal in der Alten Universität in Wien und die Hofburg in Innsbruck ausgemalt. Aber erst wenn man Sümeg gesehen hat, wird man sich seiner Meisterschaft wirklich bewußt.

Etwas Einmaliges hat Pápa aber auf einer ganz anderen Ebene zu bieten: das Blaudruckmuseum (Kékfestő Múzeum), das so etwas wie eine mitteleuropäische Rarität darstellt. Es befindet sich in jenem Haus, in dem ein Mann namens Karl Kluge 1786 eine Blaufärberei und Blaudruckerei ins Leben rief. Damit legte er den Grundstock zu einem Gewerbe, das in den folgenden Jahrzehnten in Ungarn sehr florierte. Denn die in verschiedensten Blautönen gefärbten und bedruckten Stoffe erfreuten sich unter den Bauern großer Beliebtheit. Als Schürzen und Röcke gehörten sie zu den Trachten der Frauen, als Bettdecken und Tischwäsche waren sie eine Zierde der Häuser. Auf keinem der Märkte fehlten daher die Stände mit den Blaudruckstoffen, auf denen oft Motive aus der Volkskunst ihren Niederschlag fanden.

Mit dem Verschwinden der Volkstrachten ging auch die Nachfrage nach den im althergebrachten Handdruck erzeugten blauen Stoffe zurück. In letzter Zeit hat sich aber das Kunstgewerbe ihrer entsonnen und bringt sie vornehmlich als Tischdecken und Wandbehänge wieder auf den Markt, nur werden die Stoffe jetzt maschinell bedruckt und mit Indanthren gefärbt, während früher gerade die Mischungen aus Naturfarben das Geheimnis der jeweiligen Blaudrucker waren. Und die Werbung ist auch nicht mehr so poetisch, wie noch Mitte des vorigen Jahrhunderts, als einer der bekanntesten Blaufärber in Ungarn, Herr Ramasetter aus Sümeg, in Volksliedform für seine Produkte Reklame machte und die Mädchen singen ließ:

Blaudruckröcke, fünf, sechs Stück,
oh, das wär mein höchstes Glück,
daß der Bursch ruft Donnerwetter!
Schau die Maid vom Ramasetter.

Jetzt war schon einige Male die Rede von der ›kleinen ungarischen Tiefebene‹, und damit beim Leser keine falschen Vorstellungen von ihr entstehen, ist es wohl notwendig, einiges über sie zu sagen. Als ich das erste Mal im sogenannten Seewinkel im österreichischen Burgenland war, einer tischflachen Landschaft, die sich mit ihren Schilfteichen und Ziehbrunnen vorzüglich dazu eignet, für mittelklassige Filme eine Pußtaszenerie abzugeben, hatte ich tatsächlich die Vorstellung, daß jenseits der Grenze ja schon irgendwie die wirkliche Pußta beginnt. Besonders an einem Novembertag, wenn alles in Grau versinkt und von Osten ein scharfer kalter Wind über das Land fegt: Dann glaubt man, bereits die Steppen Asiens zu ahnen, aus deren unendlichen Weiten jederzeit Unheil und Vernichtung hervorbrechen können.

Wenn man dann auf ungarischer Seite durch das Land etwa zwischen Győr und Sopron fährt, findet man in ihm nichts mehr

STÄDTE UND LANDSCHAFTEN

von einer Urlandschaft. Das Heide- und Sumpfland, das es einst gewesen ist, als der junge Nikolaus Lenau hier seine tagelangen Ritte unternahm – er wohnte in seiner Jugend in Mosonmagyaróvár und besuchte dort die landwirtschaftliche Fachschule –, gibt es nicht mehr. Heute ist die Kleine ungarische Tiefebene ein kultiviertes Land mit fetten Feldern, auf denen im Sommer Weizen, Mais und Sonnenblumen wachsen, mit Wiesen, auf denen weiß-braun gefleckte Kühe weiden, und Dörfern, wo die Vorgärten der frisch verputzten Bauernhäuser oder die Beete zu beiden Seiten der Straße voller Blumen sind.

Gewiß, das Land ist wie ein Brett, aber in unendliche Fernen kann sich der Blick mitnichten verlieren. Er wird immer wieder aufgefangen von Pappelalleen oder dem Defilée der Weiden beiderseits eines Wasserlaufes, oder, wenn die Fläche der Felder einmal gar zu weit zu werden droht, von Eichen-, Buchen- und Akazienhainen, die sich in der von Menschenhand gestalteten Landschaft ausmachen wie Bastionen, in die sich die Natur zurückgezogen hat. Wobei man natürlich weiß, daß auch sie von Menschenhand als Windfang angelegt sind und von ihr gehegt und genutzt werden. Und ein wichtiger Unterschied zur Großen ungarischen Tiefebene: Hier leben die Menschen in Dörfern, nicht in Einzelgehöften, wie zwischen Donau und Theiß und östlich der Theiß. Es gibt hier zwar auch Einzelgehöfte, dennoch sind es die Reihendörfer, die die Landschaft in der Kleinen Tiefebene prägen.

Ob man schon Pápa zur Kleinen Tiefebene zählen kann, weiß ich nicht, als Tor zu ihr ist die Stadt jedenfalls gut geeignet, besonders wenn man die Fahrt in Richtung des ungarisch-österreichischen Grenzüberganges Hegyeshalom fortsetzt. Auf dem Wege dorthin, schon knapp bevor man die Hauptstraße 1 von Győr nach Hegyeshalom erreicht, liegt *Lébénymiklós*, ein Ort, den man wegen seiner romanischen Kirche unbedingt aufsuchen sollte.

Als ich am Vormittag eines Augusttages zu der Kirche kam, war die Tür des Südportales weit geöffnet, in der Kirche selbst aber niemand zu sehen. Das war ungewöhnlich, denn auch in Ungarn sperrt man die sehenswerten Kirchen sorgfältig ab, um sie vor Kirchendieben zu schützen. Als ich mich umzusehen begann, begriff ich den Grund der vermeintlichen Sorglosigkeit. Nichts, was für Kirchendiebe von besonderem Wert wäre, ist im dreischiffigen Inneren zu finden. Der dreiflügelige Hauptaltar ist ebenso wie die

Kanzel ein neuromanisches Werk vom Ende des vorigen Jahrhunderts, die beiden Seitenaltäre weisen auch nichts Besonderes auf. Die Bilder an den Seitenwänden von den Stationen des Leidensweges Christi sind moderne Arbeiten, die man schon nach dem ersten Hinsehen wieder vergessen hat. Es ist also nichts vorhanden, was wegzutragen sich lohnen würde.

Warum die Anfang des 13. Jahrhunderts von den Benediktinern gebaute Kirche im Inneren so arm ist? Schon im 15. Jahrhundert wurde sie beim Einfall deutscher Truppen geplündert. Die Türken steckten sie 1529 auf ihrem Wege zur ersten Belagerung Wiens in Brand, und sie taten es ein zweites Mal 1683, als sie wieder auf dem Wege nach Wien waren. Denn in der Zwischenzeit hatten die Jesuiten die Kirche von Lébény wieder aufgebaut. Noch einmal setzten die Jesuiten die Kirche instand, aber 1773 wurde der Jesuitenorden in Ungarn aufgelöst, und die Kirchenschätze von Lébény wanderten in die königliche Schatzkammer. Das Kleinod der romanischen Architektur wurde erneut herrenlos. Erst seit den dreißiger Jahren des vorigen Jahrhunderts dient sie der Gemeinde Lébénymiklós als Pfarrkirche.

Im Innern ist die Kirche natürlich stark restauriert, zuletzt geschah dies in der zweiten Hälfte des vorigen Jahrhunderts 1862-65 und 1872-79 durch den damaligen Leiter des Germanischen Nationalmuseums in Nürnberg, August Essenwein. Von den mittelalterlichen Kreuzrippengewölben sind nur Reste in der Turmhalle und in der Empore erhalten. Soweit also das wechselvolle Schicksal dieser Kirche.

Was macht nun aber ihren besonderen Reiz aus? Für mich zunächst die Strenge des Kircheninneren mit den vier massiven Bündelpfeilern, die das Hauptschiff von den Seitenschiffen trennen und aus denen die Halbsäulen herauswachsen, die einst das mittelalterliche Kreuzgewölbe trugen. Dann aber die Westfassade zwischen den zwei wuchtigen Türmen, auf die man zufährt, wenn man sich vom Südwesten der Kirche nähert. Und in dieser Westfassade das großartige Portal, ein Gewändeportal, wie es in der Fachsprache heißt, mit je vier Säulen rechts und links und zwischen ihnen die üppige Ornamentik in Stein.

Dann gibt es aber noch ein Südportal, auf der Seite, wo die Linden stehen und wo einst das Kloster gewesen sein muß. Wenn ich zwischen beiden Portalen zu wählen hätte, ich würde mich für dieses kleine entscheiden, durch das in den früheren Zeiten wohl die Mönche ihre Kirche betreten haben. Es ist noch feiner gegliedert und in der Ornamentik reicher und raffinierter. Und es hat den einzigen figuralen Schmuck der ganzen Kirche: einen Engel, der ganz verloren ist in der Fülle des steinernen Schmuckes um ihn herum und der sich mit einem milden Lächeln für seine bescheidene Existenz inmitten dieser Pracht fast zu entschuldigen scheint.

Von Lébénymiklós sind es dann zur ungarisch-österreichischen Grenze Hegyeshalom-Nickelsdorf nur noch gut dreißig Kilometer. Die letzte Stadt auf ungarischem Gebiet ist das schon erwähnte, schwer auszusprechende *Mosonmagyaróvár*. Wer über diesen frequentiertesten westungarischen Grenzübergang nach Budapest fährt oder von dort kommt, wird diesen Ort meist nur als eine unendlich lange Straße mit Obst- und Gemüseständen und Souvenirläden für Touristen und einer schönbrunn-gelben Barockkirche mit einem kühnen Turm in Erinnerung haben. In die reizvolleren Teile der Stadt, die etwas abseits liegen, an der Straße nach Preßburg und an der Einmündung der Leitha in die Donau, kommt der Tourist aus dem Westen meist gar nicht und man kann nur sagen: Schade für ihn. Denn dort befindet sich eigentlich das Zentrum der Stadt mit hübschen Bürgerhäusern aus dem 18. und 19. Jahrhundert und der Burg, einem robusten zweistöckigen Bau in Form eines unregelmäßigen Vierecks, zu dem man über eine Ziegelbrücke und durch ein Burgtor gelangt, das tief wie ein Tunnel ist.

Der lange Name unseres Städtchens kommt daher, daß es aus drei Ortschaften vereinigt wurde: Von zweien wurde der Name bewahrt und zwar von Moson, dem alten Wieselburg, und von Magyaróvár, das in früheren Zeiten eher unter der Bezeichnung Ungarisch-Altenburg bekannt war. Und Wieselburg war Sitz eines der vier Komitate (Regierungsbezirke) in Westungarn, von denen, wie wir schon einmal erwähnt haben, sich der jetzige Name des österreichischen Bundeslandes Burgenland ableitet: Nämlich von den Komitaten Preßburg, Wieselburg, Ödenburg und Eisenburg.

Außer den letzten Einkaufsmöglichkeiten, die Mosonmagyaróvár dem Touristen aus dem Westen vor dem Verlassen Ungarns bietet, verfügt die Stadt noch über eine andere Attraktion: nämlich ein modernes Thermalbad mit mehreren Becken der verschiedensten Wassermischungen. Die Wiener, Niederösterreicher und Burgenländer frequentieren das Bad ebenso gern wie die Slowaken aus dem benachbarten Preßburg (Bratislava). Und so findet sich im warmen Wasser von Mosonmagyaróvár wieder einmal die Bevölkerung der alten K. u. K. Monarchie zusammen.

Ödenburg

Der Geist der Bernsteinstraße

Unbestritten gibt es den ›Zeitgeist‹, und kein geringerer als Golo Mann beruft sich des öfteren auf ihn, wenn es gilt, historische Vorgänge in ihren Hintergründen zu erhellen. Können wir uns aber auch auf so etwas wie den ›Ortsgeist‹, den ›Genius loci‹ berufen, wenn wir den Charakter einer Stadt beschreiben wollen?

Der unvergessene Victor Auburtin hat in einem seiner Reisefeuilletons aus dem Jahre 1927 von Eisenstadt im Burgenland, der Hauptstadt des östlichsten und damals erst wenige Jahre alten österreichischen Bundeslandes, diesen Geist beschworen. Er hat daran erinnert, daß Haydn hier in der kleinen Bergkirche begraben ist, daß Franz Liszt und Joseph Joachim in der Nähe geboren wurden, und er hat dann gesagt: »Mag das nun eine Einbildung von mir sein oder auf einem wirklichen Zusammenhang beruhen − mir scheint, ich habe noch nie eine Stadt gesehen, in der soviel gefiedelt und geklimpert wird wie hier in Eisenstadt ... und natürlich ist das alles gar keine Einbildung meinerseits. Wenn an einer bestimmten Stelle der Welt drei verschiedene musikalische Genies aufwachsen, die nicht einmal miteinander verwandt sind, dann ist da etwas mit dem Boden.«

An Victor Auburtin mußte ich denken, als ich am frühen Abend eines Vorfrühlingstages durch die Gassen der Altstadt von Ödenburg schlenderte. Es war jetzt still zwischen den Palais mit ihren Fassaden aus der Zeit des Barocks und des Klassizismus, die Scharen der Touristen hatten sich schon verlaufen, von einem Haus zum anderen schlurfte höchstens eine alte Frau oder huschte eine Katze. Die Straßenlampen verbreiteten ein mattes Licht, und es gab auch nicht allzu viele Fensterreihen, aus denen Helligkeit drang. Um sie offenzulassen war es noch zu kühl, aber man konnte doch hören, wie hinter einigen von ihnen ein Chor probte oder ein Quartett seine Instrumente stimmte.

Eisenstadt und Ödenburg und das Esterházy-Schloß im heutigen Fertöd, wo Haydn vierundzwanzig Jahre seines Lebens verbrachte − wie weit sind sie voneinander eigentlich entfernt? Von Eisenstadt nach Ödenburg sind es zwanzig Kilometer und von dort nach Fertöd, dem früheren Esterháza, nicht mehr als weitere sechsundzwanzig. Raiding, wo Franz Liszt geboren wurde, liegt auch nur

zwanzig Kilometer von Ödenburg entfernt, und Rohrau, den Geburtsort Haydns, nördlich von Bruck an der Leitha, muß man auch
noch zu diesem Bereich zählen.

Hört man dann schließlich noch, daß ein schmächtiger neunjähri-
ger Knabe namens Franz Liszt hier sein erstes öffentliches Konzert
gegeben hat, daß Karl Goldman, der Komponist der ›Königin von
Saba‹, hier die Musikschule besucht hat, daß Johann Strauß in
Ödenburg seine ›Nacht in Venedig‹ komponiert hat, und daß der
Organist der evangelischen Kirche von einem Buben, dessen Musi-
kalität er zu begutachten hatte, sagte, dieser Knabe werde die Welt
noch in Erstaunen versetzen, und daß dieser Knabe Béla Bártok
hieß, dann zweifelt man auch nicht mehr im geringsten daran,
daß man sich auf einem Boden befindet, den musikalische Adern
durchziehen.

Es müssen ihn aber auch noch andere Adern durchziehen, aus
denen ein Geist drang, der den Charakter der Stadt mitprägte, auch
wenn dieser Geist wesentlich prosaischer war.

Ich habe mich immer gewundert und gefragt, wie dieses Ödenburg, an dem geographischen Ort, an dem es sich nun einmal
befindet, die Zeitläufe so unbeschädigt überstehen konnte, wie es
sie überstanden hat. Immerhin liegt es in einer Grenzzone zwischen
Ungarn und Österreich, in der es jahrhundertelang recht turbulent
zugegangen ist. Außerdem lag es zweimal auf dem Wege der
türkischen Heerscharen, die sich anschickten, Wien, den sagenhaften
›Goldenen Apfel‹ ihrer Vorstellungswelt, zu erobern.

Ödenburg—Sopron hat die Türken überstanden, wie es die ungarischen aufständischen Kuruzen überstanden hat, und nichts kündet
in seiner Chronik von heldenhafter Verteidigung einer kleinen Burg-
besatzung gegen die hundertfache Übermacht des Halbmonds wie
in Köszeg—Güns, oder von einem Untergang in Blut und Rauch
und Pulverdampf, wie in Szigetvár. Die einzige Katastrophe für
Ödenburg war die banale Feuersbrunst von 1676, die die mittelalterliche Stadt arg in Mitleidenschaft zog, allerdings wieder nicht so
arg, als daß man sich nicht noch heute eine Vorstellung von ihr
machen könnte.

Ihr vergleichsweise unbeschädigtes Überleben verdankt die Stadt
dem nüchternen Geist ihrer Bürger und Bürgermeister, die — in
dieser Hinsicht völlig unmagyarisch — nur wenig von Gesten schöner, aber sinnloser Dramatik, dafür um so mehr von einem kühlen

Abwägen von Vor- und Nachteilen hielten. Also zahlten sie fremden Feldherren einen Tribut, wenn diese über so viel Truppen verfügten, daß sie der Stadt gefährlich werden konnten. So hielten sie es sogar mit dem gefürchteten Kara Mustafa, als sich dessen Heerbann im Sommer 1683 gegen Wien wälzte. Der Vorteil war auf beiden Seiten: Der Großwesir hatte in seinem Rücken keine widerspenstige Festung zu fürchten, die seine Verbindungen bedrohen konnte, und die Stadt wiederum kam unter den Schutz der Tschauschen, der türkischen Feldgendarmerie, die äußerst wirkungsvoll für Recht, Zucht und Ordnung sorgte und vor allem die beutegierigen Tataren von ihr fernhielt.

Hängt nun dieser Geist der unheroischen Nüchternheit damit zusammen, daß Ödenburg an der Bernsteinstraße lag, der sagenhaften Handelsverbindung von der Ostsee nach Italien? Jedenfalls war der Ort schon zur Römerzeit unter dem Namen ›Scarbantia‹ ein wichtiger Umschlagplatz. Und wenn ich mir die Scharen von Österreichern ansehe, die jetzt tagtäglich über die Grenze bei Klingenbach kommen, um hier in Ödenburg Salami und Barack zu kaufen, zum Friseur zu gehen oder sich eine neue Brille anzuschaffen –, dann neige ich schon zu der Auffassung, daß sich hier seit den Zeiten der Römer nicht allzuviel geändert hat.

Ich hatte schon immer den Wunsch, von der Bernsteinstraße und ihrer Bedeutung nicht nur zu lesen, sondern sie auch in der Wirklichkeit ihres Verlaufes und ihres Pflasters zu sehen. Hier in Ödenburg wurde mir dieser Wunsch erfüllt. In der Nähe des Stadtturmes tritt sie zweimal aus der Erde, die die Jahrhunderte über sie gelegt haben: dort, wo unter freiem Himmel, vier Meter unter dem Niveau der heutigen Innenstadt, die Mauern des alten Scarbantia bloßgelegt werden und dann in dem gotischen Keller des Fabricius-Hauses, wo die römischen Funde ausgestellt sind.

Keine drei Meter breit scheint mir die Straße gewesen zu sein, auf deren grauen Basaltplatten man noch immer den Marschtritt der römischen Legionen und das Klappern der Hufe der Tragtiere zu hören vermeint, deren Karawanen die Waren vom Süden nach dem Norden und vom Norden nach dem Süden transportierten.

Nimmt man nun alles in allem, die Lage an der großen Handelsstraße, den Erwerbs- und den Kunstsinn ihrer Bürger und die selbständige und selbstbewußte Politik der Stadtväter, dann bekommt man ein Bild von Ödenburg, das sich wesentlich von dem der meisten anderen Städte Ungarns unterscheidet. Hier herrscht ein urbaner Geist, die Stadt schöpft ihre Energien aus sich selbst, sie ist nicht nur eine Verdichtung des sie umgebenden Landes. Gewiß: Auch in Sopron kommt das Land ganz nahe an die Stadt heran, vor allem mit seinen Weingärten, und die Häuser mit ihren Torbögen werden kleiner und die Straßen ländlicher, je weiter man sich vom Stadtzentrum entfernt – und doch herrscht hier eben ein anderer Stil und eine andere Atmosphäre als sagen wir in Pápa oder in Kapuvár oder auch in Szombathely, von den Städten östlich der Donau ganz zu schweigen.

Von wo aus man sich den ersten Überblick über Sopron verschaffen sollte? Ich meine von der Michaelskirche aus, beziehungsweise von ihrem Turm. Denn die Kirche liegt auf einer Anhöhe in angemessener Entfernung vom Zentrum der Stadt, und von ihrem Turm müßte man also den umfassendsten Blick auf Sopron haben.

Nie ist es mir aber geglückt, auf den aus dem 13. Jahrhundert stammenden Turm zu steigen, entweder waren der Bewahrer des Schlüssels nicht aufzutreiben oder der Zutritt zur Kirche wegen Restaurierungsarbeiten überhaupt unmöglich.

Nun gibt es aber in der Nähe, etwa auf gleicher Höhe zwischen Weingärten und Friedhöfen, ein neues Hotel, von dessen Zimmern man auch einen recht schönen Blick auf die Stadt hat. Von da aus gesehen präsentiert sich Sopron etwa so: in einer Mulde, gewissermaßen auf dem Boden einer Schale, die Altstadt mit ihrem Wahrzeichen, dem Stadtturm mit seiner Renaissancegalerie, dann die Türme der Kirchen und zwischen ihnen, mehr zu ahnen als zu sehen, die schmalen mittelalterlichen Gassen und kleinen Plätze. Das Ganze eingeschlossen von den Resten der Stadtmauer und dem breiten Lenin körút, dem Lenin-Ring, der dort verläuft, wo sich einstmals der Stadtgraben befand.

Von diesem Kern breitet sich das heutige Sopron in alle vier Himmelsrichtungen aus: mit seinen Villen, Erholungsheimen und Parks nach Süden zu in das waldige Hügelland; mit dem Stadtteil Ikvapart und seinen Handwerker- und Bauernhäusern, naiven Heiligenfiguren, säulengestützten Torbögen und stuckverzierten Fassaden hinaus in die Weinberge im Norden; mit seinen neuen Wohnbezirken und Industrieanlagen schließlich nach Westen zur österreichischen Grenze zu und nach Osten in die Weite der Kleinen ungarischen Tiefebene.

Wenn man von Sopron spricht, dann hat man immer die innere Stadt vor Augen, die von der Stadtmauer wie von den Bügeln eines Hufeisens eingeschlossen war und wo im Mittelalter die Häuser Wand an Wand, ohne Brandmauer, aneinanderklebten, was verheerende Folgen hatte, als die große Feuersbrunst die Stadt heimsuchte. Trotzdem blieben noch viele gotische Kreuzrippengewölbe, Fenster- und Torbögen erhalten, nur verschwanden sie zunächst einmal unter dem Putz der späteren Umbauten und kamen erst wieder zum Vorschein bei den Restaurierungs- und Sanierungsarbeiten nach dem Zweiten Weltkrieg.

Wie aber erschließt man sich die Altstadt? Ich meine, vom *Fő tér* aus, dem *Stadtplatz,* wo man außer dem schon erwähnten Stadtturm gleich einige der schönsten Bauten vor sich hat. Das Rathaus gehört nicht dazu, es wurde um die Jahrhundertwende, als man die Stadtmauer niederriß, in eklektischem Stil errichtet, was eine arge Barbarei war. Denn das alte Rathaus gehörte zu den Schmuckstücken der Stadt. Aber offenbar glaubte man sich damals im Namen des Fortschrittes über die Vorschrift König Ludwigs II. aus dem Jahre 1525 hinwegsetzen zu können, der angeordnet hatte, daß der Platz nicht durch Abbruch eines seiner Gebäude architektonisch verändert werden dürfe. So sehr hatte ihm der Platz gefallen.

Trotzdem ist noch vieles da, um den Fő tér zu einer Sehenswürdigkeit zu machen. Gleich gegenüber dem neuen Rathaus das *Storno-Haus,* ein palaisartiger Eckbau mit einem zweistöckigen Renaissance-Erker und ebenfalls zweistöckigen Arkadenreihen im Hofe. Das Haus ist nach einer Familie benannt, die erst Anfang des vergangenen Jahrhunderts aus der Schweiz nach Ödenburg kam und sich hier als Kaminfeger betätigte. Was damals, wenn man der Stadtgeschichte glauben will, mit beachtlichem materiellen Erfolg verbunden gewesen sein muß. Denn die Familie kam nicht nur in den Besitz dieses prächtigen Hauses, sondern legte sich mit der Zeit eine Kunstsammlung zu, die von mittelalterlichen Aquamanilen, Heiligenstatuen, Leuchtern und Kelchen über bäuerliche Keramiken, kunstvolle Möbel und edles Porzellan bis zu seltenen Kupferstichen alles enthält, was das Herz eines Sammlers erfreut. Das haben die Storno natürlich nicht alles auf den Dachböden gefunden, die sie in Ausübung ihres Berufes betreten mußten. Die Sammlung geht auf Franz Storno zurück, der ursprünglich auch Kaminfeger war, sich aber zu einem Maler und weit bekannten Restaurator entwickelte.

Sie ist jedenfalls noch vorhanden, auch wenn sie jetzt im Besitz der Stadt ist. Es gibt übrigens noch eine zweite ähnliche, wenn auch vielleicht nicht so umfangreiche Sammlung, die der Familie Zettl-Langer; sie befindet sich noch immer in Privatbesitz, man kann sie aber besichtigen, wobei der weißhaarige Besitzer und seine Frau in makellosem Deutsch die notwendigen Erläuterungen geben. Denn die Familie stammt aus Bayern und ließ sich in Ödenburg nieder, als das Bürgertum der Stadt noch im wesentlichen deutsch war.

Das hat sich später geändert, und 1921, als das Burgenland darüber abstimmte, ob es bei Ungarn bleiben oder zu Österreich wollte, entschieden sich dreiundsiebzig Prozent der Einwohner Ödenburgs für Ungarn. In Österreich kann man gelegentlich noch hören, daß es dabei nicht ganz mit rechten Dingen zugegangen sei, aber das ist nun wirklich schon Schnee von vorgestern. Viele Österreicher, die jetzt ohne Visum nach Ungarn und damit auch nach Ödenburg fahren können, werden kaum mehr wissen, daß der Ehrentitel Soprons ›Civitas fidelissima‹ — die ›Treueste Stadt‹ — erst 1922 in das Wappen der Stadt als Anerkennung für die Haltung in der Volksabstimmung eingefügt wurde.

Aus der Zeit der engen Verbindung Ödenburgs mit Österreich gibt es im übrigen noch eine Besonderheit, wie sie zwischen einer westlichen Demokratie und einem kommunistisch regierten Land wohl einmalig sein dürfte. Das ist die ›Raab—Ödenburg—Ebenfurter-Eisenbahn‹ (GYSEV), deren Strecke über ungarisches wie über österreichisches Gebiet verläuft und die eine gemischte österreichisch-ungarische Aktiengesellschaft ist. Sie ist also sozusagen eine private Eisenbahn, und ihre Personen- und Güterzüge fahren weiter hin und her über die Grenze und durch den ›Eisernen Vorhang‹, so als hätte es keine Eingliederung Ungarns in den östlichen Machtbereich und keine Spaltung Europas gegeben. Daß diese Eisenbahngesellschaft auch Hotels und Reisebüros unterhält, ist nur noch ein ›Tüpferl‹ auf diesem sonderbaren i.

Aber kehren wir zurück in die innere Stadt und zu ihren Einwohnern. Nicht nur, daß Ödenburg in früheren Zeiten zum großen Teil deutsch war, die Stadt war einmal auch fast ganz protestantisch. In den Zeiten, da aus den österreichischen Landen die Protestanten von der Gegenreformation vertrieben wurden, nahm Ödenburg viele von ihnen auf und hinderte sie nicht, den Gottesdienst nach ihrer Art zu halten. Die spätbarocke *Evangelische Kirche* mit ihrem Altar von der Kahlenbergkirche in Wien wurde erst 1782/83 erbaut. Vorher, im 17. Jahrhundert, diente die Georgskirche in der Szent

György utca (Sankt-Georgs-Gasse) den Lutheranern als Gotteshaus, sie mußten sie aber 1674 an die Jesuiten abtreten. Von da an waren die Ödenburger Protestanten eine Zeit lang auf Gottesdienste im Freien angewiesen, an die das *Eggenberg-Haus* in der gleichen Straße erinnert. Dieses Palais hat an seiner Barockfassade ein Wappen, das man in diesen Breitengraden nicht erwarten würde: Das Wappen des Hauses Brandenburg. Die Fürstin Eggenberg war nämlich eine brandenburgische Prinzessin. Gegen Ende des 17. Jahrhunderts, als protestantische Gottesdienste untersagt waren, erwirkte sie die Erlaubnis, die evangelische Gemeinde in dem Arkadenhof ihres Palais zur Abendmahlsfeier zu versammeln, und zu diesen Gottesdiensten kamen sogar die am kaiserlichen Hof in Wien akkreditierten Gesandten der protestantischen Länder.

Ödenburg muß auch einmal eine bedeutende jüdische Gemeinde in seinen Mauern gehabt haben, wenn man von den zwei *Synagogen* ausgeht, die in den Nachkriegsjahren aus den Zu- und Umbauten der späteren Jahrhunderte freigelegt wurden. Sie befinden sich in der Új utca, der Neugasse, die bis ins 15. Jahrhundert Judengasse hieß. Ein Ghetto gab es hier nicht, denn nach dem erhaltenen Grundbuch aus der zweiten Hälfte des 14. Jahrhunderts wohnten in der Straße jüdische und christliche Familien friedlich nebeneinander.

Die jüdische Gemeinde dürfte sehr reich gewesen sein, jedenfalls nach den beiden Synagogen zu schließen. Ihre Angehörigen waren auch nicht Handwerker oder Händler, sondern hatten das Geld- und Kreditgeschäft in ihren Händen und waren auch die Bankiers der Erzherzöge der Steiermark. Eine der beiden Synagogen wurde gegen das Ende des 13. Jahrhunderts errichtet, die zweite um 1350. Wieso es in derselben Gasse zwei voneinander nur geringfügig entfernte Synagogen gab, ist bis heute noch nicht geklärt.

Das ältere Gebetshaus kam erst Ende der sechziger Jahre zum Vorschein, wurde dann sukzessive freigelegt und teilweise restauriert. Es war mit einem Bad für rituelle Waschungen, in das man auf einer Leiter hinabstieg, und einem Krankenhaus verbunden. An der Ost- und Südfassade sind noch einige romanische Fenster erhalten, ebenso Teile des Portals und des gotischen Rippengewölbes im Mittelraum der Synagoge, wo sich das Almemor für den Vorleser mit der Thorarolle befand. Wunderschön sind die Verzierungen – Weintrauben und Blätterwerk – in der aus dem Stein herausgemeißelten Einfassung des Thoraschreines in der Ostwand.

Die jüngere Synagoge, auf die man schon in den fünfziger Jahren bei einem Wohnungsumbau gestoßen war, weist ein Kreuzrippengewölbe auf, von dem ein Teil erhalten geblieben ist und ein Teil restauriert wurde.

Kehren wir zum Fő tér zurück, denn hier müssen wir uns auf alle Fälle die *Benediktinerkirche* ansehen, die im Volksmunde auch die Ziegenkirche heißt, weil die Erbauerfamilie das muntere Tier in ihrem Wappen hatte. Die Kirche stammt auch vom Ende des 13. Jahrhunderts, also aus der gleichen Zeit wie die ältere Synagoge, und in ihrer Gotik ähneln sich die beiden Gotteshäuser, obwohl das christliche, eine dreischiffige Hallenkirche, im Inneren stark barockisiert wurde.

Die Kirche hat auch historisch einige Bedeutung, denn fünf Mal tagte hier der ungarische Reichstag und zwei Mal war sie Schauplatz von Krönungszeremonien. Der spätere Kaiser Ferdinand III. wurde hier 1625 zum ungarischen König gekrönt, und 1681 wurde in ihr Magdalene Eleonore von Pfalz-Neuburg, der dritten Gemahlin Kaiser Leopolds I., die ungarische Königinnenkrone aufs Haupt gesetzt.

Reinere Gotik als die Kirche bietet aber der *Kapitelsaal* des Ordenshauses, das sich unmittelbar anschließt. Das Haus diente zuerst den Franziskanern, später den Benediktinern. Der Kapitelsaal ist ein dreischiffiger Raum, der im 13. Jahrhundert entstand und in dem sich die Ordensleute zu den Kapitelsitzungen versammelten. Später wurde er mehrfach umgebaut, und als in das Ordenshaus Komitatsämter einzogen, diente er als Rumpelkammer. Nach dem Kriege wurden die Vermauerungen und der Verputz der Barockzeit beseitigt, und zum Vorschein kamen wieder die achteckigen schlanken Pfeiler und das von ihnen getragene Kreuzrippengewölbe, der plastische Schmuck der Wandkonsolen, die Fenster mit ihrem gotischen Maßwerk, die Säulenkapitelle mit ihren Ornamenten und dämonischen Figuren und die Fresken an den Wänden. Damit wurde der Kapitelsaal zu einer Hauptsehenswürdigkeit von Sopron.

Ich fürchte, ich muß den Leser wieder einmal um Nachsicht bitten, diesmal für die reichlich unsystematische Art, wie ich ihn durch Ödenburg führe. Aber was soll ich tun, wenn mich diese Stadt selbst vom Hundertsten zum Tausendsten führt, wenn sie mir, konkret gesagt, auf engstem Raum an einer Stelle die Bernsteinstraße und nur wenige Meter weiter einen bezaubernden Renaissance-Erker bietet. Wenn ich, kaum habe ich mich von einer zarten Rokokofassade gelöst, von dem Maßwerk eines gotischen Fensters angezogen werde, wenn mir ein barocker Torbogen den Blick auf die Arkaden eines Innenhofes freigibt und wenn ich dann in diesem Hof entdecken muß, daß er noch einen zweiten Ausgang in die Straße dahinter hat, und ich dann unbedingt wissen muß, was dort meiner harrt.

Wie soll man nur die Beharrlichkeit aufbringen, sich auf dem Fő tér die Ziegenkirche und die Dreifaltigkeitssäule *gründlich anzusehen, die einzelnen Bauphasen des* Fabricius-Hauses *vom gotischen Keller bis zur Barockstukkatur des zweiten Stockwerkes zu vergegenwärtigen und im sogenannten* Generalshaus *über die Bedeutung seines Erbauers, des großen Bürgermeisters Dr. Christoph Lackner, für die Stadt nachzudenken, wenn in der Templom utca, der Kirchengasse, schon die zwei* Esterházy-Palais *und das* Benediktiner-Ordenshaus *locken.*

Und weil ich Verlockungen dieser Art nicht widerstehen konnte, habe ich es auch nicht fertig gebracht, eines nach dem anderen mir anzusehen. Also bin ich immer wieder zwischen dem Stadtplatz auf der einen und dem Széchenyiplatz auf der anderen Seite der Innenstadt gekreist, von der Kirchengasse in die Klostergasse, von der Új utca mit den beiden Synagogen zum Orsolya tér, dem Ursulinerinnenplatz, der so zauberhaft sein könnte, wenn man nicht eine durch die Bombardierung 1945 geschlagene Lücke mit einem scheußlichen Betongebäude aufgefüllt hätte. Weil man sich nun von diesem Anblick schnell erholen muß, geht man durch die Sankt-Georgs-Gasse, die Szent György utca, wieder zurück in Richtung Stadtplatz, stellt sich vor das Sax-Haus, *genießt die wohl schönste Renaissancefassade der Stadt und ruht sich auf den gotischen Sitznischen in der Toreinfahrt aus. Wenn man es nicht vorzieht, sich in einem der kleinen Cafés zu erholen, oder, falls schon der Abend naht, in einem der tiefen Weinkeller. Denn um Sopron gibt es ausgedehnte Weinkulturen, und vor allem der Rotwein ist durchaus zu empfehlen, besonders wenn man ihn unter einem mittelalterlichen Gewölbe trinkt und damit der Vergangenheit der Stadt noch ganz verhaftet bleibt.*

Vieles, das in Ödenburg—Sopron bemerkens- und sehenswert ist, habe ich nicht erwähnt – ich muß es zum Ausklang dieses Kapitels zugeben. Es wäre aber sonst kein Ende dieses Kapitels gewesen. Wie man ja auch beim Verlassen der Stadt nach dem ersten Besuch das Gefühl nicht los wird, daß sie noch Schönheiten in sich birgt, von denen man auch nicht einen Zipfel gesehen hat. Wahrscheinlich trägt zu diesem Gefühl noch bei, daß in der Altstadt unentwegt ausgegraben, alter Verputz beseitigt und nachgesehen wird, was sich hinter ihm verbirgt. Dabei kommen immer wieder neue Kostbarkeiten zum Vorschein. Die Stadt steht ja auch, was die Zuteilung von staatlichen Geldern zur Bewahrung der historischen Bauten betrifft, hinter Budapest an zweiter Stelle. »Was immer noch zu wenig ist«, sagen die für das kulturelle Bild der Stadt Verantwortlichen. Was aber doch genügt, den Besucher, wenn er nach einiger Zeit wieder in die Stadt kommt, mit neuen Ausgrabungen, Funden, Entdeckungen, Freilegungen und Wiederherstellungen zu überraschen. Womit ein neuer Besuch nicht nur zu einem Vergnügen, sondern auch zu einem neuen Abenteuer wird.

Im Umkreis von Ödenburg
Auf Juwelensuche

Sopron—Ödenburg liegt nur ein Dutzend Kilometer von der Südspitze des Neusiedler Sees entfernt, und es wäre daher keine schlechte Idee, sich auch einmal an das Ufer dieses großen, aber seichten Steppenwassers zu begeben, das nur zu einem Sechstel zu Ungarn, sonst aber zu Österreich gehört. Nur darf man sich das Ufer nicht als einen Strand vorstellen, an den die Wellen schlagen und an dem man spazierengehen könnte. Noch mehr als auf der österreichischen Seite trennt ein breiter Schilfgürtel das feste Land vom Wasser, und noch weniger als bei den Österreichern führen Dämme oder Stege durch das Schilf zur offenen Wasserfläche. Da die Grenze außerdem nicht geradlinig durch den See verläuft, sondern sich um Halbinseln und Inseln herumwindet, und die Ungarn unmittelbar im Grenzbereich eher penibel sind — aus dem Schilf ragen Wachtürme und durch den Sumpf zieht sich Stacheldraht — ist ein Aufenthalt unmittelbar am See eher problematisch.

Aber nach *Fertőrákos* sollte man doch fahren, es ist nur zehn Kilometer von Sopron entfernt. Von dem Hang oberhalb des Steinbruchs über dem Dorf hat man einen prächtigen Blick auf den See oder besser gesagt, auf die sich nach Osten zu wie ins Unendliche ausdehnende Schilffläche, aus der hin und wieder Lagunen freien Wassers hervorblitzen. Eine Landschaft von eigentümlichem Reiz: heiter im Grün des Frühlings, beinahe ausgelöscht in der flimmernden Hitze des Sommers, und starr und tot im Herbst und Winter, wenn das braune Schilf unbeweglich in der Kälte steht. Auch in den Steinbruch hinabzusteigen lohnt sich. Heute werden dort keine Steinblöcke mehr gebrochen wie in früheren Jahrhunderten, und auch kein Kriegsgerät wird dort im Schutze der Felsdecken produziert, wie im Zweiten Weltkrieg. Heute finden in den Felsenhallen während der Soproner Festwochen im Sommer Konzerte und Opernaufführungen statt, und wenn Radames und Aida in dieser Szenerie ihrem Tod entgegensingen, hat man beinahe den Eindruck, ihr Opernschicksal vollziehe sich tatsächlich in einem ägyptischen Königsgrab am Nil.

Fünfzehn Kilometer weiter auf der kleinen Straße, die dem Schilfgürtel des Neusiedler Sees in östlicher Richtung folgt, muß man erneut den Hang zur Rechten hochsteigen. Nicht, um noch einen Blick auf die ungewöhnliche See- und Schilflandschaft zu werfen, sondern um sich ein Kirchlein anzusehen, das mit seinen Freskenresten zu den ältesten Zeugnissen der Romanik in Ungarn zählt. Der langgestreckte Ort heißt *Hidegség*, und wenn man zu einer Zeit dort ankommt, da die Leute auf den Feldern oder beim Essen sind, braucht es einige Zeit, bevor man die alte Bäuerin, die den Schlüssel zur Kirche aufbewahrt, gefunden und animiert hat, die Türe aufzusperren.

Die Pfarrkirche Sankt Andreas gehört zu jenen nicht seltenen Dorfkirchen in Westungarn, die bis in die romanische Zeit zurückreichen, in den folgenden Jahrhunderten aber entweder beschädigt oder umgebaut wurden, öfters sogar beides und noch dazu mehrmals. Was an Ursprünglichem den Zeiten getrotz hat, ist manchmal erst mühselig aus den Zu- und Umbauten wieder freigelegt worden. So auch in Hidegség.

Sankt Andreas wurde als Rundkirche mit einer halbrunden Apsis schon im 12. Jahrhundert errichtet, zwei Jahrhunderte später baute man ein gotisches Schiff an, und im 19. Jahrhundert verlängerte man die Kirche nochmals. Anfang der siebziger Jahre trennte man die alte Rundkirche aber wieder von den späteren Anbauten, damit ihre romanische Gestalt und ihr Freskenschmuck besser zur Geltung kommen können.

Die Fresken — in der Halbkuppel ein Christus in der Mandorla, umgeben von den Evangelistensymbolen, darunter in gemalten Arkadenbögen die Zwölf Apostel — sind bestimmt keine Meisterwerke, und sie sind auch nicht so gut erhalten, als daß sie Kunstbücher zieren könnten.

Auf ihnen und in der bescheidenen Kirche mit ihren runden Wänden liegt aber der Hauch früher christlicher Zeit, die das 12. Jahrhundert für dieses Gebiet zweifellos noch bedeutet hat. Oder erneut bedeutet hat. Denn genau genommen ist dieses Westungarn drei Mal christianisiert worden. Zum ersten Mal noch in römischer Zeit, als sich in der Provinz Pannonien unter den römischen Legionären auch die neue Religion aus dem Vorderen Orient ausbreitete. Im Zusammenbruch des Weströmischen Reiches unter dem Ansturm der Goten und der Hunnen, und in den Jahrhunderten, da das Land um Donau und Theiß den Langobarden und Gepiden, Awaren, Slawen offen lag, wurde diese zarte Saat wieder ausgetreten. Erst im 8. und 9. Jahrhundert mit der karolingisch-bayrischen Missionstätigkeit nach der Zerschlagung des Awarenreiches und mit der Tätigkeit der Slawenapostel Kyrill und Method von Byzanz her setzte die zweite Christianisierungswelle ein. Aber auch sie konnte noch keine festen Wurzeln schlagen. Noch einmal brach ein heidnisches Reitervolk, die Ungarn, in das Karpatenbekken ein und vernichtete das christliche Bekehrungswerk schon in seinen Ansätzen. Erst als die ungarischen Stämme seßhaft wurden, sich bei ihnen eine königliche Zentralgewalt entwickelte und diese für den Westen politisch und kulturell optierte, konnte die aus Österreich und Bayern gesteuerte dritte Christianisierung von Dauer sein. Diese Entwicklung vollzog sich erst im 11. Jahrhundert und sie hatte ihren Schwerpunkt in Transdanubien, also dem Ungarn westlich der Donau, das die ungarischen Stämme bei ihrer ›Landnahme‹ als einigermaßen bewohnt und bebaut vorgefunden hatten. So entfaltete sich auch von hier aus das ungarische Staatswesen und die kirchliche Organisation, und es entstanden jene kleinen Kirchen und Fresken und Statuen, die uns als Ausdruck eines schlichten Glaubens so ansprechen.

Zu ihnen gehört auch die Magdalenenkirche in *Sopronbánfalva,* einem Ort mit ungarischer, kroatischer und deutscher Bevölkerung am Südwestrand von Sopron gelegen; dort wo sich die Wohngebiete schon in die Waldtäler des Soproner Hügellandes vorschieben. Wie die Rundkirche in Hideség geht sie auf das 12. Jahrhundert zurück; sie ist so altersgrau, daß man geneigt ist, ihr noch einige Jahrhunderte mehr aufzubürden. Sie steht mitten im Ort, jenseits eines Baches, über den eine kleine Brücke führt und hinter einer efeubewachsenen Mauer, die das Kirchlein nur noch mehr ihrer Umgebung und unserer Zeit entrückt.

Man ist versucht von einer Spielzeugkirche zu sprechen, so niedrig ist das Portal, durch das man den Innenraum betritt. Das

Schiff besitzt eine schlichte Holzdecke, Kreuzrippen wölben sich nur über dem Chor, der ja auch erst aus dem 15. Jahrhundert stammt. Das Portal verschließt noch eine massive, mit Eisen beschlagene Holztür, rechts und links davon erkennt man romanische Sitznischen. Ein romanischer Bogen trennt das Schiff vom Chor, und nur sieben Reihen verwitterter Holzbänke bieten Sitz für die Gläubigen. Drei Steinstufen führen zur Kanzel hinauf, und von der Glocke in dem Türmchen, das auf der Spitze des Giebels sitzt, hängt das Seil hinunter in das Kirchenschiff. Die Fresken sind verblichen, aber es ist merkwürdig: Die Stimmung, die hier herrscht, ist nicht die der Vergänglichkeit und des Verfalls, eher die der stillen Selbstbehauptung durch alle Zeiten hindurch, wer immer auch in dieses Waldtal eingebrochen ist, um zu erobern und zu zerstören, zu töten und zu plündern.

Fertőd – Esterháza

Rondo all'ungherese

In Fertőd war ich das erste Mal im Jahre 1959, kurz nachdem der ungarische Staat begonnen hatte, das im Krieg schwer beschädigte ehemalige Prunkschloß der Fürsten Esterházy wiederherzustellen. Er hatte lange gezögert, dies zu tun, offenbar aus denselben Gründen, aus denen er 1950 den Namen des Schlosses Esterháza in Fertőd geändert hatte, abgeleitet vom Fertő-tó, der ungarischen Bezeichnung des Neusiedler Sees. Für die kommunistischen Machthaber nach dem Kriege waren die Esterházy die verabscheuungswürdigsten Repräsentanten der verabscheuungswürdigen Magnatenklasse. Ihr Haupt, Fürst Paul, hatten sie hinter Schloß und Riegel gesetzt (er kam während der Revolution 1956 frei und lebt jetzt hauptsächlich in der Schweiz), und der Name Esterházy sollte offensichtlich aus der Geschichte des Landes getilgt werden.

In den dreißig bis vierzig Jahren, die seither verflossen sind, hat sich auch in Ungarn einiges geändert. Schloß und Dorf ist zwar der Name Fertőd geblieben, aber auch in offiziellen Publikationen ziert man sich jetzt nicht mehr, wenn es gilt, das ›Ungarische Versailles‹ und seine Bedeutung ins rechte Licht zu rücken. Einschließlich der Bedeutung seines Erbauers, des Fürsten Nikolaus (Miklós) Esterházy, der schon von seinen Zeitgenossen den Beinamen ›der Prachtliebende‹ bekommen hatte.

Natürlich spielen dabei auch Erwägungen des Fremdenverkehrs eine Rolle. Fertőd–Esterháza mit seinen 126 Räumen, der Sala Terrena mit dem Fußboden aus Carrara-Marmor, dem Musiksaal, in dem Haydn seine Symphonien dirigierte, dem Festsaal mit dem Blick auf den Park, in dem der Fürst 24000 Lampions für die Kaiserin Maria Theresia entzündet hatte – das alles läßt sich heutzutage touristisch wunderbar verkaufen. Auch für die Konzerte im Rahmen der Soproner Musikfestwochen gibt das Schloß eine attraktive Kulisse ab; Grund genug, um es zu pflegen und dabei auch den Namen Esterházy nicht zu vergessen.

Aber auch in der Einstellung zu der Geschichte ihres Landes ganz allgemein haben sich bei den Ungarn diejenigen durchgesetzt, die die Magnaten nicht nur als Herren über unendliche Ländereien und Tausende ausgebeuteter Leibeigenen sehen, sondern auch bereit sind, ihren Beitrag zum Kulturgut der Nation, zum wirtschaftlichen Fortschritt und zu der Wahrung der nationalen Rechte zu würdigen. Selbst wenn es sich um Fürsten wie die Esterházy handelt, die in den Auseinandersetzungen der Ungarn mit den Habsburgern immer auf der Seite des Herrscherhauses in Wien gestanden sind. Und die ihre Treue zum Herrscherhaus auch mit einer Mehrung ihres Grundbesitzes – er umfaßte einmal 600000 Hektar – honoriert erhielten.

Übrigens trifft es nicht zu, daß die Esterházy ihren Besitz ausschließlich ihrer Treue zu Habsburg verdanken. Zwar begann ihr Aufstieg, verglichen mit anderen Familien des ungarischen Hochadels, relativ spät, nämlich erst im 17. Jahrhundert, zu einer Zeit also, da das Kaiserhaus in Ungarn nicht nur in die Kämpfe gegen die Türken, sondern immer wieder auch in die Auseinandersetzungen mit den Fürsten von Siebenbürgen verstrickt war, die ebenso für ihre nationalen wie für ihre ständischen Rechte ins Feld zogen. Aber die beiden Esterházy, die die Voraussetzungen für den politischen Aufstieg ihres Hauses schufen, hatten die Wahl ihrer Ehefrauen wohl auch gut überlegt. Sowohl Nikolaus Esterházy wie sein Sohn Paul waren zweimal verheiratet, und dreimal waren die Gattinnen reiche Witwen, deren Mitgift das Vermögen ihrer Männer wohltuend vermehrte.

Mit dem 1582 in Galantha, in der heutigen Slowakei, geborenen Nikolaus traten die Esterházy sozusagen in die Geschichte ein. Zunächst wechselte Nikolaus vom protestantischen zum katholischen Glauben über. Dann machte er sich den Habsburgern im Kampf mit ihren großen

protestantischen Widersachern auf ungarischer Seite, den siebenbürgi-
schen Fürsten Gabriel Bethlen und Georg Rákóczi I., nützlich. Seine
Diplomatie trug wesentlich zum Nikolsburger Frieden (1622) mit ersterem
und zum Linzer Frieden (1645) mit letzterem bei. Die Kaiser in Wien –
Matthias und Ferdinand II. – dankten es ihm: 1613 wurde Nikolaus
Esterházy Baron, 1625 Palatin (Vizekönig) von Ungarn, ein Jahr später
Graf.

Den Titel eines Reichsfürsten erhielt sein drittgeborener Sohn Paul
(1635-1713). Dieser focht unter Reichsfeldmarschall Raimund Montecuc-
coli gegen die Türken, nahm an der Befreiung Wiens 1683 teil und war
einer der ersten, die an der Spitze der kaiserlichen Truppen drei Jahre
später in die Burg von Buda eindrangen. Der Fürstentitel, den ihm Kaiser
Leopold verlieh, galt zunächst nur ihm persönlich, wurde aber 1712 auf
die erstgeborenen Söhne des Hauses ausgedehnt. In Eisenstadt, der heutigen
Hauptstadt des österreichischen Burgenlandes, schuf er das einzige Barock-
schloß Ungarns des 17. Jahrhunderts und machte es zu seiner Residenz.

Schloß Fertőd–Esterháza ist das Werk seines Enkels Nikolaus
(1714-1790). Durch den Tod seines Bruders Paul Anton kam dieser
in den Besitz des gesamten Vermögens der Fürstenlinie der
Esterházy, und sein Wahlspruch soll gelautet haben: ›Was der Kaiser
kann, das kann ich auch.‹ Und so ließ er in der Marschlandschaft
südwestlich des Neusiedler Sees, vierzig Kilometer von seiner Residenz Eisenstadt entfernt, Esterháza bauen, das zu seiner Zeit wie
auch heute noch als der größte und schönste Schloßkomplex Ungarns bezeichnet wird. Wann immer er erwähnt wird, fehlt auch
nicht der Satz aus der Beschreibung eines französischen Reisenden
aus dem Jahre 1788: »Es gibt wohl außer Versailles keinen Ort in
Frankreich, der sich, was seine Pracht betrifft, mit diesem vergleichen
ließe.«

Als ich, wie gesagt, das erste Mal in Fertőd war, waren die
Restaurierungsarbeiten erst an ihrem Anfang, und man konnte sich
das Schloß nur von außen ansehen. Als ich es viele Jahre später
wieder besuchte, kam ich vom nahen Nagycenk, dem Széchenyi-
Schloß. Das hätte ich nicht tun sollen, denn ich stellte Vergleiche
an, was immer problematisch ist, noch dazu bei zwei Bauwerken,
deren Entstehungszeit gar nicht so weit auseinanderliegt, die aber
doch einen völlig anderen Geist und eine völlig andere Atmosphäre
ausstrahlen. In Nagycenk ist schon die Aufklärung da, ihr Rationalis-
mus, ihr Streben nach Fortschritt, nach Reformen, die bürgerliche

Welt kündigt sich an, ihr Denken in Kategorien der Arbeit und des Gewinns. Nagycenk ist schon nach der Französischen Revolution entstanden, Esterháza ist noch zutiefst Ancien Régime, die Zeit, von der Talleyrand gesagt haben soll, niemand, der sie nicht erlebt habe, könne sich ihre Süße vorstellen.

Eines haben aber beide Schlösser gemeinsam: Man spürt in ihnen den Geist der außergewöhnlichen Persönlichkeiten, die sie geschaffen haben. Széchenyi eilte seiner Zeit voraus und ordnete diesem Ziel alles unter, die architektonische Gestaltung seines Schlosses wie die Einrichtung im Innern. In Esterháza jedoch scheint Fürst Nikolaus für die Menschen seiner Zeit nur eine Botschaft gehabt zu haben: den Augenblick zu genießen und den Genuß festzuhalten.

Nikolaus Esterházy muß auch in anderer Hinsicht eine außergewöhnliche Persönlichkeit gewesen sein, denn der Bau seines Schlosses war sein Werk, kein großer Baumeister seiner Zeit stand ihm zur Verfügung, er hat nacheinander vier Architekten beschäftigt, alle hatten aber nur seine Anordnungen auszuführen. Was dabei herausgekommen ist, ist großartig, aber für mich entbehrt es der besonderen Note, sei es, daß der Bau das Genie des Architekten wiederspiegelt oder den Geist des Bauherren. In seiner Art und in seiner Zeit ist Esterháza auswechselbar.

Trotzdem ist die Komposition der Gebäude um den Ehrenhof herum, der die Form eines Hufeisens hat, ein großer Wurf: dem zweiflügeligen Rokokotor gegenüber steht das dreigeschossige Hauptgebäude mit dreiachsigem Turmaufsatz und einem auf vier Säulenpaaren ruhenden Balkon, zu dem sich von beiden Seiten in spitzem Winkel eine Freitreppe hinaufschwingt. An beiden Seiten des Hauptgebäudes schließen sich in einer Rundung zweistöckige Flügelgebäude an, von denen aus dann eingeschossige Nebengebäude den Ehrenhof rahmen und in einem Bogen zum Tor einschwenken.

Der Großartigkeit des Baues entsprach unter Nikolaus die Pracht der Hofhaltung. Sie war in der Tat fürstlich und strahlte weit über die Grenzen Ungarns aus. Das Schloß bewachte eine Leibgarde von hundertfünfzig Mann, die zu halten die Esterházy als Reichsfürsten das Recht hatten. Die hochgewachsenen Leibgardisten trugen prächtige Uniformen: dunkelblauen Rock mit roten Klappen, Weste und Beinkleider in weiß, schwarze Bärenfellmützen mit gelben Schildern.

Im Stall war Platz für hundertzehn Pferde, in der Wagenremise standen Kutschen für alle Gelegenheiten und natürlich auch Schlitten für die Winterszeit.

Die Musiker der Hofkapelle wohnten in einem eigenen Musikhaus; im ersten Stock hatte auch der Hofkapellmeister Joseph Haydn eine Dreizimmerwohnung.

Haydn wirkte zwischen 1761 und 1790 in Esterháza. Hier schuf er die meisten seiner Opern, denn Esterháza verfügte auch über ein Opernhaus mit einer von rotmarmorierten Säulen getragenen Fürstenloge und vierhundert Sitzplätzen.

Das Opernhaus – »wenn ich eine gute Oper hören will, gehe ich nach Esterháza«, soll Maria Theresia gesagt haben – gibt es nicht mehr. Zum ersten Mal brannte es 1779 nieder, der Fürst ließ es aber schnell wieder aufbauen. Ende des vorigen Jahrhunderts wurde es zum zweiten Mal ein Raub der Flammen; inzwischen hatten sich die Zeiten geändert, und die Nachfahren des prunkliebenden Fürsten Nikolaus hatten keinen Bedarf mehr an Opernaufführungen in Esterháza. So gibt es davon nur noch Mauerreste.

In der großen Zeit von Esterháza war auch der vierhundert Hektar große Park europäischer Gesprächsstoff: Es gibt genaueste Beschreibungen seiner Alleen, Statuen und Springbrunnen, der Tempel, Pavillons und chinesischen Lusthäuser. Der große chinesische Tanzsaal scheint die Phantasie der Zeitgenossen besonders beschäftigt zu haben. »Wenn Ball gegeben wurde«, so heißt es in einem dieser Berichte, »so waren alle Musiker in Gold- und Silberstoff gekleidet, auf chinesische Art mit gelben Hüten voller Glocken. Die Fenster sind statt mit Gläsern (um beständig frische Luft zu haben) mit Silberflor bezogen ...«

Die große Zeit des Schlosses währte allerdings nur relativ kurz: keine dreißig Jahre. Sie verlosch wie eines jener Feuerwerke, mit denen Fürst Nikolaus seine kaiserlichen und königlichen Gäste zu unterhalten pflegte.

Dabei machte keine große Revolution den Lustbarkeiten in Esterháza ein Ende. Als Fürst Nikolaus 1790 starb, lösten seine Erben den Hofstaat in Esterháza samt Orchester auf, und die meisten Kostbarkeiten wurden auf andere Esterházy-Schlösser verteilt. Die folgenden Generationen der Esterházy lebten in Eisenstadt und Wien, aber nicht mehr in dem Märchenschloß nahe dem Schilfgürtel um den Neusiedler See.

Was in Esterháza zwischen 1760 und 1790 geboten wurde, war der späte Glanz einer Epoche, die ihrem Ende zuging. Für eine Bühne, wie sie Esterháza darstellte, wurden in Europa künftig keine Stücke mehr geschrieben.

Da das Schloß nach 1790 eigentlich nicht mehr benutzt wurde, begann es zu verfallen. Der Park verwilderte, die Lusthäuser zerbröckelten, die einst gepflegten Rasenflächen verwandelten sich in Wiesen, auf denen Heu geerntet wurde.

Was der berühmte Zahn der Zeit nicht zuwege brachte, das vollendeten die letzten Kriegswochen. Das Schloß erlitt schwere Beschädigungen, vor allem wurde die Inneneinrichtung zerstört oder geplündert. Die Fürsten Esterházy wurden enteignet, und der ungarische Staat, dem ihr Grundbesitz, etwa 110 000 Hektar, und ihre Schlösser in Ungarn zufielen, entschloß sich, wie schon erwähnt, nur zögernd zu einer Restaurierung von Esterháza.

Aber heute ist das Schloß neu erstanden, und auch die Innenräume füllen wieder kostbare Barockmöbel, venezianische Spiegel, chinesische Vasen und flämische Wandteppiche. Vieles wurde aus anderen Schlössern hierher gebracht, manches aber auch bei Nachforschungen in den Bauernhäusern der Umgebung entdeckt.

In den Seitentrakten des Schlosses ist eine landwirtschaftliche Fachschule untergebracht und ein Gartenbauinstitut. Das Hauptgebäude aber ist offenbar ein touristisches Muß für alle Reisegruppen, die Westungarn auf dem Programm haben, gleichgültig ob sie aus Mönchengladbach oder Cottbus, aus Minsk oder von einer ungarischen LPG, aus der italienischen oder französischen Provinz kommen. So schieben sich zur Sommerzeit Legionen von Touristen in Filzpantoffeln über das spiegelnde Parkett der Salons und der ehemals fürstlichen Privatgemächer, des Prunksaales und des Musiksaales, in denen auch wieder Konzerte stattfinden, mit Werken von Haydn, wie vor zweihundert Jahren ...

Nagycenk

Der größte Ungar

In den frühen Morgenstunden des 17. Oktober 1813, eines Sonntags, sahen die Vorposten der Armee Blüchers, die nördlich von Leipzig stand, aus den französischen Linien heraus einen Reiter heranpreschen. Noch bevor sie sich zu einer Reaktion entschließen konnten, war der mysteriöse Reiter an ihnen vorbei und jagte weiter in Richtung auf Blüchers Hauptquartier. Sie konnten gerade noch erkennen, daß es ein österreichischer Ulanenoffizier war. Aber sie wußten nicht, daß er dem preußischen Feldmarschall den Schlachtplan brachte, den der Oberkommandierende der verbündeten Streitkräfte gegen Napoleon, Fürst Schwarzenberg, für den Kampf am nächsten Tag entworfen hatte, jene Schlacht, die in die Geschichte als ›Völkerschlacht von Leipzig‹ eingegangen ist und die der Anfang vom Ende Napoleons war. Der kühne Reiter aber war der 22 Jahre alte Oberleutnant der Ulanen, Graf István (Stephan) Széchenyi, den 27 Jahre später seine Zeitgenossen als den ›größten Ungarn‹ bezeichnen sollten.

In der Nacht vom 16. zum 17. Oktober 1813 brauchte man aber zunächst einen Mann, der die Botschaft Schwarzenbergs auf dem direktesten Wege zu Blücher bringen würde: Und das konnte nur durch die französischen Linien sein. Denn Schwarzenberg lag mit seinen Truppen südlich, Blücher aber nordöstlich von Leipzig, und eine Übermittlung der Botschaft unter Umgehung der Stellungen Napoleons wäre zu spät gekommen. Der Draufgänger und vorzügliche Reiter Széchenyi übernahm die Mission und traf wohlbehalten bei Blücher ein. Er tat noch ein übriges: Als Blücher meinte, man müßte auch den noch zögernden Prinzen Bernadotte mit seinen Schweden zu einer Teilnahme an der Schlacht bewegen, erklärte er sich bereit, die Mission zu übernehmen, falls man ihm ein frisches Pferd gebe. Dies geschah, und Széchenyi preschte zu Bernadotte, der nach einigem Hin und Her tatsächlich zusagte, am nächsten Tag mit gegen die Franzosen zu marschieren. Der Ungar jagte nun zurück, zuerst zu Blücher und dann ein zweites Mal durch die französischen Linien in Schwarzenbergs Hauptquartier, das er im Morgengrauen des entscheidenden 18. Oktober erreichte. Für sein Husarenstück wurde er zum Rittmeister befördert, und von Zar Alexander erhielt er den Sankt-Vladimir-Orden vierter Klasse.

Warum fiel mir jetzt, da ich nach dem Besuch des Mausoleums der Széchenyi auf dem Dorffriedhof von Nagycenk im Schatten einer Linde saß und mir einige Notizen machte, gerade   dieser halsbrecherische Ritt des jungen István ein? Sein ganzes Leben war doch, in seinen hochgesteckten Zielen ebenso wie in dem, was er schuf – man nannte ihn auch den ›Erbauer des Landes‹ – eine einzige

Kette von Abenteuern. Bis zu seinem politischen Scheitern und dem schrecklichen Tod von eigener Hand in der privaten Irrenanstalt des Doktor Görgen in Wien-Döbling am 8. April, dem Ostersonntag des Jahres 1860.

Wenn meine Gedanken jetzt etwas ungeordnet dem ungewöhnlichen Leben dieses außerordentlichen Mannes folgten, so lag es wohl daran, daß mein Besuch in Nagycenk nicht ganz so verlief, wie ich ihn geplant hatte. Von dem sechzehn Kilometer entfernten Sopron (Ödenburg) kommend verpaßte ich die Abfahrt zu dem am Nordoststrand des Dorfes gelegenen Schloß der Széchenyi und landete in der Ortsmitte bei der Kirche. In ihrer unmittelbaren Nähe liegt wiederum der Dorffriedhof mit dem Mausoleum der gräflichen Familie, durch die Nagycenk – die ältere Literatur verwendet meist den deutschen Namen Zinkendorf – seine Bedeutung erhalten hat. Und weil das Mausoleum gerade geöffnet war, schloß ich mich der Führung einer kleinen Gruppe ungarischer Besucher an. So geschah es, daß ich, statt mich mit den Zeugnissen seines Wirkens auf dem Höhepunkt seines Lebens befassen zu können, zunächst einmal in die schwarzen Schatten um seinen Tod geriet. Daher wohl meine etwas konfusen Gedanken über das Schicksal dieses Mannes, an dessen Grabkammer in der Krypta unter der barocken Kapelle ich eben gestanden war. Außer dem einfachen Grabstein mit seinem Namen erinnert an ihn in dieser Gruft noch etwas: In einer eisernen Truhe wird ein Stück seiner Schädeldecke aufbewahrt, das herausgelöst wurde, nachdem sich Széchenyi aus einer mit Vogelschrot geladenen Pistole in den Kopf geschossen hatte.

Aber genug des Makaberen. Begeben wir uns zu dem *Schloß*, von dem Széchenyi schon in seinen jungen Jahren sagte: »In Cenk finde ich Ruhe und glückliche Bequemlichkeit.«

Um den Haupteindruck gleich vorweg zu nehmen: Es ist kein aufwendiges Schloß, wie man es vielleicht von einem Manne von der Bedeutung und dem Vermögen eines István Széchenyi erwarten würde. Hier sind Maß, Geschmack und Zweckmäßigkeit eine Harmonie eingegangen, die ihren eigenen Charme hat. Der Hauptbau in der Mitte hat eine frühklassizistische Fassade, die im Jahre 1800 entstand, mit einem von vier toskanischen Säulen getragenen und einem zierlichen Eisengitter eingefaßten Balkon. Die Säle im Erdgeschoß, das Treppenhaus und auch der große Saal im oberen Stockwerk sind noch in ihrem spätbarocken Zustand aus den Jahren

zwischen 1750 und 1758 erhalten. Heute beherbergen sie das Szé-
chenyi-Museum.

An das Hauptgebäude schließen sich im Osten ein Wirtschaftsflü-
gel, im Westen der ehemalige Wohnflügel an, den Graf István für
sich hatte erbauen lassen, wo er sein Arbeitszimmer und seine
Bibliothek hatte und durch dessen große Doppelfenster er den Blick
auf den Park genießen konnte. Nach der Rückseite hin bilden die drei
Gebäudeteile einen Cour d'honneur. Dort ist heute ein staatliches
Gestüt untergebracht. Rechts und links vom Haupteingang befinden
sich die ebenerdigen Wachgebäude. Auf sie führt die drei Kilometer
lange Lindenallee zu, die um die Mitte des 18. Jahrhunderts angelegt
wurde und heute noch gepflegt wird.

So weit die nüchterne Beschreibung des äußeren Bildes, das das
Schloß von Nagycenk dem Besucher bietet. So wie es ist, ist es
nicht zufällig entstanden. Es spiegelt sich in ihm viel von dem wider,
was Wesen und Charakter dieses István Széchenyi ausgemacht hat.

*Zunächst sein Ethos. Noch bevor er sein großes Reformwerk begann,
schrieb er 1826 in sein Tagebuch, das er im übrigen in Deutsch führte:
»Wir sind zu keinen Reformatoren geboren, wir müssen uns erst selbst
reformieren. Wir müssen in die Schule der Demut und der Selbstver-
leugnung gehen ...« Und als er 1828 den Grund und Boden in seiner
Gemeinde Cenk zwischen seinem Gut und den besitzlosen Leibeigenen
aufteilte, sagte er: »Wir müssen ein Beispiel geben, daß im Lande nicht
nur jedermann sein Auskommen finden, sondern auch reich werden könne.
Wir müssen eher das Allgemeinwohl anstreben, als unseren eigenen
Nutzen ...«*

*Das waren unerhörte Worte von einem Mann, der dem ungarischen
Adel angehörte, jenen »vierhunderttausend Seelen, die ihre Vorrechte und
ausschließlichen Privilegien gegen zehn Millionen Menschen, von denen
im Landtag gar keine Rede ist, geltend machen wollen«, wie er einmal
sagte.*

Also verzichtete er darauf, seinem Schloß und seiner Lebensführung einen Pomp zu geben, den ihm sein riesiges Vermögen wohl
ermöglicht hätte. Dafür gründete er ein Gestüt, baute eine Walz-
mühle und rief eine Schafzucht ins Leben. Und als 1825 in der
Magnatenkammer des ungarischen Landtags die Gründung einer
Ungarischen Akademie zur Debatte stand und das Projekt an Geld-
mangel zu scheitern drohte, stellte er spontan sechzigtausend Gulden zur Verfügung, was den Bruttoeinnahmen seiner Besitzungen

in einem Jahr gleichkam. Erst dieses Beispiel bewog andere Magnaten zu Spenden für das Projekt, das damit auch verwirklicht werden konnte.

Das war noch vor seiner großen Zeit als ›Erwecker Ungarns‹, die 1830 mit der Veröffentlichung seines Buches ›Kredit‹ begann. Was predigte Széchenyi in diesem Buch, das wie eine Bombe einschlug? Nichts weniger als die Einbeziehung Ungarns in den Fortschritt des 19. Jahrhunderts, wirtschaftlich, sozial und kulturell. Aber es sollte sich nicht nur die kapitalistische Produktionsweise mit ihren Begriffen Profit, Rentabilität und Konkurrenz in Ungarn entfalten können, es müsse auch eine homogene nationale Gesellschaft entstehen, um die Reformen verwirklichen zu können. »In dieser Erkenntnis«, so schreibt Széchenyis Biograph Denis Silagi, »und in der Art, wie er aus ihr seine weitreichenden Folgerungen zog, wie er den Plan der wirtschaftspolitischen Reform in eine breit angelegte nationale Philosophie einbettete, lag die großartige Originalität Széchenyis, die Einzigartigkeit des Buches ›Kredit‹.«

Bei dem Buch blieb es aber nicht. Im nächsten Jahrzehnt ging er daran, seine Ideen Schritt für Schritt in die Tat umzusetzen. Zur Modernisierung der Agrarwirtschaft schuf er den ›Allgemeinen Landwirtschaftsverein‹. Auf sein Betreiben wurde die Donauschifffahrt ausgebaut, er importierte Schiffe aus England, holte ausländische Fachleute ins Land und baute die erste Werft in Ungarn. Er leitete die Regulierung der Niederdonau und der Theiß ein und machte die Donau durch das Eiserne Tor schiffbar. In Budapest schuf er die Kettenbrücke, die erste auch winterfeste Verbindung zwischen Pest und Buda, womit er die Grundlage für die Verschmelzung der beiden damals noch getrennten Städte zur Hauptstadt Budapest legte.

Es würde zu weit führen, all das aufzuzählen, was er sonst noch in der Wirtschaft Ungarns, in seinem kulturellen Leben und im Bereich der öffentlichen Institutionen geschaffen, angeregt oder gefördert hat. Dabei hat Széchenyi all das in Bewegung gesetzt, ohne eine amtliche Stellung zu haben. Er gehörte zwar dem ungarischen Reichstag an, hatte aber bis 1845 keine Funktion irgendwelcher Art. Er handelte als Privatmann, der auf dem Wege von Reformen sein Land in eine neue Zukunft führen wollte.

Kein Wunder, daß Széchenyi in dem Jahrzehnt zwischen 1830 und 1840 die populärste Figur in Ungarn war. Und es war sein späterer politischer Widersacher Lájos Kossuth, der 1840 von ihm als dem ›größten Ungarn‹ sprach, ein Ehrentitel, der ihm bis heute geblieben ist.

Eine Engländerin, Miss Julia Pardoe, schildert Széchenyi auf dem Höhepunkt seiner Popularität: »Wie von selbst bewirkt seine ungewöhnliche Karriere ein Gefühl der Bewunderung, und sein Äußeres ist im hohen Maße dazu angetan, dieses Gefühl zu verstärken. Er hat dunkle durchdringende Adleraugen, doch wird sein Blick des öfteren sanft, ja sogar traurig. Seine fein geschwungenen dichten Brauen sind stets in Bewegung, was seinem Gesicht den Ausdruck außerordentlicher Tatkraft verleiht. Er hat eine volle, feierlich klingende, hell tönende Stimme, der man lauschen muß, ob man will oder nicht.«

Ich sagte schon, daß Széchenyi ein Reformer war, und ich sollte noch hinzufügen, daß er ein konservativer Reformer war. Er wollte den evolutionären Weg gehen, er glaubte den Hof in Wien davon überzeugen zu können, daß die Reformen, die er ihm abtrotzte, im Interesse nicht nur Ungarns, sondern des ganzen Habsburgerreiches seien, er hielt nichts von revolutionären Bewegungen, die seiner Meinung nach das ungarische Volk nur in eine Katastrophe führen müßten. Deshalb auch sein leidenschaftlicher Kampf gegen Lajos Kossuth und dessen liberal-demokratisch-revolutionäre Bewegung, die sich in den letzten Jahren vor der Märzrevolution 1848 immer mehr durchsetzen konnte. Als Széchenyi mehr aus patriotischer Loyalität denn aus Überzeugung am 7. April 1848 der ersten nationalen Regierung Ungarns unter dem Grafen Lájos Batthyány als Verkehrsminister beitrat, war sein Stern längst verblaßt. Der neue Stern hieß Lajos Kossuth, der dem Kabinett als Finanzminister angehörte. Von ihm schrieb Széchenyi im Juli 1848 in sein Tagebuch: »Kossuths Name erscheint mir in der zu schreibenden Geschichte in einem Meer von Blut.« Wie recht er mit dieser Prophezeiung behalten sollte, konnte Széchenyi unmittelbar nicht mehr wahrnehmen. Im September 1848 brach der Wahnsinn bei ihm aus – Anzeichen dafür gab es schon früher. Seine Familie brachte ihn in die schon erwähnte private Irrenanstalt Doktor August Görgens in Wien-Döbling.

Was nun folgte, ist nur noch ein trauriger Epilog eines großen Lebens. Acht Jahre lebte er in geistiger Umnachtung. Erst 1856 besserte sich sein Zustand. Er nimmt seine publizistische Tätigkeit wieder auf, er schreibt Denkschriften und Flugschriften zur ungarischen Frage: Politiker, Diplomaten, Journalisten pilgern zu seiner ›Döblinger Höhle‹. Diese Aktivität ruft jedoch die Polizei auf den Plan, die in seiner Wohnung die Zentrale einer weitverzweigten Verschwörung sieht. Anfang März 1860 nimmt sie in der Anstalt eine Hausdurchsuchung vor, die aber nichts Kompromittierendes zutage fördert. Széchenyi reagiert auf das Vorgehen der Behörden zunächst ruhig, als aber bei seinem Sekretär ein Manuskript gefunden wird, von dem er meint, es könne ihn belasten, ergreift ihn die Unruhe. Er befürchtet, man könnte ihn entweder in eine staatliche Irrenanstalt stecken oder ihn, falls man ihn für gesund erklärt, zu Kerkerhaft verurteilen. So oder so glaubt er sich verloren, und als einziger Ausweg erscheint ihm der Freitod. In der Nacht zum 8. April 1860 schießt er sich eine tödliche Schrotladung in den Kopf.

Sein Begräbnis wird zu einer nationalen Demonstration der Ungarn. Die Leiche wird mit der Bahn nach Sopron gebracht. Dort übernehmen die Bewohner von Nagycenk den Sarg und tragen ihn die sechzehn Kilometer in seinen Heimatort, wo er in der Familiengruft beigesetzt wird. Vor der Kirche steht seine Bronzestatue, auf dem Sockel erscheint sein Wahlspruch ›Magyarorszag nem volt, hanem lesz‹ − ›Ungarn war nicht, sondern wird sein‹.

Sárvár

Wo Bayerns letzter König starb

Wer von Wien auf kürzestem Wege zum Balaton will, überschreitet zwischen Klingenbach und Ödenburg die österreichisch-ungarische Grenze und fährt auf der Hauptstraße 84 gegen Süden. Etwa 60 Kilometer hinter Ödenburg windet sich die Straße durch einen Ort namens Sárvár, dem der Reisende, falls er sich vorher nicht besonders für ihn interessiert hat, nicht viel Aufmerksamkeit schenken wird. Außer einem noch relativ neuen Thermalbad bietet er auch nicht viel. Aber da ist das *Schloß*, und an diesem − ein unregelmäßiges Fünfeck bildenden − Renaissancebau, zu dessen vierschrötigem Torturm eine Ziegelbrücke mit neun Bögen über dem ehemaligen Burggraben führt, sollte der Reisende nicht achtlos vorbeifahren. Auch wenn er es sehr eilig hat, an die grünen Ufer des ›Ungarischen Meeres‹ zu gelangen.

Schon als Bau wird ihm das Schloß Vergnügen bereiten: Wenn er durch das Renaissancetor in die Eingangshalle und aus dieser in den Hof gelangt ist, wird er erst einen Augenblick verweilen und die Atmosphäre im Inneren des Schlosses auf sich wirken lassen. Zunächst eine Atmosphäre der Strenge, die von den weißen Mauern des Fünfeckes ausgeht, die in verschiedenen Winkeln zueinander stehen. Dann aber auch wieder eine Atmosphäre des Intimen, wenn man sich unter den hohen alten Bäumen niederläßt, die in der Mitte des Hofes ihren Schatten spenden. Aber um ehrlich zu sein: Will man den baulichen Reiz der Anlage in vollem Umfang genießen, so kaufe man sich im Touristenbüro gegenüber dem Schloß eine Ansichtskarte mit der Luftaufnahme des Schlosses, denn nur so kann man es ganz überblicken und den Bau verstehen.

Was es mit Sárvár historisch auf sich hat, erfährt man im *Nádasdy-Museum* im Obergeschoß des Schlosses. Es trägt den Namen jener Magnatenfamilie, deren Mitglieder zu den verschiedensten Zeiten eine hervorragende Rolle in der Geschichte Ungarns und Österreichs gespielt haben. Als Förderer von Wissenschaft und Kunst, als Hauptleute der Nádasdy-Husaren, als Staatsmänner und Feldherren, im Dienste des Kaiserhauses und auch – als Verschwörer gegen die Habsburger in Wien. In dieser letzten Eigenschaft begegnen wir Ferenc Nádasdy III., der Mitte des 17. Jahrhunderts das Schloß großzügig ausbauen ließ und auch den Prunksaal schuf, dessen Deckengemälde die Heldentaten seines Großvaters Ferenc Nádasdy II., des ›Schwarzen Beg‹, in den Kriegen gegen die Türken schildert. Ferenc Nádasdy III. selbst sehen wir im Museum auf einer der primitiv gemalten Holztafeln, wie sie im 17. Jahrhundert der Darstellung bedeutsamer Ereignisse dienten, also so etwas wie die Illustrierten der damaligen Zeit waren. Auf dieser Tafel kniet Ferenc Nádasdy vor einem kaiserlichen Tribunal, die Hände zum Gebet gefaltet, hinter ihm der Scharfrichter mit dem Richtschwert ausholend, um ihm den Kopf abzuschlagen.

Dies ist die Schlußszene jener berühmten Verschwörung ungarisch-kroatischer Magnaten gegen den Wiener Hof, die eine unmittelbare Folge des Friedens von Eisenburg (Vasvár) zwischen dem Kaiser in Wien und dem Sultan am Bosporus war. Durch jenen Frieden im Jahre 1664 fühlten sich die Ungarn von den Habsburgern im Kampf gegen die Türken im Stich gelassen. Sie waren nun entschlossen, ihr Schicksal in die eigenen Hände zu nehmen, die Herrschaft der Habsburger abzuschütteln und mit Hilfe Ludwigs XIV. die ungarischen Gebiete sowohl von den Habsburgern wie von den Türken zu befreien und in einem nationalen ungarischen Königreich zu vereinen. Die Verschwörer spannen ihre Fäden nicht nur nach Versailles, sondern auch nach Venedig und schließlich auch noch zu den Türken. Aber sie scheiterten an ihrer Uneinigkeit ebenso wie am Verrat. Denn sogar die Türken, die zu jenem Zeitpunkt andere politische Ziele im Auge hatten, gaben dem Hof in Wien einen Wink über die Umtriebe der ungarischen Magnaten. Die Habsburger schlugen zu, setzten die Verschwörer hinter Schloß und Riegel, verurteilten Peter Zrinyi, Franz Frangepan und Ferenc Nádasdy zum Tode und ließen sie in Wien und Wiener Neustadt hinrichten. Schloß Sárvár wurde konfisziert und seine Schätze der kaiserlichen Schatzkammer in Wien einverleibt.

In den nächsten zweihundert Jahren wechselte es mehrmals seinen Besitzer, bis es 1875 den Wittelsbachern in Bayern zufiel. Das bayrische Königshaus erbte es vom letzten Herzog von Modena, Franz V., der mit Adelgunde, der Tochter König Ludwigs I. und Schwester des Prinzregenten Luitpold verheiratet war. So konnte sich Bayerns letzter König, Ludwig III., in das Renaissanceschloß in Westungarn zurückziehen, nachdem er 1919 von der Revolution in München für abgesetzt erklärt worden war. Ein paar Jahre später, 1921, starb er auch hier in Sárvár.

Achtzehn Jahre später, 1939, diente es den Wittelsbachern erneut als Refugium, genauer gesagt, sie saßen in Sárvár fest. »Mein Vater«, so erinnert sich Prinz Rasso von Bayern, der jetzt im südlichen Burgenland unweit der Grenze zu Ungarn lebt, »war im Dritten Reich unerwünscht, er bekam keine Einreisegenehmigung nach Deutschland mehr. Im Februar 1945, knapp bevor die Sowjets ganz Ungarn besetzten, gelang es uns aber doch, im Auto eines ungarischen Diplomaten nach Leutstetten in Bayern zurückzukehren. Das Einreisevisum, das wir an der Grenze vorwiesen, war sogar echt, nur die Unterschrift des deutschen Botschafters darunter war gefälscht.«

In den letzten Jahren war Prinz Rasso einige Male wieder in Sárvár, als Forstwirt im Rahmen von Exkursionen oder als Tourist. Im Schloßmuseum, wo wertvolle Möbel von der Renaissance bis zum Empire, Gobelins aus Flandern, Teppiche aus dem Orient, Fayencen und kostbares Porzellan zu sehen sind, konnte er auch das Silberbesteck seiner Familie wiedererkennen. Bevor sie Sárvár verließen, hatten es seine Eltern in einer Arkade im Schloßhof einmauern lassen. Bei Renovierungsarbeiten in den fünfziger Jahren wurde das Versteck aber entdeckt, und ein Teil der dort untergebrachten Schätze ziert jetzt die Vitrinen des Museums. Zusammen

mit den Kostbarkeiten, die die Vorgänger der Wittelsbacher in
Sárvár ihr eigen nannten. Einschließlich der Nádasdy, die dem berühmten Husarenregiment ihren Namen gaben, einem Regiment,
dessen Erinnerungsstücke seit kurzem ebenfalls im Schloß zu sehen
sind. Damit hat Sárvár etwas ganz Besonderes aufzuweisen: das
erste Husarenmuseum in dem an sich so museumsfreudigen Ungarn.

Sümeg
Die sixtinische Kapelle von Ungarn

Wenn wir auf der gut ausgebauten Hauptstraße 84 unsere Fahrt
zum Balaton fortsetzen, dann kreuzen wir etwa 25 Kilometer südlich
Sárvár die Fernstraße 8 von Budapest nach Graz. Bald hinter der
Kreuzung bekommen wir dann eine Burg ›ins Visier‹. Sie liegt auf
einem Basaltkegel, der unvermutet aus der nur leicht gewellten
Landschaft hervorspringt, und man fährt eine ganze Weile direkt
auf ihn zu. Es ist die *Burg Sümeg*, die zur Kette jener uns schon
bekannten Grenzburgen gehörte, die sich im 16. und 17. Jahrhundert
in einem Bogen um das osmanische Herrschaftsgebiet in Mittelungarn legten und die habsburgischen Lande vor den Einfällen und
dem weiteren Vordringen der Türken nach Mitteleuropa schützen
sollten.

*Es ist eine gewaltige Verteidigungsanlage, die sich auf der beherrschen-
den Kuppe erhebt, mit Mauern und mehrstöckigen Wehr- und Wohntür-
men. Die Türken konnten ihr auch nichts anhaben, nicht einmal das Heer
des Großwesirs Ahmed Köprölü, das nach seiner Niederlage bei Sankt
Gotthard—Mogersdorf hier vorbeizog und die Burg belagerte. Daß sie
erst zu Beginn des 18. Jahrhunderts, als die Türken schon längst aus
Ungarn vertrieben waren, das Schicksal ereilte, gehört zu den paradoxen
Entwicklungen in diesem so umkämpften Lande. Sümeg war nämlich
einer der Stützpunkte der ›Kuruzen‹, der ungarischen Rebellenarmee des
Fürsten Rákóczi, als diese auch in Westungarn mit großem Erfolg ope-
rierte. Dann wandte sich aber das Kriegsglück zugunsten der habsburgischen Truppen, die 1705 die trotzige Burg schleiften.*

In Sümeg unterbrechen wir unsere Fahrt aber weniger wegen der
Burg als wegen eines Freskenzyklus, der weit über die Grenzen
Ungarns hinaus gerühmt wird. Er wurde von Franz Anton Maul-
bertsch geschaffen, der aus Langenargen am Bodensee stammte —

er wurde dort 1724 geboren –, seit 1739 in Wien ansässig war und dort unter anderem die Piaristenkirche und die Ungarische Gesandtschaft ausgemalt hatte.

Wir sind ihm in Ungarn schon wiederholt begegnet, in Székesfehérvár und in Pápa zum Beispiel, und wir werden ihm noch öfter begegnen.

Als ihn der kunstsinnige Bischof von Veszprém, Márton Padányi Biró, der sich unter der Burg von Sümeg ein Palais gebaut hatte, 1757 hierher holte, war Maulbertsch zweiunddreißig Jahre alt. Was er in der Pfarrkirche von Sümeg mit seinen Gehilfen innerhalb von vierzehn Monaten schuf, war ein genialer Wurf. In der Kunstgeschichte wird sein Freskenzyklus von Sümeg daher auch ziemlich einhellig zu seinen bedeutsamsten Schöpfungen gezählt. Trotz des Theologiesaals in der Alten Universität in Wien, trotz der Innsbrukker Hofburg.

Als wir nach Sümeg kamen, glaubten wir die Kirche mit den Maulbertschfresken leicht finden zu können, indem wir einfach auf die Kirche zusteuerten, die dekorativ neben dem bischöflichen Palais am Fuße des Burgberges liegt. Aber schon der erste Blick auf die dortigen Wandmalereien lehrte uns, daß wir am falschen Ort waren. Wir waren in der Franziskanerkirche, und als wir uns nach den Maulbertschfresken erkundigten, wurden wir zu der *Pfarrkirche Christi Himmelfahrt* geschickt, die unscheinbar mitten im Ort liegt und sich kaum aus den sie umgebenden, wahrlich nicht sehr imposanten, Bauernhäusern heraushebt.

Wenn man die Kirche dann betritt, ist man sofort von der Großartigkeit ihres Innenraumes gefangen. Aber es ist nicht die Architektur, die überwältigt, es sind ausschließlich die Decken- und Wandmalereien und die Altarbilder, die das Kircheninnere zu einem Rausch von Farben, dramatischer Bewegung, dekorativer Raffinesse und virtuoser Effekte von Licht und Schatten machen. Das Altar-Triptychon zum Beispiel, das den Blick zuerst auf sich zieht: ein sieghaft zum Himmel schwebender Christus, flankiert links von der triumphierenden und rechts von der leidenden Kirche, und das Ganze eingefügt in die Farbenpracht der marmorgeäderten Pilaster mit den mattgold leuchtenden Kapitellen. Eine Harmonie der Farben, die noch durch das Gelb der Gurte und das blasse Grün der Wandfelder vollendet wird. Oder die Düsternis von Golgatha auf einem der Altarbilder auf der linken Seite oder die wie ein barockes Bühnenbild wirkende Anbetung der Könige auf der rechten Seite. Bei der Anbetung der Hirten hat sich Maulbertsch selbst verewigt: als Hirte, der einen Schafskäse darbietet. Dann erscheint uns der Künstler noch einmal höchst persönlich auf der Orgelempore, im Gefolge des Bischofs von Veszprém, angetan mit einem orangefarbenen Frack, das runde Gesicht mit den nachdenklichen Augen und dem üppigen Mund dem Betrachter zugewandt.

Soll ich weiter von einzelnen Bildern sprechen? Wenn ich auf die Dramatik der ›Ersten Predigt Petri‹ hinweise, muß ich dann nicht auch das zauberhafte Detail vom Gewölbe der Orgelempore erwähnen, Adam und Eva mit dem Apfel darstellend, eine Eva, die ihr Schicksal bereits zu ahnen scheint, während ein naiver Adam noch ganz im Frohsinn des Paradieses gefangen ist?

Ich würde kein Ende finden, wollte ich alle Bilder und Szenen erwähnen, die den Besuch der Pfarrkirche in Sümeg zu einem großen Erlebnis einer Ungarnreise machen. Ich sage es lieber zusammenfassend: Was der junge Maulbertsch hier hinterlassen hat, macht sowohl durch die Geschlossenheit seiner Konzeption wie durch seine Raum- und Farbwirkung verständlich, daß diese dörfliche Kirche gelegentlich als ›Sixtinische Kapelle des Rokoko‹ bezeichnet wird.

Transdanubiens äußerster Westen

Verträumtes, verspieltes Kőszeg

Das Elfuhrläuten, auf das ich in Kőszeg, zu Deutsch Güns, besonders aufpassen wollte, habe ich überhört. Wahrscheinlich deshalb, weil von Sankt Emmerich und Sankt Jakob und auch von der neugotischen Herz-Jesu-Kirche ständig geläutet wird, so daß zu meinem Bild von und zu meiner Erinnerung an diese kleine Stadt, fünf Kilometer von der österreichischen Grenze entfernt, zu allem, was mich sonst an ihr bezaubert hat, auch noch der Glockenklang gehört.

Aber das Elfuhrläuten: Es soll an den Abzug des Heeres von Sultan Suleiman I., dem Prächtigen, erinnern, dem es 1532 auch nach fünfundzwanzig Tagen der Belagerung nicht gelang, sich der Stadt und der Burg zu bemächtigen. Nur symbolisch durfte der große Sultan von dem kleinen Güns Besitz ergreifen, indem der Burghauptmann Miklós Jurisich, der nur noch wenige Verteidiger um sich hatte, zustimmte, daß acht Janitscharen auf dem Burgturm den Roßschweif und den Halbmond hißten.

Auf den Namen Jurisich stößt man in Kőszeg—Güns natürlich
auf Schritt und Tritt. Die Burg ist nach ihm benannt, was nur
natürlich ist, schließlich hat ihm König Ferdinand I. Burg und Stadt,
das heißt, was von ihnen nach der Belagerung noch übrig war,
geschenkt. Jurisich war im übrigen damals von dieser Schenkung
gar nicht begeistert, denn er hatte die Stadt auf eigene Kosten
verteidigt und war jetzt bar aller Mittel. »Sollte mich eine herumzie-
hende Schar überfallen«, so schrieb er an den König, »müßte ich
die Burg verlassen, denn es ist kein einziges Pfund Schießpulver
geblieben, die Stadtmauer hat an vier Stellen breite Breschen, die
Bevölkerung wurde aufgerieben, sie hat alles verloren und ist dem
Hungertod nahe.«

Nach dem wackeren Jurisich ist aber auch der Hauptplatz, der
Jurisich tér benannt, das Prunkstück dieser an historischen Gebäuden
gar nicht armen Stadt. »Hunderteinundvierzig Kulturdenkmäler besitzt Kőszeg«, sagt voller Stolz Herr Miklós Szigeti, dessen Amt es
ist, sich um das historisch-kulturelle Gesicht der Stadt zu kümmern.
»Nach Budapest, Eger, Sopron und Pécs steht Kőszeg damit an
fünfter Stelle in der Reihe der kulturhistorisch bedeutsamen Orte
Ungarns.«

Ob seine Rangliste nun so stimmt oder nicht, eines ist sicher:
Kőszeg ist für mein Gefühl diejenige Stadt Ungarns, die in ihrem
Kern ihr Aussehen von einst am stärksten bewahrt hat.

Bleiben wir auf dem *Jurisich tér*, diesem unregelmäßigen Viereck
mit dem Turm über dem Stadttor und dem vornehmen Arkadenhaus
auf der einen, der schmalen Seite, und den beiden Kirchen Sankt
Emmerich und Sankt Jakob mit ihren barocken Turmhelmen auf der
breiten Seite gegenüber. Dazwischen steht hinter einem Blumenbeet
die Madonna auf einer kunstvollen Spiralensäule, und zwei riesige
Linden, die jetzt im Juni den ganzen Platz mit dem Duft ihrer Blüten
füllen, spenden den Schatten für das Brunnenhaus.

Den eigentlichen Charme des Platzes machen aber die Häuser
auf den beiden Längsseiten aus. Schon daß die Häuser an der
Ostseite etwas tiefer liegen, gibt dem Platz den Reiz des durch
die Jahrhunderte natürlich Gewachsenen. Sie stammen ja auch aus
verschiedenen Zeiten, sind immer wieder umgebaut worden und
haben neue, dem jeweiligen Zeitstil entsprechende Fassaden
erhalten. Hinter der Barockfassade des Rathauses zum Beispiel mit
dem aufgemalten Wappen des Landes, der Stadt und der Familie

Jurisich verbergen sich Räume mit Gewölbedecken, die noch aus
dem Mittelalter stammen. Und die Spätrenaissance hat an einigen
Fassaden auf beiden Längsseiten des Platzes Sgraffito-Ornamente
hinterlassen.

So fesselnd der Anblick der Häuserfronten ist, besonders dort,
wo sie gegeneinander abgestuft sind, so darf man sich doch mit
diesem Anblick nicht begnügen. In Kőszeg muß man in die Innenhöfe gehen, man wird seine Freude an den Arkadengängen haben,
um die sich der Efeu und der wilde Wein ranken.

Aber nicht nur an den Profanbauten, auch an den beiden Kirchen
auf dem Jurisich tér kann man sehen, wie hier die Baustile ineinander
übergehen. Wenn man nur die Apsiden der beiden Kirchen, die ja
nebeneinander stehen, betrachtet, könnte man meinen, sie stammten
beide aus dem gotischen Mittelalter. *Sankt Emmerich* stammt aber
vom Anfang des 17. Jahrhunderts und hat nur gotisches Mauerwerk
eines früheren Baues miteinbezogen. Älter und einheitlicher im Stil
ist *Sankt Jakob*, Anfang des 15. Jahrhunderts in spätgotischem Stil
errichtet. An der später barockisierten Fassade kann man den Wech-
sel der Besitzer der Kirche ablesen. Die dort angebrachten Wappen
und Embleme lassen erkennen, daß nacheinander die Jesuiten, die
Piaristen und schließlich die Benediktiner das Gotteshaus ihr eigen
nannten. Vorher, von 1554 bis 1671, war es protestantisch gewesen.

Sankt Jakob ist eine dreischiffige Hallenkirche mit einem Kreuzrippengewölbe. Man betritt sie durch ein gotisches Portal, und
gotisch ist auch der vieleckige Chor. Aus dem 15. Jahrhundert
stammen auch die Fresken im südlichen Seitenschiff. Auf einem der
Fresken sieht man in der Mitte eine Schutzmantelmadonna, zu ihrer
rechten die Heilige Barbara, zur linken Sankt Elisabeth.

Dieser Elisabeth haben wir, weil sie uns nach Deutschland führt,
schon in der ›Einstimmung‹ gedacht. Sie ist jenes Mädchen aus dem
Arpadenhause, das mit dem Landgrafen Ludwig IV. von Thüringen
verheiratet wurde; über ihrem Grab in Marburg an der Lahn hat
der Deutsche Ritterorden die Elisabethkirche, seine größte Kirche
im altdeutschen Gebiet, errichtet.

Von Sankt Jakob kommt man auf der Rájnis József utca zur *Burg*,
die vor 450 Jahren das Herz des Widerstandes der kleinen Stadt
gegen die türkische Übermacht war. Ich hatte mir eine viel ›wehrhaf-
tere‹ Anlage vorgestellt, einen tiefen Graben, gewaltige Basteien,
trutzige Mauern und dräuende Türme. Aber es ist mit dieser Burg

wie mit der ganzen Stadt: Beide haben etwas beinahe Verspieltes, liebenswürdig Verträumtes und eher Harmloses. Nicht einmal die Bronzestatue des säbelschwingenden Miklós Jurisich im ersten Burghof kann der Szenerie den erwarteten martialischen Akzent aufsetzen. Eher schon die beiden quadratischen Ecktürme, von denen die Ziegelsteinbrücke, die vom Vorhof in die innere Burg führt, überwacht werden kann.

Heute, da im Vorhof der Burg eine Touristenherberge unterge-bracht ist und in der inneren Burg ein Museum und ein Kaffeehaus eingerichtet wurden, da im Burggraben sich Kinder auf einem Spiel-platz tummeln und in den schmalen Gassen innerhalb der zum Teil noch bestehenden Stadtmauern Geruhsamkeit und Stille herrschen, hat man große Schwierigkeiten, sich das grimmige Kriegsgeschehen von 1532 vorzustellen.

Zwar hat der tapfere Jurisich nicht das Abendland gerettet, als er dem Heere Suleimans fünfundzwanzig Tage lang trotzte, wie manchmal im lokalpatriotischen Überschwang behauptet wird. Drei Jahre nach dem ersten Versuch Suleimans, sich Wiens zu bemächtigen, hat den Sultan 1532 vor einem zweiten Vorstoß auf Wien wahrscheinlich die Anwesenheit einer Reichsarmee Karls V. vor den Toren der österreichischen Hauptstadt vorsichtig sein lassen. Jedenfalls zog er nach dem Fehlschlag bei Güns durch steirisches Gebiet nach Süden ab.

Trotzdem hatte die Verteidigung von Kőszeg—Güns nicht nur eine politisch-psychologische, sondern auch eine politisch-strategische Bedeu-tung: Hätten sich die Türken in diesem Städtchen festsetzen können, wäre in der Kette der befestigten Städte und Burgen Westungarns eine gefährliche Lücke entstanden. In den hundertfünfzig Jahren der türkischen Herrschaft über Zentralungarn und in den immer wieder ausbrechenden Kämpfen zwischen den beiden Großmächten wäre von hier, sozusagen im Vorfeld von Wien, eine tödliche Gefährdung des Habsburgerreiches ausgegangen. So hat es also doch seine Berechtigung, wenn in diesem, so gar nicht kriegerisch wirkenden Städtchen das Andenken an den tapferen Miklós Jurisich in jeder Ecke wach gehalten wird.

Szombathely

Alt und schwierig

Szombathely, die Hauptstadt des Komitates Vás, macht einem die Orientierung nicht leicht. Sie breitet sich in der Ebene aus, es gibt weit und breit keine Hügel, an denen man sich orientieren könnte, und es gibt in ihr auch keine Burg, die einen Fixpunkt bilden würde. Wenn man Glück hat, taucht im Blickfeld der Turm einer der barocken Kirchen auf und setzt mit seinem Schönbrunner Gelb einen flüchtigen Akzent.

Außerdem ist Szombathely mit seinen achtzigtausend Einwohnern das, was man so allgemein als ›aufstrebende‹ Stadt bezeichnet. Der Reisende, der mit seinem Auto angefahren kommt, bemerkt das an den vielen neuen Wohnbezirken und an den Baustellen mit ihren Umleitungen, die die Orientierungsschwierigkeiten nur noch verstärken.

Da ich Szombathely (Steinamanger) auf meinem Programm hatte, hatte ich mich natürlich mit einem Stadtplan versorgt. Nur half er mir nicht. Ich fuhr immer wieder im Kreis, und als ich das Hotel endlich doch gefunden hatte und mich zu Fuß auf die Entdeckung der Stadt machte, erkannte ich auch, warum er mir bei der Orientierung nicht geholfen hatte: Er war in wesentlichen Teilen falsch.

Und noch eine Erfahrung mußte ich mit Szombathely machen: Zwischen meinem ersten und dem jetzigen Besuch waren an die siebzehn Jahre vergangen. Ich habe sonst ein gutes ›Städtegedächtnis‹, aber von dieser Stadt war mir kein Gesamteindruck haften geblieben, ich hatte nur punktuelle Erinnerungen, und die nützten mir jetzt nur wenig.

Lag es nun an mir, daß ich vom ersten Besuch her keine richtige Vorstellung mehr von der Stadt hatte oder war Szombathely vielleicht wirklich eine Stadt ohne Gesicht? Darauf wollte ich unbedingt eine Antwort haben, und so machte ich mich schnellstens auf den Weg ins Stadtzentrum.

Szombathely ist zunächst mal das, was man eine ›alte‹ Stadt nennt. Die Römer hatten sie gegründet, genau gesagt im Jahre 43 nach Chr., zur Zeit des Kaisers Claudius. Sie hieß damals Colonia Claudia Savaria, lag an einem wichtigen Verkehrsknotenpunkt, dort wo sich die legendäre Bernsteinstraße vom Norden kommend mit

Ost-West-Verbindungen kreuzte und war zeitweise auch Hauptstadt der Provinz Pannonia Superior.

Die lokalen Historiker streichen die Bedeutung von Savaria (auch
Sabaria)—Szombathely—Steinamanger in der römischen Zeit stark
heraus, und das mit gutem Grund. Vom Zusammenbruch des Römischen Reiches bis ins 18. Jahrhundert hat die Stadt nämlich keine
besondere Rolle gespielt. Es ist etwas Merkwürdiges mit Szombathely: Jahrhunderte lang verschwindet die Stadt aus der Geschichte. Und wenn sie dann doch wieder in ihr auftaucht, spielt sie
keine besondere Rolle. Im Mittelalter hält sie keinen Vergleich mit
Győr, Sopron oder Székesfehérvár aus, und auch während der
türkischen Herrschaft in Mittelungarn hat sie im osmanisch-habs-
burgischen Grenzbereich keine strategische Bedeutung.

Zu neuem Leben erwacht Szombathely erst unter Maria Theresia.
Von da an regt sie sich aber mächtig. Die Kaiserin macht 1777
Szombathely zum Bischofssitz, bis dahin gehörte es zur Diözese
Raab—Győr. Gleich mit dem ersten Bischof, mit János Szili, hat die
Stadt großes Glück. Denn er ist ein ausgesprochen baufreudiger
Herr, der die Kathedrale, links davon das Bischofpalais (1778–83)
und rechts das klassizistische Gebäude errichten läßt, das ursprüng-
lich als Priesterseminar diente und heute die Bibliothek der Diözese
beherbergt. Damit hat er seiner Stadt ein architektonisches Herz-
stück hinterlassen, wie man es in seiner Geschlossenheit auch in
Westungarn nur selten findet.

Mit Recht hat János Szili auf dem Templom tér, dem Kirchenplatz,
sein Denkmal bekommen. Hier sitzt der Kirchenfürst seinen Schöpfungen gegenüber, das Gesicht voller Geist und Energie der Fassade
des Domes zugewandt. Dom tér und der sich unmittelbar anschlie-
ßende Berszenyi tér bilden eine Einheit, auch wenn letzterer durch
ein Bürogebäude aus Beton und Glas verschandelt wurde.

Bischof Szili hatte als Architekten aber auch einen Mann zur
Hand, der ein großer Meister des Spätbarocks und des beginnenden
Klassizismus war: Melchior Hefele aus Tirol. Wir waren ihm schon
im Dom von Győr begegnet, und er hat auch an dem Esterházy-
Schloß in Esterháza—Fertöd gearbeitet. Hier in Szombathely hat er
mit dem Dom und den Gebäuden auf dem Templom tér einem
Stadtzentrum den Stempel seiner architektonischen Gestaltungs-
kraft aufgedrückt, auch wenn er für den Bau des Domes und der
Bibliothek nur die Pläne entworfen hatte.

Dem *Dom* hat er durch die gewaltigen dorischen Säulen im unteren Teil und die zierlichen jonischen im oberen Teil der giebelgekrönten Fassade ebenso barocke Fülle wie klassizistische Strenge gegeben — ein Zusammenspiel von Stilelementen, das in gleicher Weise herausfordert wie besticht. Die Turmhelme freilich sind späteren Datums. Im Inneren: über dem Schiff gewaltige Tonnengewölbe und über der Vierung Kuppeln, die dem Raum über seine bauliche Dimension hinaus etwas Großartiges und Gewaltiges geben.

Die einstige Marmorverkleidung im Innern des Domes gibt es nicht mehr, sie ist in der Schlußphase des Krieges den Bomben zum Opfer gefallen. Auch die Fresken in der Kuppel, die von Maulbertsch stammten, überstanden nicht die ›Panzerschlachten westlich des Plattensees‹, von denen im Wehrmachtsbericht des Frühjahrs 1945 so oft die Rede war. Sie konnten bei dem Wiederaufbau der Kirche, der schon 1947 abgeschlossen wurde, nicht mehr wiederhergestellt werden.

Es gehört zu den Reizen Szombathelys, daß man sich gleich neben dem Dom, dem Symbol des Wiederaufstieges der Stadt in der Neuzeit, in das Savaria der römischen Epoche seiner Geschichte vertiefen kann. Seitlich des Domes und hinter der Diözesanbibliothek befindet sich der *István-Járdányi-Paulovics-Ruinengarten*, genannt nach dem Archäologen, der 1938 bis 1941 die ersten Ausgrabungen durchgeführt hat. Er und seine Nachfolger haben hier die Grundmauern der Basilika des Heiligen Quirinus freigelegt, der in Savaria den Märtyrertod erlitten haben soll. Nach der Apsis zu schließen muß es ein beachtlicher Bau gewesen sein, ebenso wie der früher entstandene Statthalterpalast. In diesem Komplex wurden die Reste zweier Mosaikfußböden entdeckt, der eine mit christlichen Symbolen vom Anfang des 4. Jahrhunderts. Sie sind an Ort und Stelle belassen und überdacht worden, um sie vor Wind und Wetter zu schützen. Verglichen mit Mosaiken in anderen Teilen des römischen Imperiums sind sie keine Sensation, für Fachleute sind sie aber insofern wertvoll, als sie zu den umfänglichsten Mosaikfunden in Pannonien gehören.

Mich haben in diesem Ruinengarten, der mit seinen Schirmkiefern, Silbertannen, Birken und Holunderbüschen eher die Stimmung eines gepflegten Parkes hat, am stärksten die freigelegten Reste des römischen Straßensystems beeindruckt. Unseren Blicken bietet sich sogar eine regelrechte Straßenkreuzung dar. Von diesen schwarzen

Basaltplatten, mit denen die Römer ihre Straßen gepflastert haben, Steine, die aus der Erde auftauchen und wieder unter der Erde verschwinden, geht eine starke Wirkung aus. Man sieht das Verbindungsnetz im römischen Imperium vor sich, von Nordafrika bis nach Pannonien und von Spanien bis in den Vorderen Orient, ein Netz, das eine schnelle Verlegung der Legionen ermöglichte, die Rom vor den Barbaren zu schützen hatten. Daß an der Stelle, wo das eine Straßenstück unter dem Erdreich verschwindet, das die Jahrhunderte aufgehäuft haben, ein Steinkreuz steht, ist von ebenso dekorativer Wirkung wie symbolischer Bedeutung.

Szombathely hat aber noch einen zweiten römischen Bereich, gegenüber dem Hotel Isis, das seinen Namen dem Heiligtum entlehnt hat, dessen Reste in seiner unmittelbaren Nähe entdeckt wurden. Um es gleich zu sagen: die Stimmung des Ruinengartens von Paulovics findet der Betrachter im *Isäum* nicht. Der Tempelbezirk von einst liegt inmitten nüchterner Bauten, wenn man von der zweitürmigen ehemaligen Synagoge absieht, die um die Jahrhundertwende in einem orientalisierenden Stil gebaut wurde. Und der graue Beton der rekonstruierten Säulen trägt auch nicht dazu bei, hier so etwas wie eine weihevolle Atmosphäre zu schaffen.

Wie die ägyptische Göttin Isis nach Pannonien kam? Der Kult fremder, meist orientalischer Gottheiten, begann sich in Rom schon im ersten Jahrhundert unserer Zeitrechnung zu verbreiten, er wurde von den Beamten und den Soldaten später auch in die Provinzen getragen. Die Verehrung des persischen Gottes Mithras bedeutete zeitweise sogar eine ernsthafte Konkurrenz für das aufkommende Christentum.

Der Isis-Tempel von Szombathely wird an das Ende des 2. Jahrhunderts datiert. Aus den freigelegten Grundmauern läßt sich erkennen, daß es zwei Tempelhöfe gab. Einen tiefer gelegenen inneren, in dessen Mitte das eigentliche Heiligtum stand, und davor etwas höher einen äußeren Hof mit einer von sechs Säulen getragenen Halle.

Zwischen dem Heiligtum und der großen Halle befand sich der Altar, der eine Fläche von 5 x 5,5 Metern einnahm.

Es sind noch Reste der Säulen vorhanden, sowohl vom eigentlichen Heiligtum als auch von der äußeren Halle. Die Fassade des kleinen Tempels hat man in Beton rekonstruiert und die aufgefundenen Reste der Reliefs in sie eingefügt. Zu dem am besten erhaltenen gehört das der Göttin Isis, die auf dem Hunde Sothis reitet und in der rechten Hand das Sistrum, ein Musikinstrument, hält.

Die Säulen der großen Halle im äußeren Tempelhof müssen gewaltig gewesen sein, jedenfalls läßt die Betonrekonstruktion so etwas ahnen. Und wenn in Sommernächten vor ihnen zum Beispiel Mozarts ›Zauberflöte‹ aufgeführt wird, mag auch diese, im unerbittlichen Tageslicht eher nüchterne Szenerie, einen Hauch vom Geheimnis der Götter bekommen.

Nun haben wir über all das gesprochen, was das zunächst einmal nicht so attraktiv scheinende Szombathely doch einen Besuch wert sein läßt. Wer Zeit und Lust hat, auf weitere Entdeckungen auszugehen, wird darüber hinaus auf seine Rechnung kommen. Wenn er vom Domplatz durch die Alkotmány utca geht, wird er viel Vergnügen an den spätbarocken und klassizistischen Fassaden der *Bürgerhäuser* haben, die die Straße säumen. Das gleiche Vergnügen wird ihm zuteil, wenn er in der entgegengesetzten Richtung am Bischofspalais vorbei vom Berzsenyi tér in die Hollán Ernő utca einbiegt. Schließlich sollte er den Savaria tér nicht unbeachtet lassen. Hier steht das wohl schönste profane klassizistische Gebäude der Stadt, profan im wahrsten Sinne des Wortes, denn es befindet sich darin das Restaurant ›Pannonia‹.

Schließlich hat man noch die *Franziskanerkirche Sankt Elisabeth* vor sich, einen harmonischen gotischen Bau aus der zweiten Hälfte des 14. Jahrhunderts, dem auch die Barockisierung nicht viel von seinem Reiz nehmen konnte. In dieser Kirche ruht der Mann, dem Szombathely architektonisch so viel verdankt: Melchior Hefele aus den fernen Tiroler Bergen.

Ják

Die romanische Kirche

Fährt man von Szombathely weiter nach Süden, in Richtung Körmend, gibt es nach etwa zehn Kilometern eine Abzweigung nach Ják. In sie sollte man auf alle Fälle einbiegen, denn sie führt nach fünf Kilometern zu der *Stiftskirche Sankt Georg* von Ják, die eine der bemerkenswertesten in ganz Ungarn ist. Und das aus mehreren Gründen. Sie stammt aus der ersten Hälfte des 13. Jahrhunderts – 1256 wurde sie geweiht – und ist eine der frühesten sogenannten Familienklosterkirchen im Lande. Sie wurde also nicht von einem Orden gebaut oder vom König gestiftet, ihr Bauherr gehörte zu der

Schicht der Landedelleute, die um diese Zeit zu erstarken beginnen. Wirtschaftlich, indem sie ihren Grundbesitz erweitern, politisch, indem der König bei der Verteidigung des Landes sich auf sie stützen muß. Die ungarischen Kunstbücher gebrauchen für diese Kirchen auch die Bezeichnung ›Sippenkirchen‹.

Der Bau der romanischen Kirche von Ják, die an manchen Stellen schon die frühe Gotik anklingen läßt, dürfte unmittelbar der Gründung eines Benediktinerstiftes durch den Gutsherrn von Ják um 1210 gefolgt sein. Von der Abtei ist nichts mehr vorhanden, sie hat die stürmischen Zeitläufe in Ungarn nicht überdauert. Dafür ist die Kirche im für ungarische Verhältnisse erstaunlichen Maße von Krieg, Plünderung, Feuer und sonstiger Zerstörung, die die Jahrhunderte mit sich brachten, verschont geblieben. Jedenfalls hat sie ihre ursprüngliche Gestalt im wesentlichen erhalten können, und das ist Grund genug für die Aufmerksamkeit, die man ihr weit über die Grenzen Ungarns hinaus schenkt.

Schon ihre Lage ist beeindruckend: auf einer Anhöhe über dem Dorf Ják, das Land ringsumher beherrschend, die beiden Türme von weitem sichtbar. Man ist von ihr schon gefesselt, wenn man auf sie zufährt.

Dieser Eindruck setzt sich fort, wenn man dann durch das Renaissanceportal in der Umfassungsmauer den unmittelbaren Kirchenbereich betritt und vor der Hauptfassade steht. Ein gewaltiger Eindruck: zwischen den beiden Türmen mit den beinahe zu mächtigen dunklen, aus der Restaurierung um die Jahrhundertwende stammenden Steinhelmen ein vorspringendes, von einem Giebel gekröntes *Portal*, dessen Säulenwerk und reiche Ornamentik zu den »bedeutendsten Schöpfungen der monumentalen romanischen Bauplastik Ungarns gehört«, wie ein Budapester Kunsthistoriker schreibt. Das Besondere an diesem Portal ist vor allem, daß die inneren Archivolten rundbogig, die äußeren spitzbogig gestaltet sind. Der großartige Zugang zu der Kirche bekommt dadurch eine ganz eigenartige plastische Wirkung. Gekrönt wird das Portal durch die monumentalen Skulpturen Christi und seiner Apostel in den Nischen unter dem Giebel, für die die Figuren des Bamberger Domes als Vorbild gedient haben.

Als die Türken unter Suleiman dem Prächtigen 1532 zum zweiten Mal gegen Wien vorstoßen wollten, drangsalierten sie auch Ják und schlugen dabei den Portalskulpturen die Köpfe ab. Nur Christus selbst und den beiden neben ihm stehenden Jüngern ließen sie ihre Häupter: Nur diese sind also romanische Originale aus dem 13. Jahrhundert. Die übrigen Apostel erhielten ihre Köpfe in der Barockzeit wieder. Wer genau hinsieht, bemerkt gewiß den Unterschied.

Auch der dreischiffige Innenraum verfehlt nicht seine Wirkung auf den Betrachter. Gleich beim Betreten ist er gefangen von der Überschaubarkeit und Einheitlichkeit von Mittelschiff und Seitenschiffen. Dieser Eindruck wird verstärkt durch die Kraft und die Pracht der achteckigen Bündelpfeiler, die mit ihren reichen Kapitellen einmalige Glanzstücke der spätromanischen Baukunst in Ungarn sind.

Die Gewölbe, die die schönen Pfeiler tragen, stammen allerdings nicht alle aus dem 13. Jahrhundert. Original sind nur das Kreuzrippengewölbe der Vorhalle, das die Empore trägt, ferner die Gewölbe des Chorquadrates und des nördlichen Seitenschiffes. Die übrigen, also die des Mittelschiffes und des südlichen Seitenschiffes wurden erst bei der Restaurierung zwischen 1896 und 1904, allerdings nach dem Vorbild der originalen Teile, geschaffen. Bis dahin überspannte diese Räume ein Tonnengewölbe der Barockzeit, vorher ein Holzdachstuhl.

Überhaupt hat die Restaurierung von Ják seinerzeit viele Diskussionen ausgelöst. Nicht nur, daß die Kirche im Inneren sozusagen zu Ende gebaut wurde, die Restauratoren ersetzten auch zerstörte Teile der Bauplastik des Hauptportales, zum Beispiel die beiden säulentragenden Löwen und das Tympanon-Relief mit dem zwischen zwei Engeln thronenden Christus. Im Inneren wurden auch einige Bündelpfeiler ersetzt, ihre Kapitelle sind aber erhalten und teils in der Ungarischen Nationalgalerie in Budapest, teils im Savaria-Museum in Szombathely zu sehen. Die restaurierten Teile und die ›Neuschöpfungen‹, wie das Taufbecken vor dem Chor, sind aber leicht als solche zu erkennen.

Von den Fresken, die einstmals die Kirchenwände bedeckt hatten, ist nicht mehr viel erhalten. Nur noch im Hauptchor und in der südlichen Turmhalle sind Reste zu entdecken. Sie wurden allerdings 1937 stark restauriert und zwar von dem Italiener Mauro Pelliccioli, einem in der ganzen Welt berühmten Meister seines Faches. Es sind also nicht die Wandmalereien, deretwegen man unbedingt zur Abteikirche von Ják pilgern müßte.

Innerhalb der Kirchenmauer und schräg gegenüber der Portalfassade der großen Kirche gibt es aber noch eine kleine Kirche, auf die man einen Blick werfen muß. Es ist die *Jakobskapelle*, ein eigenartiges zweistöckiges Bauwerk mit einem Grundriß in Form eines Vierpasses und mit einem Kegeldach, das in einer Laterne mit Zwiebeltürm-chen ausläuft. Sein Rundbogenportal auf der Südseite und seine romanischen Zwillingsfenster knapp unter dem Dachgesims machen es von außen sehenswerter als im Inneren, wo die Barockaltäre aus der großen Kirche untergebracht wurden. Die um 1260 errichtete Kapelle hat wahrscheinlich als Pfarrkirche gedient, weil im Mittel-alter die meisten Klosterkirchen keine kirchlichen Handlungen wie Taufen, Trauungen und Beerdigungen vornahmen. Diese Aufgaben erfüllt die Jakobskapelle noch heute, während die große Kirche längst zu einem nationalen Denkmal geworden ist.

Örség und Göcsej
Weiler, Wiesen und Wälder

Bevor ich in diesen westlichsten Teil Westungarns kam, hatte ich von den Landschaften Örség und Göcsej nicht die geringste Ah-nung. Sie liegen auch in einer Art totem Winkel, dort wo die Grenzen Ungarns, Österreichs und Jugoslawiens zusammenstoßen. Zwar streift die Fernverkehrsstraße Budapest-Graz dieses Gebiet, aber heutzutage zählt auch sie nicht gerade zu den großen interna-tionalen Verbindungslinien in westöstlicher Richtung. Die beiden Landschaften nördlich und südlich des Flüßchens Zala, das gemäch-lich dem Balaton zustrebt, gehören also zu den Gebieten, die noch im Windschatten unserer lauten Zeit dahinleben können.

In ihrem Charakter unterscheiden sich die beiden Landschaften kaum voneinander. Sanft gewelltes Land da wie dort, breite Wiesen-täler, durch die sich weidengesäumte Bächlein schlängeln, die Felder nicht gerade üppig, Roggen, Gerste und Kartoffel — und immer Wald, Fichten, Föhren, Buchen, Birken.

Vielleicht sind im Örség die Waldgebiete ausgedehnter als im Göcsej, möglicherweise ist dieses Gebiet landwirtschaftlich frucht-barer als jenes. Für Fachleute wird es auch sichtbare Unterschiede in der Bauweise der sorgfältig konservierten Bauernhäuser von Anno dazumal geben — für den Besucher sind beide Landschaften in ihrer geographischen Lage und topographischen Struktur eher eine Einheit; jedenfalls hat dieser Winkel des Landes ein eigenartiges und den landläufigen Vorstellungen von Ungarn eher widerspre-chendes Gepräge.

Őrség bedeutet soviel wie ›Warte‹, und die Menschen, die schon
zur Arpadenzeit, also in den ersten Jahrhunderten des ungarischen
Königreiches, dort angesiedelt wurden, hatten die Aufgabe, das
Land an diesem Einfallstor gegen Eindringlinge aus dem Westen zu
schützen. Es waren also Wehrbauern, freie Bauern, die hier die
Wacht hielten. Sie haben ihre Privilegien im übrigen auch von den
Habsburger Kaisern bestätigt erhalten. Nur brauchte man sie jetzt
zur Verteidigung der Ostgrenze Österreichs gegen die Türken. Und
die Bauern des Őrség stellten auch hier ihren Mann, und es gab
Fälle, da ganze Dörfer vom Kaiser im fernen Wien für ihre Tapferkeit
im Kampf gegen die osmanischen Heerscharen geadelt wurden.

Erst an der Wende vom 17. zum 18. Jahrhundert, als die Türkengefahr gebannt war, dehnte sich der Großgrundbesitz der Magnaten
auch in diese Randgebiete aus. Die königlich-kaiserlichen Freibriefe
nützten den Bauern jetzt nichts mehr. Sie wurden zu Fronbauern
der Batthyáni, deren mächtiges und von vier Ecktürmen flankiertes
Barockschloß in Körmend heute als Museum, Theater und Kongreß-
stätte dient. Man erzählt sich, ein Batthyáni hätte seinerzeit den
Bauern des Őrség bei einem nächtlichen Saufgelage auf der Burg
Csákány ihren Freibrief einfach gestohlen, so daß sie ihre Privilegien
nicht mehr schwarz auf weiß nachweisen konnten.

Die Bauern des Őrség lebten weniger in geschlossenen Dörfern
als in verstreuten Siedlungen, und noch heute ist diese Siedlungs-
form zu erkennen. Am deutlichsten in und bei *Őriszentpéter*, dem
Ort, der so etwas wie ein Zentrum des Őrség darstellt. Die Orts-
gemeinde besteht aus acht Weilern, die sich über die Hänge rechts
und links des Zala-Baches verteilen. Noch charakteristischer für
den Őrség ist die Ortschaft *Szalafö* zwischen Őriszentpéter und
Szentgotthárd (Sankt Gotthard). Sie wird aus sieben Weilern, ungarisch Szer, gebildet, deren Häuser sich wie helle Tupfen im Grün
der Hochfläche ausmachen. Einer dieser Weiler heißt *Pityerszer*, und
es lohnt, sich zu ihm durchzufragen, schon wegen seiner Lage auf
einer einsamen Kuppe, keine zwei Kilometer von der Grenze zu
Jugoslawien entfernt. Dann aber auch wegen der strohgedeckten
Bauernhäuser, so wie sie einst für diese Gegend charakteristisch
waren. Sie sind an dem Ort geblieben, an dem sie früher einmal
standen, nur sind sie nicht mehr bewohnt, vielmehr bilden sie eine
Art Dorfmuseum. Aber weil sie an Ort und Stelle belassen worden
sind, spiegeln sie noch immer das Leben dieser Bauern wider, die

auf sich selbst gestellt in den Wäldern an der Grenze, fern von Stadt und Zivilisation, das Land bebauten und ihre Heimat verteidigten.

Sonst findet man weder im Örség noch im Göcsej viel von der dörflichen Architektur von einst. Höchstens hie und da noch einen hölzernen Glockenstuhl mit einem Stroh- oder Schindeldach. Oder einen aus Weidenruten geflochtenen oder aus dicken Holzplanken gefügten Zaun um ein bäuerliches Anwesen.

Wer sich über die Bauernhäuser im Örség und im Göcsej näher informieren will, muß sich die Dorfmuseen in Szombathely und in *Zalaegerszeg* ansehen. Die Häuser sind im allgemeinen nach dem gleichen Muster gebaut: Sie stehen mit der Schmalseite zur Straße, der Eingang ist vom Hof, und man kommt zuerst in die Küche. Rechts und links schließen sich je eine Wohn- und Schlafstube an. Nach rückwärts in die Tiefe des Hofes folgen dann meist eine Vorrats- und eine Futterkammer, sowie die Ställe für das Vieh. Menschen und Tiere lebten also unter einem Dach. Mit Ausnahme der Schweine, die im Hofe ihren gesonderten Stall hatten. Die aus dicken Holzbalken ohne Vernagelung verfugten Wirtschaftsgebäude stehen manchmal ebenfalls gesondert, manchmal sind sie aber auch im Winkel an das Wohngebäude angebaut und bilden dann mit ihm ein offenes Viereck.

Das Dorfmuseum für den Göcsej am Westrand von Zalaegerszeg ist recht stimmungsvoll. Es ist an den Ufern des Flüßchens Zala geschaffen worden, das hier eine Insel bildet. Die einstöckige Mühle mit dem großen Wasserrad, das die Zala treibt, ist sogar an Ort und Stelle geblieben, nur die Häuser wurden aus dem Landesteil westlich und südwestlich von Zalaegerszeg hierher unter die Pappeln und Erlen entlang des Flüßchens verpflanzt.

Als Laie möchte ich mich auf dem Felde der bäuerlichen Architektur Westungarns nicht in die feinen Unterschiede zwischen den Bauernhäusern des Örség und jenen des Göcsej einlassen. Von dem Besuch der Dorfmuseen von Szombathely und von Zalaegerszeg ist mir nur der Eindruck geblieben, daß manche der Häuser des Göcsej ›reicher‹ waren, nicht nur in der Inneneinrichtung, auch in der baulichen Gestaltung. Zum Beispiel durch die reich geschnitzten und bunt bemalten Holzgiebel oder die in der gleichen Art geschaffenen hölzernen Torbögen. Aber das mag täuschen.

Mich haben auch mehr die Bauernkeramiken interessiert, die in den Küchen und Stuben der Häuser in beiden Dorfmuseen zu sehen sind.

Man findet unter ihnen schöne Exemplare bäuerlicher Kunst aus früheren Zeiten. Die Töpferei wird in diesen Gegenden auch heute noch betrieben, vor allem im Őrség. In den Dörfern südlich von Őriszentpéter, in Magyarszombatfa und Velemér, weisen Schilder ›Fazekas‹ auf Töpferwerkstätten hin, in denen heute noch gearbeitet wird. In manchen dieser Werkstätten halten die Produkte von heute nur selten den Vergleich mit den Erzeugnissen von einst aus. Viel wird dort jetzt für die staatlichen Souvenirläden produziert. Man soll sich aber durch die zunächst angebotene Massenware an Vasen, Tellern und Schalen nicht entmutigen lassen. Wer sich Zeit nimmt und eine Unterhaltung, auch wenn sie aus sprachlichen Gründen mühselig ist, nicht scheut, kann fündig werden. Indem der Töpfer dann doch hinter einem Vorhang ein ihm besonders gelungenes Einzelstück oder einen alten Krug hervorholt, der ihm als Vorlage gedient hat.

Velemér hat aber auch noch einen anderen Anziehungspunkt: im Walde oberhalb des Dorfes, erreichbar auf einem schmalen Sträßlein, liegt eine unscheinbare, aber durchaus sehenswerte Kirche. Sie wurde in der zweiten Hälfte des 13. Jahrhunderts erbaut und markiert mit ihrem rechteckigen Schiff, der polygonalen Apsis, den Spitzbogenfenstern an der Südseite und im Turm den Übergang von der Romanik zur Gotik. Aber nicht die Architektur macht sie so anziehend, sie wird wegen der Fresken im Chor und an den Wänden des Schiffes besucht. Diese Wandmalereien stammen von dem Maler Johannes Aquila aus Radkersburg an der österreichisch-jugoslawischen Grenze. Aquila, der sich an der Nordwand selbst dargestellt hat, schuf sie 1378, 1968 wurden sie restauriert. Besonders gelungen ist am Triumphbogen die Kreuzigung und an der Nordwand des Schiffes die Anbetung der Könige – die biblischen Figuren mit bäuerlichen Gesichtern, wie sie einem in diesem Grenzland auch heute begegnen können.

Grenzland: Man darf nicht ungeduldig werden, wenn man alleweile von Wachposten an der Straße oder Patrouillen der Grenzwachen kontrolliert wird. Die erwähnten Orte, darunter auch Velemér, befinden sich in der Grenzzone, die die Ungarn nur mit einem Sonderausweis betreten dürfen. Ein Wagen mit einem ausländischen Kennzeichen wird natürlich besonders häufig angehalten, aber das Visum gibt dem Ausländer das Recht, sich in der Grenzzone auch ohne Sondergenehmigung zu bewegen. Die jungen Grenzsoldaten finden oft das Visum im Paß nicht oder rufen zur Sicherheit per Feldtelefon, das an einem Baum angebracht ist, ihren Vorgesetzten an. Das braucht manchmal seine Zeit, und wenn sich das wiederholt, wird es auch lästig. Man kann sich nur damit trösten, daß man Muße hat, die einsame Landschaft mit ihren ausgedehnten Wäldern, den anmutigen Wiesentälern und den versteckten kleinen Dörfern und Gehöften zu genießen.

Sankt Gotthard

Vom glorreichen Sieg zum schmachvollen Frieden

Im westlichsten Zipfel des Őrség liegt ein Ort mit einem welthistorischen Namen: *Szentgotthárd.* Er gab der Schlacht von Sankt Gotthard seinen Namen, in der 1664 das türkische Heer unter der Führung des Großwesirs Ahmed Köprölü, einer der großen Figuren der osmanischen Geschichte, von den kaiserlichen Truppen unter dem Oberbefehl von General Montecuccoli geschlagen wurde.

Was es mit dieser Schlacht auf sich hat, werden wir hören, wenn wir uns auf österreichisches Gebiet begeben haben, wo sie sich auch im wesentlichen abgespielt hat. Hier in Szentgotthárd erinnert nur wenig an sie. Das hat, wie gesagt, örtliche, aber auch historisch-politische Gründe, über die ebenfalls noch zu sprechen sein wird.

Das einzige ›Erinnerungsstück‹ an die Schlacht befindet sich seltsamerweise in der von Franz Anton Pilgram 1748–64 erbauten Kirche des Ortes. Es ist das wildbewegte Deckengemälde von Stephan Dorffmeister im ersten Kuppelgewölbe des weiträumigen barocken Schiffes. Es geht in dieser Kuppel nicht gerade fromm zu: Christen und Türken schlagen aufeinander ein, durchbohren sich mit Degen und Lanze und schneiden einander die Köpfe ab, daß es eine Lust ist. Im Jahre 1784, also hundertzwanzig Jahre nach der Schlacht, hatte die christliche Welt offenbar noch Anlaß, des blutigen Ereignisses auch in einer ihrer neuen Kirchen in dem nun nicht mehr von den Ungläubigen bedrohten Grenzgebiet in ›würdiger Weise‹ zu gedenken.

Will man nun das Schlachtfeld von Sankt Gotthard in Augenschein nehmen, muß man auf österreichisches Gebiet hinüber wechseln, denn auf ungarischer Seite kommt man wegen des Stacheldrahtes und wegen des verminten Grenzstreifens nicht an die Raab heran, entlang der hier die Grenze verläuft. Außerdem hat sich die Schlacht im wesentlichen ja auch auf dem linken, heute österreichischen Ufer des Flusses abgespielt. Also fährt man bei

Rábafüzes—Heiligenkreuz über die Grenze und dann fünf Kilometer weiter südlich nach *Mogersdorf*, das der Schlacht ebenfalls den Namen gegeben hat.

An das blutige Geschehen in dem Bogen, den der Fluß hier bildet und in dessen Mitte Mogersdorf liegt, erinnert zunächst mal das ›Weiße Kreuz‹, auch Türkenkreuz genannt, am Südausgang des Dorfes. Im Schatten von Tannen steht ein Gedenkstein, auf dem in vier Sprachen, Latein, Deutsch, Französisch und Ungarisch, des heißen 1. August 1664 gedacht wird, an dem das christliche Heer einen bedeutenden Sieg über die Türken errang, obgleich die Schlacht zunächst verloren schien.

Den Türken, vor allem den Janitscharen, war es nämlich in der Nacht zum 1. August gelungen, im Raab-Bogen am linken Ufer des Flusses einen Brückenkopf zu bilden, den Montecuccoli zwar angreifen ließ, aber nicht beseitigen konnte. Aus diesem Brücken- kopf traten dann die Türken zum Angriff gegen das Zentrum an, offenbar die schwächste Stelle der Streitmacht Montecuccolis. Die Janitscharen und Spahis warfen die dort stehenden Reichstruppen zurück, die in ihrer Verwirrung die Flucht in die Wälder auf den Anhöhen oberhalb Mogersdorf ergriffen. Die Sache des christlichen Heeres schien verloren, aber der Großwesir ließ zum Erstaunen Montecuccolis keine Truppen über die Raab nachrücken. Nun schlug die Stunde des kaiserlichen Feldherrn: Er führte drei Regimenter Fußvolk und zwei Reiterregimenter heran, die bisher noch nicht zum Einsatz gekommen waren, drängte die Türken an die Raab zurück und warf sie in den hochwasserführenden Fluß. Als der hochsommerliche Tag seinem Ende zuging, war die Schlacht zugun- sten des christlichen Heeres entschieden.

Wer sich für ihre Einzelheiten interessiert, kann sich sozusagen an Ort und Stelle informieren. Auf dem Schlösselberg, einer Anhöhe hinter Mogersdorf, befindet sich ein Diorama der Schlacht, zu dem man von einem Magnetophonband auch die nötigen Erläuterungen erfährt. Mehr als das Schlachtgeschehen selbst interessiert aber die Frage, ob die gelegent- lich aufgestellte Behauptung, bei Mogersdorf sei wieder einmal Wien und damit das Abendland gerettet worden, ihre Berechtigung hat. Ich würde sagen nein, auch wenn Hasan Aga, der Siegelbewahrer des Großwesirs und Chronist des Feldzuges von 1663/64, nach der verlorenen Schlacht notiert: »So war es wohl Gottes Ratschluß: Denn hätten die Muslims nicht verabsäumt, mehr Truppen ans andere Ufer zu bringen, so hätte mit der Gnade Allahs, des Allerhabenen, die Streitmacht des Islams wohl bald die Reichshauptstadt und Residenz des deutschen Kaisers angegriffen und zerstört; denn Wien war ja nur mehr zehn Stunden weit entfernt; so tief waren wir schon ins Feindesland eingedrungen!«

Hier nimmt Ahmed Paschas Siegelbewahrer den Mund wohl etwas zu voll. Auch im Falle eines Sieges wäre der Großwesir wohl kaum in der Lage gewesen, auf Wien vorzustoßen und die Reichshauptstadt ernsthaft zu bedrohen. Denn seine Streitmacht hatte in den zwar oft erfolgreichen Kämpfen und Belagerungen des Vorjahres doch arge Verluste erlitten, und es hatte ihr auch der strenge Winter in den primitiven Quartieren zwischen Belgrad und Esseg, dem heutigen Osijek, arg zugesetzt.

Abgesehen davon aber verfolgte der 28 Jahre alte Ahmed Köprölü mit seinem Feldzug eher politische als militärische Ziele. Er wollte Kaiser Leopold dazu zwingen, seine Truppen auch aus Siebenbürgen abzuziehen, Michael Apafi, den Vasallen der Hohen Pforte, als Fürsten von Siebenbürgen anzuerkennen, der Pforte einen jährlichen Tribut zu zahlen und einige Festungen aufzugeben, von denen die türkische Herrschaft in Mittelungarn bedroht werden konnte. Und um unter Umständen schnell über einen Frieden verhandeln zu können, schleppte er während des ganzen Feldzuges auch den österreichischen diplomatischen Residenten in Istanbul, Simon von Reningen, in seinem Troß mit.

Nach der Schlacht von Sankt Gotthard und Mogersdorf trat nun auch etwas Merkwürdiges ein: Nicht nur der geschlagene Großwesir – was natürlich gewesen wäre –, auch der siegreiche Kaiser, dessen Feldherr Montecuccoli seinen Erfolg nicht ausnützte, war jetzt zu einem Frieden bereit. Beide Seiten legten sogar eine verdächtige Eile an den Tag: Schon am 9. August kam es zu dem berühmt-berüchtigten Frieden von Eisenburg (Vasvár), in dem Kaiser Leopold I. gegen die Zusicherung eines zwanzigjährigen Friedens praktisch alle türkischen Forderungen akzeptierte mit Ausnahme der Zahlung eines jährlichen Tributes an die Hohe Pforte, der durch ein einmaliges ›Freiwilliges Ehrengeschenk‹ im Werte von zweihunderttausend Gulden ersetzt wurde.

Warum der Hof in Wien, nachdem er jahrelang die Forderungen Ahmed Köprölüs zurückgewiesen und außerdem noch eine wichtige Schlacht gewonnen hatte, nun doch diesen für ihn ungünstigen Frieden abschloß? Weil im Westen Ludwig XIV. Straßburg besetzt hatte und die Stellung der Casa d'Austria im Reich bedrohte, und weil Leopold glaubte, sich für die Auseinandersetzung mit dem Sonnenkönig im Südosten des Reiches den Rücken freihalten zu müssen. Er verfolgte damit die gleiche Politik wie seine Vorgänger während des Dreißigjährigen Krieges und er erzielte damit auch den gleichen Erfolg. Denn die Türken konzentrierten sich jetzt darauf, im Mittelmeer zu einem entscheidenden Schlag gegen Venedig auszuholen und ihm die letzte Bastion auf der Insel Kreta, das stark befestigte Heraklion, abzunehmen. Was ihnen 1669 auch tatsächlich gelang.

Aber zurück zu Eisenburg—Vasvár, dem harmlosen Städtchen, das sich am Südufer der Raab den Hang hochzieht. Für die Ungarn wurde der dort von den Österreichern und Türken abgeschlossene Frieden geradezu zu einem Trauma. Sie fühlten sich verraten und verkauft: »Wenn bei Sankt Gotthard die Türken Sieger geblieben wären und Leopold hätte um Frieden bitten müssen, so würde derselbe wohl kaum nachteiliger für Ungarn ausgefallen sein, als es jetzt der Fall war«, schrieb im vergangenen Jahrhundert der ungarische Historiker Miklós Horváth. Fast alles, was in der Folgezeit das Verhältnis zwischen den Habsburgern und den Ungarn belastete, hatte seine Ursache in dem Friedensschluß von Vasvár. Angefangen von der Zrinyi-Nádasdy-Verschwörung bis zu den Kuruzen-Kriegen von Thököly und Rákóczi. Noch heute fehlt wohl in keinem ungarischen touristischen Führer bei der Erwähnung der Schlacht von Szentgotthárd die Bemerkung von dem dann folgenden ›schmachvollen Frieden‹ von Vasvár. Von dieser tiefen Kränkung der Ungarn, die sich als die Hauptträger und Hauptopfer des Abwehrkampfes gegen die Türken sahen, und ihrer Reaktion darauf, werden wir später ausführlich sprechen müssen.

Das Kapitel über Sankt Gotthard wäre aber nicht vollständig, wenn wir nicht noch schnell einen Bogen zu Rainer Maria Rilke und seinem ›Cornett‹ schlagen würden. Denn einiges hat die etwas parfümierte ›Weise von Liebe und Tod des Cornetts Christoph Rilke‹ mit der Schlacht von Mogersdorf zu tun. Die Jahreszahl 1663 in der Vorbemerkung über den in Ungarn gefallenen jungen Herrn von Langenau würde dem zwar widersprechen, aber da soll man vielleicht nicht so penibel sein. Denn die Raab ist da und das Heistersche Regiment zu Roß, und der kleine Marquis aus Frankreich und Spork, der Reitergeneral mit dem langen Haar, das den Glanz des Eisens hat. Lassen wir also in unserem Bild von der Schlacht von Sankt Gotthard und Mogersdorf auch noch den von Langenau nach der Nacht im Schloß der Gräfin tief in den Feind sprengen, ganz allein »unter seiner langsam verlodernden Fahne«.

Szigetvár

Ruhm und Untergang der Zrínyi

Am Abend des 30. Dezember 1812 ist das Wiener Burgtheater voll besetzt. Man gibt das Drama ›Zrínyi‹ von Theodor Körner. Es ist eine Uraufführung. In den Logen sitzen, wie Körner später selbst bemerkte, »lauter Ungarn«.

Der Erfolg des Stückes ist überwältigend. Das patriotische Pathos ist Labsal für die Ungarn wie für die Deutschen. Den Ungarn ruft es ein glorreiches Kapitel ihrer Geschichte in Erinnerung, die Deutschen wiederum verstehen die Anspielungen auf den Kampf gegen Napoleon. Der Dichter des deutschen Freiheitskampfes wird am 9. Januar 1813 ›k. u. k. Hoftheaterdichter‹ – eine Ehrung, von der er nicht mehr viel haben sollte. Denn keine acht Monate später fällt er als Angehöriger des Lützowschen Freicorps im Gefecht von Gadebusch bei Dresden.

Mit seinem Drama hat Theodor Körner Niklas Zrínyi, dem legendären Verteidiger von Szigetvár gegen die Heerscharen Suleiman des Prächtigen, ein Denkmal gesetzt. Von den Taten und dem Tode Niklas Zrínyis ist dann der Ruhm dieses kroatisch-ungarischen Adelsgeschlechts ausgegangen, dessen Häupter im 16. und 17. Jahrhundert durch ihre politischen, militärischen und dichterischen Aktivitäten von großer Bedeutung nicht nur für ihr Land waren, sondern auch die Phantasie der Europäer beschäftigten. Einem von ihnen, Peter Zrínyi, sind wir schon begegnet, als wir von der Magnatenverschwörung in der zweiten Hälfte des 17. Jahrhunderts gegen den Wiener Hof berichteten. Er beendete sein Leben auf dem Schafott in Wiener Neustadt.

Uns beschäftigt aber jetzt, wie gesagt, Niklas Zrínyi, sein Großvater, der hundert Jahre vorher, 1566 in Szigetvár 33 Tage lang dem großen Suleiman Widerstand geleistet und mit seinen Heldentaten und dem Opfertod Theodor Körner zu seinem Drama inspiriert hat.

Szigetvár liegt vierzig Kilometer westlich von Pécs, in der Ebene zwischen den Ausläufern der Mecsek-Hügel und der Drau (Dráva). Es hat 22 000 Einwohner, einige kleinere Industriebetriebe und wäre ohne seine Burg, das Kriegsgeschehen von 1566, den Ruhm des Niklas Zrínyi und den Tod Suleimans II. mit seinen makabren Begleitumständen wohl kaum erwähnenswert.

Die *Burg* ist in ihrer Grundanlage noch vorhanden. Es sind noch die Wälle da, die vor vierhundert Jahren die alte und die neue Vorstadt und die eigentliche Burg einschlossen und von denen aus Niklas Zrínyi mit seinen 54 Kanonen und 2500 Mann einer Armee von 60 000 Mann die Stirne bot.

Es war Sultan Suleimans dreizehnter Feldzug und sein sechster in Ungarn, und er wollte die Schlappe, die er ein Jahr zuvor vor Malta, der Insel des Johanniter-Ordens, erlitten hatte, auf einem anderen Kriegsschauplatz wieder wettmachen. Das gelang ihm auch, doch sollte er den Fall von Szigetvár nicht mehr erleben. Am 7. September fiel Szigetvár, es fielen Zrinyi und die letzten seiner Getreuen, und auf den Trümmern der Festung hißten die Janitscharen den Halbmond, ohne zu wissen, daß ihr Sultan schon in der Nacht vom 5. zum 6. September einem Schlaganfall erlegen war.

Die Belagerung der Festung Szigetvár, ihre Verteidigung, der Tod des Sultans und was ihm folgte und die Schicksale der Familie Zrínyi verdienen, daß man der Reihe nach erzählt:

Szigetvár war eines der wichtigsten Glieder in der Kette der Grenzburgen an der Nahtstelle des habsburgisch-ungarischen und des osmanischen Herrschaftsgebietes. Diese Grenzburgen standen nämlich, wie ein türkischer Feldherr es einmal ausdrückte, »mit dem einen Fuß auf ungarischem, mit dem anderen auf türkischem Boden«. Von Szigetvár aus hatten die Kaiserlichen die Stützpunkte der Türken in Südungarn häufig angegriffen, und Sultan Suleiman wollte diesen für ihn gefährlichen Unternehmungen ein Ende setzen. So zog er im August 1566 mit seinem Heer vor die Festung und meinte, den ›Maulwurfhügel‹ ohne viel Federlesens auszutreten. Das aber sollte sich als arge Fehleinschätzung erweisen.

Szigetvár bedeutet im Deutschen ›Inselburg‹, und Stadt und Festung lagen in der Tat auf drei Inseln inmitten eines Sumpfgebietes, welches das Flüßchen Almás bildete. Es war also gar nicht so leicht, an Szigetvár heranzukommen, zumal die Verteidiger bestimmte Teile des Marschlandes je nach Bedarf gezielt unter Wasser setzen konnten.

Genau 33 Tage lang gelang es Niklas Zrínyi mit der kleinen Schar seiner ungarischen und kroatischen Soldaten, die anstürmenden Türken immer wieder zurückzuschlagen. Zrínyi lehnte auch alle verlockenden Angebote des Großwesirs Mehmed Sokolović ab, ehrenvoll zu kapitulieren, er wies sogar den Vorschlag zurück, das Haus Zrínyi für ewige Zeiten zum Herrscherhaus eines türkischen Satellitenfürstentums Kroatien und Slowenien zu machen.

Bis zum 7. September hatten sich aber die Türken so nahe an die eigentliche Festung Szigetvár herangearbeitet, daß sie zum entscheidenden Angriff ansetzen konnten. Angesichts seiner hoffnungslosen Lage und den sicheren Tod vor Augen machte nun Niklas Zrínyi seinen letzten Ausfall. Er ließ das Burgtor öffnen, die Brücke herabfallen und stürmte, gefolgt von den letzten seiner Truppe, das Schwert in der Rechten und die ungarische Fahne in der Linken, in die feindlichen Reihen. Vorher hatte er sich noch hundert Dukaten in den Wams gesteckt, damit, wie er sagte, der Feind, der ihn tötet, auch wisse, daß er einen würdigen Widersacher gehabt habe. Der letzte Kampf dauerte nur kurz: Zrínyi wurde in dem Getümmel schon bald getötet, und die Janitscharen drangen in die Burg ein. Da flog der Turm, in dem die Verteidiger ihr Pulver gelagert hatten, in die Luft. Die Legende will wissen, daß eine der wenigen Frauen, die sich noch in der Festung befanden, die Lunte an die Pulverfässer gelegt habe. An die 3000 Janitscharen und die letzten noch lebenden Verteidiger fanden dabei den Tod.

Die türkischen Soldaten schlugen Zrínyi den Kopf ab und brachten die Trophäe zum Zelt des Sultans. Der Padischah, dessen Gestalt sie durch einen halbgeöffneten Vorhang nur undeutlich sahen, ist aber schon zwölf Stunden tot. Mehmed Sokolović hat seinen Tod bisher vor der Truppe verbergen können. Er hat den einbalsamierten Leichnam in einen Stuhl setzen lassen, um der Truppe den Eindruck zu geben, daß der ›Großherr‹ noch am Leben sei. Der Großwesir befürchtete Disziplinlosigkeiten und sogar Meutereien, denn das türkische Heer war total erschöpft. Die tapferen Verteidiger unter der Führung Zrínyis haben ihm schwerste Verluste zugefügt. 18000 Spahis (Reiter) und 7000 Janitscharen sind gefallen, das sind 42 Prozent der 60000 Mann zählenden Streitmacht des Sultans.

Besonders die Ausfälle bei den Janitscharen, der Elite-Infanterie des osmanischen Heeres, wiegen schwer. Die 7000 Gefallenen sind mehr als die Hälfte der Gesamtstärke dieser gefürchteten Truppe. Von diesem Aderlaß vor der kleinen Festung Szigetvár haben sich die Janitscharen nie wieder erholt. Nach Szigetvár mußten die Aufnahmebedingungen in dieses Elitecorps gelockert werden, und nie wieder hat es die Geschlossenheit und Schlagkraft von einst zurückgewonnen.

Trotz seiner Sorgen um die Nachfolge des großen Sultans und das Schicksal des osmanischen Reiches fand Mehmed Sokolović noch Zeit, seinen großen Gegner Niklas Zrínyi zu ehren. Unmittelbar nach der Einnahme der Festung schickte er den Kopf Zrínyis an den kaiserlichen

Feldherrn, den Grafen Salm, der mit einem 80 000 Mann starken Reichs-
heer in der Nähe von Győr Gewehr bei Fuß steht. Kaiser Maximilian II.
beschränkte sich darauf, das Reichsgebiet zu schützen, und wagte es nicht,
den Sultan anzugreifen und Zrínyi zu Hilfe zu kommen. Salm läßt das
Haupt nach Čakovec, dem Stammschloß der Zrínyi im heutigen Kroatien,
bringen, wo es in der Familiengruft beigesetzt wird.

Im türkischen Lager aber war die makabre Manipulation mit dem
toten Sultan noch immer nicht beendet. Gute 46 Tage lang hielt Mehmed
Sokolović die Truppe im Süden Ungarns im Glauben, daß der Sultan
noch lebe. Er arrangierte es sogar, daß die hohen Würdenträger den
Eindruck hatten, der Sultan sitze dem Diwan, dem Ministerrat vor, und
der Truppe wurde sogar vorgemacht, daß Suleiman ihre Paraden abnehme.
Erst als Selim, der sich zum Zeitpunkt des Todes seines Vaters in Kleinasien
befand, in Belgrad eintraf und mit Thronkämpfen nicht mehr zu rechnen
war, rückte Mehmed Sokolović mit dem Leichnam des Sultans, der 46
Jahre lang regiert und das osmanische Reich auf seinen Höhepunkt geführt
hatte, nach Süden ab.

Was aber ist übriggeblieben von diesem Szigetvár, dessen man
sich noch nach Jahrhunderten erinnert? Die Wälle sind da, die die
Stadt und die Burg umgaben und das Flüßchen Almás ebenfalls, das
sich so wie früher in zwei Läufe teilt und aus dem Burggelände
so etwas wie eine Insel macht. Nur umgeben heute weitläufige
Parkanlagen die Burg statt der Sümpfe, und innerhalb des Walles, der
ein unregelmäßiges Viereck bildet, spenden Tannen und Kastanien,
Platanen und Linden, Flieder, Holunder und Hibiskus Schatten und
Frische.

An die blutige Belagerung erinnert ein kleines Museum, an den
Sieg Suleimans eine Moschee mit einem gedrungenen, stumpfen
Minarett. In den Kasematten aus der Türkenzeit befindet sich jetzt
eine Touristenherberge, deren Zimmer keine Fenster haben, deren
Türen aber direkt ins Freie führen. An diesem heißen Julisonntag
sind sie von Jugendlichen bevölkert, denen die Dramatik des Geschehens vor über vierhundert Jahren weniger zu sagen scheint, als
die Möglichkeit, in irgendeiner Ecke der Parkanlage dem Fußball
nachjagen zu können. Sie scheinen auch kaum beeindruckt davon,
daß sie es unweit der Stelle tun, wo ein kleiner Graben mit einer
Brücke darüber und eine moderne Bronzeplastik von Zrínyi auf
seinem Pferd den Ort anzeigt, wo sich der Schlußakt des Dramas
von Szigetvár abgespielt hat.

Theodor Körners Schauspiel ist im übrigen nicht die einzige literarische Verarbeitung des Dramas von Szigetvár. Ein Enkel des Verteidigers der Burg, der ebenfalls den Vornamen Niklas (Miklós) trug, hat schon hundert Jahre nach dem großen Ereignis ein Epos geschrieben, das zu den bedeutendsten Werken der ungarischen Literatur zählt, obwohl es noch in lateinisch geschrieben wurde. Es ist die ›Obsidio Szigetiana‹, die ›Verteidigung von Sziget‹, von der ein ungarischer Literaturhistoriker einmal sagte, als Dichtung sei sie nicht viel wert, sein Autor sei aber der erste Dichter gewesen, der Ungarns Probleme zwischen Ost und West erkannt habe.

Dieser 1620 geborene Miklós Zrínyi war wohl die stärkste Persönlichkeit unter den hohen Beamten, Politikern und Heerführern, die dieses kroatisch-ungarische Adelsgeschlecht im Laufe der Jahrhunderte hervorgebracht hat. Oft wird die Frage gestellt, ob der Magnatenverschwörung gegen den Kaiser in Wien nach dem Frieden von Vásvár Erfolg beschieden worden wäre, wenn dieser Miklós Zrínyi an ihrer Spitze geblieben wäre. Die Frage ist schwer zu beantworten; am 1. November 1664 wurde Miklós Zrínyi auf einer Jagd von einem wilden Eber getötet. Sein Bruder Peter aber endete, wie wir schon gehört haben, auf dem Schafott in Wiener Neustadt. Miklós Zrínyis Wahlspruch ›Sors bona nihil aliud‹ — ›Gut Glück und nichts anderes‹ hat sich weder in seinem Leben noch im Schicksal seiner Nation im 17. Jahrhundert erfüllt.

Pécs

Sanfte Luft des Südens

In einer Reisebeschreibung las ich, Pécs sei diejenige Stadt Ungarns, die dem Mittelmeer am nächsten liege. Geographisch stimmt das sogar, nur zweifle ich, ob jene besondere Atmosphäre, durch die sich Pécs von anderen Städten Ungarns unterscheidet, nur auf die Nähe zum Mittelmeer zurückzuführen ist. Ich kenne in Jugoslawien Orte, die haben es noch näher zur Adria, sind von ihr nur durch ein oder zwei Gebirgsketten getrennt, haben aber nichts Mediterranes aufzuweisen, nichts in ihrer Architektur und schon gar nicht in ihrem Lebensstil. Die geographische Lage allein kann es also nicht sein, die Pécs, zu deutsch Fünfkirchen, jenes Flair mitgibt, das man schon bei den ersten Streifzügen durch die Stadt verspürt.

Gewiß: Pécs liegt in geschützter Lage. Die Stadt, mit ihren 170 000 Einwohnern die größte in Transdanubien, schmiegt sich an die Kette der Mecsek-Hügel an, die sie gegen die Winde aus dem Norden schützen; dem Süden zu ist sie weit geöffnet. In den Gärten und Weinbergen, die sich an den Hängen des Mecsek hochziehen, wachsen Mandel- und Feigenbäume, der Frühling kommt früher und der Herbst wärmt länger als in anderen Teilen des Landes.

Das aber genügt noch nicht, um zu erklären, warum diese Stadt so ist, wie sie ist: In ihrem architektonischen Bilde vielfältiger, in ihrem Leben offener, in ihren wirtschaftlichen und kulturellen Aktivitäten differenzierter als anderswo. Manche der ungarischen Städte können einen sehr verschlossenen Eindruck machen, so als lebten sie nur sich selbst; Pécs gehört nicht zu ihnen.

Ist das darauf zurückzuführen, daß dieser Teil Ungarns ein uralter Kulturboden ist, auf dem die verschiedensten Einflüsse zur Geltung kamen? Zuerst der römisch-heidnische Einfluß, dann der römisch-frühchristliche, von denen in den letzten Jahrzehnten immer mehr und immer deutlichere Spuren entdeckt und freigelegt wurden. Manchmal aus recht banalem Anlaß, wie beim Umbau in der Sektfabrik an der Ecke Domplatz und Geisler utca oder bei der Reparatur des Springbrunnens auf dem Domplatz, wo man auf ein römisches Gräberfeld mit Grabkammern und frühchristlichen Grabkapellen stieß.

Die unter dem Domplatz unmittelbar vor dem Dom gelegenen Grabkapellen mit den Fresken konnte ich nie sehen, weil sie in den letzten Jahren geschlossen waren. Die Wandmalereien hatten unter dem Ein und Aus der Besucherscharen zu stark gelitten. Es ist aber möglich, daß sie nach sorgfältiger Konservierung wieder allgemein zugänglich gemacht werden und daß man sie dann ebenso wird besichtigen können wie eine weitere frühchristliche Kirche, die man im unteren Teil des Domplatzes, der eigentlich Szent István tér heißt, entdeckt hat und die man freizulegen begann, als ich zum letzten Mal in Pécs war.

Ob sich der spätrömische Einfluß auch über die Jahrhunderte der Völkerwanderung hinweg erhalten hat, ist nicht erwiesen; als die Ungarn aber Pannonien in Besitz nahmen, dürften sie hier eine städtische Siedlung vorgefunden haben, denn in Urkunden des 9. Jahrhunderts taucht bereits der Name ›Quinque Ecclesiae‹ auf, von dem dann die deutsche Bezeichnung ›Fünfkirchen‹ abgeleitet wurde, und Stephan der Heilige errichtete hier schon 1009 ein Bistum, das zusammen mit Esztergom und Kalocsa zu den ältesten ungarischen Bistümern gehört.

Pécs beherbergte auch die erste Universität in Ungarn. König Ludwig der Große aus dem Hause Anjou gründete sie im Jahre 1367, also nur kurze Zeit nachdem Universitäten in Prag, Krakau und Wien entstanden waren. Die von Pécs hatte allerdings nur ein kurzes Leben.

Als sich die Türken Mitte des 16. Jahrhunderts auch in Pécs festsetzten, erlitt die Stadt nicht das bedauernswerte Schicksal anderer ungarischer Städte unter türkischer Herrschaft, nämlich lediglich als militärischer Stützpunkt zu dienen oder zu einem bedeutungslosen Nest in einer entlegenen Provinz des osmanischen Reiches zu verkümmern. Pécs blieb ein bedeutendes städtisches Zentrum, und die türkischen Militärgouverneure behandelten es als solches. Die romanische Basilika wurde zwar in eine Moschee verwandelt, baulich überstand sie die hundertfünfzig Jahre Herrschaft des Halbmondes vergleichsweise gut. Die Türken errichteten aber auch ihrerseits eine Reihe von Moscheen in der Stadt − es sollen ihrer zwölf gewesen sein. Von ihnen existieren noch zwei. Die fünfeckige *Moschee* (Innerstädtische Pfarrkirche) mit der großen Kuppel auf dem leicht ansteigenden Széchenyi tér im Zentrum der Stadt; so wie einst die Türken den Dom geschont hatten, um ihn in eine Moschee zu verwandeln, so haben die christlichen Eroberer 1686 dieses religiöse Bauwerk des Islams bestehen lassen, um es zur katholischen Pfarrkirche der Stadt zu machen. Nur die beiden Minaretts, die auf Stichen aus dem 17. Jahrhundert noch zu sehen sind, sind verschwunden. Die barocken Türme, die sie bis ins vorige Jahrhundert ersetzten, existieren allerdings auch nicht mehr, was der Wirkung des Gebäudes an dieser, den ganzen Platz beherrschenden Stelle nur zugute kommt.

Die zweite, die nach dem *Pascha Hassan Jakowali* benannte *Moschee*, steht an der Rákóczi utca in der Nähe des Hotels ›Pannónia‹, eingeklemmt zwischen zwei Häusern aus späterer Zeit. Sie ist heute ein Museum, und es soll gleich gesagt werden, daß es ein sehenswertes Museum ist. Denn es sind hier Stiche ausgestellt, die zeigen, wie sich das Bild mancher ungarischer Städte unter den Türken verändert hat; zur Schau gestellt sind hier auch Erzeugnisse der hoch entwickelten türkischen Kupferschmiedekunst und Keramiken, die entweder aus anderen Teilen des osmanischen Reiches, aus Vorderasien und vom Balkan nach Ungarn importiert oder unter türkischem Einfluß hier produziert worden sind. Daß diese Töpfer-kunst zum Teil noch heute weiterlebt, davon kann man sich in den Töpferwerkstätten einiger Dörfer in der Umgebung von Pécs überzeugen.

In der Bewahrung dieser Bauten und der handwerklichen und kunstgewerblichen Erzeugnisse aus der Türkenzeit unterscheidet sich Pécs ebenfalls von anderen ungarischen Städten. Als zwischen 1683 und 1690, also nach dem Sieg der europäischen Verbündeten über das Osmanenheer des Kara Mustafa vor Wien, die Türken aus Ungarn vertrieben wurden, gingen die habsburgischen und ungarischen Eroberer nämlich nicht sehr glimpflich mit den Zeugnis-sen der osmanischen Herrschaft um. Moscheen und Minaretts, Bäder und Konaks (Residenzen) fielen der Zerstörungswut der christlichen Rückeroberer zum Opfer – nicht immer zum Vorteil des befreiten Landes. Deshalb existieren in Ungarn nur wenige Bauten aus der Zeit der Türken. Wie wir gesehen haben nicht einmal in Budapest, wo der Statthalter des Sultans auf der Burg von Ofen seinen Sitz hatte. So ist die Hinterlassenschaft der Eroberer aus Kleinasien in Pécs für Ungarn etwas Einmaliges.

Es muß also doch etwas auf sich haben mit der sanften Luft dieser Stadt; finsterer Fanatismus scheint in ihr nicht zu gedeihen, eher Toleranz und Aufgeschlossenheit gegenüber dem Andersartigen. Und Offenheit gegenüber den Strömungen der Zeit: Man braucht nur durch die Galerien zu gehen oder sich den Veranstaltungskalen-der der Stadt auch außerhalb der Monate anzusehen, die man im Jargon als ›Saison‹ bezeichnet. Man wird erstaunt sein über die Fülle der Ausstellungen, Tagungen, Konzerte, Aufführungen, und man wird sich fragen, mit welcher Berechtigung man für Pécs den Aus-druck ›Provinz‹ gebraucht. Natürlich ist die Ballett-Truppe des Thea-ters von Pécs nicht mit den europäischen Spitzenensembles zu vergleichen, aber was sich draußen in der Ballettwelt tut, findet hier seinen Widerhall und wirkt sich auf die Arbeit der Truppe aus, die es verstanden hat, sich in Fachkreisen auch außerhalb Ungarns einen Namen zu schaffen.

Wenn ich mir das Stadtbild von Pécs vergegenwärtige, dann sind es vor allem die zwei großen Plätze, die vor meinem inneren Auge auftauchen. Es sind dies der schon erwähnte Széchenyi tér mit der ehemaligen Moschee des Ghasi Kassim Pascha (Innerstädtische Pfarrkirche) und der Domplatz mit der viertürmigen Basilika Sankt Peter. Beide Plätze sind ähnlich angelegt: So wie sich die Stadt an den Südhängen des Mecsek-Gebirges hochzieht, so steigen diese beiden Plätze innerhalb der Stadt in nördlicher Richtung an. Und so wie die einstige Moschee den Széchenyi tér beherrscht, so dominiert die Basilika den Domplatz.

Man kann sich kaum zwei Bauwerke vorstellen, die in ihrem Charakter unterschiedlicher wären als diese beiden Gotteshäuser. Gemeinsam ist ihnen aber der Anspruch, dem sie durch ihre Lage und ihre Architektur Ausdruck geben. Die *Moschee*, das größte erhaltene türkische Gebäude in Ungarn: ein fünfeckiger Bau auf einem Stufenfundament, der eine seiner Kanten zum Platz hin dreht, eine Unregelmäßigkeit voller Reiz, ähnlich einer leicht schief stehenden Nase im Gesicht einer schönen Frau. Über dem zweistöckigen Bau mit seinen orientalischen Spitzbogenfenstern ein achteckiger Tambur, der die große, mit Kupferplatten verkleidete Kuppel trägt. Im Zenit der Kuppel der Halbmond und darüber das Kreuz. Der Verkehr, von welcher Seite er auch zum Széchenyiplatz kommt, muß um die Dschami, wie die Moschee hier heißt, herum. So steht sie wie ein Fels, der den Strom teilt und ihn damit bändigt und beherrscht. Eine imperiale Moschee, nicht irgendeine, wie sie zu Hunderten in den einst von den Türken beherrschten Ländern des Balkans zu finden sind.

Um den Dom von Sankt Peter gibt es keinen Verkehr, es gibt also auch nicht die Unruhe und das Gewühl einer Großstadt. Auf dem zweigeteilten Platz vor der Kathedrale herrscht Stille, so als ob jeder, der ihn betritt, bei ihrem Anblick zunächst einmal den Atem anhalten würde.

Die Szenerie ist auch beeindruckend, besonders im oberen Teil des Platzes, dem eigentlichen Domplatz. Links das Barockpalais des Bischofs von Pécs, rechts das Archiv des Domkapitels aus der letzten Phase des Barock. Auf dem Scheitel des Platzes aber der *Dom Sankt Peter* mit den vier noch aus dem Mittelalter stammenden massiven Ecktürmen und der dem Süden zugekehrten Fassade mit den elf romanischen Blendarkaden und der zierlichen Galerie darüber, die die Statuen der zwölf Apostel trägt.

Schon wegen seiner Lage verdient der Dom besichtigt zu werden. Er verdient es aber auch wegen seiner Geschichte: Er ist die einzige Kirche

Ungarns aus der Zeit des Heiligen Stephan, die sich allen Kriegen und Katastrophen, Restaurationen und Rekonstruktionen zum Trotz in ihren romanischen Grundzügen erhalten hat. Und was an Einzelheiten aus früheren Zeiten nicht mehr in den drei Schiffen der Basilika, in der Krypta und in den Seitenkapellen zu finden ist, das kann man im Lapidarium, dem Dommuseum, entdecken, die Originalreliefs der Krypta-Zugänge zum Beispiel und andere romanische Bauelemente aus der Frühzeit der Kirche.

Über die frühchristlichen Grabkammern unter dem Domplatz kann ich – ich habe es schon erwähnt – aus eigener Anschauung nicht berichten. Die Apostelfiguren, die Porträts der Verstorbenen und die Blumen- und Vogeldekorationen an den Wänden und Dekken der Kammern habe ich mir nur in Kunstbüchern ansehen können. Daß diese Wandmalereien in dem Begleittext als Beispiele einer Katakombenmalerei bezeichnet wurden, wie sie außerhalb Italiens nur sehr selten zu finden ist, war schon gar kein Trost für jemanden, dem die Grabkammern verschlossen blieben und der nichts anderes tun konnte, als wehmütig auf die Luftschächte zu blicken, die anzeigen, wo diese Kammern unter dem Pflaster des Domplatzes liegen.

Daß eine Stadt mit einem solchen historischen und kulturellen Reichtum über viele Museen verfügt, wen sollte das wundern? Auf einem Plan der Stadt Pécs habe ich deren zwölf gezählt. Was sie zu bieten haben, reicht von der Schlichtheit frühchristlicher Wandmalereien über die Raffinesse islamischer Kult- und Gebrauchsgegenstände zu verschiedenen Malern der ungarischen Moderne, ob sie nun in ihrer Heimat oder im Ausland gelebt oder gewirkt haben.

Alle diese Museen auch nur kurz zu erwähnen, würde den Rahmen dieses Kapitels sprengen. Nur das *Zsolnay-Museum* soll noch genannt werden. Einmal, weil es sich in dem ältesten Haus der Stadt (Káptalan utca 2) befindet, das noch seine gotische Toreinfahrt mit den steinernen Wandbänken für die Wachmannschaft besitzt. Zum anderen, weil man hier die künstlerisch hervorragendsten Keramiken sehen kann – Vasen, Teller, Terrinen, Kacheln, Skulpturen und Ziergegenstände aller Art –, die vor allem durch ihre raffinierten Glasuren den Weltruf der 1851 gegründeten Porzellanfabrik Zsolnay begründet haben.

Auch heute produziert Zsolnay noch – oder wieder – sogenannte Scharffeuer-Keramik, vornehmlich Vasen mit der irisierenden Eosin-Gla-

sur oder Tischservices. Wenn auch nicht mehr ein Tafelgeschirr, wie das hier ausgestellte sechsteilige Blaue-Blumen-Service mit dem gelben Rand, das sich einst der Fürst Hohenlohe bestellt hatte und das in seiner Feinheit dem Porzellan schon ganz nahe kommt. Seine Haupteinkünfte bezieht das verstaatlichte Werk heute aus banaleren Produkten wie zum Beispiel Hochspannungsisolatoren, Ofenkacheln oder Bodenfliesen für Häuser in südlicheren Gefilden. All das läßt sich auch im Export gut unterbringen, und so floriert Zsolnay wie vor hundert Jahren.

Die Ausstellung der schönsten Zsolnay-Erzeugnisse gehört zum *Janus-Pannonius-Museum*, und damit sind wir endlich bei jenem Manne angelangt, dessen Name in Pécs immer wiederkehrt und auf dessen Bronzedenkmal wir in den Befestigungsanlagen hinter dem Dom und dem Erzbischöflichen Palais stoßen. Es zeigt einen schlanken Mann im besten Alter, das Gesicht mit geistvollen und empfindsamen Zügen im Schatten eines breitkrempigen Hutes, der ihn als Geistlichen ausweist. Und in der Tat war Janus Pannonius in der zweiten Hälfte des 15. Jahrhunderts Bischof von Pécs.

Aber nicht deshalb sind Museen, Straßen, Bibliotheken, Schulen nach ihm benannt. Janus Pannonius (1434-72), mit bürgerlichem Namen János Csezmicei, Sohn eines Tischlers aus Südungarn, war Ungarns erster großer Dichter. Zwar bediente er sich noch nicht der ungarischen Sprache, er blieb beim Latein, aber seine Epigramme und Gedichte sind von einem patriotischen Gefühl getragen, wie es in dieser dichterischen Form in Ungarn bis zu seiner Zeit noch keinen Ausdruck gefunden hatte. Er war es auch, der mit seinem Werk eine Verbindung zwischen den geistigen Strömungen der europäischen Renaissance und dem kulturellen Aufbruch seiner Heimat unter König Matthias Corvinus herstellte, und der darüber hinaus in die im Formalismus erstarrte humanistische Dichtung Europas neue persönliche Gefühlsgehalte brachte. Seine Bedeutung geht also über die Grenzen seiner engeren Heimat hinaus.

Daß Janus Pannonius trotz seiner im damaligen Sinne niedrigen Herkunft diese Stellung und Bedeutung erringen konnte, verdankte er seinem Onkel János Vitéz, Erzieher und Berater des Königs Matthias und späterer Erzbischof von Esztergom und Primas von Ungarn. Zusammen mit János Vitéz stand Janus Pannonius an der Spitze der Verschwörung gegen König Matthias im Jahre 1472. Sie waren gegen die Verstrickung ihres Königs in die österreichische, böhmische und polnische Politik und die Vernachlässigung der Aufgabe Ungarns in der Abwehr der türkischen Gefahr. Die Verschwörung scheiterte, Janus Pannonius verließ seinen Bischofsstuhl in

Pécs. Auf dem Wege in die Emigration starb er irgendwo in Kroatien, nur 38 Jahre alt. In der Kulturgeschichte Ungarns, nicht nur in Pécs, hat Janus Pannonius aber seinen festen Platz.

Die Baranya
Arme Ormánság – Mächtiges Siklós

Pécs ist die Hauptstadt, oder wenn man so will, das Verwaltungszentrum des Komitates Baranya, des südlichsten der ungarischen Regierungsbezirke. Wer von der Baranya spricht, meint aber nicht nur diese Verwaltungseinheit, er meint die Landschaft, in der die Mecsek- und Villányi-Hügel liegen, die nach Osten hin noch Mohács und die Auwälder zwischen den Donauarmen umfaßt und die im Südwesten die Ormánság einschließt, ein entlegenes Gebiet an der Drau, die hier die Grenze zwischen Ungarn und Jugoslawien bildet. Als Landschaftsbegriff überschreitet die Baranya die Staatsgrenze: In Jugoslawien wird das fruchtbare flache Land im Dreieck zwischen dem Unterlauf der Drau und der Donau ebenfalls als Baranya bezeichnet.

Die ungarische Baranya ist eine Landschaft von großer Vielfalt. Da ist Pécs, die große Stadt am Fuße des Mecsek-Gebirges, da sind aber auch die Weindörfer an den Hängen der Villányi-Hügel, die einen frischen Rotwein produzieren. Da sind die Schwabensiedlungen am Nordostrand des Mecsek-Gebirges, da sind die serbischen Dörfer rund um Mohács mit ihrem Mummenschanz im Winter, da sind die kroatischen Dörfer rund um den Kurort Hárkány, da ist die gewaltige Burg Siklós, und da ist schließlich die Ormánság, eine Landschaft herb und melancholisch in ihrer Verlassenheit und Armut.

Zunächst die Ormánság, das Land am Nordufer der Drau. Tischflach, weite Maisfelder, über die im Herbst die Schweineherden getrieben werden, schilfumsäumte Lagunen, auf ihrem Spiegel der schwarze Kahn eines Fischers, Nebelschwaden zwischen Pappeln, Weiden, Auen und niedrigem Gebüsch am Rand der Felder. Die Dörfer geduckt unter der großen Glocke des Himmels, mag sie nun blau oder grau oder düster sein.

Im Vergleich zu den anderen Landschaften Ungarns hat die Ormánság einige Besonderheiten aufzuweisen. Sie lag immer abseits, die wirtschaftlichen und geistigen Strömungen der Zeit gingen an ihr vorbei. Es müssen viele Menschen von hier abgewandert sein, denn in den Dörfern stößt man immer wieder auf Häuser, die verlassen scheinen oder sich schon im Verfall befinden. Der relative Wohlstand, der in den letzten zwanzig Jahren in den ungarischen Dörfern eingezogen ist, scheint an dieser Gegend vorbeigegangen zu sein. Kaum frisch verputzte Häuser in den Dörfern, kaum Blumenbeete, die die breiten Dorfstraßen säumen, kaum Menschen auf den weiten Dorfplätzen, wenn man sich nach dem Weg erkundigen will.

In der Ormánság gibt es aber einige Kirchen, die Seltenheitswert haben, und zwar wegen der bunten, mit ländlichen Motiven bemalten Kassettendecken, Kanzeln und Emporen. Es sind Gotteshäuser der Kalvinisten, und sie unterscheiden sich eben durch ihre naive Farbenpracht von der Nüchternheit der sonstigen Kirchen der Protestanten helvetischen Bekenntnisses.

Auf die erste dieser Kirchen stößt man in *Kovácshida*, nur wenige Kilometer westlich des Kurortes Hárkány. Sie stammt aus dem Jahre 1833, die Empore wird von kunstvoll gedrechselten Holzsäulen getragen. Die Kassetten an der Stirnseite der Empore geben mit ihren verspielten Volkskunstmotiven dem schmucklosen Raum einen heiteren Akzent.

Älter und reicher an buntem Kassettenwerk ist die Kirche *Szent Kórós*. Sie steht inmitten des Dorfes, am Rande eines weiten Angers, über den die Gänse spazieren. 1793 wurde sie gebaut, 1834 erweitert, und auch die Kassetten an der Decke der Empore und der Kanzel mit ihren Blumenmustern stammen aus jenen Jahren. Allein die Decke besteht, wie aus der Beschreibung zu entnehmen ist, aus 114 Kassetten, die alle verschiedene Motive aufweisen.

Es waren wandernde Zimmerleute und Maler, die diesen Kassettenschmuck anbrachten und den kalvinistischen Kirchen in diesem Teil Ungarns ihre besondere Note gaben. Die Muster der Motive brachten sie mit, sie ergänzten sie aber durch örtliche Varianten oder nach ihrem persönlichen Geschmack.

Außer diesen eher heiteren kalvinistischen Kirchen hat die Ormánság noch eine weitere Besonderheit zu bieten: Bauernhäuser, die nicht auf einem gemauerten oder Lehmsockel stehen, sondern auf dicken Holzbalken. In den Dörfern, die ich besucht habe oder durch die ich gefahren bin, habe ich allerdings vergeblich nach diesen für die Landschaft an der Drau charakteristischen Häusern

Ausschau gehalten. In *Sellye*, dem größten Ort der Ormánság, ist noch eines hinter dem Heimatmuseum zu besichtigen. In der Fachsprache werden diese bäuerlichen Bauten als Sockel- oder Kufenhäuser bezeichnet. An der Stelle der Grundmauern wurde ein Rechteck aus Balken ausgelegt, und an den vier Ecken standen dann die Trägerbalken, die das Dachgerüst stützten. Die Mauern bildeten weitere Balken, wobei der Zwischenraum durch ein Rutengeflecht mit Lehm ausgefüllt wurde.

Es heißt, daß diese Bauart es ermöglichte, die Häuser zu bewegen, wenn in den Niederungen der Drau das Hochwasser drohte. Ob Legende oder Wirklichkeit ist nicht mehr zu überprüfen. Denn die Kufenhäuser gehören sogar in der zurückgebliebenen Ormánság der Vergangenheit an. So wie die Trachten, die man sich auch nur noch im Museum von Sellye ansehen kann. Im Vergleich zum übrigen Ungarn weisen sie ebenfalls eine Besonderheit auf: die Trauerfarbe der Frauen war Weiß.

Die *Burg* Siklós dürfen wir nicht vergessen, wenn von der Báranya die Rede ist. Aus mehreren Gründen: Erstens gehört sie zu den am besten erhaltenen Burgen in Ungarn, und das will besonders in dieser Gegend etwas heißen, wo sich anderthalb Jahrhunderte Türken und Kaiserliche bekämpften und in der auch die Rákóczi-Rebellen ihre Stützpunkte hatten. Das Auf und Ab der Geschichte hat aber weder der wuchtigen Barbakane, die das innere Burgtor schützt, etwas anhaben können, noch der spätgotischen Burgkapelle mit dem zum Himmel strebenden Chor, dessen sieben schmale Fenster und dessen Sterngewölbe die Eleganz in der Formgebung jener Zeit beweisen. Offenbar haben auch die Türken, die von 1543 bis 1686 im Besitz von Siklós waren, die Kapelle respektiert, denn selbst von den Fresken aus dem 14. bis 16. Jahrhundert sind einige erhalten.

Unversehrt ist zum anderen auch der gotische Erker an der Südwand des Palastes, der mit seinem Fischblasen- und Kielbogen-Blendmaßwerk über dem Burggraben geradezu zu schweben scheint.

Im Burggarten stoßen wir auf die Statue einer Dame, deren Namen Dorottya Kanizsai lautet und die die Frau von Imre Perényi war, der die Burg 1515 erworben hatte. Mit den Perényi ist der Ausbau und die Blüte der Burg in der Renaissancezeit verbunden.

Imre hatte in der ungarischen Politik zu Beginn des 16. Jahrhunderts hohe Positionen inne, er war Palatin (Vizekönig) und auch Banus (Gouverneur) von Kroatien-Slawonien und Dalmatien. In der Erinnerung der Ungarn aber lebt seine Frau Dorottya nicht wegen ihres Rosengartens im südlichen Zwinger von Siklós, an dessen Stelle sich heute ein Ziergarten befindet, sondern wegen ihres Auftretens nach der verhängnisvollen Schlacht von Mohács, die ja nur vierzig Kilometer von Siklós entfernt stattfand. Davon aber wird die Rede sein, wenn wir das Schlachtfeld besuchen.

Natürlich hat die Burg auch ein Museum; in einem seiner Säle hängt ein Porträt des Grafen Kázemér Batthyány, der in der ungarischen Revolutionsregierung des Jahres 1849 Außenminister war. Die Batthyány gehörten zu den großen Magnatengeschlechtern, die, wie die Esterházy, Pálffy, Nádasdy in der Geschichte Ungarns immer wieder eine Rolle spielten. 1728 hatten sie Siklós erworben, und was in der Burg an Barockbauten und -umbauten zu finden ist, stammt aus ihrer Zeit.

Vom Schicksal des Grafen Lájos Batthyány, der Ministerpräsident der ersten nationalen ungarischen Regierung war und im Oktober 1849 an einer Kasernenmauer in Pest erschossen wurde, haben wir schon gehört. Ein Verwandter von ihm, eben Kázemér Batthyány, war Außenminister in der Revolutionsregierung von Lájos Kossuth in Debrecen. Außer dem Porträt erinnert an ihn in Siklós noch ein ›Signalement‹, also ein Fahndungsblatt, der österreichischen Polizei, auf dem die wichtigsten Führer des Aufstandes, die sich nach seiner Niederschlagung auf der Flucht befanden, zur Fahndung ausgeschrieben wurden. Die Liste trägt die Überschrift ›Signalements von Personen, welche teils des Majestätsverbrechens, des Hochverrates, teils der Teilnahme an dem bewaffneten Aufstand im Königreich Ungarn beanzeigt erscheinen‹. Gleich zwei Batthyány haben die Ehre, auf dieser Liste erwähnt zu werden, und zwar die Grafen Stephan und Kázemér, wobei das Alter des letzteren mit 35 Jahren angegeben wird, was aber nicht stimmte, da er damals bereits 42 Jahre zählte. Er wird als groß und schlank beschrieben, seine Sprachkenntnisse werden mit Deutsch, Französisch, Englisch und Ungarisch angegeben. Die Beschreibung endet dann mit einem Hinweis, der sich auf einem Polizeidokument eher seltsam ausnimmt: »... und hat einen sehr sanften Blick«, heißt es dann von dem Gesuchten.

Der Fahndung der österreichischen Polizei war übrigens kein Erfolg beschieden. Nach dem Zusammenbruch des ungarischen Aufstandes ging

Graf Kázemér in die Emigration, zuerst in die Türkei, später nach
Frankreich. Dort starb er 1854, noch nicht 47 Jahre alt, fern von der Burg
von Siklós, die die Erinnerung an ihn bewahrt.

Erwähnt sei noch, daß es in den Mauern von Siklós auch ein
Burghotel gibt. Die Zimmer betritt man aus weitläufigen Gängen,
von den Fenstern hat man den Blick auf das weite Land an Ungarns
Südgrenze bis tief hinein nach Jugoslawien.

Mohács

Die Legende einer Tragödie

Ein heißer Nachmittag im Juli. Über der Ebene zwischen Mohács
und dem ungarisch-jugoslawischen Grenzübergang scheint die Luft
zu kochen. Nach Osten, der Donau zu, steht unbeweglich der
dunkelgrüne Wall der Auwälder, im Westen türmen sich weiße
Wolken über den Villányi-Hügeln, wo ein guter Wein wächst.

So könnte auch die Stimmung an jenem Nachmittag des
29. August 1526 gewesen sein, als hier jene Schlacht stattfand, in
der der junge ungarische König Ludwig II. den Tod fand, die dem
nationalen Königtum Ungarns ein Ende setzte, die Mitte des Landes
zu einer türkischen Provinz machte und die Länder der Stephanskrone in drei Teile aufspaltete. Die Schlacht also, in deren Folge die
Habsburger die ungarische Krone des Heiligen Stephan auf ihr
Haupt setzen konnten, in deren Folge aber auch anderthalb Jahrhunderte lang ein Vorstoß der osmanischen Heere auf Wien eine reale
Gefahr war; die Schlacht, die den Auftakt zu immer neuen großen
und kleineren Kriegen zwischen den Herrschern am Bosporus und
jenen in Wien bildete, Kriegen, die sich fast ausschließlich auf
ungarischem Boden abspielten und immer nur zeitweilig von Waf-
fenruhen und Friedensschlüssen unterbrochen wurden. Und dieses
Auf und Ab der Kriege und Friedensschlüsse führte über Jahrhunderte hinweg zu einer Belastung des Verhältnisses zwischen den
Ungarn und den Habsburgern, aber darüber hinaus auch zwischen
den Ungarn und dem Westen insgesamt. Im Reich stand Ungarn
im Ruf, »das ehrenvolle, aber meist traurige Grab der Deutschen zu
sein«, die Ungarn wiederum waren der Meinung, nicht nur die
Hauptlast der Kriege mit den Türken tragen zu müssen, sondern
auch alleingelassen und geopfert zu werden, wann immer es die

Reichsinteressen der Kaiser in Wien zu fördern schienen. Das ungarische Trauma, vom Westen immer wieder im Stich gelassen zu
werden – hier in der Schlacht von Mohács hat es seine Wurzeln.
Kein Wunder also, daß von ihr bis zum heutigen Tage immer als
von der ›Tragödie Ungarns‹ gesprochen wird. War es aber wirklich
eine Tragödie im klassischen Sinne, also ein unausweichliches, unab-
wendbares, gleichsam von den Göttern verhängtes Schicksal? Heben wir uns die Antwort auf diese Frage für später auf, kehren wir
zurück zum Schlachtfeld, wie es sich uns heute darbietet.

Seit 1976, dem 450. Jahrestag der Schlacht, gibt es auf dem
Schlachtfeld die *Gedenkstätte*, in der wir uns jetzt befinden. Es ist
eine ebenso weitläufige wie eigenartige Anlage. Man betritt sie
durch ein eisernes Tor, das an das Panzerhemd eines Ritters erinnert
und von zwei massiven Torsäulen aus Marmor gehalten wird, die
sich oben zueinander neigen, aber nicht treffen. Dann führt eine
breite Steintreppe hinunter in einen Hof, um den sich im Viereck
die Betonbunker, die Gebäude der Gedenkstätte, gruppieren und
in dessen Mitte ein Brunnen plätschert. Dahinter führt wieder eine
Steintreppe nach oben, und man hat vor sich ein weites Feld voller
seltsamer Holzskulpturen, zu beiden Seiten der Wege und auf den
Rasenflächen, gefallene Krieger, zusammengebrochene Schlacht-
rösser, türkische Feldzeichen und ungarische Reiterschwadronen
symbolisierend. In der Mitte der Anlage eine Gedenkplatte, umgeben von Kränzen mit den ungarischen Nationalfarben und frischen
Blumen. Ein ungewöhnliches Bild, das dem Schauplatz dieses historischen Ereignisses eine Atmosphäre gibt, deren Eindringlichkeit man
sich nicht entziehen kann.

Hier also nehmen am 28. August 1526 die beiden Heere ihre Aufstel-
lung, die achtzigtausend Mann zählende Streitmacht der Türken unter
dem damals 32 Jahre alten Suleiman II., den wir den ›Prächtigen‹, die
Türken den ›Gesetzgeber‹ nennen. Das ungarische Heer ist knapp 25 000
Mann stark, an seiner Spitze steht der erst zwanzig Jahre alte Ludwig II.
aus dem polnischen Herrscherhause der Jagellonen. Den militärischen
Oberbefehl bei den Ungarn hat der Erzbischof von Kalocsa, Paul Tomori,
und die ungarischen Ritter brennen darauf, den Feind anzugreifen. Für
den folgenden Tag wird ein Schlachtplan entworfen, der einen Frontal-
angriff auf das Zentrum des türkischen Heeres vorsieht, ein Schlachtplan,
von dem der ungarische Publizist Stephan Vajda sagt, er entspreche dem
Temperament der Ungarn, »ihrem verhängnisvollen Leichtsinn und

theatralischen Mut«. Der junge König allerdings zeigt keine Zeichen des Übermutes; eher scheint er von bösen Vorahnungen heimgesucht. Als er den Helm aufsetzt, ist er leichenblaß, in seiner schweren Rüstung kann er sich kaum auf dem Pferd halten. Um drei Uhr Nachmittag erfolgt der Angriff der ungarischen Ritter, unter dessen Wucht das Zentrum der Türken tatsächlich auseinanderbricht. Aber dahinter hat Suleiman 300 Kanonen aufstellen und untereinander mit Ketten verbinden lassen. Wer von den ungarischen Rittern das mörderische Feuer aus 300 Rohren übersteht, muß zwangsläufig an dieser eisernen Barriere zerschellen.

So geschieht es auch. Innerhalb von eineinhalb Stunden ist die Schlacht entschieden und das ungarische Heer vernichtet. 22 000 tote Ungarn bedecken die Ebene von Mohács, unter ihnen sieben Bischöfe und 500 Adelige.

König Ludwig wird von seinen Getreuen im letzten Augenblick aus dem Kampfgetümmel gerissen und jagt, während über dem Schlachtfeld ein Gewitter niedergeht, mit wenigen Begleitern davon. Als er über den hochgehenden Bach Csele setzen will, stürzt sein Pferd und begräbt den Reiter unter sich. Ludwig II. erstickt im Schlamm.

So berichtete es jedenfalls Ulrich Zettritz, der deutsche Kämmerer des Königs, der Königin Maria in der Burg in Buda, und so steht es in den meisten Geschichtsbüchern. Die neue ungarische Geschichtsschreibung hegt allerdings erhebliche Zweifel, ob diese Version auch stimmt. Sie beginnen schon mit der Frage, ob es wirklich der Bach Csele gewesen sein kann, in den der König fiel und in dessen Schlamm er erstickte. Dann aber gibt es wichtigere Widersprüche: Einerseits heißt es, der Fürst von Siebenbürgen, Johann Zápolya, habe, bevor er sich bald nach der Schlacht mit Rückendeckung Suleimans zum König von Ungarn ausrufen ließ, die Leiche Ludwigs II. in Székesfehérvár beisetzen lassen. Es gibt aber auch die Version, daß die Leiche erst zwei Monate nach der Schlacht in einem ausgetrockneten Bett eines Seitenarmes der Donau gefunden worden sei. Rätsel, die noch ihrer Lösung harren oder einfach nicht mehr zu lösen sind.

Bevor wir uns aber weiter mit ihnen befassen, müssen wir noch einmal dem Schlachtfeld und dem 29. August unsere Aufmerksamkeit zuwenden. Am Abend jenes schicksalsschweren Tages erscheint nämlich eine tief verschleierte ungarische Dame mit kleinem Gefolge im türkischen Lager und begehrt den Großwesir zu sprechen. Es ist jene Dorottya Kanizsai, der wir in Siklós begegnet waren und von deren Rosengarten wir gesprochen hatten.

Die mutige Dame erklärt dem Großwesir, sie möchte die gefallenen Ungarn bestatten, und der Großwesir stimmt nicht nur zu, er kommandiert auch zwei Kompanien Janitscharen ab, die ihr und ihren Leuten bei dieser traurigen Arbeit helfen sollen.

Eine ganze Woche, auch in der Nacht bei Fackelschein, sind die Türken und Ungarn damit beschäftigt, die Toten zu begraben. Jahrhundertelang hatte man nicht gewußt, wo sich die Gräber befinden. Erst in den siebziger Jahren, als man sich anschickte, auf dem Schlachtfeld zum 450. Jahrestag eine Gedenkstätte zu schaffen, stieß man auf sie. Über ihnen stehen heute die Grabhölzer, die weniger vom Heldentum und Opfermut als von der Verzweiflung und dem Untergang von Roß und Ritter sprechen.

Aber zurück zu den Rätseln und Absonderlichkeiten des Geschehens von 1526. Warum war das ungarische Heer so klein? Es gibt Berichte, wonach die Ungarn überhaupt nur 16 000 Mann gestellt hätten, die übrigen seien deutsche, polnische und mährische Landsknechte gewesen. Warum rührte sich Johann Zápolya, Fürst von Siebenbürgen, der mit einem Heer bei Tokaj stand, nicht vom Fleck? Rechnete er bereits damit, daß eine Niederlage König Ludwigs II. ihm den Weg auf den ungarischen Thron freimachen würde? Warum blieb der Ban (Gouverneur) von Kroatien, Kristo Frankopan, mit seinem Aufgebot in seinen Landen stehen?

Die Antwort auf all diese Fragen fällt nicht schwer. Ungarn war schon vor der Schlacht von Mohács in sich zerfallen. Die glanzvollen Zeiten der Herrschaft von König Matthias Corvinus gehörten längst der Vergangenheit an. Die Jagellonenkönige Ladislaus II. und Ludwig II. waren Marionetten in den Händen der Magnaten, diese und der Kleinadel bekämpften sich auf das heftigste. Der große Bauernaufstand von 1514 war ein Fanal: Er war eigentlich ein Aufstand des von den Magnaten immer stärker bedrängten Kleinadels, und auch sein Führer György Dózsa gehörte dieser Schicht an. Die Magnaten schlugen die Rebellion mit grausamsten Mitteln nieder, und György Dózsa setzten sie auf einen glühenden eisernen Thron und rösteten ihn bei lebendigem Leibe zu Tode. Das also war die ungarische innenpolitische Lage vor der Schlacht von Mohács.

Sie besserte sich auch nach der ›nationalen Tragödie von Mohács‹ nicht, obwohl Zeit genug gewesen wäre, die Nation wieder zu einigen. Denn Sultan Suleiman begnügte sich nach seinem Sieg mit einer vorübergehenden Besetzung von Buda und der Unterstützung von Johann Zápolya, der sich unter Akklamation eines Teiles der Magnaten am 10. November 1526 in Székesfehérvár die Stephanskrone aufs Haupt setzte. Zu jenem Zeitpunkt war kein türkischer Soldat mehr auf ungari-

schem Boden. Denn Suleiman mußte nach Vorderasien eilen, um einen
Aufstand der Schiiten in Persien niederzuschlagen.

Wenn ich die Entwicklung in Ungarn nach Mohács etwas ausführ-
licher schildere, so deshalb, weil — übernommen von der traditionel-
len ungarischen Geschichtsschreibung — auch bei uns die Dinge oft
so dargestellt werden, als sei die Tragödie der 160 Jahre dauernden
türkischen Herrschaft in Zentralungarn und die politische Zersplitte-
rung seiner Randgebiete die unmittelbare Folge der Schlacht von
1526 gewesen. Dem war aber nicht so.

Am 10. November 1526, so sagte ich schon, machte sich Johann
Zápolya, der Woiwode, also Fürst, von Siebenbürgen, mit der
Unterstützung des Sultans und eines Teiles der ungarischen Magna-
ten zum König von Ungarn. Am 17. Dezember desselben Jahres
aber wurde Erzherzog Ferdinand I. von Österreich von einem ande-
ren Teil des ungarischen Hochadels in Preßburg zum König von
Ungarn gewählt und ein knappes Jahr darauf in Székesfehérvár
gekrönt. Es heißt, daß der Krönung Ferdinands auch eine Reihe von
Magnaten beiwohnten, die ein Jahr vorher die Krönung Johann
Zápolyas bejubelt hatten.

Ferdinand konnte sich bei seinen Ansprüchen auf die ungarische
Krone auf Verträge zwischen den Herrscherhäusern der Habsburger
und der Jagellonen stützen, die zu seiner Heirat mit Anna, der
Schwester Ludwigs II., und dessen Verehelichung mit Ferdinands
Schwester Maria geführt hatten. Diese Verträge waren auch vom
ungarischen Reichstag bestätigt worden.

Es gab nun also zwei ungarische Könige. Zunächst konnte sich
Ferdinand durchsetzen, und Zápolya floh nach Polen. Sultan Suleiman aber wollte nicht den Bruder des römisch-deutschen Kaisers
Karl V. in Ungarn haben, hielt an Zápolya fest, zumal ihn dieser
direkt um Hilfe bat. So zog Suleiman 1529 mit einem Riesenheer
direkt auf Wien, um die Habsburger aus Ungarn zu vertreiben.
Unterwegs huldigte ihm Johann Zápolya. Wo dieser Akt der Unter-
werfung eines ungarischen Königs unter den türkischen Sultan wohl
stattgefunden hat? Man dürfte es kaum erraten: bei Mohács, wo
über der aufgewühlten Erde des Schlachtfeldes und den Gräbern
der gefallenen Ungarn noch kaum das Gras gewachsen war.

Und noch eine Absurdität: Auf ihrem Zug durch Ungarn fällt
den Türken die Stephanskrone in die Hände. Der Sultan läßt seine
Heerführer Aufstellung nehmen, und dann reitet der Großwesir

Ibrahim, die Krone hochhaltend, die Parade ab. Der Sultan aber schickt das Symbol des ungarischen Königtums an Johann Zápolya zurück. Sozusagen als Geschenk aus seinen Händen.

Wie es dann weiterging bis zur Besetzung Budapests durch die Türken 1541 und der folgenden Dreiteilung Ungarns, wollen wir in allen, recht komplizierten Einzelheiten hier nicht mehr verfolgen. Es sei nur noch daran erinnert, daß es den Türken 1529 nicht gelang, Wien einzunehmen, daß aber auch Ferdinand I. in seinen Bemühungen scheiterte, seine Herrschaft auf ganz Ungarn auszudehnen. Kriege und Waffenstillstandsabkommen zwischen Ferdinand und den Türken lösten einander ebenso ab, wie zwischen Ferdinand und Zápolya. Ab Mitte des 16. Jahrhunderts blieb Ungarn schließlich dreigeteilt: Das ›königliche‹ Ungarn, das Ferdinand I. zufiel, umfaßte das nordwestliche Kroatien, Gebiete östlich und nördlich des Plattensees einschließlich Győr und schloß auch Teile Oberungarns in der heutigen Slowakei ein. Nordostungarn, Siebenbürgen im heutigen Rumänien und ein Streifen im Norden der ungarischen Tiefebene blieben Zápolya und den ihm folgenden Fürsten von Siebenbürgen erhalten, die die Oberhoheit des Sultans anerkannten. Die Mitte Ungarns aber, das Land um Donau und Theiß, wurde türkisches Paschalik, und auf der Burg der ungarischen Könige in Buda residierte ein Beglerbeg (Statthalter einer Provinz) der Pforte.

Alles unmittelbare Folgen der Schlacht von Mohács? Eher nein. Aber Konsequenzen aus einer Entwicklung, die sich zusammensetzt aus einem Verfall der Zentralgewalt und wachsender Anarchie im Königreich Ungarn, während im Westen, in den habsburgischen Landen sich eben diese Zentralgewalt festigt und im Südosten die osmanische Macht unter einem großen Herrscher immer weiter um sich greift und dem Höhepunkt ihrer Entfaltung zustrebt. So hat die militärische Entscheidung bei der kleinen Stadt am Ufer der Donau in Südungarn weniger die ›nationale Tragödie‹ Ungarns zur Folge gehabt, sondern war selbst bereits eine Folge der Tragödie, die sich auf der politischen Bühne des Landes abspielte.

IV

DIE GROSSE UNGARISCHE
TIEFEBENE

Tiefland

Wo Erd und Himmel leise in eins zusammenfließen

Überschrift und Untertitel stammen aus einem Gedicht Petőfis, in dem er die Landschaft besingt, aus der er stammt, die er liebte und in der er begraben sein wollte, was ihm das Schicksal allerdings vorenthielt. Es ist die große Tiefebene, ungarisch Nagyalföld oder kurz Alföld genannt, das tischflache Land, das mehr als die Hälfte des heutigen Ungarns einnimmt. Sie liegt südlich, südöstlich und östlich von Budapest, nach dem Westen hin wird sie von der Donau begrenzt, im Süden und im Osten zäunen sie die Staatsgrenzen mit Jugoslawien und Rumänien ein, und im Norden stößt sie an die Ausläufer der Gebirge Mátra, Bükk und Zemplén – wenn man sie etwas summarisch ›umschreiben‹ will. Wollte man es sich noch etwas einfacher machen, so könnte man auch sagen, es ist das Land an der Theiß.

Für viele, die in Ungarn waren, ist dieses große Flachland Ungarn schlechthin, so wie sie auch Budapest einfach mit dem Lande gleichsetzen, obwohl man ihm damit nicht gerecht wird. Was aber die Tiefebene betrifft, so findet sie in Europa wirklich kaum ihresgleichen; sie mit Ungarn zu identifizieren, hat daher ebensoviel für sich, wie die Mancha des Don Quichote mit Spanien gleichzusetzen.

Außerdem bietet die Tiefebene die Pußta, noch dazu in zweifacher Ausgabe, und gibt es in der Vorstellung der Ausländer etwas Ungarischeres als dieses Heide- und Weideland, über das der wilde Csikós seine Pferdeherden treibt, daß die Erde dröhnt?

Also ist die Tiefebene nur Natur, Felder, deren Ränder kaum abzusehen sind, träge Flüsse zwischen hohen Dämmen, Dorftümpel, gesäumt vom weißen Flaum tausender Gänse, keine Dörfer, nur

Einzelgehöfte im Schatten von Akazien- und Maulbeerbäumen, und Marktflecken, in deren breiten Straßen mit den niedrigen Häuschen im Sommer die Hitze steht? Ja, so etwa könnte man es sagen. Denn an Sehenswürdigkeiten, Schlössern, Burgen, Bürgerhäusern hat sie, abgesehen von den Städten an ihrem Rande, wirklich wenig zu bieten. Auf der Karte der Kunstdenkmäler Ungarns ist das Dreieck Budapest–Debrecen–Szeged eine große weiße Fläche.

Aber so eintönig, wie sie aus dem bisher Gesagten erscheinen könnte, ist die Tiefebene nun auch wieder nicht. Schon landschaftlich gibt es da Nuancen. Zwischen Donau und Theiß hat die Ebene einen anderen Charakter als östlich der Theiß. Die Bugac-Pußta in Kleinkumanien ist nicht dasselbe wie die berühmte Hortobágy bei Debrecen. Die Keramiken von Hódmezővásárhely unterscheiden sich sehr von denen aus Mezőtúr, und diese wiederum von den Schöpfungen des alten Sándor Kántor in Karcag. Schließlich die Gesichter: Sie spiegeln das ungarische Völkergemisch viel deutlicher wider als in anderen Teilen des Landes. Ich glaube in Kellnern, Polizisten, Bauern, Arbeitern hier immer wieder Nachkommen von Chabaren, Kumanen, Jazygen, Türken zu entdecken, oder wie ich mir diese Völkerschaften, die hier angesiedelt wurden oder sich festsetzten, halt vorstelle.

Aber wo beginnt man bei der Tiefebene? Es gibt da einige Möglichkeiten. Man kann kurz entschlossen in ihr Herz vorstoßen, indem man von Budapest auf der ungarischen Hauptstraße 4, die zum großen Teil der E 15 in Richtung Rumänien entspricht, über Szolnok nach Debrecen fährt. Man kann aber auch von den Rändern her zu ihr gelangen, sich ihr schrittweise nähern, wie der Partnerin beim Csárdás. Die Tiefebene ist ja eine Spröde, und man muß schon um sie werben. Also beginnen wir mit unserer Werbung, beginnen wir in Kecskemét, 85 km südöstlich von Budapest, an der E 5 in Richtung Jugoslawien gelegen.

Kecskemét

Tor zur Landschaft zwischen Donau und Theiß

Die Stadt, aus der der Barack kommt – der Marillenschnaps, der für die Ungarn das ist, was der Sliwowitz für die Jugoslawen –, ist sozusagen das Tor zur Landschaft zwischen Donau und Theiß. Die

Ebene, um die sich die beiden Flüsse »wie Mutterarme schmiegen«, um mit Petőfi zu sprechen, ist aus mehreren Gründen interessant. In diesem Teil des Landes und zwar im Städtchen Kiskőrös ist, wie schon kurz erwähnt, Sándor Petőfi geboren, dessen Bedeutung für die Ungarn mit der Etikette ›Freiheitsdichter‹ nur schwach umschrieben wird. Ferner befindet sich hier der Ort, an dem vor 1100 Jahren die berühmte ›Landnahme‹, also die Niederlassung des ungarischen Reitervolkes in seiner neuen Heimat, erfolgt sein soll. Drittens liegt in diesem Bereich ein Gebiet, das die Ungarn als Kiskunság bezeichnen und das im Deutschen soviel wie Kleinkumanien heißt. Geographisch läßt es sich nicht präzise eingrenzen, es ist eher ein historischer Begriff. Denn in dieser Gegend haben die ungarischen Könige im 13. Jahrhundert einige Stämme der Kumanen, eines den Magyaren verwandten Turkvolkes, angesiedelt. Für einige Herrscher aus dem Arpaden-Geschlecht hatte das gewisse Folgen, von denen wir noch sprechen werden. Schließlich hatte ich hier die erste Begegnung mit der Pußta, und das verdient auch festgehalten zu werden.

Aber gehen wir der Reihe nach vor und sehen wir uns zunächst in Kecskemét um. Ein Budapester Literat hat einmal seine Eindrücke von der Stadt folgendermaßen zusammengefaßt: »Die Stadt versteckt sich. Das Leben spielt sich nicht im Zentrum ab. Die 80 000 Bewohner [inzwischen sind es beinahe 100 000 geworden] sind höchstens im kommunalpolitischen Sinne städtisch. Eigentlich ist die Stadt das Zentrum einer Welt von weitverstreuten Einzelgehöften, gesäumt von Obstbäumen. Mehrere 100 000 Kajszi-Marillenbäume: Symbole des Ruhms dieser Stadt. Aus diesen Marillen [Aprikosen] brennt man einen Geist, der in alle Welt exportiert wird.«

So unrecht hat der Mann nicht, auch wenn in seiner Schilderung so etwas wie hauptstädtischer Hochmut mitschwingt. Aber er hat etwas übersehen: Gerade weil einer Stadt am Rande oder in der Tiefebene selbst das eigentlich Urbane fehlt und sie eher eine Verdichtung des ländlichen Lebens um sie herum darstellt, legen ihre Einwohner Wert auf ein möglichst großartig wirkendes Zentrum. Selbst wenn es sich über eine so kleine Fläche erstreckt wie hier in Kecskemét. Was aber wiederum den Vorteil bietet, daß man alles schön beisammen hat.

Der Kern der Stadt besteht nämlich aus vier Plätzen, die ineinander übergehen, und auf denen oder um die herum alles zu finden

ist, was einerseits die Menschen hier suchen und andererseits den
Stadtvätern und Bürgern von einst und jetzt eingefallen ist, um ihr
ein Gesicht zu geben. Da ist zunächst das Rathaus, ein Gebilde, das
alle nur denkbaren Stilarten von der Renaissance bis zur Tempel-
architektur Indiens in sich vereinigt und Dimensionen aufweist, als
müßte von ihm aus eine Millionenstadt verwaltet werden und nicht
nur ein ›ebenerdiger Marktflecken‹, der Kecskemét war, als das
Rathaus 1883-96 erbaut wurde. Übrigens von Ödön Lechner, dem
Meister des ›neuungarischen‹ Stils (der ungarischen Variante des
Jugendstils), dem auch eine Reihe von Verwaltungsgebäuden, Museen und Mietshäusern in Budapest zu verdanken sind.

Gleich in der Nähe des Rathauses haben wir das *Theater*, nach
József Katona benannt, dem Klassiker des ungarischen historischen
Dramas, dessen Schauspiel ›Bánk Bán‹ von 1830 auch heute noch
zum ständigen Repertoire der Budapester Bühnen gehört und auch
auf den Programmen der in Ungarn so zahlreichen Festspiele nicht
fehlen darf. Daß József Katona hier geboren wurde, ersieht man
schon daraus, daß außer dem Theater auch noch das Museum und
einer der vier Plätze seinen Namen tragen. Und daß es neben einem
großen Katona-Denkmal im Vorgarten des Rathauses, an der Stelle,
wo der Dichter 39 Jahre alt tot zusammenbrach, auch noch einen
Gedenkstein gibt, auf dem zu lesen steht: »Hier brach das Herz des
größten Sohnes von Kecskemét«.

Die Stadt kann sich aber noch eines zweiten großen Sohnes
rühmen, des Komponisten, Erforschers der ungarischen Volksmusik
und Musikpädagogen Zoltán Kodály (1882-1967). Dem Besucher
aus dem Ausland wird dieser Name sogar mehr sagen, als der
des Dramatikers Katona. Nach dem Komponisten des ›Psalmus
Hungaricus‹ ist das *Institut für Musikpädagogik* benannt, eine Institution, die in der Musikwelt weit über die Grenzen Ungarns hinaus
bekannt ist.

Muß ich noch erwähnen, daß auf und um die vier Plätze auch
drei, vier größere Kirchen stehen? Sie stammen alle erst aus der
Zeit nach der Türkenherrschaft, nur in der Franziskanerkirche sind
noch Spuren eines älteren gotischen Baues zu sehen. Sonst habe
ich in ihnen nichts Außergewöhnliches entdecken können, und so
wenden wir uns lieber einem weltlichen Gebäude zu, das für die
ungarische Variante des Sezessionsstils charakteristisch ist. Es ist
das *Cifra-Palais* (Cifra-palota), ein Wohngebäude an der Ecke Sza-

badság tér (Freiheitsplatz) und Rákóczi út. Sein Schöpfer kam aus
dem Kreis von Lechner.

Es ist ein lustiges Haus: Aus zurückgesetzten herz- und andersförmigen Wandfeldern leuchten bunte Majolikaplatten, die geschwungenen Tür- und Fensterumrahmungen sind mit blauen Plättchen
besetzt, die Gesimse sind farbige Wellenlinien und die Ornamentik
setzt sich auch noch auf dem Dach und der Umrahmung seiner
Luken fort. Auf dem First sitzen die Schornsteine wie die sieben
Zwerge. Es ist ein Haus aus der Volkskunst, so als ob eine Bäuerin
in ihrer reichbestickten Tracht dem Bau Modell gestanden hätte.
Kein schlechter Auftakt für einen Besuch in einem Teil Ungarns, in
dem Volkskunst noch lebendig ist, wenn auch oft als Volkskunstgewerbe.

Kiskőrös

Wo Petőfi geboren wurde

Petőfis *Geburtshaus* ist ein riedgedecktes Bauernhaus, wie es in
dieser Landschaft zwischen Donau und Theiß üblich ist: nur aus
einem Erdgeschoß bestehend, mit drei Räumen. Der Eingang führt
direkt in die Küche, die die Mitte des Hauses einnimmt, an sie schlie
ßen sich rechts und links je ein Zimmer an, das eine der Wohnraum,
das andere das Schlafzimmer. In beiden je ein weißgestrichener
konischer Ofen, der von der Küche her geheizt wird und von dem
einem schon ungeheuer warm wird, wenn man ihn nur ansieht.

Im Hof mit seinen bescheidenen Wirtschaftsgebäuden, dem Ziehbrunnen, der längst ausgedient hat, den Akazien, den Flieder- und
Holundersträuchern ist es still. Der Lärm der Provinzstadt dringt
nur gedämpft herein. Ein junges Mädchen ist da und liest in einem
Buch. Es spricht nur wenig Deutsch, nicht genug, um durch das
Gedenkhaus führen zu können. Aber es hat ein Buch über die
Gedenkstätte zur Hand, mit einem deutschen Text, aus dem alles
Wissenswerte über Ungarns Nationaldichter zu entnehmen ist.

Das erste, was einem in dem Zimmer auffällt, in dem Sándor
Petőfi am 31. Dezember 1822 oder nach anderen Quellen am
1. Januar 1823 das Licht der Welt erblickte, sind die Blätter des
Kirchenbuchs, die auf einem etwas windschiefen Tisch unter einer
Glasplatte liegen. Denn die rot unterstrichene Eintragung unter der

Nummer 544 weist nicht den Namen Petőfi aus, vielmehr ist dort ein Petrovics Sándor, lutherischer Religionszugehörigkeit, eingetragen. Es ist aber kein Zweifel, daß es sich um unseren Dichter handelt.

Auch aus einem Grundbuchauszug aus späterer Zeit geht hervor, daß Petőfi ursprünglich Petrovics hieß und offensichtlich slawischer Abstammung war. Der Name des Vaters deutet auf serbischen Ursprung hin, der Name der Mutter − Maria Hrůza − auf slowakischen. Wann Petőfi den Namen, der ihn berühmt gemacht hat, angenommen hat, ist aus den Dokumenten, die in der Gedenkstätte ausgestellt sind, nicht zu entnehmen − oder es ist mir entgangen.

Aber wichtig ist ja nicht seine Abstammung, wichtig ist, als was er sich gefühlt hat und noch mehr: was seine Wirkung war. Und diese war ungeheuer. Aus zwei Gründen: Er hat dem Gefühl einer ganzen Nation in einer für sie besonders wichtigen Epoche Ausdruck gegeben, und er hat als erster Dichter den Ungarn ihre Landschaft nahe gebracht.

Was mit letzterem gemeint ist, wird in seinen Gedichten über Kleinkumanien und die Pußta deutlich. Ich habe Petőfi schon einmal zitiert, und ich werde es noch öfter tun, denn aus keiner Beschreibung bekommt man einen lebendigeren Eindruck von der Gegend, in der er geboren wurde, als aus seinen Gedichten. Wie zum Beispiel in der Schlußstrophe des Poems, das den Titel ›Tiefland‹ trägt:

> *Tiefland, schön bist du, für mich zumindest!*
> *Hier kam ich zur Welt, stand meine Wiege,*
> *und ich will, daß hier mich deckt das Bartuch,*
> *daß ich hier, nur hier begraben liege.*

Dieser Wunsch ging für ihn nicht in Erfüllung. Petőfi, der Revolutionär und Freiheitskämpfer, wurde lebend zum letzten Mal am 31. Juli 1849 in der Schlacht von Schäßburg (im heutigen Rumänien) gesehen. Der noch nicht 27 Jahre alte Dichter war Adjutant von General Bem, dem Befehlshaber der siebenbürgischen Armee der ungarischen Aufständischen. Die Ungarn wurden hier von den intervenierenden Russen geschlagen, und Petőfis Spur verliert sich im Kampfgetümmel. Weder wurde seine Leiche gefunden, noch hat man den geringsten Anhaltspunkt, wo er begraben sein könnte. Das ungarische Volk kann nicht zu seinem Grab pilgern, dafür ist er in seinem Gedächtnis lebendig geblieben wie kein anderer Dichter vor und nach ihm.

Die Bugac-Pußta

Frisierte Natur?

Etwa 40 km südlich von Kecskemét und 20 km westlich der E 5 (Abzweigung in Kiskunfélegyháza) liegt die Bugac-Pußta. Für die Touristen aus dem Westen ist sie also leicht zu erreichen. Das merkt man tagsüber auch an deutschen und österreichischen Autobussen, die ihre Fracht bei der *Bugac Csárda* abladen. Von dort werden dann die Reisegesellschaften die letzten vier Kilometer auf einer sandigen Piste mit Pferdefuhrwerken zum Eingang des Nationalparkes Kiskunság gekarrt, dessen Teil die Bugac-Pußta seit 1975 ist.

Also eine unter Naturschutz gestellte und für Zwecke des Fremdenverkehrs zurechtgemachte Pußta? Ja und nein.

Ja insofern, als hier alles hübsch organisiert ist: Man zahlt Eintritt zur Pußta, die Pferde auf der Weide — gepflegtes ungarisches Halbblut — gehören wie die grauen Rinder mit den ausladenden Hörnern dem Staatsgut, kein bissiger Hirtenhund fällt den Wanderer an. Das schöne weiße Exemplar, das beim Hirtenmuseum sozusagen die Honneurs macht, schaut einen so lieb an, als wollte es jedem Besucher einzeln die Pfote reichen. Kein Csikós mit langer Peitsche treibt seine Herde vor sich her, der Csikós von heutzutage knattert mit seinem Jawa-Motorrad oder im Kombiwagen über die Pußta und trägt keinen Schaffellmantel, sondern Blue Jeans, er wohnt nicht mehr im Hirtenzelt aus Schilf, sondern in den blitzblanken kleinen Wohnungen, die der Landschaft angepaßt um die Ställe herum gebaut sind.

Die alte Pußta-Romantik ist im Hirtenmuseum konserviert, das einer Schilfhütte nachgebaut ist. Dort findet man alles, was einst zum harten Leben der Hirten gehörte. Seine alte Schilfhütte, den Wappenbaum des Hirtenmeisters, die Kessel, in denen er seine Suppe kochte, Tonkrüge, aus denen er trank, und natürlich den dicken Schafpelz, von dem der Dichter Istvan Tömörkeny sagte: »Der Schafpelzmantel ist ein unentbehrliches Möbelstück: Stuhl, Bett, Kissen, Sofa, im Winter Kachelofen, im Sommer Eisgrube. Man kann darauf essen und auch Fleisch trocknen.«

Heutzutage trägt der Hirte seinen Schafpelzmantel nur noch, wenn es in den Rahmen einer Vorführung für Touristen gehört. Dann wird auch noch auf zwei Pferden stehend wild über die Steppe gejagt oder mit einem Sechsergespann dahingepprescht, daß die Staubschleppe noch lange in der unbewegten Luft steht.

Und doch ist damit die Bugac-Pußta von heute nicht ganz beschrieben. Am frühen Morgen, wenn die Touristen noch nicht da sind, oder am späten Nachmittag, wenn die Sonne schon tief im Westen steht und die Scharen der Besucher sich verlaufen haben, dann ist die Natur wieder da. Dann empfindet man diese eigenartige Landschaft beinahe so, wie sie Petőfi in einer Strophe seines Gedichtes ›Kleinkumanien‹ beschrieben hat:

> *Wir sind in Sommers Mitten,*
> *die Sonne klimmt und klettert*
> *allmählich zum Zenithe,*
> *und schüttelt ihre Strahlen, wie einen Feuerregen,*
> *auf weite Landgebiete ...*
> *ich steh auf einer Pußta,*
> *mein Blick kann über Ebenen ins Ungemeßene schießen,*
> *und fliegt auch bis ans Ende,*
> *wo Erd und Himmel leise*
> *in Eins zusammenfließen.*

Die Bugac-Pußta ist übrigens nur ein Teil sowohl der als Kiskunság bezeichneten Landschaft wie des gleichnamigen Nationalparkes und Naturschutzgebietes. Der über 30 000 Hektar große Nationalpark besteht aus insgesamt sechs voneinander getrennten Gebieten, von denen fünf westlich der E 5 liegen. Außer den Weideflächen der eigentlichen Pußta von Bugac umfaßt er die Wanderdünen, die Steppen, die alkalischen Seen, Moore und Sumpfgebiete nördlich davon, etwa zwischen Solt und Izsák.

Aber auch außerhalb des Nationalparks und der Naturschutzbereiche hat dieses Kleinkumanien seinen unverwechselbaren Reiz. Er rührt von der eigentümlichen Stimmung her, die das Nebeneinander von einer Urlandschaft und einer Kulturlandschaft, die sich der Mensch nutzbar gemacht hat, hervorruft.

Man fährt durch das Land, über dem sich eine gewaltige graublaue Glocke wölbt, und rechts der Straße erstrecken sich auf sandigem Boden noch weite Weideflächen, während sich links da-

von jüngst angelegte Weinplantagen dahinziehen oder auf Gemüse-
feldern unter der Plastikbespannung Tomaten, Kohl und Melonen
reifen. Die im Schatten von Graupappeln, Eichen oder Eschen stehenden einsamen Gehöfte scheinen fern aller Zivilisation zu sein,
aber auf dem Rieddach ist die Fernsehantenne angebracht, und im
Hof steht ein Lada oder ein Škoda-Wagen. Gelegentlich kommt der
Verkehr auf der asphaltierten Landstraße zum Stehen. Aber nicht,
weil sich die Autos stauen, sondern weil ihn ein Hirte angehalten
hat, der mit seiner Herde die Straße überqueren will. Ein idyllisches
Bild, auch wenn der Hirte keinen selbstgeschnitzten Hirtenstab
mehr in der Hand hält, sondern nur noch einen Stecken, den er sich
irgendwo abgebrochen hat. Auch trägt er statt der früher üblichen
Leinenhose und dem Leinenhemd eine Art Monteuranzug, und die
Schlappen von einst sind durch Gummistiefel ersetzt. So unroman-
tisch wie er aussieht, könnte er auch Traktorist sein. Nur der kleine,
struppige Hirtenhund treibt seine Herde zur Eile und sorgt für Zucht
und Ordnung, so wie es seit eh und je seine Aufgabe ist.

Der liederliche Ladislaus
König in Kumanien

Nun ist der Begriff Kiskunság, Kleinkumanien, schon so oft gefallen, daß es an der Zeit ist, zu erklären, was es mit ihm auf sich
hat.

Ich sagte schon, daß die Kumanen ein Turkvolk waren, die von
den Arpadenkönigen in der ungarischen Tiefebene angesiedelt worden sind. Das geschah in der ersten Hälfte des 13. Jahrhunderts, und
jene Kumanenstämme dürften unter dem Druck der Mongolen nach
Mitteleuropa ausgewichen sein. Ob König Béla IV. dieses heidnische
Reitervolk aus den Steppen Südrußlands aus einem Gefühl uralter
Verwandtschaft oder aus politischem Kalkül als mögliches Hilfsvolk
gegen die herannahenden Mongolen in der den ›Vettern‹ adäquaten
Landschaft angesiedelt hat, müssen wir unbeantwortet lassen. Jedenfalls hat er seinen Sohn und Thronerben Stephan V. mit der
Tochter eines kumanischen Stammeshäuptlings verheiratet, sehr
zum Ekel des Hofes und des Adels, auch wenn das Mädchen aus
dem wilden Osten zu einer Prinzessin deklariert worden war. Dieser
Ehe entsproß jener ›Ladislaus der Kumanier‹, offiziell Ladislaus IV.

genannt, der von 1272 bis 1290 regiert hat und in der Geschichte
Ungarns eine höchst umstrittene Persönlichkeit ist.

Dieser Ladislaus bekannte sich nämlich demonstrativ zu seinem
kumanischen Ursprung, und statt im Lande für Ordnung zu sorgen,
trieb er sich am liebsten unter den Kumanen herum. Bei Petőfi liest
sich das so:

> *Er trollte sich zu den Kumaniern,*
> *da war er alle Sorgen los,*
> *da wiegten ihn Kumanierinnen*
> *beim Wein auf schwellend weichem Schoß ...*

Mit seiner kumanenfreundlichen Politik brüskierte er die Kirche und
den Adel so sehr, daß Papst Nikolaus XIV. sogar einen Kreuzzug
gegen ihn predigte. Wenn seine Stellung als König aber in Gefahr
geriet, zögerte er auch nicht, seine Kumpane und Gespielinnen aus
der Steppe kaltblütig zu verraten. Das konnte nicht gutgehen: Als
er sich eines Tages wieder bei den Kumaniern vergnügte, wurde er
in seinem Zelt erdolcht.

Was immer die Ungarn von ihrem ›Kumanier‹ halten mögen —
die meisten sehen in ihm eine ›unwürdige‹ Erscheinung — für uns
Deutsche und auch für die Österreicher ist er aus einem besonderen
Grunde interessant: Er hat in einem entscheidenden Augenblick in
die Reichsgeschichte eingegriffen.

Es war nämlich niemand anderer als dieser Ladislaus IV., der in
der berühmten Schlacht bei Dürnkrut auf dem Marchfeld 1278 die
Waage zugunsten Rudolfs von Habsburg gesenkt hat. Der Einsatz
seines 40 000 Mann starken ungarischen Heeres, darunter 16 000
kumanische Reiter, gab der Schlacht, die für Rudolf schon verloren
schien, die Wende und besiegelte das Schicksal König Ottokars II.
von Böhmen. Diese Rolle des ›Kumaniers‹ in einer Entscheidungs-
stunde Mitteleuropas wird weder in der österreichischen noch in der
ungarischen Geschichtsschreibung so richtig gewürdigt. Gewürdigt
hat sie aber schon unmittelbar nach der Schlacht Rudolf von Habsburg selbst. »Die Zunge vermag es nicht auszusprechen, die Feder
nicht niederzuschreiben, welche Freude Wir darüber empfinden, daß
Ihr Euch so großartig und mit solch gewaltiger Macht erhoben
habet, unsere gemeinsamen Beleidigungen an dem Feinde des Römischen Reiches und Ungarns zu rächen«, schreibt er noch auf dem
Schlachtfeld an Ladislaus. »Gott aus ganzem Vermögen preisend,

sagen Wir daher Eurer königlichen Majestät den innigsten Dank und versprechen ausdrücklich, daß uns keine Macht des Schicksals dem Euch angelobten Bündnisse untreu machen, sondern, daß wir überall und in allen Stücken Eure Angelegenheiten als die unsrigen betrachten werden.«

Rudolf von Habsburgs Dank war nicht zu überschwenglich, denkt man an die weitere geschichtliche Entwicklung. Erich Zöllner schreibt in seiner ›Geschichte Österreichs‹: »Die Schlacht auf dem Marchfeld hatte für Österreichs Geschichte epochale Bedeutung. Sie bot die Voraussetzung für die Belehnung der Söhne König Rudolfs mit Österreich und Steiermark, jenen Akt, welcher die 630jährige Herrschaft der Habsburger im österreichischen Raum begründete.«

Nicht nur im österreichischen Raum könnte man hinzufügen, schließlich waren die Habsburger bis 1806 auch Kaiser des Römisch-deutschen Reiches. Ja, man kann noch weitergehen und sagen, daß in der Folge dieses Ereignisses auch die beinahe 400 Jahre lange Herrschaft der Habsburger über Ungarn ermöglicht wurde – eine Herrschaft, auf die die Ungarn noch heute mit zwiespältigen Gefühlen zurückblicken.

Und dazu hat, wenn man so will, dieser liederliche Ladislaus mit seinen Kumanen beigetragen.

Ópusztaszer

Stätte der Landnahme

Die Stätte der Landnahme, ich muß es gestehen, hatte ich mir anders vorgestellt. Landnahme – das klingt dramatisch, und entsprechend dramatisch, so dachte ich, würde die Natur ringsherum sein, die Bedeutung des historischen Augenblicks sozusagen widerspiegelnd. Immerhin nahm ja von hier die mehr als tausendjährige Existenz der Magyaren in Mitteleuropa und ihre mehr als turbulente Geschichte ihren Ausgang.

Nichts dergleichen. Ópusztaszer liegt in einer harmlosen Aulandschaft der Theiß, etwa zehn Kilometer östlich der E 5, von der man in Kistelek abzweigt, einem Nest zwischen Kiskunfélegyháza und Szeged. Warum Altvater Árpád seine Reiterscharen gerade hier versammelt hat – wer will es wissen? Zu seiner Zeit dürfte dieser

Platz im Überschwemmungsgebiet der Theiß zwischen Teichen und Auwäldern kein sehr ›repräsentativer‹ Ort gewesen sein. Heute allerdings ist hier eine recht satte Kulturlandschaft entstanden.

Wie dem auch sei, Árpád soll hier 895 oder 896 eine Art erster ›Nationalversammlung‹ seines Volkes abgehalten haben, die wohl eine Versammlung der Stammeshäuptlinge war. Wenn man einem anonymen Chronisten aus der Wende vom 13. zum 14. Jahrhundert glauben darf, dann war diese Beratung so etwas wie eine primitive verfassungsgebende Versammlung, bei der die Beziehungen zwischen den Stammeshäuptlingen und dem führenden Arpadengeschlecht geregelt, das Land unter ihnen aufgeteilt und die Pflichten der Untertanen festgelegt wurden. Mit anderen Worten: Es wurden hier die ersten Grundlagen einer allgemein verbindlichen Rechtsordnung geschaffen.

Wenn die Natur schon der Bedeutung dieses Vorganges nicht ganz gerecht wird, meinte ich weiter, so würden doch Árpáds Nachfahren dieser nationalen Gedenkstätte den nötigen Akzent aufsetzen. Ich dachte an das gewaltige Pathos, das die unzähligen Denkmäler, die das Land überziehen, sonst ausströmen. Ich erwartete, vor einem Monumentalmonument zu stehen. Árpád zu Pferde, die Hand gebieterisch über Ungarns Weiten ausgestreckt, die er sich jetzt untertan gemacht hat.

Nichts dergleichen im Gedenkpark von Ópusztaszer. Eine unaufwendige, einem Zelt nachgebildete Eingangshalle, von der eine Lindenallee zum *Árpáddenkmal* führt. Dieses wurde zum Millenium, der Jahrtausendfeier der ungarischen Staatsgründung 1896, errichtet. Es ist ein schlichtes Tempelchen, dessen Dach von dorischen Säulen getragen wird. Und auf dem sich stufenweise nach oben verjüngenden Dach sitzt auf einem kleinen Thron Altvater Árpád, die Falkenfeder am Lederhelm, schon etwas müde, und eher als Landesvater, denn als Eroberer wirkend.

Überhaupt ist die Stimmung im Gedenkpark an diesem warmen Sonntagnachmittag im Mai von heiterer Lässigkeit. Die blühenden Lindenbäume der Allee strömen einen süßen betäubenden Duft aus, unter den Akazien picknicken Familien, die Kinder toben auf dem Fußballplatz. In dem Häuschen des Dorfmuseums sitzen alte Frauen und sind mit ihren Stickereien beschäftigt, zwischen den Häuschen gackern Hühner, und eine schwarze Sau zieht mit einer Schar Ferkel dahin. Ringsherum wogen die Gerstenfelder und blühen die Kartoffeln. Also kein museales Gelände, auf dem Vergangenheit steril konserviert wird, auch wenn die Grundmauern eines großen Klosterkomplexes aus dem Mittelalter, den die Türken zerstört haben sollen, sorgfältig gepflegt werden. Vergangenes und Lebendiges durchdringen sich hier auf ganz natürliche Weise.

Auch in unserem Jahrhundert war Ópusztaszer übrigens Schauplatz eines historischen Ereignisses: 1945 wurde hier die Aufteilung des Großgrundbesitzes unter der besitzlosen Landbevölkerung durch einen symbolischen Akt begonnen. Damals war Ungarn zwar schon von den sowjetischen Truppen besetzt, die Kommunisten waren aber noch nicht die alleinbestimmende politische Kraft im Lande. Im Zuge der Bodenreform, die hier in Ópusztaszer eingeleitet wurde, wurden 2,8 Millionen Joch unter 640000 Landarbeitern aufgeteilt. Auf eine Familie entfielen 3 bis 8 Joch.

»Es war eine echte Volksbewegung«, heißt es zu dieser Bodenreform in dem 1957 im Westen erschienenen Geschichtswerk ›Tragödie eines Volkes‹ aus der Feder emigrierter ungarischer Historiker. »Der seit Jahrhunderten gehegte Wunschtraum der ungarischen Landarbeiter und Freiheitskämpfer, die dringendste Forderung der längst verspäteten bürgerlichen Revolution ging in Erfüllung.«

In ein anderes Kapitel gehört freilich, daß dieser unter den Bauern verteilte Landbesitz später kollektiviert wurde.

Im Gedenkpark erinnert an die neue Landaufteilung das im Halbrund gearbeitete Relief von Valéria Toth in der Eingangshalle. Es zeigt in sozialistischem Realismus die Landbevölkerung, die mit den Früchten ihrer Arbeit über den eigenen Grund und Boden zum Erntefest schreitet. Ein neues Museum, das die ungarische Agrargeschichte von der Landnahme bis in unsere Tage veranschaulichen soll, war bei meinem Besuch noch nicht fertig. Es wäre schön, wenn es, einmal fertiggestellt, die heiter-lässige Stimmung in diesem Gedenkpark nicht durch allzuviel ideologische Fracht beschwerte.

Kalocsa

Das rote Gold

Kalocsa zu besuchen, muß man sich extra vornehmen. Die Stadt mit ihren rund 20000 Einwohnern liegt am Westrande von Kleinkumanien, zehn Kilometer von der Donau entfernt, über die hier keine Brücke führt, abseits aller Durchgangsstraßen. Sie ist aber in mehrerer Hinsicht bemerkenswert.

Kalocsa ist nach Esztergom das zweitälteste und auch heute noch zweitwichtigste ungarische Erzbistum. Es wurde noch vom Heiligen Stephan zu Anfang des 11. Jahrhunderts gegründet und hat durch die Jahrhunderte seine Bedeutung bewahrt. Denn als 900 Jahre später, also Mitte unseres Jahrhunderts, der Erzbischof von Esztergom und Primas von Ungarn, Kardinal Mindszenty, zuerst im Gefängnis war, dann im selbstgewählten Exil in der amerikanischen Botschaft in Budapest und schließlich in Wien lebte, war es der Erzbischof von Kalocsa, der in der Bischofskonferenz den Vorsitz führte und die Katholische Kirche gegenüber dem Staat vertrat. Was in jenen Jahren eine eher heikle Aufgabe war.

Fährt man von Petőfis Geburtsort Kiskőrös durch das flache Land auf Kalocsa zu, so weisen einem schon von weitem die gewaltigen Türme der Kathedrale die Richtung. Auch in der Stadt hat man den Eindruck, als strebe alles Leben immer zu diesem großen barocken Bauwerk, das die wiedererstandene Macht der Kirche nach der Vertreibung der Türken über alle Maße sichtbar werden läßt. Die Hauptstraße, die von schattenspendenden Bäumen und kleinen Provinzpalais gesäumte István király út mündet ja auch in den Szabadság tér, den Freiheitsplatz ein, der ganz von den großartigen Fassaden der Kathedrale und des Erzbischöflichen Palais beherrscht wird. Für Barockfassaden haben sie wenig von der gewohnten Üppigkeit, sie sind eher streng und herb, was ihre Wirkung aber nur erhöht.

Für Kalocsa sollte man sich Zeit nehmen. Schon aus der Bibliothek des *Erzbischöflichen Palais* (1760-66) findet man nicht so schnell heraus, bekommt man ja nicht überall so schöne Wiegendrucke aus dem 15. Jahrhundert zu sehen wie hier. Die erste in ungarischer Sprache gedruckte Bibel aus dem Jahre 1590 ist ebenso der Betrachtung wert wie die lateinische Bibel, die Martin Luther in Gebrauch hatte und eigenhändig mit Anmerkungen versehen hat. Aber auch die Fresken, die Maulbertsch 1783/84 im Speisesaal, in der Kapelle und im dahinter gelegenen Kabinett geschaffen hat, fordern die Aufmerksamkeit.

Und schließlich möchte man noch in das *Paprikamuseum* gehen, von dem in Kalocsa gesagt wird, es wäre das einzige in seiner Art, nicht nur in Ungarn, sondern in der ganzen Welt. Wie es sich mit der Welt verhält, kann ich nicht beurteilen, was Ungarn betrifft, weiß ich aber, daß es in der Luftlinie nur hundert Kilometer von Kalocsa entfernt, in Mihálytelek, einem Vorort von Szeged, auch ein Paprikamuseum gibt. Was ja auch seine Ordnung hat, schließlich ist noch immer unentschieden, welche Stadt, Kalocsa oder Szeged, die Bezeichnung ›Metropole des roten Goldes‹ verdient.

Leute, die es sich weder mit der einen noch mit der anderen verderben wollen, behaupten daher, im Grunde genommen komme sie dem Marktflecken Jánoshalma, etwa auf halbem Wege zwischen den beiden südungarischen Städten zu. Denn in und um Jánoshalma werde die Paprikasorte Pritamin angebaut, fleischig und süß und rund und rot wie eine Tomate, weshalb sie auch Tomatenpaprika genannt wird. Das aus ihr gewonnene Paprikapulver soll einen besonders hohen Vitamingehalt haben.

Schön und gut, wird man mir entgegenhalten, was aber wird in einem Paprikamuseum gezeigt? Worauf zu antworten wäre: Das Paprikamuseum ist dazu da, der Welt zu zeigen, daß die Paprikapflanze aus Mittelamerika nach Europa gekommen ist und daß zunächst einmal kaum jemand von ihr Notiz genommen hat, außer den Türken, die sie als Heilpflanze betrachteten und ihren Soldaten als Mittel gegen die Malaria gaben. Dann aber haben die Ungarn die Sache in die Hand genommen, haben auf der Basis der Paprikapflanze eine ganze Kultur entwickelt und sie zu einem nationalen Symbol gemacht und ganz Europa damit in ihren Bann gezwungen. Seither tut man die Paprika nicht nur in Saucen und in die Fischsuppe, auf Salate, den Braten und das Gulasch: Man hat Paprika bekanntlich auch im Blut, wenn man Ungar oder Ungarin ist, wie man spätestens seit der ›Csárdásfürstin‹ wissen sollte.

Etwas nüchterner gesagt: Im Paprikamuseum lernt man, daß die Paprikapflanze tatsächlich in der Zeit der Türkenherrschft nach Südungarn gekommen und daß sie deshalb auch als ›Türkischer Pfeffer‹ bezeichnet worden ist. Ihr Anbau hat sich aber erst im 18. Jahrhundert entwickelt, und das aus einem sehr banalen Grund. Die Behörden hatten nämlich ein Einfuhrverbot für ausländische Gewürze verfügt und so die Bevölkerung gezwungen, sich nach einem einheimischen Ersatz umzusehen. Die Paprikapflanze gelangte damit aus den Gärten auf die Felder und später dann aus dem eigenen Verbrauch auch in den Export.

Der Paprikaanbau ist übrigens recht arbeitsaufwendig, um es fachgerecht auszudrücken. Entweder wird die Paprikapflanze im Frühbeet gezogen und dann ausgesetzt, oder der Paprikasamen wird, wie im Bereich Kalocsa, direkt in den Boden gesenkt und die Pflanzen dann nach einer

*bestimmten Zeit verzogen. Außerdem ist der Paprika eine sehr empfind-
liche Pflanze, die zwei- bis dreimal gehackt und begossen oder beregnet
werden muß. Nach der Ernte kommt dann das Trocknen und Aufziehen
der Schoten auf Schnüre dazu, später das Zerschneiden und Entkernen.
Nur um die Zermahlung braucht sich der Bauer nicht zu kümmern, damit
hat er nichts mehr zu tun. Das betrachtet der Staat als sein Monopol
und er besorgt es heute in seinen modern ausgestatteten Paprikamühlen.
Die im Museum ausgestellten fußbetriebenen Holzmörser, in denen früher
die Paprikaschoten zerkleinert wurden, sind nur rührende Andenken an
eine längst verflossene Zeit. Der Staat besorgt auch die Mischung des
Paprikapulvers, die dann die verschiedenen Geschmacksrichtungen ergibt:
Süß, edelsüß, scharf, sehr scharf.*

*Wann man in die Gegend zwischen Kalocsa und Szeged fahren sollte?
In der ersten Septemberhälfte. Dann hängen an den Häuserwänden die
Schnüre mit den trocknenden Schoten, und die Dörfer sind ganz einge-
taucht in das Rot der Paprikagirlanden.*

Der Besucher muß sich in Kalocsa auch noch um die Volkskunst
kümmern, denn es gibt kaum einen anderen Ort in Ungarn, wo sie
ihm in so vielfältiger Form entgegentritt. In der Wandmalerei und
in der Bemalung von Möbeln, in bunten Volkstrachten und Stickereien. Sie zeichnet sich aus durch leuchtende Motive, die die Frauen
von Kalocsa auch auf Tonkrüge und Porzellangeschirr malen. Im
städtischen *Károly-Viski-Museum* und noch mehr im *Haus der Volkskunst* (Népművészeti Ház) kann man das alles bewundern und
auch Vergleiche anstellen zwischen dem, was auf dem Gebiete der
Volkskunst geschaffen wurde, als diese noch aus dem täglichen
Leben herauswuchs, und den Ergebnissen einer organisierten Produktion in eigens geschaffenen Genossenschaften. Nicht immer fällt
der Vergleich zugunsten letzterer aus.

Wenn wir schon auf den Spuren der Volkskunst sind, dann müssen
wir auch noch in *Kiskunhalas* Station machen, auf halbem Wege
zwischen Kalocsa und Szeged, also im südlichen Teil von Kleinkumanien. Nach der Fahrt unter der sengenden Sonne der Tiefebene
kommt einem Kiskunhalas mit den vielen Bäumen im Zentrum der
Stadt, um Kirche, Kaufhäuser, Cafés und Hotel herum, wie eine
Oase vor. Man möchte dort verweilen, aber man ist ja hierher nur
wegen der ›Halasa-Spitzen‹ gekommen, und das *Spitzenhaus* (Csip-
keház), wo sie zu sehen sind, befindet sich am Rande der Stadt.

Um es vorwegzunehmen: Die Spitze von Halas ist keine reine Volkskunst, und sie ist auch noch nicht sehr alt. Ihre Entwicklung und ihren Siegeszug, der sie an die Seite der venezianischen und der Brüsseler Spitzen brachte, verdankt sie einem Zeichenlehrer am örtlichen Gymnasium namens Árpád Dekáni und der resoluten Kunstgewerblerin Maria Markovićs, die zu Beginn des Jahrhunderts die im Volke bereits geübte, aber eher primitive Spitzennäherei mit neuen Mustern und neuen Techniken belebten. Diese Kunst hat sich erhalten, allen Rückschlägen und Schwierigkeiten während zweier Weltkriege und einer kommunistischen Revolution zum Trotz.

Heute werden die Halasa-Spitzen in der Genossenschaft für Hauskunstgewerbe hergestellt. Einige der schönsten Produkte sind im Museum des Spitzenhauses und auf zwei Serien ungarischer Briefmarken zu sehen, die in den sechziger Jahren herausgegeben wurden. 1938 ging der Ruhm der Halasa-Spitzen um die Welt, als die damalige niederländische Thronfolgerin Juliane bei ihrer Hochzeit eine Komposition aus dem ungarischen Kiskunhalas umgelegt hatte.

Zigeunermusik

Viele Geigen gibt es hier in Ungarn

Im Restaurant des Hotels ›Piros Arany‹ in Kalocsa hat die Musikkapelle ihre Instrumente bereits zurechtgelegt, die Musiker sind noch nicht zu sehen, es ist auch noch früh am Abend. Ich hatte eine Zigeunerkapelle mit Geige, Cembal, Klarinette und Baßgeige erwartet, statt dessen sehe ich Saxophon, Schlagzeug und alles, was zu einer elektronischen Verstärkung gehört, herumstehen und -liegen. Da ich elektronisch verstärkter Musik nur mäßiges Vergnügen abgewinnen kann, verziehe ich mich in die äußerste Ecke des Raumes.

Dann kommen die Musiker, drei Mann, vorneweg der Boß, oder soll ich nicht doch lieber sagen der ›Primas‹? Er hat zwar keine Geige in der Hand, er ist aber eindeutig Zigeuner, und vor allem benimmt er sich wie der Primas einer Zigeunerkapelle. Mit einem schnellen Blick mustert er die Gästeschar, um zu wissen, womit er anfangen und mit welchem Programm er den ersten Teil des Abends bestreiten soll. Das hängt ganz wesentlich davon ab, ob er Gäste vor sich hat, die nur essen wollen, oder essen und sich unterhalten wollen, oder die nur auf Trinken und Unterhaltung aus sind. Mein

›Primas‹ entscheidet sich offensichtlich für so etwas wie eine neutrale
Tafelmusik. Also intoniert er ein Potpourri aus der ›Lustigen Witwe‹.
Nur setzt er dabei nicht die Geige unters Kinn, er präludiert vielmehr
auf dem Saxophon. Nach einer Weile, als er glaubt, die Stimmung
sei halbwegs angewärmt, wendet er sich seinen Gästen zu; bei mir,
der als Ausländer leicht zu erkennen ist, macht er den Anfang.
Nach guter, alter Zigeunermusikantensitte spielt er mir ›ins Ohr‹.
Allerdings nicht mit der Geige, sondern eben mit dem Saxophon.
Aber sonst wird das Ritual eingehalten. Auch meinerseits. Ich lasse
den Forintschein diskret in seine Westentasche gleiten. Die einstige
Herrensitte, dem Primas den Geldschein an die Stirn zu kleben,
verkneife ich mir, nicht nur aus Rücksicht auf die in Ungarn inzwischen vorgegangene soziale Umschichtung.

Später füllt sich das Lokal mit vorwiegend jungen Leuten. Und
jetzt bietet die Kapelle die letzten Hits der heimischen und internationalen Unterhaltungsmusik. Wobei ihre Instrumente samt Elektro-
nik erst so richtig zur Geltung kommen – für mich das Signal, ins
Freie zu flüchten.

Ist nun die Episode von Kalocsa so etwas wie ein Zeichen an der
Wand der ungarischen Zigeunermusik? Müssen wir davon ausgehen, daß diese Musik, die die ganze Welt mit Ungarn verbindet,
von der modernen Unterhaltungsmusik internationalen Gepräges
verdrängt und vielleicht nur noch aus Gründen des Fremdenverkehrs und des Exports künstlich am Leben erhalten wird?

Nach dem, was ich in den letzten Jahren auf meinen Fahrten in
Ungarn mit Zigeunerkapellen erlebt habe, nicht nur in Budapester
Renommierlokalen, auch in den kleinsten Schenken der tiefsten
Provinz, ist das nicht zu befürchten. Die beiden Musikarten werden
friedlich nebeneinander existieren, weil sie jede für sich einen Zug
im ungarischen Wesen ansprechen. Nämlich bei allem Neuen dabei-
zusein, gleichzeitig aber nicht auf das zu verzichten, was das Gemüt
von der Zigeunermusik seit jeher erwartet: Von ihr gestreichelt zu
werden, wenn man melancholisch ist, und von ihr hochgetragen zu
werden, wenn man die Welt umarmen möchte. Außerdem lehrt
der Abend in Kalocsa, daß den Zigeunermusikern nicht abhanden
gekommen ist, was sie eh und je ausgezeichnet hat: die Anpassung.

Ich habe bisher einfach von ›Zigeunermusik‹ gesprochen und
mich damit unwillkürlich an die gängige Bezeichnung gehalten.
Nun gilt es etwas präziser zu werden. Was versteht man unter

›Zigeunermusik‹? Die Musik der Zigeuner, also ihre ureigenste Musik, oder die Musik, die die Zigeuner machen, wenn sie in Restaurants in Budapest, in den Schenken auf dem Lande, bei Hochzeiten und offiziellen Essen, bei Folklorekonzerten und auf Auslandstourneen spielen?

Eines muß von vornherein klargestellt sein: Das, was die Zigeunerkapellen bei diesen Gelegenheiten bieten, ist ungarische Volksmusik, sind populäre ungarische Kunstlieder und Tänze aus zwei Jahrhunderten, sind die unsterblichen Melodien aus den Wiener und Budapester Operetten, sind Potpourris aus Opern von ›Zar und Zimmermann‹ bis zum ›Troubadour‹ und, je nach dem Können des Primas, virtuose Stücke von Paganini angefangen bis zur unvermeidlichen ›Lerche‹, dem Paradestück der rumänischen Zigeunergeiger. Und immer spielen sie das, was der Gast wünscht.

Auf keinen Fall spielen sie aber vor gewöhnlichem Publikum ihre ureigene Musik, die Musik, die die Zigeuner für sich selbst machen. Lassen Sie es sich also nicht einfallen, nachdem Sie zum hundertsten Male ›Machen wir es den Schwalben nach‹ gehört haben, beim Primas ›echte‹ Zigeunermusik zu bestellen. Natürlich wird er so tun, als ob er Ihrem Wunsch nachkäme, im besten Falle wird er Ihnen einen alten Csárdás aus einem verlorenen Winkel Ungarns fiedeln, eine Melodie, von der er sicher sein kann, daß Sie sie nicht kennen. Nur wird es eben ungarische Volksmusik sein, und keine ›Zigeunermusik‹. Diese würde der Primas möglicherweise gar nicht bieten können, selbst wenn er es wollte, denn je arrivierter er ist, um so weniger dürfte er mit ihr noch vertraut sein. Aber abgesehen davon könnte er sie mit seiner ›Bande‹, wie die klassische Zigeunerkapelle genannt wird, auch deshalb nicht produzieren, weil die Musik der Zigeuner Vokal- und nicht Instrumentalmusik ist. Für sich singen die Zigeuner, und die Instrumente imitieren sie, indem sie die hohle Hand zur Trompete machen, mit dem Kochlöffel auf Töpfe wie auf ein Cembal schlagen und zur Begleitung der Melodie dann vielleicht auch noch auf dem Kamm blasen. Ein Nichtzigeuner bekommt ›Zigeunermusik‹ nur selten zu hören, es wäre denn, er gerät irgendwo in der Provinz in eine Zigeunerhochzeit, die schon in fortgeschrittener Stimmung ist, und er befindet sich in einer den Gastgebern vertrauten Begleitung.

Woher kommt aber die Verwechslung ungarischer Volksmusik mit der Zigeunermusik, die sich in unseren Breitengraden so hartnäckig hält? Schuld daran ist Franz Liszt mit seinem Buch ›Über die Zigeuner und ihre Musik in Ungarn‹, das so etwas wie eine Einführung zu seinen ›Ungarischen Rhapsodien‹ ist.

Für ihn existiert die ungarische Volksmusik nur durch die Musik der Zigeuner. »Die ungarischen Lieder, wie sie bei uns auf dem Lande existieren, so wie die Weisen, mit denen man vertraut ist und die dort auf den … Instrumenten [Hirtenflöte, Sackpfeife] ausgeführt werden, die viel zu armselig und unvollständig sind, um ein durchaus neues Resultat mit ihnen erzielen zu können, würden nicht die Ehre beanspruchen dürfen, allgemein geschätzt zu sein und noch weniger, mit denen in gleichen Rang gestellt zu werden, welchen andere des Ruhmes wirklich werte lyrische Werke einnehmen. Die Instrumentalmusik hingegen, wie sie von den Zigeunerorchestern ausgeübt und verbreitet wird, kann sowohl in der kühnen und edlen Eigenartigkeit ihrer Erfindung, als auch in der exquisiten Vollendung ihrer Form, ja wir möchten sagen in ihren so feinen, so glücklichen, so zur guten Stunde gefundenen Gebilden, die Konkurrenz mit jeder anderen Musik aushalten.« Für den großen Komponisten und Pianisten aus Raiding im heutigen Burgenland ist Zigeunermusik also eine Kunst für sich. Er sagt in dem Buch auch, worin sie für ihn besteht. »Der wirkliche Zigeunerkünstler ist der, welcher ein Liedthema oder eine Tanzweise nur als Text, als Epigraph eines Gedichtes aufnimmt und diese Idee, die er keinen Moment verliert, während einer fortgesetzten Improvisation umschweift und umschreibt. Der am meisten Bewunderte ist der, welcher sein Sujet mit einer solchen Fülle von Läufen, Appoggiaturen, Tremolos, Tonleitern, Arpeggios, diatonischen und chromatischen Passagen, Tongruppen und Grupettis versieht, daß unter diesem Luxus von Stickereien der ursprüngliche Gedanke kaum mehr zum Vorschein kommt, als das Tuch eines Mantelärmels durch die künstlich gearbeitete Posamentierarbeit hindurchscheint, die es bedeckt und unter ihrem dichten und bunt bestickten Netze versteckt.«

Liszts Geringschätzung der ungarischen Volksmusik ist seinerzeit in Ungarn auf heftigen Widerspruch gestoßen, und es gab auch noch nach seinem Tode Auseinandersetzungen um das Wesen der ungarischen Zigeunermusik und ihr Verhältnis zur ungarischen Volksmusik. Wir können uns Einzelheiten darüber ersparen und uns an das halten, was Béla Bartók dazu gesagt hat: »Die Zigeunermusiker sind bloß Vermittler des ungarischen Volksliedes. Es gibt wohl auch eine Zigeunermusik in Ungarn, Lieder mit Texten in der Zigeunersprache. Diese werden aber von den Zigeunern nie öffent-

lich gespielt oder gesungen. Was die Zigeunermusiker im allgemei-
nen spielen, ist die Musik ungarischer Komponisten.« Ein Kritiker
Liszts hat es noch lapidarer ausgedrückt, indem er sagte: »Der
Zigeuner spielt jedem Volk dessen eigenes Volkslied auf.«

An Bartók können wir uns auf alle Fälle halten. Schließlich haben
er und auch Zoltán Kodály sich mit der einen wie mit der anderen
Musik auseinandergesetzt und aus beiden für ihr Werk geschöpft.

Seit wann gibt es aber die ungarische Zigeunermusik in der Form,
in der wir sie kennen und mit dem Ruf, den sie im In- und Ausland
hat? Wenn man es genau nimmt, erst seit der zweiten Hälfte des
18. Jahrhunderts, als die ersten Zigeunerkapellen auftauchten. Einzelne Zigeunermusiker hat es schon vorher gegeben, auch zur
Türkenzeit, und die Begs haben sie manchmal untereinander ausge-
tauscht. Es ist sogar urkundlich festgehalten, daß der christliche
Burghauptmann von Kiskomárom den Beg von Pécs gebeten hat,
ihm seinen Zigeunermusiker zu leihen, wozu der türkische Würdenträger bereit war, für sein Entgegenkommen aber vergoldete Schieß-
gewehre verlangte. Ob der Handel zustande kam, ist nicht über-
liefert.

Die erste große Zeit der Zigeunerkapellen kam mit der Ausbrei-
tung der sogenannten Werbungsmusik gegen Ende des 18. bis in
die Mitte des 19. Jahrhunderts. Sie hat ihren Namen daher, daß sie
bei der Anwerbung von Soldaten für das stehende Heer gespielt
wurde, mit dem Ziel, der Verpflichtungszeremonie und der Verab-
schiedung der jungen Burschen von Familie und heimatlichem Dorf
eine heitere Note zu geben.

Weiteren Auftrieb bekamen die Zigeunerkapellen, als etwa um
die gleiche Zeit der Pálotas (Pálota = Palast), der langsame, höfische
Tanz, den meist die deutschen, in Wahrheit oft tschechischen Kapellen spielten, schrittweise vom Csárdás verdrängt wurde. Der Csárdás war ein temperamentvoller, ländlicher Tanz, entstanden in den
und um die Dorfschenken (Csárda); die Zigeunerkapellen, in großer
oder kleiner Besetzung waren da in ihrem Element.

Bis zur Mitte des vorigen Jahrhunderts standen die größeren
Zigeunerkapellen meist im Dienste der Adelshäuser, die sie sich
gegenseitig ausliehen, so wie es die Begs mit den einzelnen Musi-
kern getan hatten. Bei großen Ereignissen spielten oft mehrere
›Banden‹ oder eine ›deutsche‹ und eine Zigeunerkapelle, die dann in
heftigem Wettstreit lagen.

*Eine köstliche Schilderung von einem solchen Musikerkrieg bringt der
in Wien erscheinende ›Magyarkurier‹ vom November 1790 in einem
Bericht über den königlichen Ball in der Preßburger Residenz des Fürstpri-
mas. Dort spielten zwölf deutsche ›Musici‹ und sechs Zigeuner. »Wiewohl
ungewaschen, waren doch sie diejenigen, die die meiste Musik machten;
denn die Anwesenden wollten vornehmlich ungarische und polnische
Tänze haben, die deutschen Musici konnten aber derartiges nicht …
Genannte Chöre musizierten einer nach dem anderen, sich gegenseitig
verächtlich über die Achsel anblickend, und zwar so, daß die deutschen
Musici die vor ihnen liegenden Noten kaum abspielten, als schon die
schwarze Bande einstimmte und den Fiedelbogen zwei Stunden lang ohne
Noten auswendig so führte, daß die deutschen Musici vor Wut fast in
ihre Musikinstrumente bissen.«*

Die ganz große Zeit kam dann aber für die Zigeunerkapellen
nach 1848/49, als nach der gescheiterten Revolution und dem nie-
dergeschlagenen Aufstand gegen die Habsburger und der dann
folgenden politischen Repression eine ganze Nation des Trostes
bedürftig war. »Es waren die Jahre, in denen von den Schriftstellern
bis zu den bettelnden Invaliden des Freiheitskrieges jeder die trö-
stende Zigeunergeige hören wollte«, schreibt Bálint Sárosi in seinem
Buch über die Zigeunermusik. Man sprach von der ›Zeit der weinen-
den Unterhaltung‹, und einem Zigeunerprimas gab man den Namen
Patikárus (Apotheker), weil er mit seinen Weisen einen gemütskran-
ken Adeligen geheilt haben soll.

Nun bleibt uns, bevor wir dieses Kapitel schließen, nur noch eine
Frage zu beantworten übrig, die nach der sozialen Funktion der
Zigeunermusik in Ungarn. Denn offenkundig ist sie nicht nur dazu
da, das Gemüt des Zuhörers zu bewegen, sich seiner Stimmung
anzupassen, mit ihm traurig zu sein, wenn er traurig sein möchte, mit
ihm zu jubilieren, wenn ihm danach zumute ist. Die Zigeunermusik
schafft außerdem ein Gemeinschaftsgefühl, eine ›Gemeinschaft im
Empfinden‹. Was damit gemeint ist, wird einem klar, wenn in einer
Schenke ein Gast ein bekanntes Lied bestellt und dann nicht nur er,
sondern auch die anderen Gäste, die es kennen, mitsingen. Oder
wenn ein junger Mann zwischen den Tischen ganz allein zu einem
Csárdás ansetzt und sich nach und nach andere Tänzer zu ihm
gesellen, mit oder ohne Mädchen, und das Lokal plötzlich von einer
stampfenden und wirbelnden Menge gefüllt ist, die sich aber ebenso
unvermittelt wieder auflöst, wie sie sich gebildet hat. Und wie wäre

es sonst zu erklären, daß der Zigeunerprimas Pista Dankó, dessen Denkmal in Szeged im Park am Ufer der Theiß steht, sein Lied ›Ein Kätzchen, zwei Kätzchen‹ zwei volle Tage hindurch fast ohne Unterbrechung spielen mußte?

Noch etwas muß beachtet werden: Einst spielten die Zigeunerkapellen für die Herren, sie spielten, was die Herren wünschten. »Sie [die Herren] konnten erst dann in der Musik aufgehen, wenn sie spürten, daß sie ihnen dienstbar war, den unausgesprochenen Schwingungen ihres Gefühls unterwürfig folgte«, schreibt der schon einmal zitierte Bálint Sárosi. »Sie schätzten nicht die Selbständigkeit am Spiel eines Musikanten, sondern im Gegenteil seine Anpassungsfähigkeit; sie verlangten, daß der Musiker empfinde, was sie fühlten, und daß sein Instrument dementsprechend klinge.«

Die Herren, von denen hier die Rede war, gibt es als soziale Schicht nicht mehr, aber die Zigeuner spielen weiter für die Herren, indem nämlich ihre Musik jedem Ungarn das Gefühl gibt, ein Herr zu sein. Zumindest an dem Abend und in der Schenke, da er die Zigeuner für sich spielen läßt. Zoltán Kodály sprach in diesem Zusammenhang einmal von der »zunehmenden Sucht des Volkes, den Herrn zu spielen«. Ist die Zigeunermusik heute vielleicht die Medizin der Ungarn gegen die Zwänge der modernen Arbeitswelt, die Gängeleien durch die Bürokratie und die Einsamkeit und Langeweile in den Betonburgen an den Rändern der Städte? Wenn ja, dann haben die rund 8000 Zigeunermusikanten, die es heute unter den 350 000 Zigeunern in Ungarn gibt — 3700 von ihnen sind hauptberuflich Musiker —, eine soziale Aufgabe. Beim Schluchzen und Jubeln ihrer Geigen kann der Bürger seine Mühsal vergessen oder sich austoben, und der Obrigkeit kann es nur recht sein, daß er diesen ›seelischen Auslauf‹ besitzt. So kommen alle auf ihre Rechnung, denn »viele Geigen gibt es hier in Ungarn« hat ja schon 1553 der Dichter Tinódi Lantos festgestellt.

Szeged
Reißbrettstadt und Heimat der Salami

Die Stadtväter und die Erbauer des neuen Szeged nach der Überschwemmungskatastrophe von 1879 müssen Männer mit einem ungeheuren Anspruch gewesen sein. Die neuromanische *Votivkirche* sieht so aus, als hätte man sich bei ihrem Bau an allem orientiert, was in Italien alt und kostbar ist, von San Marco bis zum Petersdom.

Als das Hochwasser der Theiß die Stadt verwüstete und von ihren 5900 Häusern nur 300 unversehrt zurückließ, hatte der Magistrat gelobt, nach der Sintflut eine prächtige Kirche zu bauen. Sie wurde zwar erst 1930, also 50 Jahre später fertig, dafür fiel aber alles monumental und prachtvoll aus. Die beiden Türme sind 93 Meter hoch, die mächtige Kuppel wölbt sich in einer Höhe von 54 Metern, das Gold der Mosaiken glänzt geheimnisvoll, und das bunte Glas der Kirchenfenster läßt das Licht des Nachmittags in immer neuen Farbbündeln in die Halle fallen. Die neue Kirche also als Symbol von Glanz und Glorie des neuen Szeged.

Davor am Dóm tér (oder: Beloiaunisz tér) ein kümmerlicher Rest der Stadt von einst: Der *Dömötör torony*, ein Turm der einstigen Sankt-Demetrius-Kirche. Unscheinbar und einsam und erdrückt von der Fassade der neuen Kirche steht er da mit seinem quadratischen romanischen Postament aus dem 12. Jahrhundert und dem achteckigen oberen gotischen Teil aus dem 13. Jahrhundert. Schon einmal, beim Bau der barocken Pfarrkirche, hatte man ihn seiner Selbständigkeit beraubt und einfach in diese einbezogen. Er kam erst wieder

STÄDTE UND LANDSCHAFTEN

zum Vorschein und zur Geltung, als die Pfarrkirche in den zwanziger Jahren abgerissen wurde, um den Blick auf den Dom freizugeben. Wenn aber in den Sommermonaten die Bühne und die Publikumstribüne, die 7000 Menschen Platz bietet, für die Festspiele aufgebaut werden, dann ist der Turm, einer der wenigen Zeugen des mittelalterlichen Szeged, doppelt in den Schatten gestellt.

Dann bekommt man allerdings auch keinen richtigen Eindruck von den Arkaden des Bischofspalastes und der Universitäts- und Amtsgebäude, die den Platz nach drei Seiten hin begrenzen. Die schöne architektonische Geschlossenheit, die sie ihm geben, kommt da nicht zur Wirkung.

Die Großzügigkeit des Gebäudeensembles fällt einem schon auf, wenn man sich ihm von Süden her, sozusagen von der Rückseite nähert. Zur rechten Hand hat man dann den Rerrich Béla tér mit einem Reiterstandbild, das man zu kennen glaubt. Es ist ein berühmtes Werk, man hat es in Kunstbüchern oder im Original auf der Prager Burg gesehen. Es ist der *Heilige Georg* der Brüder Martin und Georg von Klausenburg, eine Schöpfung, die die Ungarn für sich in Anspruch nehmen, weil Klausenburg—Kolozsvár in Siebenbürgen bis 1918 zu Ungarn gehört hat. Jetzt ist es unter dem Namen Cluj eines der Zentren Westrumäniens. Das Standbild in Szeged ist natürlich eine Nachbildung.

Wenn ich aber an das Großzügige in Szeged denke, dann ist es immer der *Széchenyi tér*, der vor meinem Auge erscheint. Welch ein Platz! Eigentlich eine Mischung von Platz und Park, mit Platanen, die ihre starken Äste ausbreiten, mit Linden und Fichten und Blumenrabatten, auf denen jetzt im April die Tulpen blühen, mit Rhododendronbüschen und japanischen Kirschen. Dazwischen — wie könnte es in Ungarn anders sein — Denkmäler, Denkmäler von Staatsmännern, die mit herrischer Gebärde in die Zukunft weisen, von Dichtern, die einem Vers nachsinnen, und von Ingenieuren, die die Theiß bändigen wollen. Im Vergleich zu diesem nationalen Überschwang nimmt sich die Pyramide des Denkmals für die Soldaten der Roten Armee geradezu bescheiden aus.

Bevor ich Szeged besuchte, las ich, daß der Széchenyiplatz im Herzen der Stadt 50 000 Quadratmeter groß sei. Diese trockene Zahlenangabe klang zwar imponierend, nur vermittelte sie mir keine richtige Vorstellung von der wirklichen Ausdehnung des Platzes. Erst als ich auf ihm herummarschierte, realisierte ich seine Ausmaße.

Auf dem Széchenyi tér sollte man sich aber nicht nur von seinen Ausmaßen imponieren lassen. Hübsch ist die Front der klassizistischen Gebäude rechts und links vom Rathaus, und sehenswert sind auch die Häuser im Jugendstil, die im Zuge des Neuaufbaues der Stadt um den Klauzál tér herum entstanden sind. In diesem Teil der Innenstadt, der eine Fußgängerzone ist, findet man auch die besten Geschäfte, Buchhandlungen und Antiquariate.

Sieht man sich den Stadtplan an, dann erkennt man, nach welchem urbanistischen Konzept Szeged nach der Überschwemmungskatastrophe wiederaufgebaut wurde. Um die innere Stadt legt sich im Halbkreis der breite innere Ring, heute Lenin körút genannt, an dem sich die Warenhäuser und Supermärkte befinden. Von ihm gehen wieder strahlenförmig Straßen zum äußeren Ring aus. Dieser äußere Ring trägt in seinen Abschnitten die Namen vieler europäischer Hauptstädte; es gibt einen Párizsi körút, einen Londoni körút, einen Moskwa körút und auch einen Bécsi körút, also einen Wiener Ring – zur Erinnerung an die Hilfe, die diese Städte zum Wiederaufbau Szegeds geleistet haben.

Schon außerhalb des äußeren Ringes befindet sich die sogenannte *Unterstadt*, und die ist aus zwei Gründen einen Besuch wert. Mit ihren ebenerdigen, im besten Falle einstöckigen Häusern, dem holprigen Pflaster in den breiten Straßen und dem *Mátyás Király tér*, dem König-Matthias-Platz, bietet sie schon das Bild der Marktflekken und Großgemeinden in der Tiefebene, die ungehemmt in dem flachen Land ausufern können. Der erwähnte Platz ist eigentlich ein überdimensionaler Dorfanger mit Akazien, unter denen hoch das Gras wächst, und mit Spielplätzen für die Jugend. Dann aber ist noch eine Kirche da. Mit gotischen Strebepfeilern und hohen Fenstern und einem neben dem Chor stehenden barocken Campanile, wie er bei Kirchen der Franziskaner oft vorkommt. Und Franziskaner haben auch diese Kirche Maria Schnee, heute Alsóvárosi templom, *Pfarrkirche der Unteren Stadt*, genannt, Ende des 15. und Anfang des 16. Jahrhunderts errichtet.

Das einschiffige Innere beeindruckt durch das Netzwerk seines Gewölbes, das in dem schmäleren, von der Halle durch einen spitzen Triumphbogen getrennten Chor eine noch verfeinertere Form findet. Zusammen mit dem Demetriusturm der Innenstadt ist diese Klosterkirche samt dem Konventsgebäude daneben einer der ganz wenigen Überreste des mittelalterlichen Szeged.

Zu berichten ist aber auch vom modernen Szeged. Schließlich ist die Stadt mit ihren 172 000 Einwohnern nach Budapest, Miskolc und Debrecen die viertgrößte des Landes. Sie hat eine Reihe größerer Industriegebiete, darunter eine Fabrik, deren Produkt ebenso begehrt wie legendenumwoben ist. Sie stellt nämlich die Salamiwürste her, die mit dem Paprika und dem Csárdás zum Image Ungarns in der Welt gehören.

Dabei ist die Salami gar keine ungarische Erfindung, und sie ist auch noch gar nicht so alt. Auch wenn einem Ungarn gerne erzählen, sie leite ihren Namen von der Stadt Salamis auf Zypern ab und finde bereits in einem griechischen Kochbuch aus dem dritten vorchristlichen Jahrhundert Erwähnung.

Nach Ungarn jedenfalls wurde eine Vorläuferin der Salami von italienischen Gastarbeitern gebracht, von Maurern, Steinmetzen, Polieren, die der Bauboom im letzten Drittel des vorigen Jahrhunderts nach Budapest lockte. Sie hatten meist eine gesalzene Wurst bei sich, die den Vorteil hatte, daß sie sich unbeschränkt hielt und auch von der Hitze nicht in Mitleidenschaft gezogen wurde. Sie wurde als ›Salame‹ bezeichnet. Diese Wurst erregte die Aufmerksamkeit des Herrn Markus Pick, der von Böhmen nach Ungarn eingewandert war. Er studierte die Herstellungsweise der Wurst, holte sich aus Italien einige Facharbeiter und begann 1861 in Szeged die erste Salamifabrik. Weitere folgten, und schon um die Jahrhundertwende hatte die ungarische Salami ihrer italienischen Urmutter den Rang abgelaufen.

Und das Geheimnis der ungarischen Wurst mit der rot-weiß-grünen Schleife, die in sage und schreibe rund dreißig Länder exportiert wird?

Es seien die Gewürze und das Eselsfleisch, die der Pastete beigemischt werden, aus der dann die Wurst gemacht wird, wurde lange Zeit behauptet. Die Gewürze spielen eine gewisse Rolle, erklären die Salamiexperten, von Eselsfleisch könne aber gar keine Rede sein. Die Esel, die es in Ungarn gäbe, würden nicht einmal für eine Monatsration an Salami ausreichen.

Wichtig für die Herstellung der Salami sei zunächst eine bestimmte Sorte Schweinefleisch, und zwar das Fleisch von Schweinen, die nicht in Ställen, sondern im Freien gehalten und mit einem wissenschaftlich zusammengesetzten Futter gemästet werden, so, daß sie mageres Fleisch ansetzen. Aus allen Sorten dieses Fleisches wird in immer gleichbleibender Mischung die Pastete hergestellt, nach einem geheimgehaltenen Rezept gewürzt und in Kunstdärme gefüllt. Eine Zeitlang hängen die noch weichen Würste über glosenden Buchenscheiten und kommen dann in den 46 Meter hohen Turm, der neben den beiden Türmen des Domes zum Wahrzeichen des heutigen Szeged gehört. Dort setzen sie, indem sie von Etage zu Etage gehievt und einer bestimmten Wärmeeinwirkung ausgesetzt werden, ihren spezifischen Schimmelpilz an. Und dieser Schimmelpilz, entstanden in der trockenen Luft der Theißebene, soll den eigenen Geschmack der ungarischen Salami im allgemeinen und der Szegeder Salami im besonderen garantieren.

Daß ich hier in Szeged so ausführlich über die Salami gesprochen habe, kommt nicht von ungefähr: die Szegediner Fabrik erzeugt mit 7 Millionen Kilogramm im Jahr immerhin zwei Drittel der gesamten ungarischen Salami.

Hódmezővásárhely
Schnapsfläschchen — hübsch grün

Auf dem Marktplatz von Hódmezővásárhely, 25 Kilometer östlich von Szeged, fragen wir gleich nach dem *Csucsai-Töpfermuseum* in der Rákóczi út 101, weil wir eigentlich nur wegen der Keramiken hierher gekommen sind. Wir gehen davon aus, daß in einer ungarischen Stadt eine nach dem legendären Freiheitshelden benannte Straße im Zentrum liegen müsse. Das stellt sich als Irrtum heraus, und alle Leute, die wir fragen, geben uns zu verstehen, daß wir dieses Museum und die Straße allein nicht finden würden. Schließlich ist ein junger Mann bereit, sich zu uns in den Wagen zu setzen und uns zum Museum zu bringen.

Nun bekommen wir eine Vorstellung davon, wie sich ein Ort in der Weite der ungarischen Tiefebene ausbreiten kann. Die Entfernung zwischen Zentrum und Museum beträgt tatsächlich einige Kilometer, und der Weg dorthin führt durch endlose Straßen mit niedrigen Häuschen, von Bäumen umstanden und von Gärten und Zäunen umgeben, und alle sehen irgendwie gleich aus. Mit Hilfe des jungen Mannes finden wir aber doch das Museum, das in einem dieser unscheinbaren Bauernhäuser untergebracht ist. Und wir haben endlich unser Vergnügen an den Krügen und Tellern, den Tonflaschen und Schüsseln, den Vasen und Töpfen, die hier mit den charakteristischen blauen Vogel- und Pflanzenmustern produziert worden sind und die das Städtchen mit dem für uns so schwer auszusprechenden Namen in ganz Ungarn bekannt gemacht haben.

Als wir uns dann im Museum die Adresse eines Töpfers aufschreiben lassen, der noch arbeitet, fängt die Sucherei von neuem an. Der Töpfer hat seine Werkstätte in der Moskwa utca, und die liegt wiederum am anderen Ende der Stadt, dort, wo sie sich schon so weit in das Land hinausgeschoben hat, daß die Wege nicht mehr gepflastert sind, und man sich fragt, ob man nicht aus Versehen bereits in einem anderen Dorf gelandet ist.

Aber die Mühe des Suchens und Herumfahrens hat sich gelohnt: Was die Keramiken betrifft, wurden wir fündig, und zu unseren Erlebnissen ungarischer Landschaft konnten wir die Eindrücke von einer städtischen Siedlung am Rande der Tiefebene hinzufügen, die zwar über 50 000 Einwohner zählt, einer Stadt in unserem Sinne aber nur in ihrem Zentrum gleicht, sonst jedoch als riesiges Dorf ins offene Land hinauswuchert.

Und das Besondere an der Töpferkunst von Hódmezővásárhely? Sie hat eine 200 Jahre alte Tradition, und geformt, gebrannt und bemalt wurde hier fast alles, was man aus Ton herstellen kann. Im ganzen Lande beliebt waren die bunten, mit Blumenmustern verzierten Teller und die grünen Schüsseln für das Fettgebäck mit dem gewellten und durchbrochenen Rand.

Noch populärer aber waren die ›Butelas‹, die flachen Schnapsflaschen mit dem kurzen und engen Hals, die man in der Tasche tragen konnte. Die aus Hódmezővásárhely hatten immer eine grüne Grundglasur, in die dann Vogel- und Blumenornamente eingeritzt wurden. Auf der Rückseite der Flasche stand meist ein kleines Gedicht, mit dem Namen des Eigentümers und des Töpfers, darunter oder darüber das Datum der Herstellung. Etwa so:

Schnapsfläschchen bin ich, hübsch grün,
aus mir kannst du einen ziehen.
Ist mein Bauch jedoch geleert,
bin ich Scherben ohne Wert.
Jeder auf mir lesen kann:
machen ließ mich Zimmermann
István Marsi, für sich klar,
doch auch für der Freunde Schar.

Gyula

Wenn man Hódmezővásárhely gesehen hat — muß man dann noch nach Orosháza und Békéscsaba fahren? Man muß nicht, denn sie ähneln sich doch sehr, diese Städtchen am Südrande der Tiefebene, und irgendwelche besonderen Sehenswürdigkeiten haben sie auch nicht zu bieten. Aber wenn man sich nun einmal die Tiefebene in den Kopf gesetzt hat, und vor allem, wenn man in die äußerste Südostecke, nach Gyula, will, bleibt einem nichts anderes übrig, als sie mitzunehmen. In *Békéscsaba* kann man der Abwechslung halber einen Blick in das slowakische Volkskunsthaus werfen und das Mihály-Munkácsy-Gedenkzimmer besuchen. Denn rund um den Ort gibt es eine Reihe Dörfer mit slowakischer Bevölkerung und hier hat Ungarns größter Maler des 19. Jahrhunderts in seiner Jugend als Tischlerlehrling gearbeitet.

Zwar ist auch Gyula, 4 Kilometer von der rumänischen Grenze entfernt, eine typische Siedlung in der Tiefebene, aber sie hat doch einige Besonderheiten aufzuweisen, die in den übrigen vergleichbaren Städtchen des Alföld nicht zu finden sind.

Da ist zuerst die *Burg*, die einzige, die in der Tiefebene erhalten geblieben ist. Ein vierschrötiger Bau, gekrönt von einem Zinnenkranz und mit einem Bergfried versehen, der das Burgtor sichert. Die Breitseite ist einem toten Seitenarm des Flusses Körös zugewandt, um dessen kleine Inseln die Jünglinge an Sommerabenden ihre Mädchen rudern, wenn sie sie nicht zu Konzerten auf der ›Seebühne‹ oder zu den Theateraufführungen im Burghof führen. Denn Gyula hat schon seit mehr als zwanzig Jahren seine Festspiele, für die die Burg eine Kulisse liefert.

Gyula hat ferner ein *Thermalbad*, das sich sehen lassen kann. Ich sollte eher sagen: Eine Badeanlage, denn es gibt hier eine Fülle von Becken mit nach Schwefel riechendem Wasser, in denen man sich ergötzen kann, außerdem verfügt es über ein Schwimmbecken mit gemischtem Wasser, für diejenigen, die sportliche Ambitionen haben. Dieses Schwimmbecken hat man in einer früheren Reithalle angelegt. Und das ganze Thermalbad liegt unter den hohen alten Bäumen im Park des ehemaligen Schlosses Harruckern.

Gyula ist auch durch seine Fleischindustrie bekannt, besser gesagt durch die Wurst, die den Namen der Stadt trägt. Wie die Salami ist sie eine Dauerwurst, nur fetter und papriziert. Und wie es in Szeged keine Salami zu kaufen gibt, so frägt man auch in Gyula vergeblich nach der Wurst dieses Namens. In den Fleischerläden ebenso wie in den Delikatessengeschäften wird ein solches Begehren nur mit einem milden Lächeln beantwortet, das etwa bedeuten soll: Bitte schön, geht alles in den Export!

Dem Besucher aus Deutschland bietet Gyula noch insofern etwas Besonderes, als er allenthalben in der Stadt auf Albrecht Dürer stößt. Es gibt hier eine Dürer Albert utca und eine Galerie, die den Namen des großen Nürnbergers trägt, und es gibt ein Haus mit einer Gedenktafel für seine Familie.

Auf ihr steht geschrieben, natürlich auf ungarisch:

»Seien wir stolz darauf, daß in unserer Stadt einst das aus dem benachbarten Ajtos-falva [Türmacherdorf] stammende Geschlecht der Edlen Aythóssy von Ajtos lebte. Hier lebte auch Antal [Anton] der Goldschmied, und hier wurden seine drei Söhne geboren: Aldot, geboren 1427, gestorben 1502, der Goldschmied, der später nach Nürnberg auswanderte und dort, als bereits Dürer sich nennender Goldschmied, mit seinem Sohn Albert, dem Jüngeren, geboren 1471, gestorben 1528, seiner neuen Heimat den weltberühmten Maler gegeben hat. Ferner János, der spätere Pfarrer von Nagyvárad [Großwardein] und schließlich László, Sattlermeister in Gyula. Dieser hatte einen Sohn Miklos, einen Gold-schmied, der zuerst in Nürnberg, später in Köln seinen ihm dort verliehe-nen Namen ›Unger‹ Ehre gemacht hat.«

Die Tafel wurde 1928 zum 400. Jahrestag des Todes von Albrecht Dürer von der Bürgerschaft der Stadt Gyula angebracht.

Das Haus steht an der Ecke des Ápor Vilmos tér und der Dürer Albert utca, schon etwas am Rande von Gyula. Es ist nicht das Haus, in dem Dürers Vater geboren wurde – Häuser aus dem Mittelalter gibt es in der Tiefebene nicht – aber es steht an seiner Stelle. Für die Ungarn hat es noch seine eigene Bedeutung: 1810 erblickte dort Ferenc Erkel das Licht der Welt, der Schöpfer der ungarischen Nationaloper und der ungarischen Nationalhymne. Er hat übrigens auch die im Zusammenhang mit erwähnter Oper ›Bánk Ban‹ vertont. Muß ich noch besonders erwähnen, daß sich in dem Haus jetzt ein Museum befindet, das den Namen des für Ungarn so wichtigen Komponisten trägt?

Dem Leser wird wahrscheinlich aufgefallen sein, daß auf der Tafel und bei den Straßennamen immer von Dürer Albert die Rede ist, gleichgültig, ob es sich um den Vater oder seinen berühmten Sohn handelt. Während wir doch von Albrecht Dürer sprechen. Das braucht uns nicht zu beunruhigen, es handelt sich hier schon um die ›richtigen‹ Dürer, nur ist der Vorname Albrecht in den letzten Jahrzehnten in Ungarn verschwunden und durch Albert ersetzt worden, so wurde es mir jedenfalls erklärt. Eine plausible Auskunft, warum das geschah, bekam ich allerdings nicht.

Fest steht aber – und die Ungarn sind stolz darauf –, daß die Dürer aus Ungarn kamen, auch wenn sie keine Ungarn waren, und, daß der Name, der mit Deutschlands universellstem Künstler der Renaissance verbunden ist, eigentlich ein Herkunftsname und eine wörtliche Übersetzung des ungarischen Ortsnamens Ajtós ist: Aitó bedeutet Tür und der davon Stammende ist ein Türer oder – nürnbergerisch-weich ausgesprochen – Dürer.

Haus, Hof und Mensch
Auf dem Lande hat sich das Leben verändert

Von Gyula nach Debrecen sind es rund 150 Kilometer, und es geht durch den östlichen Teil der Tiefebene. Wenn ich richtig gezählt habe, dann bin ich auf dieser Strecke durch vier Marktflecken und doppelt so viele Dörfer gekommen, aber nichts ist mir von ihnen im Gedächtnis haften geblieben. Das heißt, ich sehe sie schon vor mir, die breiten Dorfstraßen, menschenleer unter der hohen Sonne, die weiten Plätze in den größeren Siedlungen, mit der Kirche der Reformierten, dem verstaubten Kaufhaus und der kleinen Park-anlage, in deren Schatten ein paar alte Leute schlafen. Aber ich kann sie nicht mehr auseinanderhalten: Eines ist wie das andere.

So ähnlich könnte ich auch von der Fahrt quer durch die Tiefebene nach Kecskemét berichten, oder von den 200 Kilometern, die zwischen der Hortobágy-Pußta im Norden und Szeged im Süden liegen. Da ist mir von den Städtchen höchstens Karcag oder Szarvas in Erinnerung geblieben, das eine wegen der Keramiken, das andere wegen des Parkes um sein Schloß. Sonst sehe ich nur die Theiß vor mir, den »blonden Fluß«, wie er sich träge durch die Landschaft windet, und die Dämme, die ihn begleiten, damit seine Fluten nicht wie in früheren Zeiten das Land verheeren. Ich sehe die Brücken über die Körös vor mir und die wackeligen Rollfähren, die den

Wagen über den Fluß setzen, wenn man sich auf Nebenstraßen durch die große Ebene bewegt.

Aber nicht vergessen kann ich, was den Charakter dieser weiten Landschaft unter dem riesigen Himmel ausmacht: die Einzelgehöfte, die ihr wie weiße Tupfen aufgesetzt sind und der Tiefebene das Unverwechselbare geben.

Das Bild ist überall das gleiche, ob bei Kecskemét oder Szeged, oder bei Sarkad: das weißgetünchte, schilf-, ried- oder strohgedeckte Wohnhaus, rundherum Stall, Scheune und Schuppen, umgeben von einem Zaun, aus Weidenruten geflochten. Das Ganze dann im Schatten von Akazien oder Maulbeerbäumen oder, wie bei Kecskemét, Marillenbäumen. So stehen die Einzelgehöfte in der Landschaft, manchmal nahe irgendeiner Straße, oft meilenweit von ihr entfernt. Sie sind dann wie einsame Inseln, verloren in der Weite des Meeres.

Für die Menschen auf den Einzelgehöften muß das Leben hart gewesen sein, völlig auf sich selbst gestellt, einen ›Nachbarn‹ im günstigsten Falle in Blickweite, die nächste Siedlung aber oft kilometerweit entfernt.

Die Kollektivierung der Landwirtschaft im sozialistischen Ungarn hat natürlich auch die wirtschaftlichen Verhältnisse in der Tiefebene geändert. Die großen Feldflächen, die entstanden sind, verlangen eine anders organisierte Bearbeitung, als sie von den Einzelgehöften aus erfolgte. Im Netz der Einzelgehöfte sind jetzt neue Gebäudegruppen aufgetaucht: langgestreckte Stallungen der Kollektivgüter, daneben die nüchternen Wohnhäuser der Leute, die die Tiere betreuen, Maschinenstationen, Silos.

Naht also das Ende der Einzelgehöfte, ziehen die Bauern in die Dörfer oder zu den neuen Zentren, von denen aus die Bearbeitung der Felder erfolgt? Auf der Fahrt durch das Land habe ich natürlich Gehöfte gesehen, die verlassen waren und verfielen. Ich habe aber auch viele gesehen, die frisch getüncht waren, bei denen die Zufahrt offensichtlich instandgehalten wurde, wo es um das Haus herum von Hühnern, Gänsen und Schweinen wimmelte, wo in den Gärten Tomaten, Paprika und Kürbisse leuchteten, die Obstbäume eine sorgfältige Pflege verrieten. Man hätte da wetten können, daß der Mann zur Arbeit bei der Landwirtschaftlichen Produktionsgenossenschaft mit dem Motorrad fährt, während Haus und Hof von der Frau oder vielleicht noch von den Eltern oder Schwiegereltern, die schon ihre Rente haben, in Ordnung gehalten werden.

Ich habe aber auch Einzelgehöfte gesehen, die ebenfalls in sehr gutem Zustand waren, wo im Garten aber nur Blumen wuchsen und der Schuppen nur als Garage diente: Hier hatte eindeutig ein Städter ein ehemaliges Gehöft zu seinem Landhaus gemacht.

Die Zahl der bewohnten Gehöfte geht natürlich doch zurück, pro Jahr verringert sich der Bestand um ein Prozent. Eine zwangsläufige Entwicklung. Wenn man aber bedenkt, daß in den siebziger Jahren noch die Hälfte der Bevölkerung im Donau-Theiß-Zwischenstromland — die Städte ausgenommen — in Einzelgehöften lebte, dann wird das ein langer Prozeß sein. Wir werden uns also an den Einzelgehöften noch eine ganze Weile erfreuen können: schattige Oasen bei Tag; und mit dem Licht, das aus den Fenstern fällt, Leuchtzeichen menschlicher Nähe bei Nacht.

Ob sich nun das Leben auf dem Lande schnell oder langsam wandelt — die Veränderung hat jedenfalls schon ein beträchtliches Ausmaß erreicht, nicht nur hier in der Tiefebene, auch in den Dörfern in Transdanubien und im Norden des Landes. Ich würde sogar sagen, daß trotz aller Industrialisierung im Nachkriegs-Ungarn sich die wesentlichsten Veränderungen auf dem Lande vollzogen haben.

Der Leser wird sich wohl an das Zitat aus Gyula Illyés' ›Puszta-Volk‹ im Kapitel ›Puszta — einmal ganz anders‹ erinnern. Zuerst mit der Bodenreform, dann mit der Kollektivierung der Landwirtschaft sind natürlich die ›Pusztas‹, diese Ansammlungen des Landproletariates, verschwunden. Und die neuen Arbeitszentren auf den sozialisierten Gütern sehen doch ganz anders aus.

Gewandelt hat sich auch das Bild der Dörfer ganz allgemein. Noch vor 25 Jahren boten die ungarischen Dörfer das gleiche triste Bild wie die Dörfer in den anderen kommunistisch regierten Ländern, in denen die Landwirtschaft kollektiviert worden war. Heute ist hier alles anders: viele neue oder zumindest neu verputzte Wohnhäuser, mit Fernsehantennen auf den Dächern und gelegentlich auch einem Auto im Hof, mit Blumenrabatten auf der Straßenseite, die Einfahrtstore frisch gestrichen. Nichts ist mehr von der einstigen Atmosphäre von Resignation und Verfall zu spüren.

Zwei Quellen gibt es für den sichtbaren Wohlstand auf dem Lande in Ungarn: Erstens können die Bauern aus den 0,6 Hektar Land, das ihnen als Privatbesitz verblieben ist, auf Grund der flexiblen Wirtschaftspolitik ihrer Regierung viel größeren Nutzen ziehen als in anderen sozialistischen Ländern. Das heißt, daß sie die Schweine, Schafe, Hühner, Enten und Gänse, die sie privat halten, mit gutem Gewinn verkaufen können. Nicht von ungefähr stammt die Hälfte des im Lande verzehrten Schweinefleisches aus den privaten Ställen der Bauern, ebenso wie 70 Prozent des Geflügels. Und in ihren Gärten bauen sie gleichfalls 70 Prozent des Gemüses an, das auf den Markt kommt.

Die zweite Quelle ist die Phantasie, mit der die Leitungen und die Beschäftigten der Landwirtschaftlichen Produktionsgenossenschaften von der Möglichkeit Gebrauch machen, die Palette ihrer Erzeugnisse zu erweitern, zum Nutzen der Genossenschaft wie ihrer Mitglieder. Man findet daher heute kaum noch eine Kollektivwirtschaft, die sich auf Getreideanbau und Viehhaltung beschränkt.

In der Nähe von Budapest besuchte ich eine LPG, die außer der ›klassischen‹ Landwirtschaft auch noch eine große Gärtnerei betreibt, in ganz Budapest Blumenläden hat, ein Reisebüro mit Spezialprogrammen für Umweltforscher, eine Reitschule und eine Druckerei unterhält und noch alles Mögliche produziert, von Plastikkörben für Tennisbälle bis zum Schaumbeton. Durch diese ›Nebentätigkeiten‹ können die Mitglieder der LPG ihr Einkommen verdoppeln; natürlich müssen sie dafür zusätzlich arbeiten, aber die meisten nützen diese Chance.

Bei dieser Gelegenheit sei gleich erwähnt, daß auch die in den Städten und in der Industrie Beschäftigten Möglichkeiten des Nebenverdienstes haben, wenn auch vielleicht nicht in so vielfältiger Form wie auf dem Lande. Sie können sich nach ihrer Arbeitszeit noch im privaten oder dem sogenannten ›Kleinen Wirtschaftssektor‹ betätigen, in Reparaturwerkstätten für Autos oder Elektrogeräte, als Installateure, Taxichauffeure, Maler und Kellner und was es an Dienstleistungen sonst noch gibt, die die schwerfälligen Genossenschaften nicht erbringen.

Dabei ist allen gedient: den ›Werktätigen‹, für die durch das zusätzliche Einkommen eine Eigentumswohnung oder das Haus auf dem Land, ein Wochenendhäuschen oder ein Auto erreichbar werden. Dem Staat ist ebenfalls gedient: Er streicht mehr Steuern ein und verbessert das Dienstleistungsangebot, ohne daß er dabei irgend etwas investieren müßte.

Gedient ist durch diese flexible Wirtschaftspolitik dem Gemeinwesen insgesamt: Sie stimuliert den Fleiß, indem sie den Leuten die

Früchte dieses Fleißes zukommen läßt, sie gibt der privaten Initiative Spielraum, schnelle Anpassung an die Bedürfnisse des Marktes und sie fördert auch die Bereitschaft zum Risiko. Kurz: Eine Nation hat die Möglichkeit, ihre Talente unter Beweis zu stellen. Und die Ungarn wären die letzten, die von dieser Möglichkeit nicht Gebrauch machten.

Debrecen

Die strenge Stadt

Kann man über Debrecen schreiben, über seine besondere Atmosphäre und besondere Geschichte, über das, was diese Stadt von allen anderen Städten Ungarns unterscheidet, ohne daß man bei der *Großen Kirche* beginnt? Man kann es nicht, denn so, wie sie mit ihrer von zwei Türmen flankierten klassizistischen Fassade die breite Vörös Hadsereg útja, die Hauptstraße, dominiert, so scheint hier alles auf sie zuzuführen und alles von ihr auszugehen. Im historischen und im geistigen Sinne ist sie auch für den Besucher, der gleich daneben in dem sich weltstädtisch gebenden Hotel ›Arany Bika‹ – ›Goldener Stier‹ wohnt, wichtig.

Wenn von Debrecen als dem ›Ungarischen Genf‹ oder dem ›Kalvinistischen Rom‹ die Rede ist, dann versinnbildlicht eben diese Kirche die Bedeutung der Stadt als Zentrum und Hochburg des Kalvinismus in Ungarn. Immerhin gehören von den 10,1 Millionen Bewohnern des Landes rund 2 Millionen, also ein Fünftel, der Reformierten Kirche an, die damit an zweiter Stelle hinter der Katholischen Kirche steht, zu der sich etwa 6,2 Millionen bekennen. (Die Zahl der Lutheraner liegt knapp unter einer halben Million.) Und die ›Große Kirche‹ in Debrecen verdient diese Bezeichnung nicht nur im Vergleich zu den anderen Kirchen der Stadt, sie ist auch die größte reformierte Kirche des Landes. In ihrem dreischiffigen Inneren, dessen weißgetünchte Gewölbe und schmucklose Wände die Wirkung des Raumes noch verstärken, haben 5000 Menschen Platz. Sie wurde erst zu Beginn des vorigen Jahrhunderts, 1805-19, gebaut, an ihrer Stelle stand früher die gotische Andreaskirche, die aber der Feuersbrunst von 1802 zum Opfer fiel.

Die neue Kirche wurde in dem klassizistischen Stil errichtet, der damals Mode war, wir brauchen nur an die Basiliken von Esztergom oder Eger zu denken. Sie steht auf einer gemauerten Terrasse, was

ihre beherrschende Stellung noch betont. Die breite Fassade wird
von jonischen Halbsäulen gegliedert, die einen Dreieckgiebel tragen. Die Türme an den beiden Seiten haben noch etwas barock
anmutende Kuppelhelme.

Merkwürdig ist, daß das Schiff der Kirche nicht, wie üblich,
längsgerichtet ist, sondern quergestellt. Dies entspricht nicht nur
der besonderen Funktion eines protestantischen Predigtraumes,
sondern auch der Orientierung der alten Andreaskirche.

*In keinem ungarischen Buch über Debrecen wird der Hinweis fehlen,
daß die ›Große Kirche‹ Schauplatz eines historischen Ereignisses war. Hier
verlas Lajos Kossuth, das Haupt der revolutionären Freiheitsbewegung
von 1848/49, am 14. April 1849 den Beschluß des Parlamentes, mit dem
Ungarn zu einem »freien, selbständigen und unabhängigen Staat« und das
Haus Habsburg des Thrones für verlustig erklärt wurde. Die europäischen
Mächte nahmen jedoch diesen Akt nicht zur Kenntnis, und wenige
Monate später erstickten die Heere von Kaiser und Zar die Erhebung der
Ungarn in Feuer und Blut. In der Kirche, abgegrenzt vom Altar, steht
noch der Lehnstuhl Kossuths, vor der Kirche wurde dem Manne, der noch
heute wie kaum ein zweiter der ungarischen Politiker des vergangenen
Jahrhunderts das Freiheitsstreben der Ungarn verkörpert, ein Denkmal
errichtet.*

Noch wichtiger als die ›Große Kirche‹ ist für den Kalvinismus in
Debrecen und in Ungarn überhaupt das *Reformierte Kollegium*. Es
befindet sich auf dem Kalvin tér unmittelbar hinter der Kirche.
Man kann es getrost als Herzkammer der Reformierten Kirche
bezeichnen, oder, wenn man so will, als ihr geistiges Zentrum. Denn
hier haben Generationen von Pfarrern ihren Weg begonnen, der sie
in die reformierten Kirchen des ganzen Landes führte, hier haben
junge Menschen, die später als Politiker, Schriftsteller, Gelehrte,
Künstler zur Elite der Nation zählten, ihre Bildung erhalten. Und
wenn man bedenkt, daß Ungarn im 16. und 17. Jahrhundert fast
völlig protestantisch war, kann man die Bedeutung des Debrecener
Kollegiums ermessen.

Das heutige, ein unregelmäßiges Viereck bildende klassizistische
Gebäude stammt aus der gleichen Zeit wie die große Kirche (1803-
16), seine Gründung geht aber in das Jahr 1538 zurück, als die
Protestanten die Lateinschule der Dominikaner übernahmen.

*Das Kollegium bekam gleich eine strenge Studienordnung, deren Motto
›Orando et laborando‹ an der dem Innenhof zugewandten Fassade des*

Nordflügels zu lesen ist. Die Schüler standen um drei Uhr früh auf, der Tag war erfüllt mit Studium und Gebet, das Kollegium durften sie nur mit Genehmigung und zu zweit verlassen und um neun Uhr abends mußten sie zu Bett gehen. Aber was hätten sie in der sittenstrengen Stadt auch tun sollen, in der zeitweise sogar häusliche Vergnügungen verboten waren, wie eine Verordnung aus dem Jahre 1610 bestimmt: »Solange der Hergott keinen ruhigen Zustand schafft, soll niemand wagen, zu tanzen, auf der Geige, der Laute oder dem Spinett zu spielen.«

Dafür hatten die Studenten aber auch eine Art Autonomie. Unter einem Senior, dem Geschworene zur Seite standen, verwalteten sie sich selbst, und so lange sie sich an die Kollegiumsordnung hielten, durften weder Lehrkörper noch Stadtverwaltung eingreifen. Die Studenten hatten auch ihre eigene Tracht: Schwarze Beinkleider, darüber eine ebenfalls schwarze, aber mit weißen Knopfschnüren verzierte Tunika, und über den Schultern einen grünen, gelbgesäumten Überwurf. Bei festlichen Anlässen treten die Studenten in dieser würdevollen und dekorativen Aufmachung auch heute noch in Erscheinung.

Als Institution besteht das Kollegium ohne Unterbrechung seit 1538. Zeitweise war es Kern der Universität von Debrecen. Heute umfaßt es die theologische Akademie der Reformierten Kirche, das reformierte Gymnasium mit rund 400 Schülern und die Internate der beiden Anstalten.

Hier im Kollegium befindet sich aber auch die größte kirchliche *Bibliothek* Ungarns. Sie verfügt über 500 000 Bücher, Handschriften, Wiegendrucke und Landkarten, und allein ihre Bibelsammlung weist 250 Ausgaben der Heiligen Schrift in den verschiedensten Sprachen auf. Im Oratorium, dem Gebetsaal des Kollegiums mit dem auf Holzsäulen ruhenden Chor und der doppelten Kanzel, tagte im Revolutionsjahr 1849 das Parlament, dessen Beschluß über die Unabhängigkeit Ungarns Kossuth dann, wie schon erwähnt, in der ›Großen Kirche‹ bekanntgab. Im Dezember 1944, nach der Besetzung Debrecens durch die Rote Armee, trat hier die provisorische Nationalversammlung zusammen — zwei Ereignisse, an die, wenn von Debrecen die Rede ist, immer wieder erinnert wird.

Im Kollegium muß man sich schließlich auch das *Museum* ansehen; es besitzt nicht nur eine reiche Sammlung kirchlicher Geräte und der für die Friedhöfe der reformierten Gemeinden charakteristischen Grabhölzer, beachtenswert sind auch die Keramiken und Stickereien aus dem nordöstlichen Bereich des Landes.

Um aber ganz ermessen zu können, was die kalvinistische Hochburg Debrecen für das Land bedeutet, ist eine Abschweifung zu den geschichtlichen Wurzeln des Protestantismus in Ungarn unerläßlich. Ich gebe am besten gleich einem Kenner der Materie das Wort, dem Historiker Georg Stadtmüller, der in seiner ›Geschichte Südosteuropas‹ darauf hinweist, daß die Reformation bei den Ungarn einen außerordentlich tiefen Einschnitt bedeutet habe. Zunächst hätten sich, ausgehend von den deutschen Städten in Ungarn, die Lehren Luthers verbreitet, obwohl sich der ungarische Kleinadel aus nationalen Gründen gegen sie wehrte. Aber bald habe der Kalvinismus, besonders in Ostungarn und Siebenbürgen, die Oberhand über das Luthertum gewonnen.

»Die eigentlichen Beweggründe«, so schreibt Stadtmüller, »aus denen die Magyaren das lutherische Bekenntnis bald mit dem kalvinischen vertauschten, bleibt im Dunkeln. Vielleicht spielte dabei eine tiefe Verwandtschaft zwischen der magyarischen Seele und dem Puritanismus der helvetischen Konfession mit. Die nüchterne Religiosität, die rationale Betonung äußerer Ordnung und die Lehre von der Prädestination, die an den orientalischen Fatalismus anklingt, diese Grundzüge des Kalvinismus mögen dem magyarischen Empfinden näherstehen, als die gemüthafte Wärme des Luthertums. Und die demokratische Presbyterialverfassung der kalvinischen Kirchengemeinden mag dem magyarischen Bedürfnis nach autonomen und konstitutionellen Lebensformen entgegengekommen sein. Auch durch die politischen Verhältnisse scheint die Verbreitung des Kalvinismus in Ostungarn mächtig gefördert worden zu sein. Die Osmanen, unter deren Oberhoheit das Fürstentum Siebenbürgen stand, begünstigten ausgesprochen den Kalvinismus. Im weiteren Umkreis des osmanischen Reiches fehlte ein anderer kalvinistischer Staat, mit dem die Fürsten hätten gegen den Sultan konspirieren können. Daher konnte der Kalvinismus in Ostungarn keine Gefahr für die osmanische Herrschaft darstellen, ganz im Gegensatz zum Katholizismus, der ständig auf Habsburg als seine Vormacht hinschaute.

Für das Geistesleben Ungarns war die Hinwendung der östlichen Landschaft zum Kalvinismus von folgenschwerer Bedeutung. Das magyarische Geistesleben hat sich dadurch von dem ausschließlich deutschen Einfluß gelöst und den geistigen Einflüssen des westeuropäischen Kalvinismus den Zugang geöffnet. Seit dem 17. Jahrhundert strömte die adelige Jugend Ostungarns auf die kalvinischen Hochschulen der Niederlande und der Schweiz, wo sie auch mit dem französischen und dem englischen Geistesleben in Berührung kam ... Das Bekenntnis zum Kalvinismus galt seit dem 17. Jahrhundert in den ostungarischen Landschaften als eine national-magyarische Angelegenheit. So kam damals für den Kalvinismus die stolze Bezeichnung ›Ungarische Religion‹ auf ... Die Kultur dieses Landes, das im Mittelalter eine geistige Einheit gebildet hatte, spaltete sich nunmehr in zwei Sonderausprägungen auf, die in den kommenden Jahrhunderten nebeneinander standen: Eine kalvinische in Ostungarn und Siebenbürgen und eine katholische in Westungarn. Letztere stand völlig unter dem Einfluß des Wiener Hofes und der deutschen Kultur. Die zu Anfang des 17. Jahrhunderts einsetzende Gegenbewegung der Gegenreformation hat die bestehende Spaltung noch vergrößert. Dies Nebeneinander zweier kultureller Sonderprägungen hat die ungarische Geschichte mit der deutschen gemeinsam. Deutschland und Ungarn sind die einzigen Länder Europas, in denen der Kampf zwischen Reformation und Gegenreformation unentschieden blieb und schließlich mit einem Kompromiß äußerlich beendigt wurde.«

Eine zweifellos interessante, wenn auch stellenweise recht kühne Interpretation, die in ihrer Gänze von den Ungarn bestimmt nicht akzeptiert wird. Vor allem widersprechen sie vehement der Behauptung von der Existenz zweier kultureller Sonderprägungen auf der Basis der religiösen Spaltung. Sie widersprechen nicht der politischen Spaltung auf der Basis des verschiedenen religiösen Bekenntnisses, aber die kulturelle Einheit des Magyarentums ist für sie außerhalb jeden Zweifels.

Daß die Osmanen den Kalvinismus begünstigt haben, läßt sich schon daran ablesen, wie viele reformierte Kirchen Ungarns gerade unter ihrer Herrschaft gebaut worden sind. Haben aber die Türken Debrecen nur verschont, weil es das Zentrum des Kalvinismus war, oder gab es dafür noch andere, politische und wirtschaftliche Gründe? Denn so sonderbar es klingt: Debrecen war nie unter türkischer Herrschaft, obwohl es den Türken ein Leichtes gewesen wäre, sich der Stadt zu bemächtigen. Schließlich lag sie unmittelbar an der nordöstlichen Grenze ihres Machtbereiches. Sie lag aber auch in einer politisch sehr empfindlichen Zone, die so etwas wie ein Gelenk war zwischen dem habsburgischen Ungarn, dem Fürstentum Siebenbürgen und eben dem türkischen Ungarn. So konnte sich die Stadt einer gewissen Unabhängigkeit erfreuen, die sie sich allerdings durch Tributzahlungen an alle drei Mächte immer wieder sichern mußte. Ihre Lage ähnelte der eines Stadtstaates, der sich durch Geld und Diplomatie und nicht durch Waffen behaupten muß. Ein Debrecener Ratsherr hat die politische Maxime seiner Stadt in den Satz gekleidet: »Zu jeder Zeit zogen wir dem uns bedrohenden Lager entgegen, und außer *der in unseren Kräften stehenden Gefälligkeit flehten wir um unser Überleben.«*

Die Debrecener machten aber noch etwas anderes: Sie trieben Handel nach allen Seiten und wurden dabei reich. So wie sie 160 Jahre lang keine katholische Kirche in ihrer Stadt duldeten, so durfte sich auch kein Händler anderen Glaubens hier niederlassen. Nur an Markttagen bekamen die ›Andersgläubigen‹ kurzfristig Quartier. So blieb vor allem der gewinnträchtige Viehhandel in den Händen der Debrecener, und die Viehzucht war auch die Basis für den Wohlstand der Gerber, Kürschner, Schuster und Schneider, die den ›Szür‹, den bestickten und mit bunten Verzierungen versehenen Bauernmantel aus weißer oder hellgrauer Schafswolle herstellten. Exportartikel waren andererseits Pflüge und Fuhrwerke, die vornehmlich nach Polen und nach Böhmen und Mähren geliefert wurden. Heute würden wir sagen, die Stadt war ein bedeutender Umschlagplatz im Ost-West- und Nord-Süd-Handel. Und alle profitierten davon. Die Türken und die Habsburger, die Siebenbürger Fürsten und die Ungarn in dem dreigeteilten Land – nicht zuletzt natürlich die gottesfürchtigen Debrecener Bürger.

Oft hört man, Debrecen sei langweilig. Was bedeuten würde, daß die kalvinistische Sittenstrenge in der Stadt, die mit ihren 195 000 Einwohnern die drittgrößte Ungarns ist, auch heute noch nachwirkt.

Ich war zu kurz in Debrecen, um das beurteilen zu können. Immerhin habe ich in dem Restaurant ›Régi posta‹, der alten Poststation, in der schon Karl XII. auf seiner Rückreise aus der Türkei nach Schweden abgestiegen war, gesessen und erlebt, wie die Gäste – jung und alt, Ungarn und Ausländer – zwischen den Tischen Csárdás tanzten, entfesselt, wie ich es anderswo noch nicht gesehen hatte. Andererseits war ich bei einem Gottesdienst in der kleinen reformierten Kirche mit dem seltsam verstümmelten Turm und sah mir die Leute an, die der Predigt lauschten. Da hatte ich den Eindruck, daß sie alle nach einem Abendgebet zeitig zu Bett gehen. Der Zufall führte mich dann am gleichen Sonntagvormittag zur katholischen Sankt-Annen-Kirche, die der Italiener Giovanni Battista Carlone 1721 bis 1746 mit allem barocken Prunk gebaut hatte. Die Menschen, die nach Schluß der Messe aus der Kirche quollen, sahen mir gar nicht nach Kostverächtern aus, eher nach Zeitgenossen, die wissen, wie sie sich mit dem lieben Gott und dem Regime arrangieren müssen, um sich das Leben so angenehm wie möglich zu machen. Also kann ich die Frage, ob Debrecen immer noch kalvinistisch-puritanisch und langweilig ist, nicht beantworten. Vielleicht kann es der Leser, wenn ihn der Weg nach Debrecen führt.

Die Hortobágy
Gottes Stirne

Es gibt eine bezaubernde Erzählung von Magda Szabó, wie sie als schon berühmte Schriftstellerin eines Tages in ihre Geburtsstadt Debrecen kommt, um dort aus ihren Werken zu lesen. Sie war Jahrzehnte nicht in der Stadt und möchte deshalb die Stätten ihrer Kindheit besuchen, aber weder vor dem Haus, in dem sie aufwuchs, noch am Grabe ihrer Eltern findet sie in die Stimmung von einst zurück. Da macht ihr eine Freundin den Vorschlag, in die Pußta zur Hortobágy-Csárda zu fahren. Sie erinnert sich, daß sie als kleines Mädchen mit der Schulklasse dort war, dafür sogar Petőfis Gedicht ›Hortobágy, herrliche Ebene ...‹ auswendig gelernt hatte, und sofort stimmt sie zu. Die beiden fahren los, und je näher sie der Pußta kommen, desto deutlicher kehrt die Vergangenheit zurück, und um so klarer sieht sich Magda Szabó als Siebenjährige vor der Csárda stehen.

»Meine Klassenkameraden sind von der scharfen Luft ununterbrochen hungrig und durstig, wir beobachten das Gestüt und die Rinderherde, die Pferde sprengen an uns vorbei, die Erde dröhnt unter den Hufen und dort, weitab, ist die Sonne von den mächtigen Hörnern des Leitstiers aufgespießt. Alle vergessen, daß ich ein Gedicht vorzutragen habe, denn in der Csárda bekommt die Klasse zu Essen und zu Trinken, ich stehe eine Weile herum, ich biete mich stumm an, vielleicht darf ich doch aufsagen, was ich gelernt habe, aber niemand will mich und was ich zu sagen habe, ich schlendere also aus der Csárda hinaus und weit weg über die Pußta. Immer weiter vom Gebäude weg wandert ein kleines Mädchen. Der Horizont ist so weit, daß ich für die Proportionen auch dann kein Gleichnis fände, wenn mein Wortschatz bereits differenzierter wäre; die ganze Welt besteht in dem frühsommerlichen Pußtalicht ausschließlich aus Himmel. Blauer und lilafarbener Himmel, grüner Himmel, orangefarbener Himmel spannt sich über mir, und der Pußtawind weht, und Vögel plaudern miteinander, deren Stimme ich noch nie gehört habe.«

Auch jetzt, viele, viele Jahre später spaziert Magda Szabó wieder allein auf der Pußta herum, die Freundin ist in die Csárda gegangen, um einen Kaffee zu trinken.

»Der Wind, der einzige Wind auf dieser Erde, auf dessen Berührung hin ich selbst auf meinem Totenbett den Kopf heben würde, der Pußtawind zerzaust mir die Haare. Wir sind zu zweit in diesem Augenblick, in vollkommener Zweisamkeit, die Csárda bleibt weit hinter mir zurück, wir sind zu zweit, die Pußta und ich ...«

Und jetzt kommt auch die Vergangenheit zurück, die Kindheit, die sie vergeblich in der Stadt gesucht hat. Und die Eltern sind plötzlich auch da, und gemeinsam sprechen sie nun Petőfis Worte: »Hortobágy, herrliche Ebene, du bist Gottes Stirne.«

Um es gleich, zu sagen: Stunden, wie sie die kleine und die große Magda Szabó auf der Hortobágy erlebt hat, sind mir dort nicht zuteil geworden. Werden sie einem aber heute überhaupt noch zuteil auf der berühmten Heide oder ist ›Gottes Stirne‹ vielleicht nicht mehr so herrlich, wie sie es einst gewesen ist?

In der Umgebung der Csárda ist sie es bestimmt nicht mehr. Während der Touristensaison herrscht dort ziemlicher Rummel, es gibt eine Menge von Souvenirläden und Erfrischungsbuden und Verkaufsstände, wo Körbe, Holzschnitzereien und bunt bestickte Blusen feilgeboten werden, es gibt ein Hirtenmuseum und eine Nationalparkausstellung, und eine Galerie mit Pußtabildern hat sich ebenfalls aufgetan.

Die Csárda selbst, die 300 Jahre alt sein soll: Küche und Kellner sind schon auf Massenbetrieb eingestellt, denn tagsüber karren die Reiseautobusse ihre Menschenfracht heran. Am Abend ist es dann ruhiger, geblieben sind die Pferdenarren, die sich in der Csárda oder in dem kleinen Hotel im Dorf Hortobágy eingemietet haben, weil sie des Reitens wegen hierhergekommen sind. Auch Leute vom Gestüt sitzen herum. Die Zigeunerkapelle absolviert ihr Routineprogramm, wird aber munter, wenn sich Gäste etwas Besonderes bestellen oder zeigen, daß sie bereit sind, ›mitzugehen‹. Aber die Stimmung ist eher flau, offensichtlich nicht zu vergleichen mit der, die bei der ›Wirtin mit den Schlehenaugen‹ herrschte, als Petőfi sie um ein Nachtlager bat, da es doch nach Debrecen so ›heidnisch weit‹ war.

Auch in Lenaus ›Heideschenke‹ muß es munterer zugegangen sein. Zwar spricht er nicht ausdrücklich von der Hortobágy-Csárda, aber er muß sie gekannt haben, ist er doch mehrere Male auf dem Wege zwischen Tokaj, wo seine Familie lebte, und Pest durch die Pußta geritten. Vom »dunklen Schleier lähmender Schwermut«, der über vielen seiner Gedichte liegt, ist nichts zu spüren, wenn er anhebt:

> *»Ich zog durchs weite Ungarland;*
> *mein Herz hat seine Freude,*
> *als Dorf und Busch und Baum verschwand*
> *auf einer stillen Heide ...«*

Es ist ein langes Gedicht, und es kommt alles darin vor, was zur Pußta gehört: »Der Hufe donnerndes Gepoch«, Sturm, Gewitter, sinkende Sonne und am Abend die Schenke.

> *»Bald kehrt ich ein und setzte mich*
> *allein mit meinem Kruge;*
> *an mir vorüber drehte sich*
> *der Tanz in raschem Fluge.*
>
> *Die Dirnen waren frisch und jung*
> *und hatten schlanke Leiber,*
> *Gar flink im Drehen, leicht im Sprung,*
> *die Bursche waren – Räuber.«*

Es geht immer toller zu in der Csárda, denn

> *»stets wilder in die Seelen geigt*
> *nun die Zigeunerbande,*
> *der Freude süßes Rasen steigt*
> *laut auf zum höchsten Brande.«*

Aber »sprengende Husaren« bringen Gefahr, und in Blitzesschnelle sitzen die Räuber auf ihren Pferden und sind in der Pußta verschwunden.

> *»Doch die Zigeuner blieben hier*
> *die feurigen Gesellen,*
> *und spielten alte Lieder mir*
> *Rákóczys, des Rebellen.«*

Weite der Pußta, Romantik der Pußta – was ist von ihr geblieben? Findet man sie nur mehr in Touristenprospekten? Darauf muß zunächst einmal sachlich geantwortet werden.

Seit 1973 ist die Hortobágy-Pußta Kernstück eines Nationalparks, über dessen Ausdehnung die Zahlen zwischen 46 000 und 100 000 Hektar schwanken. Wahrscheinlich, je nachdem, ob man nur das Heide- und Sumpfland zur Pußta zählt, oder auch die Felder, also den landwirtschaftlich genutzten Teil miteinbezieht.

Die Pußta hat, so merkwürdig das klingt, ihren Landschaftscharakter mehrmals geändert. Im Mittelalter war sie ein fruchtbares Land, mit 52 namentlich bekannten Dörfern relativ dicht besiedelt. Die Dörfer fielen aber der Racheaktion eines türkischen Paschas zum Opfer und wurden später nicht mehr aufgebaut. Die im weiteren Umkreis liegenden Dörfer und Städte pachteten das brachliegende Land und ließen darauf ihre großen Viehherden weiden, Pferde, Rinder, Schafe und Schweine. Es war ein Grasland, für dessen Feuchtigkeit die noch nicht regulierte Theiß mit ihrem Hochwasser sorgte. Es gab hier auch Moore und Auwälder.

Um 1840 begann man aber, die Theiß in Dämme zu zwängen, es gab zwar kein Hochwasser mehr, es gab aber auch keine Feuchtigkeit mehr für das Weideland, und die weiten, saftigen Grasflächen verwandelten sich nach und nach in eine trockene Steppe, in der stellenweise eine weißliche Sodaerde an die Oberfläche kam. Es entstand die ausgedehnte Landschaft ohne Baum und Strauch, im Sommer von der Sonne gepeinigt und von Staubstürmen heimgesucht, im Winter vor Kälte erstarrt, mit den Herden und den Hirten in langen, zottigen Pelzmänteln – kurz die Pußta, wie sie die romantischen Gemüter Europas beschäftigte.

Aber auch diese Pußta hat sich schon wieder verändert. Das Wasser, das man durch die Theißregulierung verloren hatte, hat man in den letzten Jahrzehnten durch ein Netz von Kanälen wieder herangebracht. Man hat Akazien und Eichenhaine angelegt, um die sodahaltigen Bodenschichten zu durchbrechen, neues Gras wurde ausgesät, und der Steppe wurde schrittweise immer mehr Ackerboden abgewonnen. Sogar Reisfelder wurden hier angelegt, wohl die nördlichsten in Europa. Heute ist schon etwa die Hälfte der früher 120 000 Hektar großen Steppe bebautes Land, nur mehr 40 Prozent sind Wiesen und Weide. Geht es also mit der Pußta zu Ende?

Wenn Pußta die unendliche Steppe bedeutet, auf der sich dem Blick nichts entgegenstellt, »Erd und Himmel leise in Eins zusammenfließen«, um noch einmal mit Petőfi zu sprechen, dann, ja dann gibt es diese Pußta nicht mehr. Ich jedenfalls habe keinen Punkt

gefunden, von dem aus nicht irgendwo am Horizont der dunkelgrüne Block eines Eichen- oder Akazienhaines oder ein Wasserturm
oder ein Silo zu sehen gewesen wären. Ganz zu schweigen von den
über die Pußta verstreuten Arbeitsstützpunkten des Staatsgutes
mit seinen Maschinenparks, den riedgedeckten Ställen und den
weißgekalkten Häuschen, in denen die Arbeiter wohnen. Denn das
ganze Gebiet des Nationalparks – Pußta, Felder, Fischteiche, Herden
und Gestüt – wird von einem einzigen großen Staatsgut aus verwaltet und bearbeitet.

Andererseits ist die Pußta aber doch noch da. Selbst in der
Umgebung der Hortobágy-Csárda und der Brücke, die in neun
Bögen den verschilften Fluß überspannt, von dem die Pußta ihren
Namen hat. Sie ist da mit ihren weiten Weideflächen, auf denen die
braunen Pferde der Noniusrasse gemütlich grasen und die gewaltigen weiß-grauen Rinder mit dem ausladenden, spitzen Gehörn
träge wiederkäuen. Sie ist sogar da in Gestalt des Csikós, des
legendenumwobenen Pferdehirten in seinen weiten dunkelblauen
Hosen und dem ebenfalls blauen Hut, dessen fettgetränkte, breite
Krempe nach oben gebogen und so hart ist, daß sie auch dazu
benützt werden kann, einem widerspenstigen Gaul auf die Nüstern
zu schlagen.

Der Gulyiás, der Rinderhirt, ist auch noch da in seiner Schilfhütte,
die wie ein Zelt gebaut ist, und um ihn herum der kleine schwarze
Puli, der Hund, der ihm hilft, die Kälber bei der Herde zu halten,
und der große, zottige, weiße Komondor, der ihm seine Hütte
bewacht.

Natürlich gehören Csikós und Gulyiás heute auch schon zum
Inventar des touristischen Betriebes in diesem Teil der Hortobágy-
Pußta. Aber der Csikós, der eben noch eine etwas dickliche Touristin
aus Wanne-Eickel für das Familienfoto aufs geduldige Pferd gesetzt
hat, jagt kurz darauf mit Fangleine und Strick über die Heide, um
seine Herde mit den Fohlen einzubringen. Und der Gulyiás, der für
die Besucher ein Glas Milch bereit hat, muß gleich darauf einen
unruhig gewordenen Stier zur Raison bringen.

Fügen wir dem Bild noch die Ziehbrunnen hinzu, deren Gestänge
sich nach Sonnenuntergang vom Orange des Himmels abzeichnet,
dann haben wir schon so etwas wie eine Pußtastimmung. Zumindest
bekommen wir dann eine Vorstellung davon, was die Pußta einmal
gewesen ist. Und das ist auch schon etwas.

Jászberény

Die Kraft des Mythos

Jászberény ist ein Städtchen von 30 000 Einwohnern in der Nordwestecke der ungarischen Tiefebene, 90 Kilometer von Budapest entfernt. Es liegt an keiner der großen Durchgangsstraßen, man kommt also auf seinen Ungarnfahrten nicht einmal zwangsläufig dorthin: Jászberény zu besuchen, muß man sich besonders vornehmen. Ich habe es mir vorgenommen und bin an einem schwülen Augustnachmittag hingefahren, als nach einem Gewitter die Erde dampfte und die wenigen Konturen, die das Land aufzuweisen hat, in Nebel und Dunst verschwammen.

Warum ich nach Jászberény wollte? Einmal weil es das Zentrum der Jazygen war, eines angeblich iranischen Volksstammes, den die ungarischen Könige in der ersten Hälfte des 13. Jahrhunderts zugleich mit den Kumanen in diesem Teil der Tiefebene angesiedelt und mit großen Privilegien ausgestattet hatten, die erst 1876 aufgehoben wurden. So hatten die Jazygen ihre eigene ›Oberhauptmannschaft‹, und ihr ›Regierungsbezirk‹ war das einzige Gebiet Ungarns, in dem Grund und Boden nur durch Erbfolge an einen neuen Besitzer gelangen konnte, was die Herausbildung des Großgrundbesitzes stark hemmte. Als Maria Theresia einmal schwach bei Kasse war, wollte sie Jazygien um 500 000 Taler an den Deutschritterorden verkaufen. Das aber verhinderten die stolzen Jazygen, indem sie die enorme Summe selbst aufbrachten und sich damit ihre Freiheiten weiter sicherten.

Aber unterscheiden sich Jászberény und die Menschen dieser Stadt und der Dörfer rundherum, deren Namen alle mit der Silbe Jász beginnen, auch heute noch von den übrigen Ungarn? Ich habe mir die Burschen und Mädchen im Schatten der Platanen auf der Hauptstraße und am Abend im Espresso und im Restaurant daraufhin angesehen, aber nichts dergleichen finden können. Auch in der einschlägigen Literatur heißt es, daß die Jazygen im Magyarentum völlig aufgegangen seien. Da schlägt schon eher bei den Kumanen in ihren schrägstehenden Augen, der dunklen Hautfarbe und den stark betonten Backenknochen die vorderasiatische Herkunft ihrer Ahnen durch. Das aber nur nebenbei. Ich bin ja nach Jászberény vor allem wegen des ›Lehel-Hornes‹ gekommen, und wegen des merkwürdigen Mythos, der mit ihm verbunden ist.

Im *Jazygen-Museum* (Jász Múzeum) im Hofflügel des Rathauses, hat das sagenhafte Horn einen Sonderplatz. Es hängt in einer von zwei Seiten zugänglichen Glasvitrine, wird von vier starken Lampen beleuchtet und durch einen darunter angebrachten Spiegel auch an der Unterseite sichtbar, damit man die Schnitzereien sehen kann. Warum aber der Aufwand?

Der Legende nach hat Lehel, ein ungarischer Stammesführer, als er nach der verlorenen Schlacht auf dem Lechfeld bei Augsburg 955 hingerichtet werden sollte, den deutschen Kaiser Konrad gebeten, vorher noch einmal auf seinem Horn blasen zu dürfen. Als er das Horn dann in den Händen hielt, habe er den Kaiser damit erschlagen, wobei er gesagt haben soll: »Du gehst vor mir ins Jenseits und wirst mir dort dienen!«

Historisch an der ganzen Geschichte ist nur, daß nach der Schlacht auf dem Lechfeld die beiden ungarischen Heerführer Bulcsu – wir haben von ihm in anderem Zusammenhang bereits gehört – und Lehel gehängt worden sind. Aber kein deutscher Kaiser ist von einem Ungarn erschlagen worden, und es hätte auch kein Konrad sein können, sondern Otto I., der Große, denn er war es, der auf dem Lechfeld den Raubzügen der ungarischen Reiterheere nach West-Europa ein Ende gesetzt hat.

Offenbar hat sich die Phantasie der ungarischen Spielleute bereits frühzeitig der Schlacht und der Ereignisse nach ihr bemächtigt. Denn die Sage von dem mit dem Horn schlagenden Lehel findet schon in den ungarischen Chroniken des 12. und des 14. Jahrhunderts ihren Niederschlag. Bei der Vitrine ist jedenfalls eine Kopie einer Miniatur aus der sogenannten Kepes-Chronik vom Jahre 1358 zu sehen. Darauf wird sehr drastisch dargestellt, wie Lehel mit einem langen Blashorn dem Kaiser über den Schädel schlägt, daß das Blut unter der Krone nur so hervorspritzt.

Das Horn auf der Miniatur hat allerdings nicht die geringste Ähnlichkeit mit dem ›Lehel-Horn‹ in der Vitrine. Dieses ist nämlich ein aus Elfenbein geschnitztes Zierhorn, das nach Meinung von Sachverständigen aus dem 10. Jahrhundert stammt und in Byzanz angefertigt worden ist. Es mißt 43 Zentimeter und ist eine sehr kunstvolle Arbeit. Es zeigt Fabeltiere und Kentauren, Reiter bei der Löwen- und Hirschjagd, allerlei Musikanten- und Zirkusvolk und dann die gehobene offene Handfläche, mit der die byzantinischen Kaiser das Zeichen zum Beginn der Zirkusspiele gaben. Mit den

Ungarn haben das Horn und die Darstellungen auf ihm also nicht das Geringste zu tun, außer daß es aus jener Zeit stammt, in der auch ein Lehel gelebt hat. Wie es aber mit ihm in Verbindung gebracht wurde und wie es überhaupt nach Ungarn und ausgerechnet in das entlegene Jászberény kam, ist auch heute noch ein Rätsel.

Eine erste Darstellung dieses Hornes stammt von 1642, später erscheint es in dem Siegel der reformierten Kirchengemeinde von Jászberény. Gegen Ende des 18. Jahrhunderts wird es dann einfach als ›Lehels Horn‹ bezeichnet. Heute hat die Kühlschrankfabrik von Jászberény das Horn in ihr Firmenzeichen aufgenommen, und die Handballclubs des ehemaligen Jazygenlandes kämpfen alljährlich um den ›Lehelpokal‹.

Eine faszinierende Geschichte, wie über tausend Jahre hinweg ein Volk eine Brücke von einem Ereignis seiner Geschichte zu einem rätselhaften Kunstgegenstand schlägt und beide auch noch in unseren Tagen in den Mantel des Mythos hüllt. Irgendwo habe ich gelesen, daß es in europäischen Museen etwa vierzig ähnliche, aus Elfenbein geschnitzte Horne gibt, eine nationale Reliquie haben aber nur die Ungarn aus dem ihren gemacht.

Zufall oder Produkt der nationalen Psyche? Aber was ist für das Selbstverständnis einer Nation schließlich wichtiger – die geschichtliche Realität oder der Mythos?

Szolnok

Bahnhof, Brücke und die Maler

Zu Beginn des Kapitels über die Tiefebene habe ich Szolnok erwähnt, sozusagen als Tor zum nördlichen Teil dieses großen Flachlandes und als Zwischenstation auf dem Wege von Budapest nach Debrecen. Ich bin einige Male durch Szolnok gekommen, auf Fahrten nach Rumänien, oder wenn ich vom Südosten Ungarns nach Budapest strebte, oder von Norden in südlicher Richtung, in etwa dem Lauf der Theiß folgend.

Niemals ist mir an dieser Stadt von heute 30000 Einwohnern etwas Besonderes auf- oder zu ihr eingefallen. Schön und gut: bedeutender Verkehrsknotenpunkt, hauptsächlich für den Eisenbahngüterverkehr im Ostblock, mit entsprechend ausgedehntem Rangierbahnhof. Seit alters her wichtiger Übergang über die Theiß, benützt von den Römern, wenn sie sich zwischen den Provinzen Pannonien und Dakien bewegten. Natürlich auch von den Türken innerhalb ihres Herrschaftsbereiches westlich und östlich des Flusses.

Aber sonst?

Sonst sind die Hochhäuser, die nach dem Kriege im Zuge der Industrialisierung dieses einst ländlichen Marktfleckens in einem ›Meer von Sand und Matsch‹ emporgeschossen sind, auch anderswo zu sehen. Das älteste Bauwerk der Stadt, die barocke *Franziskanerkirche* vom Beginn des 18. Jahrhunderts ist nichts Überwältigendes, und die wenigen Bauernhäuser im Stadtteil Tabán, dort wo das Flüßchen Zagyva in die Theiß mündet, sind so oder ähnlich auch in anderen Orten zu finden.

Und die Künstlerkolonie sagt Ihnen gar nichts, und von August von Pettenkofen, der den Anstoß zu ihrer Gründung gab, haben Sie in Szolnok gar keine Spur gefunden?, wird man mich fragen.

Worauf zu antworten wäre: Die Künstlerkolonie, dort wo einst die Burg stand, gibt es tatsächlich noch, oder besser gesagt, es gibt sie wieder, nachdem der Zweite Weltkrieg den Ateliers der Maler und Bildhauer arg zugesetzt hatte. Aber die Bedeutung, die die ›Szolnoker Schule‹ für die ungarische Malerei so um die Jahrhundertwende hatte, die hat sie heute nicht mehr, weil die Künstler, die heute hier arbeiten, verschiedene Stilrichtungen vertreten.

Und von Pettenkofen ist im Damjanich-Museum in Szolnok nicht viel zu finden, die Bilder, die er hier am Rande der Tiefebene gemalt hat, die Marktszenen, die Zigeunerbuben, die Pferdehändler und die ungarischen Bauern, die findet man besser in Wien oder Budapest. Aber die ungarischen Maler, die er unmittelbar und mittelbar so stark beeinflußt hat – ein Lájos Deák-Ebner, ein Adolf Fényes, ein László Mednyánszky – sind hier schon vertreten.

Wie aber kam es, daß sich vor mehr als 125 Jahren in diesem unbedeutenden Flecken ein Zentrum der Malerei entwickelte? Wieso kam Pettenkofen ausgerechnet hierher? Und was zog später um die Jahrhundertwende die Elite der ungarischen Maler nach Szolnok, so daß hier eine eigene Künstlerkolonie entstand?

Pettenkofen nahm als ›Kriegsmaler‹ an den Feldzügen gegen die ungarischen Aufständischen im Revolutionsjahr 1848/49 teil und dürfte in diesem Zusammenhang zum ersten Mal in das Städtchen an der Theiß gekommen sein. Dreißig Jahre lang hielt er ihm die

Treue, indem er in Abständen von zwei bis drei Jahren im Spätsommer und Herbst hier neue Motive suchte und die ersten Entwürfe für seine weiteren Arbeiten anfertigte.

Er war nicht der einzige österreichische Maler, den es zwischen 1850 und 1900 nach Szolnok zog. Auch Johann Gualbert Raffalt ließ sich von der Landschaft um Szolnok inspirieren, ebenso Leopold Carl Müller und Tina Blau.

Was aber war es, das die Maler — zuerst österreichische, dann ungarische — hierher zog? Einer der Ungarn, der Kossuth-Preisträger István Zádor, hat es folgendermaßen formuliert: »Hier liegt ein sonderbarer Zauber in der Luft, der auch im hellsten Sonnenschein alles mit einem silbernen Schleier bedeckt, hier gibt es keine rohen Farben, hier ist die Atmosphäre von einer stillen Harmonie erfüllt, das erklärt, was die Künstler an diesem Ort finden, wo der Laie nichts anderes sieht als die langweilige, eintönige Ungarische Tiefebene ... Sie sind ergriffen von der Monumentalität des weiten Horizonts der Ungarischen Tiefebene, über dem das Jagen der Gewitterwolken und der alles in Blut und Gold tauchende Sonnenuntergang grandioser sind, als auf dem Ozean. Hier in der scheinbaren Leere der Ungarischen Tiefebene erhält auch ein einzelner Akazienbaum Bedeutung, ein verwitterter Zaun kann zum Erlebnis werden, und die gemessene Art, in der sich die Menschen hier bewegen, wird zum Rhythmus der Landschaft ...«

So weit also Szolnok und seine Landschaft aus der Sicht des Malers. Für die Entwicklung der ungarischen Malerei waren die Künstler, die sich nach den Österreichern hier niederließen oder zeitweise hier wirkten, von großer Bedeutung. Es waren meist Schüler des großen Mihály Munkácsy, die dann ihren eigenen Weg gingen und in ihrem Lande die Plein-air-Malerei begründeten und von ihr den Bogen zum Impressionismus schlugen. Womit sie Szolnok seinen Platz in der ungarischen Kunstgeschichte sicherten.

V

DAS NÖRDLICHE BERGLAND

Der Norden
Das rebellische Ungarn

Um präzise zu sein, müßte ich diesem letzten Abschnitt den Titel ›Der Norden und Nordosten Ungarns‹ geben. Denn der Bogen seiner Landschaften spannt sich vom Donauknie zuerst entlang der Grenze zur Tschechoslowakei, um dann an die Sowjetunion und an Rumänien zu stoßen. Es ist ein weiter Bogen und er schließt Landschaften verschiedenster Art ein. Verglichen mit anderen Teilen Ungarns, mit Westungarn oder dem Land um den Balaton oder der Tiefebene ist Ungarn hier am vielfältigsten. Die Mátra unterscheidet sich ganz wesentlich von dem Gebirgsstock des Bükk, und die Karsthügel des Aggtelek mit ihren Tropfsteinhöhlen wiederum von den sanften Hängen des Zemplén, die in das Weinland von Tokaj auslaufen. Ganz zu schweigen von der Nyírség, der milden Landschaft ganz im Nordosten Ungarns, etwa zwischen Debrecen und dem Oberlauf der Theiß. Von einer Einheit im Landschaftlichen ist dieser Teil Ungarns also weit entfernt. Was entschieden zu seinem Reiz beiträgt.

Aber ist für ihn ein gemeinsamer Nenner im historisch-politisch-kulturellen Bereich zu finden? Ich würde die Frage bejahen. Und der Untertitel, den ich diesem Abschnitt gegeben habe, bringt das auch zum Ausdruck, selbst, wenn er etwas überzogen sein sollte.

Wodurch aber unterscheidet sich dieses nördliche und nordöstliche Ungarn von den anderen Teilen des Landes? Der größte Teil dieses Ungarn war nicht unter türkischer Herrschaft, er war aber zwischen der Mitte des 16. und dem Ende des 17. Jahrhunderts auch nicht gesicherter Teil des habsburgischen Ungarn. Hier machten sich jahrhundertelang andere Einflüsse geltend als zum Beispiel in Transdanubien. Statt der westlich-katholischen und damit öster-

reichisch-deutschen die des mitteleuropäischen Protestantismus. Er
kam einerseits aus Böhmen über die oberungarischen Städte (heute
in der Slowakei), andererseits aus dem Fürstentum Siebenbürgen
(heute Rumänien).

Im politisch-diplomatischen Spiel des 17. und 18. Jahrhunderts
wirkten sich hier in starkem Maße die Interessen Polens, des zaristischen Rußlands, der am Rhein die Habsburger bekämpfenden Könige Frankreichs und der Hohen Pforte am Bosporus aus. Die
Drehscheibe in diesem politischen Karussell war das Fürstentum
Siebenbürgen, einerseits türkischer Satellitenstaat, andererseits nach
der Festsetzung der Türken in Budapest Zuflucht, Zentrum und
Hort des kulturellen Lebens der ungarischen Nation und Hoffnung
ihres politischen Überlebens zwischen den Mühlsteinen der beiden
Großmächte, der Habsburger und der Türken, die auf ungarischem
Boden ihre Kämpfe ausfochten.

In diesem Teil Ungarns begegnen wir daher auch ganz anderen
Namen als im Ungarn westlich der Donau. Hier stoßen wir nur
noch sporadisch auf die unbedingt habsburgtreuen Magnaten, wie
die Esterházy, Pálffy, Batthyány oder die ›Rebellen aus Verzweiflung‹ wie ein Nádasdy oder Zrínyi, hier treten die Bocskai und
Báthory, die Bethlen und Bercsényi, die Thököly und Rákóczi in
den Vordergrund. In sehr ernster Weise, denn die Aufstände gegen
die Habsburger, die von hier ihren Ausgang nahmen und mit ihren
Namen verbunden sind, haben die Rebellen zeitweise bis vor die
Tore des kaiserlichen Wien geführt. Schließlich werden wir in diesem
Teil Ungarns auch mehr von Lajos Kossuth hören, dem bedingungs-
losen Revolutionär, der hier geboren wurde, und weniger von
seinem Antipoden István Szechényi, der die Zukunft Ungarns in
Reformen und Evolution und nicht in der Rebellion sah.

Wo beginnt man nun seine Nord- und Nordostungarnreise? Ich
habe in *Vác*, deutsch Waizen genannt, begonnen, obwohl diese
Stadt weder in ihrer Atmosphäre noch in ihrer Architektur zu
Nordungarn zu zählen ist. Sie liegt zwar am linken Donauufer, hat
aber mehr Ähnlichkeit mit Esztergom oder Győr oder anderen
westungarischen Städten. Es ist diese Landschaft wie jene des Do-
nauknies, so wie wir sie bei Visegrád und Szentendre kennengelernt
haben. Da ist der breite Strom, von Hügelketten begleitet und durch
eine wie ein Horn gebogene Insel in zwei Arme geteilt. Blickt man
von der Uferpromenade in Vác stromaufwärts, ist das Landschafts-

bild besonders hübsch: Auf dem linken Ufer schieben sich die
Höhenzüge des Cserhát heran, mit ihren 500 und 650 Meter hohen
Hügeln noch bescheiden, dahinter aber kommen die des Börzsöny,
und die steigen schon bis 900 Meter hoch und wirken vom Flußufer
gesehen geradezu imponierend. Liegt über dem Spiel dieser Linien
dann noch das Licht des späten Nachmittags, dann ergibt das für
Vác eine Kulisse, von der man sich, auf einer Uferbank sitzend, nur
schwer lösen kann.

Aber wie ist es mit der Stadt selbst? Ihr Prunkstück ist die
Kathedrale Mariä Himmelfahrt und Sankt Michael, aber ich kann
nicht sagen, daß sie mich sonderlich begeistert. Zwar hat der erste
Bauherr, Bischof Károly Esterházy, dem spätbarocken-frühklassizi-
stischen Bauwerk einen schönen Platz zugewiesen, den weiten Konstantin tér, den heute Barockpalais und doppelte Baumreihen einrah-
men. Aber für mich ist diese Kirche mit ihren korinthischen Doppel-
säulen an der Hauptfassade mißlungen. Man muß sie sich von der
Szentendre-Insel aus ansehen: Die Türme sind stumpf und die
Kuppel wächst nicht aus der Vierung des einschiffigen Kirchenrau-
mes heraus, sondern ist ihm wie eine Haube aufgestülpt.

Kommt das daher, daß nicht nur die Bauherren, sondern auch
die Architekten wechselten? Unter Bischof Esterházy wurde nach
Plänen von Franz Anton Pilgram aus Wien 1760 begonnen, sein
Nachfolger, Bischof Christoph Migazzi, holte sich aber den Franzosen Isidore Canevale, der ebenfalls in Wien arbeitete, zur Umarbei-
tung der Pläne, die schließlich ein Dritter, der Piarist Gáspár Oswald,
als Bauleiter bis 1777 ausführte.

Migazzi muß ein höchst eigenwilliger Bauherr gewesen sein. Das
Chorfresko, die Heimsuchung Mariä, das ihm der große Franz
Anton Maulbertsch 1771 gemalt hatte, gefiel ihm nicht, er ließ es
zumauern und die Wand 1774 vom Kremser Schmidt übermalen.
Erst bei Kriegsende 1944 kam es wieder zum Vorschein und blieb
uns damit erhalten, ebenso wie von allem Anfang an der ›Triumph
der Dreifaltigkeit‹ in der Kuppel. Die ›Kreuzigung‹ vom Kremser
Schmidt, der übrigens auch die beiden ersten Seitenaltarblätter
geschaffen hat, ist jetzt im Oratorium zu sehen.

Der Dom liegt zwar im Zentrum der sogenannten Kirchenstadt
von Vác, er ist aber nicht das einzige Bauwerk, das diesen Teil der
Stadt prägt. Ihm gegenüber befindet sich das barocke Bischofspalais,
dessen Park hinunter zur Donau hin abfällt – ein Park, der heute

etwas verwildert ist, dessen exotische Bäume und dessen Statuen in ihrer Anordnung aber immer noch die Großzügigkeit der einstigen Anlage erkennen lassen.

Geht man vom Konstantin tér rechts durch die Mártirok útja, dann ist man in drei Minuten auf dem Géza Király tér und bei der *Franziskanerkirche,* einer dreischiffigen Barockkirche, die Mitte des 18. Jahrhunderts aus dem Material der mittelalterlichen, in den Türkenkriegen zerstörten Kathedrale erbaut wurde. Ihre Wirkung ist um so größer, als sie von niedrigen Wohnhäusern dörflichen Charakters und einigen mißlungenen modernen Bauten umgeben ist.

Wendet man sich aber von der Kathedrale nach links, dann ist man gleich auf dem Szentháromság tér, dem Dreifaltigkeitsplatz, mit der zweitürmigen *Piaristenkirche.* Auch sie ist ein Barockbau, zu dessen Sehenswürdigkeiten ein holzgeschnitzter, vergoldeter und mit venezianischem geschliffenen Glas verzierter Reliquienschrein gehört.

Nach weiteren zwei Minuten Gehzeit ist man dann bei der vierten Kirche auf engstem Raum, der sogenannten *Oberstädtischen Pfarrkirche* (Felsővárosi plébániatemplom) auf dem Március 15. tér, der ehemaligen Dominikanerkirche. Mit ihrer schönen Rokokofassade beherrscht sie die Breitseite des rhomboiden Platzes und bildet so den Übergang von der Kirchen- zur Bürgerstadt. Denn der Március 15. tér war und ist auch heute noch das Zentrum des Verwaltungs- und Wirtschaftslebens der Stadt, mit Rathaus, Geschäften, Restaurants und einem tiefen Weinkeller unter dem Blumenbeet in seiner Mitte.

Wenn wir nun Vác in nördlicher Richtung verlassen, müssen wir noch bei zwei Bauwerken anhalten. Bei dem spätbarocken *Triumphbogen,* den Bischof Migazzi zum Empfang der Kaiserin Maria Theresia 1764 errichten ließ und der sich in seiner auch heute noch durchaus ländlichen Umgebung seltsam fremd und deplaciert ausnimmt. Die Legende will auch wissen, daß der Bischof, um der Kaiserin den Anblick der ärmlichen Umgebung zu ersparen, zu beiden Seiten der Straße hat Theaterkulissen aufstellen lassen.

Nicht weit davon, direkt an der Donau, steht ein mit hohen Mauern und Stacheldraht umgebenes, düster wirkendes Gebäude, das ebenfalls auf den Besuch von Maria Theresia zurückgeht. Die Kaiserin wünschte sich dort eine Erziehungsanstalt für junge Adelige, also ein Theresianum. Als solches diente es aber nur sieben

Jahre, von 1777-1784. Dann wurde es eine Kaserne und seit Mitte des vorigen Jahrhunderts ein Gefängnis, das es auch heute noch ist.

Bischof Migazzi aber, der der Kaiserin einen so prunkvollen Empfang bereitet und sie zur Gründung des Theresianums ermutigt hatte, wurde später Erzbischof von Wien und bekam auch den Kardinalshut.

Entlang der Grenze

Palotzen, Kuruzen und anderes ›Kühnes Volck‹

Auch die ungarischen Ethnographen sind sich nicht einig, ob die Palotzen eine eigene Volksgruppe sind oder zumindest einmal waren, etwa wie die Kumanen oder die Jazygen, oder ob sie einfach Ungarn mit einem eigenen Dialekt sind. Wobei der Dialekt auch schon nicht mehr zählt, er wird kaum noch gesprochen. Überhaupt zählen Dialekte in Ungarn nicht: Ein Bauer aus Westungarn kann sich mühelos mit seinem Landsmann aus der Tiefebene verständigen, und Schwierigkeiten, wie sie zwischen einem Bayern und einem Mann von der Waterkant entstehen können, falls jeder bei seinem Idiom bleibt, sind bei den Ungarn undenkbar. Die Sprache ist für sie ein starkes Band der Einheit.

Aber ihre eigene ausgeprägte Folklore haben die Palotzen doch, oder besser gesagt, sie hatten sie. Denn auch in diesem eher abgelegenen Winkel Ungarns, direkt nördlich von Budapest bis an die Grenze zur Tschechoslowakei, haben sich die Lebensumstände gewandelt. Einen ›Szür‹, den Bauernmantel aus Schafwolle, wird man kaum noch bei einem Hirten auf den Weiden der Cserhát-Hügel finden, und die schön geschnitzten Trinkkellen sieht man sich auch besser im Palotzenmuseum (Palócmúzeum) in Balassagyarmat *an, einem etwas verträumten Städtchen unmittelbar an der Grenze zur ČSSR. Diese ist hier zwar eine Staatsgrenze, aber keine Sprachgrenze, denn auf der anderen, der slowakischen Seite, leben auch Ungarn, und auch Palotzen, und einiges, was ich hier zu sehen bekam, mutete mich slowakisch an. Das Stockbeil zum Beispiel, die gefürchtete Waffe der slowakischen Hirten, oder die ›Dvojnica‹, das Zwillingstongefäß mit nur einem Griff darüber, an dem man es halten konnte, wenn man das Essen zu den Leuten auf das Feld trug.*

Aber es sind hier weniger die Bauernkeramiken, die für die Folklore der Palotzen charakteristisch sind, es sind die Gebrauchsgegenstände aus Holz, die man sich ansehen muß. Denn die Palotzen haben sich besonders als Holzschnitzer hervorgetan. Die Trinkkellen mit dem geschwungenen Griff habe ich schon erwähnt; das Schnitzwerk auf den Außenseiten der Kelle erzählt ganze Geschichten. Die auf hohen Beinen stehenden Truhen mit dem dachartigen Deckel, in denen Kleider und Wäsche aufbewahrt wurden, weisen ebenso kunstvolle Schnitzereien auf, wie die Lehnen der Stühle und Bänke.

Berühmt waren auch die turmhohen Hauben der Palotzenmädchen mit ihren glitzernden Glasperlen. Petőfi sagte: »Wenn ich heirate, hole ich meiner Frau eine Haube von hier.«

Am besten gefallen haben mir aber die Palotzenhäuser, dunkel gestrichene Holzbauten auf einem Steinsockel und mit einem Strohdach, das wie eine in die Stirn gezogene Mütze wirkt. Zwei, drei Stück davon stehen im Garten des Museums in Balassagyarmat. Die schönsten findet man aber im Dorf *Hollókő*, versteckt in den Hügeln des Cserhát, auch wenn die dortigen Häuser meist mit Schindeln oder bereits mit Ziegeln gedeckt sind.

Hollókő ist kein Museumsdorf, wie wir solche bei Szentendre und Szombathely, bei Zalaegerszeg und bei Ópustaszer sehen konnten. In den Häusern von Hollókő, das sich an einem Hang unterhalb einer malerischen Burgruine entlangzieht, wohnen die Leute wie eh und je, nur daß eben ihre Häuser unter Denkmalschutz stehen. Was bedeutet, daß für ihre Erhaltung der Staat aufkommt, oder daß er zumindest dazu beiträgt.

Die Palotzenhäuser sind verglichen mit Bauernhäusern in anderen Teilen des Landes ziemlich geräumig. Die Dreiteilung – Küche in der Mitte, links das größere Zimmer mit einem von außen heizbaren Ofen, rechts die kleinere Kammer – gibt es zwar auch anderswo, aber die Räume scheinen mir hier größer zu sein.

Fährt man von Balassagyarmat nach Hollókő, kommt man durch *Szécsény*, einem größeren Dorf mit einer schon stark barockisierten gotischen Kirche aus dem 14. Jahrhundert, deren Sakristei aber noch in ihrer ursprünglichen Gestalt erhalten ist und zu den schönsten mittelalterlichen kirchlichen Räumen im Lande gerechnet werden kann.

Für uns ist aber Szécsény aus einem anderen Grund von Bedeutung: Es ist so etwas wie das Tor zu jenem ›Rebellischen Ungarn‹, von dem zu Beginn dieses Abschnittes die Rede war. Noch konkreter gesagt: zu dem Ungarn Rákóczis und seines Kuruzenheeres, zu dem Ungarn des großen Aufstandes und Kampfes gegen Habsburg, der von 1703 bis 1711 dauerte und in dessen politisches Netzwerk Ludwig XIV. in Versailles ebenso eingesponnen war, wie Zar Peter der Große und der Sultan am Bosporus.

Nach Szécsény, dessen Burg übrigens noch der polnische König Johann Sobieski auf seinem Rückmarsch von der Befreiung Wiens und der Rückeroberung von Esztergom im Herbst 1683 den Türken abgenommen hatte, nach Szécsény also berief Ferenc Rákóczi II. im September 1705 den ungarischen Reichstag ein. Im Hintergrund dieses Schrittes stand das Zögern des Sonnenkönigs, mit dem Fürsten von Siebenbürgen und Führer des ungarischen Aufstandes ein formelles Bündnis gegen den Kaiser in Wien einzugehen, solange letzterer als ungarischer König noch nicht abgesetzt war. Auch Rákóczi zögerte, weil er sich der Magnaten unter seiner Gefolgschaft in diesem Punkt noch nicht sicher war und weil außerdem Friedensverhandlungen mit Wien liefen. So kam es in dem Prunkzelt, das der Fürst in der Nähe der Burg hatte errichten lassen, nur zur Proklamierung einer Konföderation der ungarischen Lande, an deren Spitze Rákóczi als regierender Fürst von Ungarn gewählt wurde. Der Reichstag von Szécsény aber faßte doch einen Beschluß, der sich auch nach dem Sieg der Habsburger über die Kuruzen als tragfähig erweisen sollte: Er billigte den durch Rákóczis unermüdliche Vermittlungstätigkeit zustandegekommenen ›Frieden‹ zwischen Katholiken und Protestanten, der auf der Freiheit des religiösen Bekenntnisses und aller Kulte basierte.

Anstelle der einstigen Burg steht heute das Forgách-Schloß, dessen weiße Halbsäulen und rote Fensterrahmen sich wirkungsvoll von der tiefgelben spätbarocken Fassade abheben. Im Schloßmuseum sind viele Erinnerungsstücke an die Kuruzenkriege und ihre Protagonisten aufbewahrt. Natürlich Porträts von Rákóczi und seiner legendären Generäle Bercsényi und Bottyán, aber auch von den Akteuren auf der Seite der Habsburger, des Generals Heister und des Feldmarschalls und Palatins von Ungarn, Graf Johann Pálffy.

Über den Ursprung der Bezeichnung ›Kuruzen‹, wie die aus Bauern und niederem Adel bestehenden Heerscharen der Rebellen Thököly und Rákóczi genannt wurden, besteht unter den Historikern noch immer Zwist. Die meisten wollen sie von dem lateinischen Wort ›cruciatus‹ ableiten und auf die Teilnehmer der Kreuzzüge gegen die Türken zurückführen. Andere behaupten, der Begriff komme von dem Wort ›khurudsch‹ her, mit dem die Türken Freischärler und Aufständische bezeichneten.

Wer recht hat, weiß ich nicht, alle zeitgenössischen Darstellungen sprechen aber von den Kuruzen als einem äußerst verwegenen Kriegsvolk, auch wenn sie nur mangelhaft ausgerüstet und ausgebildet waren. So auch der Augsburger Historienstich des Georg Philipp Rugendas im Schloß von Szécsény, das die Befehlsausgabe an eine berittene Kuruzenabteilung zeigt, mit folgendem deutschen Text darunter:

> Da ein verwegener Streich
> auf ein Palanck [befestigter Ort] zu wagen,
> wird diesem kühnen Volck
> die Ordre aufgetragen.
> Sie stehen auf ersten Winck
> bereit und resolut.
> Je größer die Gefahr,
> je größer Ruhm und Beuth!

Gödöllő

Wo Elisabeth glücklich war

Gödöllő ist von Budapest leicht zu erreichen, auf der Autobahn M3 sind es keine 30 Kilometer. Warum fährt man nach Gödöllő? Natürlich wegen des Schlosses, das vor mehr als hundert Jahren in der Donaumonarchie in aller Munde war. Weil sich die Kaiserin Elisabeth hierher zurückzog, wenn ihr Wien und der Hof auf die Nerven gingen und sie in ihrem ›geliebten Ungarland‹ ungestört sein wollte. Und das war sehr häufig der Fall. »Hier lebt man so ruhig ohne Verwandte und Seccaturen u. dort [in Wien] diese ganze kaiserliche Familie! Auch bin ich hier ungestört wie am Lande, kann allein gehen, fahren ...«, schrieb sie der Mutter in Bayern. »Vor allem aber reiten«, fügt ihre Biographin Brigitte Hamann hinzu.

Schloß Gödöllő hatte die ungarische Regierung 1867, nach dem Ausgleich, dem kaiserlichen Paar zum Geschenk gemacht, für Elisabeth die Erfüllung eines Traumes. An der sie nicht ganz unschuldig gewesen sein dürfte, wenn man an ihre engen Beziehungen zu dem Grafen Gyula Andrássy denkt, der jetzt Ministerpräsident war. Denn sie hatte schon lange ihr Auge auf Gödöllő geworfen und den Kaiser bestürmt, er solle es kaufen. Franz Josef aber hatte immer wieder gesagt, er habe dafür kein Geld, er müsse sparen.

Nun hatte sie Gödöllő, und es war ein großzügiges Geschenk. Das Schloß, errichtet 1747-50 unter Graf Antal Grassalkovich von András Mayerhoffer, war eines der bedeutendsten im Lande. Bevor es der kaiserlichen Familie als Sommerresidenz übergeben wurde, hatte es die Regierung von Miklós Ybl, einem der renommiertesten Architekten der damaligen Zeit, umbauen und modernisieren lassen. Es hatte an die hundert Räume, einen Festsaal mit weiß-goldenen Stuckverzierungen, eine Reihe kleinerer Säle mit Rokokokachelöfen und eine Schloßkapelle, so groß, daß sie heute als Pfarrkirche des Ortes dienen kann. Dann war es von einem weitläufigen Park und einem 10 000 Hektar großen Waldgebiet umgeben, in dem die Kaiserin ungehemmt ihrer Leidenschaft für Reitjagden fröhnen konnte. »Dreimal in der Woche war Jagd. Ach, es war herrlich«, berichtete ihre Nichte Marie Wallersee nach Hause.

Kommt man von der Autobahn, ist das Schloß leicht zu finden. Auf dem Wege in das Stadtzentrum gerät man an die Mauer des Parks, und man braucht ihr nur zu folgen, um zum Schloßeingang zu gelangen. Dort aber sollte man alles vergessen, was man über das Leben in Gödöllő zur Zeit der Kaiserin gelesen hat.

Das Schloß bietet heute ein trauriges Bild. Altersgelber Putz bröckelt von den Fassaden, das Becken der einstigen Fontäne ist geborsten, die Kieswege des Gartens sind verkrautet und dort, wo der Park beginnt, beginnt auch die Wildnis mit herumliegenden Ästen und meterhohem Gras, und die Bänke sind altersschwach, wie die Menschen, die auf ihnen sitzen. Denn Schloß Gödöllő ist heute Altersheim und offensichtlich kein sehr gepflegtes. Nichts erinnert mehr an die Ausritte der Kaiserin und ihrer sportlichen Begleiter in das weite wellige Land am Rand der Tiefebene, nichts an den Glanz der abendlichen Gesellschaften. Statt dessen: Verfall und langsam verlöschendes Leben, wohin man blickt.

Welch ein Kontrast zu der Welt von einst. »Gödöllő war Elisabeths Reich«, heißt es bei Brigitte Hamann. »Hier herrschten ihre Gesetze, die mit Rangfragen und Protokoll wenig zu tun hatten, Besucher wurden nicht nach ihrem adeligen Rang, sondern ihren Reitkünsten ausgewählt. Elisabeth scharte die Elite der österreichisch-ungarischen Reiter um sich, junge, reiche Aristokraten, die ihr Leben so gut wie ausschließlich auf Rennbahnen und Treibjagden verbrachten und keinerlei Pflichten und Arbeit hatten.«

Unter den jungen Aristokraten war sogar einer, den man zu allerletzt in der Umgebung des Kaiserpaares gesucht hätte: Elemér Batthyány,

*Sohn des ersten Ministerpräsidenten einer ungarischen Nationalregierung,
Lajos Batthyány, den Franz Josef nach der Niederschlagung der Revolution
von 1848/49 hatte hinrichten lassen. Der junge ungarische Aristokrat
kam nach Gödöllő auch wenn der Kaiser dort war, und es machte ihm
Vergnügen, diesen demonstrativ zu schneiden. Franz Josef nahm es hin,
wie so manches andere, was sich in Gödöllő um seine geliebte Elisabeth
und ihre Reitbesessenheit abspielte. So sagte er einmal resigniert zum
ehemaligen Zirkusdirektor Gustav Hüttemann, der der Kaiserin Unterricht im Dressurreiten gab: »Also, die Rollen sind verteilt. Die Kaiserin
tritt heute abend als Kunstreiterin auf, Sie reiten die hohe Schule und ich
mach euch den Stallmeister.«*

Eger
Kleinod zwischen den Bergen

Du kommst nach Eger (Erlau) und sagst dir schon nach dem ersten,
kurzen Rundgang vor dem Abendessen: Diese Stadt hat etwas
Besonderes. Nicht allein in ihrer Architektur, es ist ihre Atmosphäre,
durch die sie sich von den meisten anderen Städten im Lande
unterscheidet. Es scheint eine ›Bürgerstadt‹ zu sein, womit sie in
ihrem Charakter mehr den Städten im ehemaligen Oberungarn,
der heutigen Slowakei, ähneln würde, als denen im ungarischen
Flachland mit ihrem bäuerlichen Einschlag.

Schon wie die Leute in den Straßen den Fremden ansehen: direkt
und abschätzend, im Bewußtsein des eigenen Wertes, nicht so leicht
von der Seite und den Blick abwendend, wenn man ihn erwidert. Die
jungen Leute, Burschen und Mädchen, schreiten hier selbstbewußter
einher, ohne dabei ihre Jugend aggressiv zu demonstrieren, und die
Alten wiederum scheinen ihr Alter nicht verstecken zu wollen.

Im Restaurantgarten des Hotels geht es unter den Markisen sehr
gepflegt und gesittet zu, Gäste und Kellner zeigen gleichermaßen
Wohlerzogenheit. Am langen Nebentisch offenbar eine Familien-
feier: ein älteres Ehepaar mit zwei wohlgeratenen und im Leben
offensichtlich erfolgreichen Söhnen, der alte Herr artig um die
Schwiegertochter bemüht, die an der Wirkung ihrer braungebrann-
ten, makellosen Schultern nicht im geringsten zu zweifeln scheint.
Die Unterhaltung ist animiert, aber gedämpft, und die drei Kinder
am Ende des Tisches, dort, wo im Sektkübel die Blumensträuße

stehen, sind geradezu erschreckend brav. Alles in allem beinahe ein bürgerliches Stilleben.

Bilde ich es mir nur ein oder hat dieses Eger, etwa 130 Kilometer nordöstlich von Budapest zwischen Mátra- und Bükkgebirge gelegen, tatsächlich etwas Wohlgeordnetes, Solides, Gestaltetes? Da ufert nichts ins Geschmacklose oder Megalomanische aus, da ist, wenn man von einigen Denkmälern aus neuerer Zeit absieht, Form und Maß und Stil. Jedenfalls im alten Kern der Stadt. Wo sind auch schon so prosaische Einrichtungen wie Post und Polizei in kleinen Barockpalais untergebracht, die den Tätigkeiten dieser Institutionen beinahe einen Hauch von Vornehmheit geben? Wo öffnen sich in einem Rathaus oder in einer Verwaltungsbehörde vor den Bürgern, die Rat suchen oder Beschwerden vorzubringen haben, so kunstvolle schmiedeeiserne Gitter, und wo führen so elegante Treppenaufgänge in die einzelnen Etagen? Und wo tätigt man seine kleinen Einkäufe in Geschäften mit gepflegten Rokoko- und klassizistischen Fassaden?

Hier in Eger kann ich sogar der *Basilika* etwas abgewinnen, obwohl ungarische klassizistische Kathedralen aus dem 19. Jahrhundert nicht gerade mein Fall sind. Zwar hat auch die hiesige beachtliche Ausmaße, nach der von Esztergom ist sie das zweitgrößte kirchliche Bauwerk in Ungarn, verglichen mit jener aber hat sie beinahe etwas Harmonisch-Heiteres. Außerdem sprengt sie trotz ihrer erhöhten Lage über dem Stadtzentrum und der breiten, zur Säulenhalle aufstrebenden Freitreppe mit den Kolossalstatuen der Könige Stephan und Ladislaus und der Apostel Petrus und Paulus nicht das architektonische Gesamtbild der Stadt.

Es gibt in Eger aber noch eine Kirche, die aus dem ungarischen Rahmen fällt, die barocke *Minoritenkirche* auf dem Dobó István tér. Als ich aus den engen Gassen der Innenstadt und den Durchgängen auf den weiten Marktplatz kam und die 1758-73 entstandene Kirche sah, hielt ich unwillkürlich an. Das war nicht der übliche Barock, wie er sich in jenen unzähligen Kirchen der Provinz manifestiert, die im 18. Jahrhundert gebaut wurden und deren Architekten solide, aber nicht gerade originelle Köpfe waren. Hier hatte ein anderer, selbständigerer und großzügigerer Geist gewirkt, man sieht es schon an der Fassade. Ihr konvexer, von je einem mächtigen Säulenpaar flankierter Mittelteil und der geschwungene Giebel darüber ist in seiner Gliederung von außerordentlicher Schönheit. Die Wirkung

der Fassade wird noch von den zwei schlanken Türmen verstärkt:
Sie scheinen die Kirche geradezu mit in den Himmel zu nehmen.

Aber wer war der Schöpfer dieses so aus dem Rahmen fallenden
Bauwerkes? In älteren Büchern fand ich keinen Hinweis auf ihn, die
neuen vermerken jedoch, daß der Entwurf (vor 1745) zu dem Bau
von Kilian Ignaz Dientzenhofer stammt. Da wußte ich auch, woran
mich die Minoritenkirche von Eger erinnerte – an manche Barockkirchen in Prag, darunter auch die großartige Sankt-Niklas-Kirche auf
der Kleinseite. Denn Kilian Ignaz war der Sohn des Christoph
Dientzenhofer, der den Bau von Sankt Niklas begonnen hat; und
Kilian Ignaz hat ihn vollendet. Es ist also ein großer Meister des
böhmischen Barocks, der hier in Nordostungarn seine Spur hinterlassen hat.

In Eger hat aber noch ein anderer Künstler aus dem böhmischen
Land gewirkt: der Maler Johann Lukas Kracker. In der Minoritenkirche stammt das Gemälde über dem Hauptaltar von ihm, ›Die Jung-
frau Maria erscheint dem Heiligen Antonius‹. Sein Hauptwerk in
Eger finden wir jedoch in der *Pädagogischen Hochschule*, dem ehemaligen, im Quadrat gebauten Lyzeum aus dem letzten Drittel des
18. Jahrhunderts. Zur Straße zu hat es eine spätbarocke Fassade,
die unser alter Bekannter Jakob Fellner, der Meister des Zopfstils,
geschaffen hat. Im Bibliothekssaal der Hochschule hat Kracker das
Deckenfresko gemalt, eine bewegte Szenerie des Tridentinischen
Konzils mit 132 Gestalten, darunter auch Kaiser Karl V. Stilge-
schichtlich höchst aufschlußreich ist, daß der Konzilsraum nicht
historisch richtig das Innere des Domes zu Trient zeigt, sondern
eine spätgotische Architektur, also ein frühes Beispiel der Wieder-
entdeckung der Gotik. Diese Architekturmalerei hat Josef Zach
1782 beigesteuert. Beide Maler, Zach und Kracker, haben sich auch
selber im Fresko dargestellt. Die vier Eckfelder zeigen sinnbildlich
und stellenweise recht naiv je ein Konzilsdekret: Die Kirchenzensur
wird durch einen Blitzstrahl dargestellt, der auf die Ketzerschriften
niedergeht. Sehenswert ist auch das Deckengemälde von Franz
Sigrist mit den ›Vier Fakultäten‹ (1781) im Festsaal (Westflügel),
während das Fresko (1793) von Maulbertsch in der Kapelle (Nordflü-
gel) bereits von der klassizistischen Erlahmung seines Genius ge-
kennzeichnet ist.

Diese Pädagogische Hochschule hat eine recht wechselvolle Geschichte.
Der ehrgeizige Erzbischof Károly Esterházy, dem das barocke Eger viel

verdankt, wollte seiner Stadt auch eine Universität geben, und so ließ er einen entsprechenden Gebäudekomplex errichten. Bevor dieser aber fertig wurde, kam in Wien Josef II. auf den Thron, und dessen aufklärerischer Geist hielt bekanntlich nichts von Hochschulen unter der Leitung der Kirche. So blieb die Genehmigung zur Eröffnung der Hochschule aus, und die Universitätsstätte mußte sich mit dem Rang eines Lyzeums begnügen. Nach dem Zweiten Weltkrieg und unter der Regierung der Kommunisten wurde sie vom Staat übernommen und in eine Pädagogische Hochschule umgewandelt. Um ihre ideologische Ausrichtung auch allen klar zu machen, gab man ihr später den Namen des vietnamesischen Revolutionärs Ho Chi Minh, der sich in dem barocken Milieu recht seltsam ausnimmt.

Auf Werke des böhmischen Malers Johann Lukas Kracker, dem wir im Lyzeum begegnet sind, stößt man auch im klassizistischen *Dom* am Szabadság tér und im feinen ehemaligen *Propstpalais* (1758) in der Kossuth Lajos utca, einer noch weitgehend stilechten Barock- und Rokokostraße. Hier am Propstpalais wie auch einige Schritte weiter am *Komitatsrathaus* (1748-53) entdecken wir zu unserer Verwunderung herrliche Gitter an Balkon bzw. Toren, die den beschwingten Geist des mainfränkischen Rokokos nach Nordungarn verpflanzen. Die wunderbaren Arbeiten stammen von Heinrich Fasole, wohl einem Schüler des großen Johann Georg Oegg und Meisters der Würzburger Residenzgitter. Der Kunstschlosser von den Ufern des Mains muß sich im ähnlich weinseligen Eger so anerkannt und wohl gefühlt haben, daß er sich hier fest niederließ, seinen Namen in Henrik Fazola magyarisierte und sogar Mutter, Bruder, Schwestern und Schwäger nachzog. Zu Wohlstand gekommen, konnte er sich sogar leisten, die Ureisenhütte von Újmassa, die Keimzelle der Lenin-Hüttenwerke von Diósgyőr zu gründen.

Wenn die Ungarn von Eger reden, dann beschäftigen sie sich zunächst einmal weniger mit der barocken Stadt, als mit der mittelalterlichen *Burg*. Denn dort gibt es noch einige Reste, die ahnen lassen, welche Bedeutung sie hatte. Es befanden sich nämlich auf dem Burggelände der bischöfliche Palast und auch der dreischiffige Dom, dessen Anfänge bis ins 11. Jahrhundert zurückgehen. Von ihm sind nur noch die Umfassungsmauern des Hauptchores vorhanden und die Stümpfe einiger Bündelpfeiler, alles andere ist Feuersbrünsten, dem Ausbau der Verteidigungsanlagen und schließlich dem Abbruch beim Ausbau des barocken Eger zum Opfer gefallen.

Aber Teile des Bischofspalastes sind noch erhalten, darunter der spitzbogige Arkadengang mit Kreuzrippengewölbe, der eine Vorstellung davon gibt, wie der innere Burghof einmal ausgesehen hat.

Die Burg von Eger ist den Ungarn aber auch aus einem anderen Grunde teuer: 1552 wurde sie von einer Besatzung von rund 2000 Mann gegen ein 100 000 Mann starkes türkisches Heer vierzig Tage lang erfolgreich verteidigt. Und so wie man in Kőszeg überall an den tapferen Burghauptmann Miklós Jurisich erinnert wird, stößt man hier auf Schritt und Tritt auf István Dobó, der die Verteidigung leitete, an der sich schließlich auch die Frauen von Eger beteiligten, indem sie von den Bastionen siedendes Öl und kochendes Pech auf die Angreifer schütteten.

Die Verteidigung der Burg von Eger, in der die Türken den Schlüssel zu Nordungarn sahen, hat zahllose Legenden geboren und der ungarischen Literatur ein unerschöpfliches Thema geliefert.

István Dobó und die ›tapferen Frauen von Eger‹ ziehen heute Legionen von Touristen an, die über die Basteien wandern und sich durch die stockwerktiefen Kasematten der Festung schieben. Daß Eger 1596 doch von den Türken eingenommen und 91 Jahre gehalten wurde, fällt dann nicht mehr so stark ins Gewicht. Unten in der Stadt befindet sich als einziger Überrest aus dieser Zeit ein 35 Meter hohes, schlankes Minarett, das nördlichste, das die Türken in Europa hinterlassen haben.

Nun bleibt von Eger nur noch über eines zu berichten: Über den Wein, der hier wächst, und der vielleicht für manchen sogar die Bekanntschaft mit dieser Stadt überhaupt erst vermittelt hat. Es ist der ›Egri Bikavér‹, das ›Erlauer Stierblut‹. Er ist, wie wir schon in Ödenburg oder auf unseren Fahrten in den Süden des Landes, in den Hügeln von Villány und bei Szekszárd erfahren konnten, nicht der einzige Rotwein Ungarns. Aber er ist der einzige, der auch im Ausland bekannt ist und dort wegen seiner purpurnen Farbe und dem vollen, leicht herben Geschmack geschätzt wird.

In Eger—Erlau ist man nicht darauf angewiesen, ihn nur aus Flaschen zu trinken, wie sie auch für den Export bestimmt sind. Man kann sich ihn auch in einem der Weinkeller kredenzen lassen, die am Rande der Stadt in den weichen Tuff geschlagen wurden. Diese Keller, wo der Wein so ausgeschenkt wird, wie beim ›Heurigen‹ in Österreich, sind meist noch im Privatbesitz der Bauern, und es ist auch ihr privater Wein, den sie anbieten. Denn ein halber Hektar Weinberg ist ihnen für den privaten Anbau geblieben. Wenn ihnen ihre Ernte für die eigene Weinproduktion nicht genug erscheint, können sie auch noch Trauben vom Staatsgut, der Produktionsgenossenschaft oder von anderen Bauern dazukaufen. So kommt jeder auf seine Rechnung: Der Bauer, der sich über seinen Lohn von der Genossenschaft hinaus noch zusätzliche Einkünfte verschafft, und die Leute aus der Stadt und die Touristen, die gegen den Abend zu, wenn sie müde von der Arbeit oder von den Besichtigungen sind, ihr Viertel oder auch mehr in angenehmer Umgebung und Gesellschaft genießen können.

Matra und Bükk

Wo es in Ungarn Berge gibt

Vor die Wahl gestellt, von Budapest auf der Autobahn M 3 direkt nach Eger zu fahren und dabei nur die kleinen Abstecher zu der frühmittelalterlichen Kirche von Feldebrő zu machen, oder in Gyöngyös die Autobahn zu verlassen und durch das Mátragebirge Eger zu erreichen, entschied ich mich für die zweite Variante. Mein Bedarf an Kirchen war zunächst einmal gedeckt, und es konnte mich auch die Aussicht auf Fragmente byzantinischer Fresken in der doppelschiffigen Krypta von Feldebrő nicht verlocken. Ich wollte endlich einmal richtige Berge in Ungarn sehen und auf des Landes höchstem Gipfel stehen. So verschob ich den Besuch von Feldebrő auf später, verließ bei Gyöngyös die Autobahn und fuhr entschlossen auf den grünen Gebirgsstock der Mátra zu.

Hauptsächlich für die Budapester ist die Mátra ein Erholungsgebiet ersten Ranges. Es liegt nur 80 bis 100 Kilometer von der Hauptstadt entfernt, ist verkehrsmäßig leicht zu erreichen, hat eine Reihe von Kurorten und bietet außer Wäldern und frischer Luft auch noch etwas in Ungarn eben sehr Rares: Berge.

Nur muß ich alle, die aus dem Westen kommen, vor allem aus Bayern, Österreich oder der Schweiz, gleich darauf aufmerksam machen, daß die Berge der Mátra nicht Berge in ihrem Sinne sind, sondern eben gemessen an der ungarischen Tiefebene, an deren Rande sie ja liegen. Wir, die wir an die Alpen gewöhnt sind, würden der Mátra nur die Bezeichnung Höhenzüge zubilligen.

Gespannt war ich auf Ungarns höchsten Berg, den *Kékestető* mit seinen 1015 Metern über dem Meeresspiegel. Schon bald hinter

Gyöngyös erreicht man den ersten Kurort, Mátrafüred, und dann geht es in Kehren hinauf in die Berge, in eine grüne Welt der Eichen und Buchen. Bei Mátraháza zweigt eine Seitenstraße ab und schlängelt sich weiter auf den hohen Berg, der in jedem ungarischen Reiseführer den ihm gebührenden Platz hat.

Der Kékestető: Eine Bergkuppe mit einem Turm für das Fernsehen und andere Einrichtungen des Fernmeldewesens, von dem man einen umfassenden Rundblick haben soll, nach dem Süden weit in die Tiefebene, nach dem Norden bis zur Hohen Tatra. Haben soll: Als ich oben war, sah man rein gar nichts, es war diesig und man konnte nur in die Täler der unmittelbaren Umgebung hineinschauen oder den beiden Schipisten folgen, die durch den Wald geschlagen nach unten führen. So verweilte ich nur kurz auf Ungarns höchstem Gipfel; ich ersparte mir auch den Besuch des nicht weit entfernten und ebenfalls auf einer guten Straße zu erreichenden zweithöchsten Berg des Landes, des 966 Meter hohen *Galyatető.* Zumal das Grün der Laubwälder in diesen Höhen auf die Dauer etwas langweilig wird.

Also fuhr ich wieder hinunter und strebte durch die manchmal schmalen, manchmal etwas breiteren Täler auf der Nord- und Ost-seite des Gebirgsstockes mit ihren schönen Kastanienalleen, den kleinen Ortschaften und den Burgruinen auf den Felsen darüber gemächlich der Stadt Eger zu.

Von ihr habe ich schon berichtet, und so kann ich den Leser gleich mit dem zweiten Gebirge bekanntmachen, das die Landschaft Nordostungarns prägt: Dem Bükkgebirge.

Es liegt zwischen Eger und Miskolc, und man kann es auf einer Straße, die die beiden Städte direkt verbindet, durchqueren, oder man kann eine Schleife über Szilvásvárad und Lillafüred machen.

Vor 25 Jahren bin ich auf direktem Wege von Miskolc nach Eger gefahren, und ich habe diese Fahrt vor allem deshalb in Erinnerung, weil wir auf der Hochfläche in ein Rudel Wildschweine geraten sind, das in souveräner Mißachtung des Verkehrs die Straße überquerte. Diesmal habe ich die ›Schleife‹ gewählt, weil ich mir auch die romanische Kirche von *Bélapátfalva* ansehen wollte, und ich habe es in keiner Hinsicht bereut.

Sie steht völlig einsam etwa drei Kilometer vom Ort entfernt am Fuße des Bélkő-Berges, dessen Flanke von einem Kalksteinbruch aufgerissen ist: Eine fast dramatische Kulisse für die kleine, altersgraue, von Linden und Kastanien umgebene Kirche. Sie wurde von französischen Zisterziensern erbaut, die ein Bischof von Eger in seine Diözese geholt hatte. 1232 wurde sie zusammen mit einem Klosterbau begonnen, und aus dieser Zeit ist noch die Hauptfassade mit dem romanischen Säulenportal und den Streifen aus farbigen Steinen darüber und zu beiden Seiten erhalten. Die unter dem Dreieckgiebel liegende Fensterrose stammt schon aus der gotischen Bauperiode, als man nach dem Tatareneinfall von 1241 daranging, die Kirche zu vollenden. Aus dieser Zeit, also vom Ende des 13. Jahrhunderts, stammen die massiven Pfeiler, die die drei Schiffe voneinander trennen und das Spitzbogengewölbe tragen.

Die Wirkung der Kirche, der einzig erhalten gebliebenen romanischen Ordenskirche in Ungarn, geht von ihrer Lage und dem schmucklosen Inneren aus, in dem es keine Wandmalereien und nur eine einzige Marienstatue gibt. Leben und Bewegung gibt es um sie nur am 15. August, wenn zu Mariä Himmelfahrt die Bevölkerung hierher pilgert.

Szilvásvárad, 10 Kilometer weiter nördlich, eignet sich vorzüglich zum ›Einstieg‹ in das Bükkgebirge, bzw. jenen Teil, der zum Nationalpark und Naturschutzgebiet erklärt wurde. Szilvásvárad ist ein größerer Ort, der den Touristen einiges bietet: Ein Lipizzanergestüt und ein Museum über die Geschichte dieser berühmten Rasse, die in Österreich noch heute die ›Akteure‹ für die nicht minder berühmte Spanische Hofreitschule stellt. Die Lipizzaner aber werden auch noch in den kommunistisch regierten Ländern Ungarn und Jugoslawien gehegt und gepflegt.

Dann gibt es hier aber auch ein langgestrecktes Waldtal, das *Szalajka-Tal* mit Forellenteichen, Wasserfällen, urzeitlichen Höhlen und sorgfältig markierten Spazier- und Wanderwegen. Am Eingang zum Tal wird der Autofahrer an einer Schranke gestoppt und wenn er sagt, er möchte durch das Gebirge nach Miskolc fahren, dann wird seine Nummer auf einem blauen Zettel vermerkt, den er unterschreiben muß und der ihm auf die Fahrt mitgegeben wird — was darauf steht, weiß er nicht, der Text ist nur in Ungarisch.

Es ist eine Fahrt, die zu den schönsten gehört, die man in Ungarn unternehmen kann. Auf einer schmalen Straße, deren Asphalt schon arg mitgenommen ist, geht es in unendlichen Kehren steil hinauf in die Berge, und dann erreicht man ein Hochplateau, das in einer Breite von 3 bis 5 Kilometern und einer Länge von etwa 20 Kilometern in

800 bis 900 Metern Höhe den zentralen Teil des Gebirgsstockes durchzieht.

Es ist eine Landschaft von eigentümlich herbem Reiz: Weite Wiesen, deren helles Grün und Gelb vom Ernst regloser Wacholdersträucher unterbrochen ist, uralte Buchen und Eichen mit mächtigen Kronen am Rande des Plateaus, wo zwischendurch auch Fichten und Tannen einen dunklen Wald bilden. Stellenweise springen aus den Wiesen und den Büschen die Steinfontänen aus verwitterten Kalksteinfelsen vor.

Einsam ist es hier oben, nur hie und da ist ein Haus der Waldhüter zu sehen, oder man stößt auf den Weiler eines Köhlers oder auf den Ofen eines Kalkbrenners. In die Zivilisation kommt man erst wieder, wenn man bei der Schranke an der Grenze des Naturschutzgebietes seinen blauen Zettel abgegeben und dann Lillafüred, den Kurort bei Miskolc, erreicht hat.

Rund um die Burg der Königinnen
Hochöfen und Glockenspiel

In Lillafüred war ich schon einmal vor langer Zeit gewesen, und in Erinnerung war mir geblieben ein Kurort mit allem, was zu einem gepflegten Ort dieser Art gehört oder einstmals gehörte: Also mit einem pompösen Hotel, einem Teich mit Ruderbooten in der Mitte eines Parks und blumeneingefaßten Promenaden für geruhsame Spaziergänge. Damals meinte ich, Lillafüred sei ein typischer Kurort aus der Jahrhundertwende. Das aber stellte sich als Irrtum heraus. Das große Kurhotel ›Pálota‹, heute ein Gewerkschaftsheim, stammt erst aus der Zwischenkriegszeit, der großen Zeit von Lillafüred.

Für Touristen ist das Hotel nicht zugänglich, und weil ich sonst kein Hotel fand und auch keine Lust hatte, lange nach einem Privatquartier zu suchen, fuhr ich nach Miskolc weiter. Allerdings sah ich mir vorher noch die Ureisenhütte (Őskohó) von *Újmassa* an, die aussieht wie drei übereinandergeschichtete Würfel. Sie war der erste Hochofen, in dem Eisenerz geschmolzen wurde, und somit bildete sie die Keimzelle der heutigen Lenin-Hüttenwerke Diósgyőr bei Miskolc, einer der bedeutendsten Industriebetriebe Ungarns.

Sie hat jener Heinrich Fasole oder Fazola aus Würzburg geschaffen, mit dem wir schon Bekanntschaft gemacht haben, und zwar in

Eger. Dort haben wir seine kunstvollen Eisengitter im Komitatsrathaus und das zierliche Geländer am Balkon des Probstpalais bewundert.

In *Miskolc* wollte ich auch deshalb übernachten, weil es in Ungarn heißt, in dieser zweitgrößten Stadt des Landes mit ihrer Industrie und deren Ausdünstungen übernachte man nur gezwungenermaßen und sozusagen aus letzter Verzweiflung. Ich aber wollte es genau wissen und stieg in einem der drei Hotels im Zentrum ab, die alle nicht mehr zu den allerjüngsten zählen.

Am nächsten Morgen wußte ich genau, warum alle Leute am südlichen Stadtrand im Badeort Miskolc Tapolca absteigen, wo sie außer einem modernen Hotel auch noch Thermalwasserbecken und ein Höhlenbad wie in Bad Gastein zur Verfügung haben. Mein Schlaf hatte nur etwa zwei Stunden gedauert. Bis drei Uhr spielte eine Rockband im Hause mit voller Stärke, und ab fünf Uhr früh fuhr die Straßenbahn durch die Hauptstraße mit dem Getöse einer Brigade mittelschwerer Panzer. Ab sechs Uhr setzten dann die Preßluftbohrer oder -hämmer einer Baustelle in der Nachbarschaft mit ihrem Stakkato ein. Der einzige Trost in dieser nächtlichen Lärmorgie: Alle Viertelstunden ertönte vom Glockenturm der Kirche auf dem nahegelegenen Avas-Hügel ein zartes Glockenspiel.

Daß ich dann in der Früh gleich zu der *Avas-Kirche* pilgerte, war sozusagen ein Akt der Dankbarkeit. Sie ist eine im 13. Jahrhundert entstandene gotische Kirche, die 1470 bis 1489 zur Hallenkirche umgebaut und zwischen 1410 und 1569 zu einer kalvinistischen Kirche umgestaltet worden ist. Sie steht etwas oberhalb der Stadtmitte, umgeben von einem Friedhof, auf dem unter Ahornbäumen und Akazien Grabsteine aus vielen Jahrhunderten verwittern. Im Zentrum der Industriestadt nimmt sie sich aus, als sei sie der Umwelt wie der Zeit entrückt.

Neben der Kirche steht ein quadratischer Glockenturm mit einer hölzernen Galerie und einem ebenfalls hölzernen hohen und spitzen Helm; das ist der Turm, von dem das nächtliche Glockenspiel kam.

Die Kirche selbst hat schlanke Maßwerkfenster, das frühere Netzgewölbe in ihrem Inneren ist durch eine kassettierte Holzdecke ersetzt. Diese, das intarsierte Chorgestühl und auch die bemalten Bänke, geben der kalvinistischen Kirche von Miskolc eine Note, durch die sie sich sehr stark von der Strenge der übrigen reformierten Gotteshäuser unterscheidet.

Wenn man aber in der modernen Industriestadt Miskolc schon der Vergangenheit nachgeht, dann darf man auch die *Burg Diósgyőr* nicht auslassen, auf halbem Wege zwischen Lillafüred und dem Stadtzentrum gelegen. Ihre vier wuchtigen Ecktürme müssen früher in diesem langgestreckten Tal imponierend gewirkt haben. Diósgyőr war ja auch seit den Anjou die ›Burg der Königinnen‹, das heißt, sie gehörte der Gattin des jeweiligen Trägers der Stephanskrone.

Pläne und Stiche von der Burg aus dem 16. und 17. Jahrhundert und die Rekonstruktionen aus unserer Zeit zeigen die Großzügigkeit der Anlage, die wahrhaft königlichen Zuschnitt hatte und zu den bedeutendsten des Landes zählte. Offiziell als ›Burg der Königinnen‹ wurde sie seit 1424 bezeichnet. Damals schenkte König Sigismund, später auch römisch-deutscher Kaiser, Diósgyőr zusammen mit Miskolc und anderem königlichen Besitz seiner zweiten Frau, Barbara von Cilli, um sie in die Lage zu versetzen, die Aufwendungen ihres Haushaltes zu decken. Diese müssen beträchtlich gewesen sein, wie überhaupt das Leben und Treiben an ihrem Hofe offenbar einigen Anlaß zur Kritik bot. Wird sie doch in einem zeitgenössischen Bericht als »nobilis genere, infamis vitae mulier«, als »Frau von edler Herkunft, aber schändlichem Lebenswandel« bezeichnet.

Die letzte Königin, die Diósgyőr besaß, war Maria von Habsburg, die Gattin des unglücklichen Ludwig II., der in der Schlacht von Mohács sein Leben verlor.

Heute verschwinden die mächtigen Türme fast hinter den mehrstöckigen modernen Wohnblocks, die die Straße ins Stadtzentrum säumen. Aber von einem der Türme, den man auf einer Wendeltreppe besteigen kann, hat man einen weiten Blick in Richtung Stadt: Er geht hinweg über die noch immer dörfliche unmittelbare Umgebung der Burg, zuerst zu den neuzeitlichen Wohnblocks und dann zu dem Industriebezirk, dessen hohe Schornsteine das Tal durchschneiden und es mit ihrem Rauch füllen.

Daß man sich von Miskolc und dem Qualm und Getöse seiner Industrien in den warmen Wassern von Miskolc Tapolca erholen kann, habe ich schon gesagt. Wer aber die Kühle sucht, wendet sich nach Norden und geht in den Tropfsteinhöhlen im Aggteleker Karst an der Grenze zur Tschechoslowakei tief unter die Erde.

Kenner zählen sie zu den größten und schönsten Höhlensystemen Europas. Sie sind auch insofern etwas Besonderes, als sie auf die Staatsgrenzen keine Rücksicht nehmen. Die Gänge der *Baradla-Höhle* mit einer Länge von 22 Kilometern – sie liegt zwischen

Aggtelek und Jósvafő – gehen zum Teil auf tschechoslowakisches Gebiet über und bilden dort die Domica-Höhle. Man kann diese auch von der ungarischen Seite her besuchen, nach dem Reisepaß wird nicht gefragt, man geht sowieso nur in Gruppen.

Der Besucher kann unter drei verschieden langen Touren wählen: die kurze dauert anderthalb Stunden, die mittlere zweieinhalb, und wer es ganz genau wissen will und sich die Strapazen körperlich zutraut, kann fünf Stunden lang zwischen den phantastischen Gebilden der Stalagmiten und Stalaktiten herumwandern, vorbei an Wasserfällen und durch riesige Höhlensäle – in einem werden in der Saison sogar Konzerte veranstaltet und Opern aufgeführt –, oder er kann auf einem der unterirdischen Seen Kahn fahren. In der Baradla-Höhle – stellenweise rauchgeschwärzt von den Feuern der Urzeitmenschen, die hier lebten – befindet sich übrigens der größte der bisher entdeckten Stalagmiten. Dieses Tropfsteingebilde, dem man die Bezeichnung ›Sternwarte‹ gegeben hat, ist bis zur beachtlichen Höhe von 25 Metern emporgewachsen.

Noch ist das Höhlensystem, oder besser gesagt: sind die Höhlensysteme an der ungarisch-tschechoslowakischen Grenze nicht völlig erschlossen beziehungsweise für den Besucher vollständig zugänglich gemacht worden. Seiner harren dort also, ob er nun in Aggtelek oder in Jósvafő unter die Erde taucht, immer neue Überraschungen.

Rákóczi-Marsch

Umwege nach Sárospatak

Szerencs ist ein Städtchen von 10 000 Einwohnern und liegt vierzig Kilometer östlich von Miskolc, an der Straße nach Tokaj und Sárospatak. Ich würde es gerne als Tor zum Rákóczi-Land bezeichnen, wenn es diesen Begriff gäbe. Natürlich könnte man von Szerencs auch als dem Tor zum weiten Weingebiet von Tokaj-Hegyalja sprechen, denn der Wein, der hier an den Südhängen des Zemplén-Gebirges wächst, hat schon seit dem Mittelalter Weltruf. Wie man spätestens seit dem Besuch des Dr. Faustus in Auerbachs Keller weiß: »Gebt mir ein Glas vom echten Süßen – euch soll sogleich Tokajer fließen«. Außerdem ist Tokaj nur 20 Kilometer von Szerencs entfernt.

Trotzdem: Die Idee von dem ›Rákóczi-Land‹ ist nicht so weit hergeholt, auch wenn sie nur eine verkürzte Formel für ein Gebiet ist, von dem mehr als ein Jahrhundert lang, getragen von den Fürsten von Siebenbürgen und dem meist protestantischen Adel Ostungarns, immer wieder die Rebellion gegen die Herrschaft der Habsburger ausgegangen ist, die dann in Ferenc Rákóczi II. ihren Höhepunkt, mit dessen Scheitern aber auch ihr Ende erreichte. In diesem Freiheitskampf war Szerencs ein wichtiger Ort. Seine Burg mit dem quadratischen Grundriß und den starken Mauern, an deren Restaurierung schon seit Jahren gearbeitet wird, kam 1583 in den Besitz der Rákóczi. Es war Zsigmund Rákóczi, der sie erwarb und als erster aus dieser Familie eine politische Rolle spielen sollte.

Er zählte zu den einflußreichsten Parteigängern von István Bocskai, der sich zur Verteidigung der religiösen und ständischen Freiheiten der ungarischen Nation 1604 gegen die Habsburger erhob – die erste große ungarische Revolte gegen den Kaiser, der ja auch König von Ungarn war. Im Schloß von Szerenc war es nun, wo Bocskai zuerst zum Fürsten von Siebenbürgen und später auch zum Fürsten von Ungarn gewählt wurde, einen Titel, den es bisher nicht gab, der ihm aber königlichen Rang sichern sollte, auch wenn er nicht die Stephanskrone trug, mit der Rudolf II. zum ungarischen König gekrönt worden war. Welche Bedeutung man zur damaligen Zeit der Krönung mit der Stephanskrone beimaß, geht allein schon daraus hervor, daß sich Bocskai nicht die Krone aufs Haupt setzte, obwohl sie ihm bei der Einnahme von Preßburg in die Hände gefallen war, und daß er auch eine neue Krone zurückwies, die ihm der Sultan geschickt hatte. »Ungarn hat bereits einen gekrönten König«, erklärte er, »und solange dieser, Rudolf, lebt, soll kein anderer eine Krone tragen.«

Diese Haltung nahm auch Zsigmund Rákóczi ein, als er zwei Jahre später nach dem Tode von Bocskai ebenfalls in Szerencs zu dessen Nachfolger als Fürst von Siebenbürgen gewählt wurde. Zwar war er nur ein Jahr im Amt, aber mit ihm traten die Rákóczi in die große Politik ein.

Zsigmund Rákóczi ist auch in Szerencs begraben; sein Sarkophag aus rotem Marmor steht im Schiff der gotischen Kirche, die, von einer mittelalterlichen Mauer umgeben, oberhalb des Marktplatzes liegt. Es ist eine kalvinistische Kirche, denn Zsigmund Rákóczi war ein überzeugter Protestant, und wenn er sich gegen die Habsburger wandte, so geschah es auch, um für die Freiheit des religiösen Bekenntnisses zu kämpfen.

Wenn mich nicht zwei junge Ungarn auf eine Falltüre neben dem Sarkophag aufmerksam gemacht hätten, würde ich heute noch glauben, daß er die Gebeine Zsigmund Rákóczis enthält. Dem ist aber nicht so. Öffnet man die zweiteilige Falltür, so hat man eine schmale steinerne Treppe vor sich, die unter den Sarkophag in eine kleine Krypta führt. Und in einer Art gläsernem Kindersarg liegen der Schädel und, sorgfältig zusammengelegt, die Gebeine des ersten Fürsten von Siebenbürgen aus dem Hause der Rákóczi, das in der ungarischen Geschichte eine so bedeutende Rolle spielen sollte.

Tokaj
Nichts für Rotweintrinker

Von meinem ersten Besuch in Tokaj — er liegt genauso lange zurück, wie die eben erwähnte Fahrt von Miskolc nach Eger durch das Bükk-Gebirge —, von diesem ersten Besuch sind mir folgende Dinge in Erinnerung geblieben: Ein Spaziergang durch die Weinberge im matten Licht eines Nachmittags im Herbst, als die Weinlese im Gange war. Die Zurufe der Winzerinnen, die wir nicht verstanden und die unsere ungarischen Begleiter unter allgemeinem Gelächter erwiderten, deren genaue Bedeutung den Ausländern aber vorenthalten wurde. »Es ist besser so«, hieß es, wenn zu eindringlich nachgefragt wurde.

Dann ein Gang durch das Gewirr der Keller, an den Decken und Wänden der graublaue Schimmelpilz, dessen Spuren auf meinem Hut noch nach Monaten festzustellen waren. Am Abend schließlich ein Essen im staatlichen Weingut, zu dem eine Jugend-Zigeunerkapelle aufspielte, Burschen und Mädchen so zwischen 17 und 21 Jahren. Etwas Hinreißenderes an ›Zigeunermusik‹ habe ich später kaum mehr erlebt. Natürlich wollten die jungen Leute den Ausländern zeigen, was sie können, aber gleichzeitig merkte man, daß ihnen das Musizieren ungeheuren Spaß machte. Da war nichts von kalkulierter Routine und von der Blasiertheit arrivierter Primase und Kapellen zu spüren, da wurde noch spontan, unmittelbar und frisch drauflosgefiedelt, so, daß sogar die verstaubtesten Operettenmelodien wie neu klangen.

Wohl unnötig zu sagen, daß diese Kapelle kein lokales Zufallsprodukt war. Die jungen Leute waren alle durch die Musikschule des Jugendver-

bandes gegangen und ihrem Talent entsprechend ausgebildet worden. Und man merkte, sie waren alle große Talente, ob sie die erste oder die zweite Geige, die Klarinette oder die Baßgeige spielten oder hinter dem Hackbrett saßen. Jugend-Zigeunerkapellen sind übrigens keine Erfindung des kommunistischen Jugendverbandes. Es gab sie schon vor dem Ersten Weltkrieg, und sie reisten auch damals durch die ganze Welt.

Aber der Wein, der berühmte Tokajer, wie war er, wird man endlich wissen wollen. Worauf ich nur antworten kann: Ich habe an diesem Abend einigermaßen gelitten, denn ich bin Rotweintrinker. Wahrscheinlich deshalb habe ich auch den jetzigen Besuch in Tokaj immer wieder hinausgeschoben. Bevor ich von Szerencs dahin fuhr, machte ich noch einen Umweg über Monok und Tállya. Nach *Monok* fuhr ich, um mir dort das Haus anzusehen, in dem 1802 der Feuerkopf Lajos Kossuth geboren wurde, dem schon sein Lehrer am kalvinistischen Kollegium in Sárospatak prophezeite, er werde ein ›maximus perturbator‹, ein großer Rebell werden.

Kossuths Vater war ein verarmter Landedelmann, und noch heute liegt über dem im rechten Winkel gebauten einfachen Wohnhaus, dem weiten, von Wirtschaftsgebäuden eingeschlossenen Hof die Atmosphäre von Nüchternheit und Sparsamkeit, die einst hier geherrscht haben muß. Im Hause selbst befindet sich ein Kossuth-Museum mit Erinnerungsstücken an den großen Revolutionär von 1848/49, nicht nur von seinem politischen Wirken in Ungarn, sondern auch aus den vier Jahrzehnten seines Lebens in der Emigration. Denn Kossuth starb erst 1894, 92 Jahre alt, in Turin.

Anders als das Schloß Nagycenk im Falle des Grafen István Széchenyi, des anderen großen Ungarn in der Zeit vor 1848, spiegelt aber die Gedenkstätte im Dorfe Monok die Persönlichkeit Kossuths nur unvollkommen wider. Sein politisches Wirken ging ja auch nicht von hier aus; auch wenn ihn das kalvinistische Elternhaus und der protestantische, nationale Geist Nordostungarns stark geprägt haben.

In *Tállya*, dessen Bedeutung als Weinort gleich nach Tokaj kommt, suchte ich die katholische Kirche auf, um mir ein von Maulbertsch gemaltes Altarbild anzusehen. Der große Barockmaler hat dieses Werk dem Genius loci angepaßt: Es zeigt eine Weinlese, ein Winzer schleppt einen Eimer Trauben heran, Engel helfen ihm beim Ausschütten der Trauben in einen Bottich, in dem der Heilige Wendelin herumrührt. Damit aber bei dieser ländlichen Idylle auch das Religiöse nicht zu kurz kommt, zweigen andere Engel beim

Abfluß aus dem Bottich gleich den Meßwein ab. Als Altarbild ist die Szene also reichlich bukolisch, als Einstimmung auf den Besuch des weltberühmten Tokaj kann man sich aber nichts Besseres wünschen.

Also *Tokaj*: An der Mündung des Bodrog in die Theiß gelegen, dort, wo das Zemplén-Gebirge einen Lößsockel am weitesten in die Theißebene vorschiebt. Das Städtchen am rechten Ufer des Bodrog, eingezwängt zwischen Fluß und Weinbergen. Mit viel Lößstaub, der von den die Straße kehrenden Zigeunerinnen immer wieder hochgewirbelt wird und Gehsteige, Autos und Bänke mit einer graubraunen Schicht überzieht. Außer den Kellern keine Sehenswürdigkeiten, aber braucht die Tokaj überhaupt? Es hat seinen Wein, und von dem weiß seit Jahrhunderten die ganze Welt. Er ist, wie die Ungarn nie vergessen zu erwähnen, der »Wein der Könige – Der König der Weine«; so stand es angeblich auf der Menükarte Ludwigs XIV., wenn der Sonnenkönig vom Fürsten Rákóczi, seinem Verbündeten im Rücken der Habsburger, wieder einmal eine Sendung Tokajer bekommen hatte.

Soll ich jetzt all die Herrscher und Päpste, die Dichter, Komponisten und Philosophen zitieren, die den goldgelben Wein besungen haben? Ich glaube, ich kann es mit Faust und der Menükarte in Versailles bewenden lassen und nur noch an Schuberts Lied ›Lob des Tokajers‹ erinnern und an die historische Tatsache, daß Rákóczi seine Kriegskasse aus den Exporterlösen des Tokajers auffüllte und Peter der Große den Wein aus Ungarn unter militärischer Eskorte an die Newa bringen ließ.

Aber das Geheimnis des Tokajers? Selbst, wenn ich es wüßte, wer würde es mir glauben, der ich schon gestanden habe, ein Rotweintrinker zu sein. Ich bin es auch nach zweimaligem Besuch von Tokaj geblieben, nach dem Abend mit den beschwingt fiedelnden jungen Zigeunern und auch nach einer ausgedehnten Sitzung mit den Leuten vom Staatsweingut im Rákóczikeller, wo ich alle Sorten durchprobieren mußte. Jetzt und hier muß ich gestehen, daß ich von dem Keller weit mehr beeindruckt war, als von den verschiedenbuttigen Ausbruchweinen. Der Keller: Ein großartiges Gewölbe, überzogen von einem dunklen, dort wo das Licht hinfällt ins Bläuliche changierenden, Schimmelpilz. Eisenbeschlagene Holztische und massive Bänke und schmiedeeiserne Leuchter, in denen man statt elektrischer Birnen lieber Kerzen oder Fackeln gehabt hätte. Alles in allem ein Raum, würdiger der Tafelrunde des Königs Artus als der mehr oder minder offiziellen Besucher des heutigen Tokaj. In diesem Keller hat man mir alles über die Tokajersorten genau erklärt; wenn ich an das intensive Probieren denke, bin ich allerdings nicht sicher, ob ich das Gesagte auch richtig wiedergeben kann. Also halte ich mich lieber an das, was ich über die Produktion des Tokajers gelesen habe. Und das lautet ungefähr folgendermaßen:

Die Tokajer Trauben profitieren zunächst von den günstigen Boden- und Klima-Verhältnissen, die hier herrschen. Die Karpaten schützen näm- lich die von vulkanischem Gestein und Löß gebildeten Hügel um Tokaj vor den Nordwinden, außerdem gibt es hier viel Sonnenschein und einen langen und trockenen Herbst.

Deshalb erfolgt, im Unterschied zu anderen Weingebieten, die Weinlese sehr spät, meistens erst nach dem 28. Oktober, im November und bis in den Beginn des Dezembers hinein. Auf diese Weise reifen die Trauben völlig aus, die Weinbeeren schrumpfen zusammen und ihre Haut wird dann so dünn, daß sie manchmal sogar platzt. Und weiter lese ich: Die verbreiteteste Rebensorte ist der ›Furmint‹, der auf der Hälfte des gesamten Weingebietes von Tokaj angebaut wird, dann an zweiter Stelle der ›Linden- blättrige‹ und schließlich der ›Muskateller‹.

Die geschrumpften Weinbeeren, die sogenannten Trockenbeeren, wer- den ausgesondert und in Bottichen gesammelt, wo schon das Eigengewicht einen Teil des Saftes auspreßt. Das ist die Essenz für den ›Ausbruch‹, ungarisch ›Aszu‹ genannt, den feinsten Wein, der also unserer ›Trocken- beerenauslese‹ entspricht.

Und weiter heißt es in dem Text: »Eine Butte (28-30 Liter) Trocken- beeren ergibt höchstens 1,5 l Essenz. Da ihr Zuckergehalt zwischen 40 und 60 Prozent liegt, kommt es kaum zur Gärung. Der größte Teil der Essenz wird zur Herstellung des ›Ausbruchs‹ verwendet, was folgenderma- ßen vor sich geht: Die in den Bottichen zusammengetragenen und dort der ›Edelfäulnis‹ unterworfenen Trockenbeeren werden nach einem speziellen Verfahren zu einer Masse geknetet und dann dem ausgepreßten Most oder Wein beigegeben. Dies und die danach folgende Ausreifung des Ausbruchs geht in ›Göncer Fässern‹ (136 Liter) vor sich. Je nachdem, wieviel Butten Most oder Wein einem Göncer Faß beigegeben werden, unterscheidet man zwei-, drei-, vier-, fünf- oder sechsbuttige Ausbruch- weine. Je größer die Buttenzahl, um so höher liegt der Zuckergehalt des Ausbruchs.« *Und um so teurer ist er, muß man hinzufügen.*

Das ›Göncer Faß‹ ist nach dem kleinen Städtchen Gönc benannt, das einstmals das Handelszentrum für die Tokajer Weine war. Es liegt etwa 50 Kilometer nördlich von Szerencs in der Nähe der heutigen Grenze zur Tschechoslowakei. Dieses ›Göncer Faß‹, so lese ich weiter, sei nicht nur ein Jahrhunderte altes, traditionelles Hohlmaß, es entspreche auch ausgezeichnet der Natur des Tokajer Weines, denn die Gärung in so kleinen Fässern, die in den sehr niedrigen Tokajer Kellern gelagert werden, sei ein wichtiger Faktor für das Reifen des Tokajers.

In diesen Kellern herrschen besondere klimatische Verhältnisse, die den sogenannten Kellerschimmel schaffen. Dieser Kellerschimmel bedeckt die Felswände der Keller um Tokaj und trägt wesentlich dazu bei, daß der Tokajer zu dem wird, was er ist. »*Der edle Kellerschimmel lebt von dem Atem jenes Weines, für dessen Reife er ein unentbehrlicher Begleiter ist*«, *heißt es wörtlich in einer meiner Unterlagen. Man kann also ohne Übertreibung sagen, daß für die vier bis acht Jahre dauernde Reifezeit des Tokajer Ausbruchs ein feiner dialektischer Prozeß notwendig ist.*

In Tokaj gibt es natürlich nicht nur die Ausbruchweine, es gibt auch noch den sogenannten ›Samorodner‹, der sich vom Ausbruch dadurch unterscheidet, daß bei diesem die Ausbruchbeeren einfach mit den übrigen Weinbeeren zusammen gekeltert werden. Es gibt auch noch den ›Gewöhnlichen Tokajer‹, der ebenfalls aus Edeltrauben hergestellt wird, wobei aber keine Ausbruchbeeren verwendet werden.

Der Begriff ›Samorodner‹ ist übrigens polnischen Ursprungs und bedeutet soviel wie ›Selbstgegorener‹. Die Polen waren ja in der Vergangenheit die größten Abnehmer der Weine aus Tokaj, und sie sind es heute noch. Überhaupt ist es der Norden und der Osten, der die größte Vorliebe für den Tokajer zeigt. Denn an zweiter Stelle hinter den Polen stehen als Abnehmer die Russen. Erst dann folgen die westlichen Länder, darunter an erster Stelle die Bundesrepublik Deutschland. So nimmt der Tokajer seinen Weg in die Welt.

In Ungarns Dreiländerwinkel
Heiducken, Obstgärten, Kirchen

Mein Ziel war Sárospatak, nur 30 Kilometer nördlich von Tokaj gelegen. Aber ich hatte noch Zeit für einen weiteren Weg, erst durch einige Städtchen, deren Namen alle mit dem Präfix ›Hajdu‹

beginnen, und dann durch das Land am Oberlauf der Theiß, den Dreiländerwinkel, dort, wo Ungarn an die Tschechoslowakei, die Sowjetunion und Rumänien grenzt. Und wo es, wie ich gelesen und gehört hatte, sehenswerte Kirchen geben sollte.

An den ›Hajdu-Städtchen‹ ist abgesehen von Hajdúszoboszló südwestlich von Debrecen, das durch seine Thermalquellen immer mehr zu einem Badeort wird, nichts Besonderes zu entdecken, interessant ist allerdings ihre Entstehung. Sie sind nämlich alle Gründungen aus der Zeit von István Bocskai, des Fürsten von Siebenbürgen, der sich zu Beginn des 17. Jahrhunderts gegen Habsburg erhoben hatte. Ich habe von ihm schon gesprochen, in dem Kapitel über Szerencs, wo er zum Haupt der Fronde gegen Kaiser Rudolph II. auf dem Prager Hradschin ausgerufen worden war.

István Bocskai siedelte in diesem durch die Einfälle der Türken verwüsteten und entvölkerten Gebiet die ›Heiducken‹ an. Es waren entwurzelte und heimatlos gewordene Bauern und Landadelige, die zuerst als Banden selbständig sowohl gegen Türken wie gegen Kaiserliche operierten, später das Gros von Bocskais Streitmacht bildeten. Indem er sie nach seinem Frieden mit dem Kaiser wieder seßhaft machte, erzielte er einen doppelten Effekt: Das Land an der Grenze zum türkischen Teil Ungarns kam wieder unter den Pflug, und die Siedler und ihre Nachkommen waren für die späteren Fürsten von Siebenbürgen ein unerschöpfliches Reservoir an Kämpfern, wenn es galt, wieder einmal gegen den Kaiser in Wien für die Freiheiten der ungarischen Nation ins Feld zu ziehen.

Die meisten ›Heiduckenstädte‹ liegen am Rande der Landschaft nördlich und östlich von Debrecen, die als Nyírség bezeichnet wird. Es ist eine leicht wellige Landschaft, mit Mooren und weiten Heideflächen, aber auch mit Eichen und Buchenhainen und mit ausgedehnten Obstgärten um die großen Dörfer herum. Besonders die wohlschmeckenden Äpfel aus dem Nyírség werden in Ungarn sehr geschätzt.

Mein Ziel war hier *Nyírbátor,* etwa 25 Kilometer von der Grenze zu Rumänien und 40 Kilometer von jener zur Sowjetunion entfernt. Dort gibt es zwei Kirchen, beide Ende des 15. Jahrhunderts am Übergang von der Gotik zur Renaissance von demselben Bauherrn geschaffen: Von István Báthory aus dem Adelsgeschlecht, das einige Fürsten von Siebenbürgen gestellt hat, von denen einer sogar König von Polen gewesen ist.

Die Kirchen wurden innerhalb eines Zeitraumes von acht Jahren geschaffen, zwischen 1480 und 1488, und es heißt, István Báthory habe dieses aufwendige Unternehmen aus dem Erlös der Beute finanziert, die er in Feldzügen gegen die Türken gemacht hatte. Wie immer er das Geld auch aufgebracht haben mag, es sind zwei bemerkenswerte Kirchen geworden.

Die eine, die ehemalige *Franziskanerkirche*, ist 1587 ausgebrannt und dann ab 1717 von diesem Orden wiederhergestellt und dabei stark barockisiert worden. Vor allem wurde unter das gotische Kreuzgewölbe ein barockes eingezogen. Aber in der Südwand und im Chor sind die hohen gotischen Strebepfeiler noch da und die großen Maßwerkfenster, so daß der Innenraum seine ursprüngliche Wirkung wenigstens zum Teil noch bewahrt hat. Allerdings wird sie auch durch die schweren, 1729 bis 1731 entstandenen Altäre beeinträchtigt, darunter den dreigeschossigen Hochaltar mit seinen ausgreifenden Plastiken, und durch den Passionsaltar an der Nordwand, der die Stationen der Leidensgeschichte Christi ganz ungewöhnlich in einem einzigen Aufbau vereinigt und in volkstümlich überspitzter Dramatik wiedergibt. Alle Altäre und die Kanzel sind Werke von Bildhauern aus Oberungarn, der heutigen Ostslowakei. Hauptaltar, Seitenaltäre und Kanzel stammen aus der Werkstatt des Johann Strecius in Leutschau (Levoča), der Passionsaltar von einem Meister aus Eperjes (Prešov).

Das eigentliche Schmuckstück von Nyírbátor aber ist die *Kalvinistische Kirche*, die als Familiengrabstätte der Báthory gedacht war. Die Grabplatte István Báthorys im Chor deckt allerdings nicht seinen Leichnam, der in der Franziskanerkirche ruht. Für mich hat die Kirche über dem Schiff das am feinsten gearbeitete Netzgewölbe, das ich in Ungarns Kirchen gesehen habe. Ebenso elegant sind die schlanken Dienste und die hohen gotischen Fenster. Die Renaissanceportale, das eine an der Südseite, das andere zur Sakristei führend, und die Renaissanceverzierungen der Sakraments- und einer Sitznische verstärken nur die Wirkung der Kirche, vor allem des schmucklosen, weißgetünchten Innenraumes, in dessen Chor, etwas erhöht, sich auch die rotmarmorne Grabplatte des Bauherrn befindet.

Neben der Kirche noch ein weiteres Kleinod: der hölzerne *Glokkenturm*. Er stammt von 1640 und soll der älteste im Lande sein. Mit seinem ausladenden unteren Teil, dem gedrungenen Mittelstück und darüber der Galerie mit geschnitzter Brüstung, gekrönt von dem spitzen Helm mit lustigen Ecktürmchen, ist dieser Turm zumindest der größte seiner Art in Ungarn.

In der Vorhalle des Kircheneinganges hängt eine Karte, auf der die sehenswerten kalvinistischen Kirchen in diesem Landesteil verzeichnet sind. Als ich sah, wie viele Orte auf der Karte angeführt sind, verließ mich der Mut zu weiteren Kirchenerkundungen in Ungarns Dreiländerwinkel. Ich mußte mich fragen: Wenn ich jetzt dieser Karte folge, komme ich dann jemals nach Sárospatak?

Denn hier herumzufahren erfordert seine Zeit. Man müßte sich viel auf Seitenstraßen bewegen, und die sind im Grenzbereich nicht immer die besten. Außerdem sind die meisten kalvinistischen Gotteshäuser nur zu bestimmten Stunden geöffnet, und der Schlüsselbewahrer weigert sich manchmal, sie zwischendurch aufzuschließen. Oder es dauert eine Weile, bis man sich zu ihm durchgefragt hat.

Also begnügte ich mich mit den beiden Kirchen von Nyírbátor und nahm sie sozusagen stellvertretend für die übrigen. Und verschob den Besuch von Csenger und Csároda, von Tákos und Karcsa und wie die Orte sonst noch heißen mögen, auf eine spätere Fahrt in diese Gegend, auch wenn die Photos von den kleinen entlegenen Kirchen, ihren Fresken oder kassettierten Holzdecken noch so verlockend waren.

Sárospatak
Die Rákóczi-Saga

Wieso sich der älteste bekannte Plan der *Burg* von Sárospatak ausgerechnet im Badischen Landesarchiv in Karlsruhe befindet, weiß ich nicht. Wahrscheinlich wird er mit den ›Generalstabskarten‹ des Türkenlouis, des Markgrafen Ludwig von Baden, dorthin gekommen sein. Er ist im Auftrag des Wiener Hofkriegsrates von dem italienischen Militäringenieur Natalis Angelini erstellt worden, der im Jahre 1573 Burgen und Schlösser in Nordungarn zu inspizieren hatte.

Der Plan ist nur eine einfache Skizze und zeigt mehr von den Befestigungsanlagen als von den Gebäuden. Das damalige Aussehen von Ungarns größter und am besten erhaltener Renaissanceburg kann man von ihm kaum ablesen.

Eigentlich sollte man sich, bevor man das Burgschloß betritt, über die Brücke auf das andere Ufer des Bodrog begeben. Denn nur von dort hat man einen umfassenden Blick auf die ganze Anlage über dem rechten Ufer des Flusses, mit dem fünfstöckigen sogenannten ›Roten Turm‹, der die aus Renaissance und Barock stammenden Trakte, den viereckigen Innenhof sowie die Basteien und Festungsmauern beherrscht. Kommt man von der Stadt, ist man gleich von den Details im Schloßhof, den Arkaden, Loggien und Portalen gefangen und verliert sich in ihnen.

Der Plan des Schlosses im Landesarchiv in Karlsruhe ist nicht der einzige Bezug von Sárospatak zu Deutschland. Der Überlieferung nach wurde hier die Heilige Elisabeth geboren, Tochter des Arpadenkönigs Andreas II. und spätere Markgräfin von Thüringen, über deren Grab in Marburg an der Lahn der Dom errichtet wurde. Umgekehrt war das Schloß am Ufer des Bodrog einige Zeit der Aufenthaltsort einer Dame aus Deutschland, nämlich der Prinzessin Charlotte-Amelie von Hessen-Rheinfels, der Frau von Ferenc Rákóczi II., dem späteren Fürsten von Siebenbürgen und Führer des großen Freiheitskampfes gegen die Habsburger zwischen 1703 und 1711. Sie hatten 1694 in Köln geheiratet — Amelie war damals fünfzehn Jahre alt — und hatten sich dann in Sárospatak niedergelassen, von wo Ferenc Rákóczi seine ausgedehnten Ländereien und die Schlösser in Siebenbürgen und Nordostungarn verwaltete. Einmal war sogar ein deutscher Prinz Besitzer des Schlosses, der Stadt und des dazu gehörenden Bodens. Karl August von Bretzenheim, aus einer von Kurfürst Karl Theodor von Pfalz-Bayern abstammenden illegitimen Linie der Wittelsbacher, erhielt sie 1806 aus der Hand von Kaiser Franz I. Dieses Fürstenhaus behielt Sárospatak bis 1875, als es auf den Fürsten Ludwig Windischgrätz überging. In der Zeit der Bretzenheim wurden viele Flügel des Schlosses renoviert, restauriert und umgebaut, so daß das heutige Bild, wie es sich vom Innenhof aus gesehen darstellt, erst aus dem 19. Jahrhundert stammt. Aber das Kernstück, der Rote Turm, ist im wesentlichen so geblieben, wie er sich in der großen Zeit von Sárospatak dargeboten hat. Die große Zeit von Schloß und Stadt ist jedoch untrennbar mit dem Fürstenhaus der Rákóczi verbunden.

Es war nicht die Zeit des legendären Ferenc Rákóczi II., in der der Ruhm von Sárospatak weit über die Grenzen Ungarns hinausstrahlte. Es waren seine protestantischen Vorfahren auf dem Fürstenthron von Siebenbürgen, die den Ort zu einer Bastion des Kalvinismus und zu einem Zentrum der Politik der Selbstbehauptung der ungarischen Nation machten, auch wenn sie ihren Hof in Gyuláféhervár, dem heutigen Alba Julia in Rumänien, hatten. Sárospatak war ihr Familiensitz, von dem aus sie ihren großen Grundbesitz verwalteten.

Glanz und Bedeutung gewann Sárospatak zuerst unter György Rákóczi I. und seiner Gattin Zsuzsanna Lorántffy, einer der großen Frauengestalten in Ungarns Geschichte. Beide förderten vor allem das Kalvinistische Kollegium von Sárospatak, auf dem die Söhne des protestantischen Adels aus allen Teilen Ungarns erzogen wurden und ihre Bildung erhielten. Es waren Zsuzsanna Lorántffy und ihr Sohn György Rákóczi II., die 1650 den großen, aus Mähren stammenden Pädagogen Johann Amos Comenius an das Kollegium beriefen, um das Erziehungssystem zu reformieren. Comenius war als Prediger und Bischof der böhmischen Brüdergemeinde aus Böhmen verbannt worden und wanderte in Europa von Land zu Land, bevor er für vier Jahre Zuflucht in Sárospatak fand. Hier schrieb er sein Hauptwerk ›Orbis pictus‹, das beinahe zwei Jahrhunderte lang das verbreitetste Schulbuch Deutschlands war, hier entwickelte er die Ideen von der vierstufigen Schule als ›Werkstätte der Menschlichkeit‹, die noch bis in das Schulsystem des 20. Jahrhunderts hineinwirkten.

Dokumente zur Tätigkeit von Comenius in Sárospatak sind im Comenius Gedenkmuseum der Kalvinistischen Kirche zu sehen, die sich in einem Flügel des 1531 gegründeten ehemaligen Reformierten Kollegiums befindet. Das Kollegium liegt im Zentrum des Städtchens, von den Gebäuden aus der Zeit des Comenius ist aber nichts mehr erhalten. Heute ist in dem 1806 bis 1814 errichteten U-förmigen klassizistischen Komplex eine Oberschule mit Internat untergebracht. Das Deckengemälde der Bibliothek ist ein später Nachklang barocker Illusionsmalerei: Der Trompe l'œil einer hohen Kuppel auf ebenem Spiegelgewölbe!

Außerhalb der Burg muß man sich in Sárospatak noch die große, etwa 1482 entstandene, gotische Halle der katholischen Pfarrkirche zur Unbefleckten Empfängnis mit schönen Grabtumben und einem aufwendigen barocken Hochaltar aus der einstigen Karmeliterkirche in Buda ansehen und das Hotel, das in der Nähe der Burg im ehemaligen Minoritenkloster eingerichtet worden ist.

In der Hallenkirche, unweit des Schlosses, ist übrigens noch ein, wenn auch etwas verschütteter Bezug zwischen Sárospatak und Deutschland zu entdecken. Hier ist Henriette, die Tochter des Kurfürsten von der Pfalz, Friedrich V., begraben, der als ›Winterkönig‹ in die Geschichte eingegangen ist. Die böhmischen Stände hatten ihn zum König von Böhmen gewählt, er war aber in der Schlacht am Weißen Berge 1620 geschlagen worden und hatte Böhmen verlassen müssen. Henriette war kein langes Leben in Sárospatak beschieden. Ihre Hochzeit mit Zsigmund Rákóczi im Jahre 1651 war zwar für Ungarn ein großes Ereignis, die junge Prinzessin und auch ihr Mann starben aber noch im ersten Jahr nach ihrer Hochzeit.

Wir kehren von diesem Exkurs wieder zurück zur Burg, denn wir haben ja den ›Roten Turm‹ mit seinen dicken Mauern und mehreren Stockwerken noch nicht besichtigt. Er dürfte Ende des 15./Anfang des 16. Jahrhunderts als befestigter Wohnturm errichtet worden sein; seine Räume wurden später durch Renaissance-Elemente besonders an den Tür- und Fenstereinfassungen verfeinert und seine Verteidigungsmöglichkeiten durch den Anbau italienischer Bastionen verstärkt. Aus der Mitte des 16. Jahrhunderts stammen auch die Renaissancetreppe und die vierbögige Loggia, die an den zweiten Stock des Roten Turmes anschließt. Zu den schönsten Renaissanceräumen zählen die Kapelle im dritten Geschoß und der ›Große Saal‹ im Stock darüber, mit den kunstvoll gemeißelten Tür- und Fenstereinfassungen. In der Mitte des Saales befindet sich auf einem zweistufigen Podium ein Renaissancesessel als schlichter Thron des Fürsten von Siebenbürgen.

In diesem großen Saal hat wahrscheinlich jener Reichstag getagt, den Ferenc Rákóczi 1708 nach Sárospatak einberufen hatte, um dem Kampf gegen Habsburg neue politische Impulse zu geben. Aber seine Kuruzenarmee war schon mutlos geworden, und auch der Beschluß des Reichstags, den leibeigenen Angehörigen der Streitkräfte die Freiheit zu geben, kam zu spät.

Die Flügel des Schlosses, die den trapezförmigen Innenhof umgeben und in denen sich das Rákóczi-Museum befindet, sind an den Fassaden und im Inneren im 19. Jahrhundert stark verändert worden, einige Kostbarkeiten aus früheren Zeiten blieben aber erhalten, so der ›Sub-rosa-Erker‹, an der nordöstlichen Ecke des Schlosses. Der Name leitet sich von der Stuckrose am Gewölbeschluß des Erkers ab, der nicht nur zu den baulichen Kostbarkeiten des Schlosses zählt, sondern auch in der Geschichte Ungarns seinen Platz hat.

In diesem Erker mit der buntbemalten Decke kamen 1670 die Teilnehmer der berühmten Magnatenverschwörung zusammen, die ich schon einige Male erwähnt habe, als ich von den Nádasdy und

Zrínyi sprach. In sie war auch Ferenc Rákóczi I. verwickelt, der mit Ilona Zrínyi, der Tochter des Mitverschwörers Peter Zrínyi, verheiratet war.

Wie die Verschwörung ausging, ist bekannt: Peter Zrínyi, Ferenc Frangepan und Ferenc Nádasdy endeten in Wien und Wiener Neustadt auf dem Schafott, Ferenc Rákóczi I. wurde auch zum Tode verurteilt, konnte sich aber durch ein immenses Lösegeld freikaufen. Seine Frau Ilona hatte das ›Geschäft‹ durch ihre Beziehungen zu den Jesuiten in die Wege geleitet.

Dieser Ilona Zrínyi – der Mutter des legendären Ferenc Rákóczi, die der polnische König Johann Sobieski als die bedeutendste Frau Europas bezeichnet hatte –, werden wir in Sárospatak nicht mehr begegnen. Wohl aber ihrem Sohn, obwohl er im Gegensatz zu seinen Vorfahren für sein Schloß gar nicht so viel getan hat oder tun konnte. Trotzdem ist Sárospatak gerade mit ihm und seinem jahrelangen politischen und militärischen Kampf für die Freiheitsrechte der Nation im Geschichtsbewußtsein der Ungarn auf das engste verbunden. War es seine Persönlichkeit, die die Phantasie nicht nur seiner Landsleute, sondern auch der europäischen Höfe so sehr beschäftigte? Der Marquis des Alleurs, ein Emissär Ludwigs XIV., schildert ihn im Jahre 1705 folgendermaßen: »Der Prinz ist erst 32 Jahre alt [in Wirklichkeit war er sogar erst 29], groß und gut gewachsen, er hat eine hoheitsvolle Haltung und schöne Gesichtszüge. Sanftheit und Offenheit stehen an erster Stelle seiner geistigen Vorzüge … Er spricht und schreibt sechs Sprachen, Ungarisch, Latein, Französisch, Italienisch, Deutsch und Polnisch. Er ist ein tugendhafter, arbeitsamer, entgegenkommender, großzügiger und mildtätiger Prinz.«

Oder sollte die Identifizierung von Sárospatak mit Ferenc Rákóczi II. vielleicht darauf zurückzuführen sein, daß dieser Ort in der fraglichen Zeit eine politisch-diplomatische Drehscheibe war? Eine Drehscheibe sowohl im Gefüge Ungarns selbst, also zwischen Siebenbürgen, Oberungarn und den habsburgtreuen Landesteilen im Westen, als auch im europäischen Maßstab. Denn von hier gingen die Fäden in alle Himmelsrichtungen, zum Sultan am Bosporus, zu Peter dem Großen nach Rußland, nach Polen und Schweden und natürlich zum Sonnenkönig in Versailles. Sogar zum König von Preußen in Berlin, Friedrich I., dessen Sohn Friedrich Wilhelm I. Rákóczi die ungarische Krone angeboten hat.

Rákóczi ist oft als der ›Heimatlose Prinz‹ bezeichnet worden, und das hat trotz seiner Verbindung mit Sárospatak etwas für sich. Mit zwölf

Jahren wird er von seiner Mutter, der freiheitsliebenden und kämpferischen Ilona Zrínyi getrennt, und er sieht sie in seinem Leben nicht wieder. Erst als Tote werden beide wieder vereint. Mit 25 Jahren wird er verhaftet und wegen Hochverrats in Wiener Neustadt eingekerkert, in derselben Zelle, in der sein Großvater die Hinrichtung erwartet hatte. Es gelingt ihm aber zu fliehen und nach Polen zu gelangen, von wo er 1703 nach Ungarn zurückkehrt und sich an die Spitze des Aufstandes und Krieges gegen Habsburg stellt. Acht Jahre später aber sind die ganze Bewegung und der Kuruzenkrieg zusammengebrochen, und Rákóczi geht in die Emigration, zuerst nach Polen, dann nach Frankreich und schließlich in die Türkei, wo er 1735 stirbt.

Ruht er aber wenigstens in Sárospatak? Auch das nicht. Zwar werden seine sterblichen Überreste 1905 zusammen mit jenen seiner Mutter, die ebenfalls im türkischen Exil gestorben war, in die Heimat überführt, aber sie werden in der Krypta des Domes von Kaschau beigesetzt, das in der Luftlinie nur fünfzig Kilometer von Sárospatak entfernt ist, heute aber Košice heißt und in der Ostslowakei liegt.

So ist er auch noch in seinem Tode in der Fremde, und die einzige sichtbare Verbindung zur Heimat sind die Blumenkränze mit den rot-weiß-grünen Schleifen, die ungarische Touristen an seinem Sarkophag niederlegen. Denn im Gedächtnis der Nation ist er wie kaum ein anderer der ungarischen Größen präsent. Und sei es nur durch den Rákóczi-Marsch, den die Zigeunerkapellen spielen, auch wenn er gar nicht aus der Zeit des Fürsten stammt, sondern später auf der Basis von Märschen und Liedern der Kuruzen komponiert worden ist – angeblich vom Zigeunerprimas János Bihári, der auch dem Wiener Kongreß aufgespielt hat. Von Bihári soll dann Hector Berlioz die Melodie übernommen und transkribiert haben. Wie und wann und durch wen der Marsch nun auch komponiert und populär gemacht worden sein mag, er gehört zur Rákóczi-Legende im legendenreichen Lande der Magyaren.

ANHANG

Zur Sprache

Mit der Sprache wird jeder Ausländer seine Mühe haben, nimmt sich das Ungarische doch unter den europäischen Sprachen aus wie ein Meteorit unter irdischem Gestein. Was nützt es, wenn man weiß, daß die Betonung immer auf der ersten Silbe liegt, man aber mit der Aussprache der Vokale nicht zurechtkommt. Muß man sich nach einem Ort oder einer Straße durchfragen, dann ist es also schon besser, man schreibt deren Namen auf einen Zettel und hält ihn dem Angesprochenen unter die Nase. Sonst kann es einem passieren, daß man auf seine Frage nur ein verständnisloses Kopfschütteln erntet.

Für alle Fälle sei hier also die Aussprache der Vokale und Konsonanten und ihrer Kombinationen angegeben:

a	=	kurzes offenes o (Korn)	ó	=	langes o (Sohn)
á	=	langes a (Haar)	ö	=	kurzes ö (Löffel)
c	=	z (Zug)	ő	=	langes ö (Söhne)
cs	=	tsch (Peitsche)	s	=	sch
e	=	kurzes ä (Ärger)	sz	=	scharfes s (Größe)
é	=	langes e (See)	ty	=	tj wie französisch Etienne
gy	=	dj (Adieu)	u	=	kurzes u (Hund)
i	=	kurzes i (Tisch)	ú	=	langes u (Hut)
í	=	langes i (Wiese)	ü	=	kurzes ü (dünn)
ly	=	kurzes stimmhaftes j	ű	=	langes ü (Rübe)
ny	=	wie französisch gn (Champagner)	v	=	w (Violine)
			z	=	stimmhaftes s (Rose)
o	=	kurzes o (Obst)	zs	=	wie französisch j (Journal)

Zeittafel

896-900 Landnahme der Ungarn unter Árpád im Karpatenbecken
955 Niederlage der Ungarn auf dem Lechfeld bei Augsburg
997-1038 Stephan I. (der Heilige)
1000 Krönung Stephans I. zum König
1038-1041 und 1044-1046 Peter Orseolo
1041-1044 König Samuel Aba
1046-1060 Andreas I. (András)
1060-1063 Béla I.
1063-1074 Salomon
1074-1077 Géza I.
1077-1095 Ladislaus I. der Heilige
1095-1116 Koloman − Einbeziehung Kroatiens und Dalmatiens
1116-1131 Stephan II.
1131-1141 Béla II. − Vordringen auf der Balkanhalbinsel
1141-1162 Géza II.
1162-1172 Stephan III.
1172-1196 Béla III.
1196-1204 Emmerich
1204-1205 Ladislaus III.
1205-1235 Andreas II.
1222 Goldene Bulle
1235-1270 Béla IV.
1241-1242 Mongoleneinfall
1270-1272 Stephan V.
1272-1290 Ladislaus IV. der Kumane
1290-1301 Andreas III. − Ende der Arpaden-Dynastie
1301-1304 Wenzel (von Böhmen)
1304-1308 Béla V. (Otto von Bayern-Landshut)
1308-1342 Karl I. (von Anjou)
1342-1382 Ludwig I. der Große (von Anjou)
1383-1387 Maria (von Anjou)
1387-1437 Sigismund (von Luxemburg)
1437-1439 Albrecht (von Habsburg)
1440-1444 Wladyslaw I. Jagello
1445-1457 Ladislaus V. (von Habsburg)
1445-1452 Johannes Hunyadi, Reichsverweser
1458-1490 Matthias I. Corvinus (Hunyadi)
1490-1516 Wladyslaw II. Jagello
1516-1526 Ludwig II. Jagello
1526 Schlacht bei Mohács; doppelte Königswahl: Johann Zápolya (1526-1540) und Ferdinand von Habsburg (1526-1564)
1564-1576 Maximilian I. (als römisch-deutscher Kaiser Maximilian II.)
1576-1608 Rudolf II.
1608-1619 Matthias II.
1619-1637 Ferdinand II.
1637-1657 Ferdinand III.
1658-1705 Leopold I.
1705-1711 Joseph I.
1703-1711 Freiheitskampf unter der Führung Rákóczis II.
1711-1740 Karl III. (als römisch-deutscher Kaiser Karl VI.).
1740-1780 Maria Theresia
1780-1790 Joseph II.
1790-1792 Leopold II.
1792-1835 Franz I.
1835-1848 Ferdinand V.
1848-1916 Franz Joseph
1867 Österreich-Ungarischer Ausgleich: Doppelmonarchie

1916-1918   Karl IV. (als Kaiser von Österreich Karl I.)

16.11.1918   Ungarn wird Republik

21.3.-1.8.1919   Räterepublik

1.3.1920   Nikolaus Horthy wird Reichsverweser

27.6.1941   Ungarn Verbündeter Hitler-Deutschlands im Krieg gegen die Sowjetunion

19.3.1944   Ungarn von deutschen Truppen besetzt

15.10.1944   Faschistische Pfeilkreuzler unter Ferenc Szálasi übernehmen die Regierung

13.2.1945   Sowjets besetzen Budapest

4.4.1945   Sowjetarmee befreit Ungarn

1.2.1946   Proklamierung der Ungarischen Republik

18.8.1949   Ungarn wird Volksrepublik, Kommunisten übernehmen die Macht

23.10.-4.11.1956   Aufstand, Regierung Imre Nagy

4.11.1956   Sowjettruppen schlagen den Aufstand nieder. János Kádár bildet neue Regierung

Register

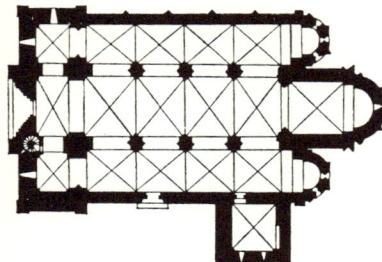

JÁK
Sankt Georg
nach 1210-1256 errichtet,
1896-1904 restauriert und
teilweise rekonstruiert
(zu Seiten 256-259)

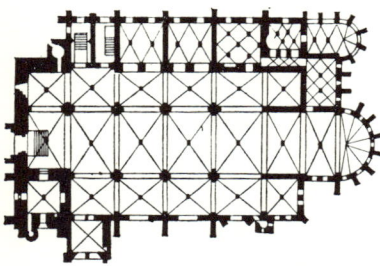

BUDAPEST
Matthiaskirche
(Liebfrauenkirche)
1255-1269 Gründungsbau,
1874-1896 restauriert und
neugotisch rekonstruiert
(zu Seite 88f.)

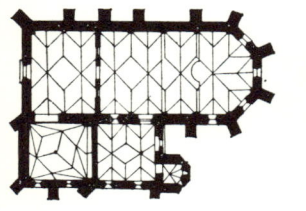

RÁCKEVE
Serbisch-Orthodoxe Kirche
Kirche von 1487, Seiten-
kapellen und Campanile
vom Anfang des 16. Jahr-
hunderts (zu Seite 176)

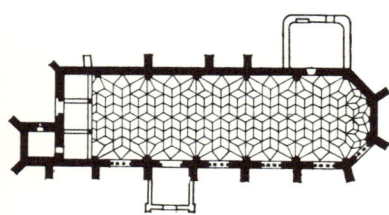

NYÍRBÁTOR
Kalvinistische Kirche
1484-1488
(zu Seite 377 f.)

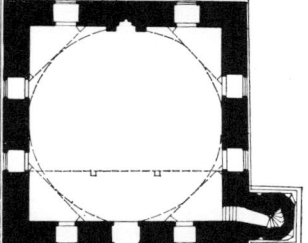

PÉCS
Moschee und Minarett
des Pascha Hassan Jakowali
2. Hälfte des 16. Jahrhunderts (zu Seite 278 f.)

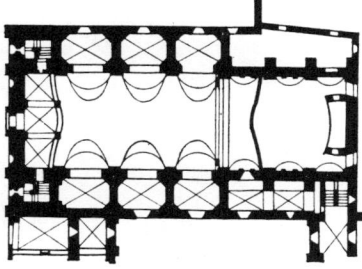

GYŐR
Sankt Ignatius
1635-1641 errichtet,
1726 Türme ergänzt,
1738 Mittelschiff neugestaltet
(zu Seite 19)

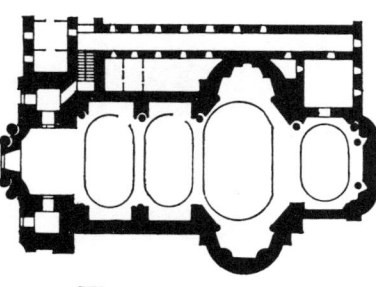

EGER
Minoritenkirche
1758-1773 nach einem Entwurf (vor 1745) von
Kilian Ignaz Dientzenhofer
(zu Seite 359 f.)

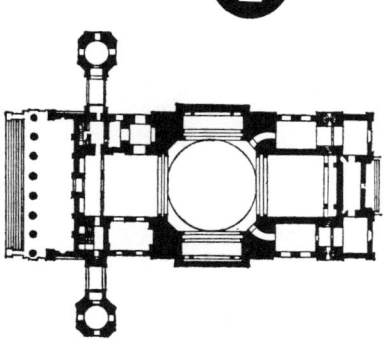

ESZTERGOM
1822-1869 (Weihe 1856)
(zu Seite 21)

Pläne nach István Genthon,
Budapest 1974

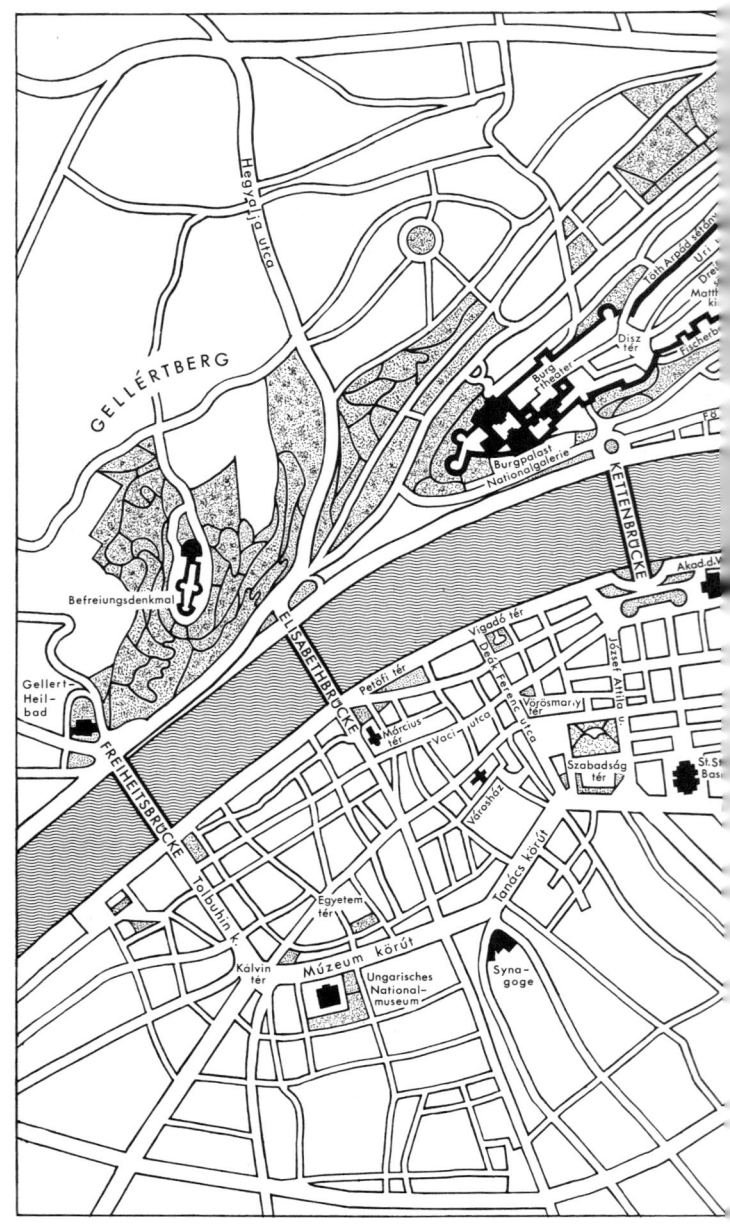